北京高等教育精品教材
BEIJING GAODENG JIAOYU JINGPIN JIAOCAI

公共管理系列教材

U0366431

社会保障理论与实务

（第4版）

刘 钧 编著

清华大学出版社
北京

内 容 简 介

社会保障问题研究已经成为社会各界普遍关注的焦点。《社会保障理论与实务》(第4版)在前三版的基础上,吸收了目前社会保障理论研究中的最新成果,系统地介绍了社会保障各项目的特点、保障原则、保障内容等,对中国近几年来社会保障方面的改革成果进行全面的追踪,是掌握社会保障理论的专业用书。本书的特点是,在系统介绍社会保障理论一般原理的基础上,紧密结合中国社会保障的制度和规范,使读者在学习社会保障一般原理的基础上能够了解我国社会保障的产生、发展和改革,具有实践性和可操作性。

本书2006年被评为北京高等教育精品教材,适用于劳动和社会保障专业专科、本科和研究生使用,同时也适用于社会保障工作者、政府、企业管理人员及试图维护个人合法权益的公民。

图书在版编目(CIP)数据

社会保障理论与实务/刘钧编著. —4版. —北京:清华大学出版社,2019(2022.2重印)
(公共管理系列教材)
ISBN 978-7-302-52677-3

Ⅰ. ①社… Ⅱ. ①刘… Ⅲ. ①社会保障—高等学校—教材 Ⅳ. ①C913.7

中国版本图书馆 CIP 数据核字(2019)第 053602 号

责任编辑:周 菁
封面设计:傅瑞学
责任校对:宋玉莲
责任印制:宋 林

出版发行:清华大学出版社
    网 址:http://www.tup.com.cn,http://www.wqbook.com
    地 址:北京清华大学学研大厦 A 座   邮 编:100084
    社 总 机:010-83470000   邮 购:010-62786544
    投稿与读者服务:010-62776969,c-service@tup.tsinghua.edu.cn
    质量反馈:010-62772015,zhiliang@tup.tsinghua.edu.cn
印 装 者:三河市龙大印装有限公司
经 销:全国新华书店
开 本:185mm×230mm 印 张:24.5   字 数:453千字
版 次:2005年3月第1版 2019年6月第4版 印 次:2022年2月第3次印刷
定 价:52.00元

产品编号:082243-01

FOREWORD

　　社会保障问题是关系每位公民切身利益的民生问题,社会保障制度改革的成败直接影响到社会政治经济体制的改革和发展。当前,中国社会保障理论和问题的研究,已经成为社会各界普遍关注的焦点。社会保障制度改革中存在的问题解决得好,就会对经济和社会的发展起积极的促进作用;反之,则会阻碍经济的发展,影响社会的稳定。平衡好社会保障制度建设和社会经济发展的关系问题,是政府管理部门亟待解决的现实问题。

　　《社会保障理论与实务》一书,力求吸收目前国内外社会保障理论研究的新成果,在系统介绍社会保障一般原理的基础上,紧密结合中国社会保障制度改革的发展方向,使读者在理解社会保障基本理论的同时,也能够了解当前我国社会保障制度的政策和规定。

　　本书详尽地介绍了社会保障制度的起源、发展和理论基础,概括了社会保障资金运营的模式,系统地介绍了社会保障各项目的特点、保障原则、保障内容和中国各项社会保障制度的建立、发展和改革的历程,以及社会保障制度改革中亟待解决的问题,是系统掌握社会保障理论的专业用书,具有实践性和可操作性。

　　全书共十四章,前五章介绍了社会保障的基本理论,后九章介绍了社会保障各项目的基本理论、政策和规定。本书在介绍社会保障各项目基础理论的同时,介绍中国社会保障制度,并附有案例分析和复习思考题,便于读者加深对中国社会保障问题的理解。

　　本书适合劳动和社会保障、公共管理、保险和人力资源管理等专业的学生使用,也适于社会工作者、保险工作者、政府和企业的管理者,还适于试图依法维护个人合法权益的公民。

　　本书于2006年被评为北京高等教育精品教材。在本书写作的过程中,刘婷婷、詹姝姝、陈冲、王一飞、麻乂邦、马孟琛同学参与了资料搜集和初稿写作,我对他们的支持和合作表示感谢!

刘　钧

2018年10月于中央财经大学

CONTENTS

第一章　社会保障理论概述 ………………………………………………………… 1

　第一节　社会保障制度的概念、特点和功能 …………………………………… 1

　　一、社会保障制度的概念 ……………………………………………………… 1

　　二、社会保障制度的特点 ……………………………………………………… 2

　　三、社会保障制度的功能 ……………………………………………………… 3

　第二节　社会保障制度的产生和发展 …………………………………………… 5

　　一、社会保障制度的萌芽 ……………………………………………………… 6

　　二、社会保障制度的建立和发展 ……………………………………………… 7

　　三、社会保障制度产生的主要原因 …………………………………………… 8

　第三节　世界各国社会保障模式 ………………………………………………… 9

　　一、投保资助型社会保障模式 ………………………………………………… 10

　　二、福利国家型社会保障模式 ………………………………………………… 10

　　三、国家保障型社会保障模式 ………………………………………………… 11

　　四、储蓄型社会保障模式 ……………………………………………………… 12

　第四节　社会保障体系 …………………………………………………………… 15

　　一、社会保障体系的概念 ……………………………………………………… 15

　　二、中国社会保障体系的构成 ………………………………………………… 15

　　三、社会保障体系的其他相关概念 …………………………………………… 17

第二章　社会保障制度的理论基础 ……………………………………………… 22

　第一节　马克思关于社会保障的一般论述 …………………………………… 22

　　　　　一、社会再生产理论对劳动力再生产的论述 ……………………… 22

　　　　　二、社会总产品分配理论对社会保障的相关论述 ……………… 23

　　　第二节　福利经济学关于社会保障理论的相关论述 …………… 26

　　　　　一、福利经济学对福利衡量的研究 ……………………………… 26

　　　　　二、福利最大化的条件——资源配置最优 ……………………… 33

　　　　　三、福利最大化的手段——国民收入分配 ……………………… 35

　　　第三节　凯恩斯主义经济学的"国家干预理论" ………………… 36

　　　　　一、自由放任主义的终结 ………………………………………… 36

　　　　　二、凯恩斯的有效需求不足理论 ………………………………… 37

　　　　　三、凯恩斯主义的国家调节和干预理论 ………………………… 38

第三章　社会保障资金运行的特点和模式 ……………………………… 40

　　　第一节　社会保障资金运行的过程 ……………………………… 40

　　　　　一、社会保障资金的筹集 ………………………………………… 40

　　　　　二、社会保障资金的给付 ………………………………………… 42

　　　　　三、社会保险基金的运营 ………………………………………… 42

　　　第二节　社会保障资金运行的特点 ……………………………… 43

　　　　　一、社会保障资金的运行具有法制性 …………………………… 43

　　　　　二、社会保障资金的运营既讲求社会效益又兼顾经济效益 …… 44

　　　　　三、社会保障资金的使用具有专项性 …………………………… 44

　　　　　四、社会保障资金的运营具有稳定性 …………………………… 45

　　　第三节　社会保障资金运行模式 ………………………………… 45

　　　　　一、现收现付制社会保障资金运行模式 ………………………… 45

　　　　　二、基金积累制社会保障资金运行模式 ………………………… 47

　　　　　三、部分基金积累制社会保障资金运行模式 …………………… 49

　　　第四节　社会保障资金运行的目标和原则 ……………………… 50

　　　　　一、社会保障资金运行的目标 …………………………………… 50

　　　　　二、社会保障资金运行的原则 …………………………………… 52

第四章　世界各国社会保障面临的问题和改革 ………………………… 56

　　　第一节　福利国家型社会保障面临的问题和改革 ……………… 56

　　　　　一、福利国家型社会保障存在的问题 …………………………… 56

二、福利国家型社会保障制度的改革 …………………………… 58

第二节 基金积累型社会保障面临的问题和改革 ……………… 58

一、新加坡中央公积金计划 …………………………………… 59

二、智利的社会保障制度改革 ………………………………… 60

第三节 投保资助型社会保障面临的问题和改革 ……………… 66

一、美国社会保障的三个层次 ………………………………… 66

二、美国企业年金计划的建立和发展 ………………………… 68

三、美国社会保障的发展方向 ………………………………… 70

第四节 中国社会保障制度的改革和发展前景 ………………… 71

一、中国社会保障制度的建立和发展 ………………………… 72

二、计划经济体制下中国社会保障制度的弊端 ……………… 73

三、中国社会保障制度的改革 ………………………………… 74

第五章 社会保障水平 ……………………………………………… 82

第一节 社会保障水平的内涵和划分 …………………………… 82

一、社会保障水平的内涵 ……………………………………… 82

二、划分社会保障水平的依据 ………………………………… 83

三、划分社会保障水平的意义 ………………………………… 83

第二节 确定社会保障给付水平的理论依据 …………………… 84

第三节 确定社会保障缴费水平的依据 ………………………… 85

一、确定社会保障缴费水平必须考虑用人单位、个人和政府的
承受能力 …………………………………………………… 85

二、用人单位、个人和政府的承受能力与社会总承受能力 …… 88

三、监测社会保险缴费水平的指标 …………………………… 88

第四节 监测社会保障给付水平的指标 ………………………… 89

一、监测社会保障给付水平的宏观指标 ……………………… 89

二、监测社会保障给付水平的微观指标 ……………………… 92

第六章 养老保险制度 ……………………………………………… 95

第一节 养老保险制度的概念和特点 …………………………… 95

一、养老保险制度的概念 ……………………………………… 95

二、养老保险制度的特点 ……………………………………… 96

三、养老保险制度建立的原则 …………………………………………………… 97

第二节 养老保险资金的筹集 …………………………………………………… 99

一、养老保险资金的筹集渠道 …………………………………………………… 99

二、养老保险缴费的计算方法 …………………………………………………… 101

三、养老保险的纳税或缴费方式 ………………………………………………… 102

第三节 养老保险金的给付 ……………………………………………………… 103

一、养老保险给付的条件 ………………………………………………………… 103

二、养老保险给付水平 …………………………………………………………… 106

三、养老保险的给付方式 ………………………………………………………… 108

四、养老金给付的指数化管理 …………………………………………………… 109

第四节 养老保险基金投资运营的管理 ………………………………………… 111

一、养老保险基金的概念和组成 ………………………………………………… 111

二、养老保险基金投资运营的原则 ……………………………………………… 112

三、养老保险基金投资运营的工具 ……………………………………………… 113

四、养老保险基金投资的管理模式 ……………………………………………… 115

五、养老保险基金投资运营的监管 ……………………………………………… 118

第五节 补充养老保险制度 ……………………………………………………… 124

一、补充养老保险的概念和特点 ………………………………………………… 124

二、补充养老保险资金的筹集和征税模式 ……………………………………… 125

三、补充养老保险的运营机制 …………………………………………………… 127

四、补充养老保险的管理和政策规范 …………………………………………… 131

第六节 中国养老保险制度的建立和改革 ……………………………………… 133

一、中国养老保险制度的建立和发展 …………………………………………… 133

二、中国养老保险制度的改革 …………………………………………………… 135

三、中国养老保险制度改革存在的问题 ………………………………………… 141

第七章 医疗保险制度 …………………………………………………………… 147

第一节 基本医疗保险制度的特点和模式 ……………………………………… 147

一、基本医疗保险制度的概念 …………………………………………………… 147

二、基本医疗保险制度的特点 …………………………………………………… 148

三、基本医疗保险制度的管理模式 ……………………………………………… 150

第二节 基本医疗保险基金的筹集和管理 ……………………………………… 154

一、基本医疗保险基金的筹集 ……………………………………… 154

二、基本医疗保险个人账户的建立 ………………………………… 156

三、基本医疗保险社会统筹基金的建立 …………………………… 157

四、基本医疗保险基金的管理 ……………………………………… 157

第三节　基本医疗保险制度的保障项目和费用分担方式 ………… 158

一、基本医疗保险制度的保障项目 ………………………………… 158

二、基本医疗保险费的结算方式 …………………………………… 164

三、基本医疗保险费用结算方式比较 ……………………………… 166

四、基本医疗保险费用的分担方式 ………………………………… 167

第四节　补充医疗保险制度 ………………………………………… 168

一、补充医疗保险的概念和特点 …………………………………… 168

二、补充医疗保险的经办方式 ……………………………………… 170

三、补充医疗保险保障的范围 ……………………………………… 172

第五节　中国医疗保险制度的建立和改革 ………………………… 174

一、中国传统医疗保险发展的概况 ………………………………… 174

二、中国医疗保险制度改革的探索 ………………………………… 177

三、中国城乡居民基本医疗保险制度的建立和发展 ……………… 183

四、中国医疗保险制度改革的问题 ………………………………… 186

五、中国医疗保险制度改革的展望 ………………………………… 189

第八章　失业保险制度 ……………………………………………… 194

第一节　失业与失业保险制度的类型 ……………………………… 194

一、失业的概念 ……………………………………………………… 194

二、失业保险制度的概念和特点 …………………………………… 195

三、失业保险制度的类型 …………………………………………… 196

第二节　失业保险制度的保障项目 ………………………………… 197

一、失业预防制度 …………………………………………………… 197

二、职业教育和培训制度 …………………………………………… 198

三、失业补救制度 …………………………………………………… 199

第三节　失业保险制度的给付 ……………………………………… 201

一、失业保险制度的覆盖范围 ……………………………………… 201

二、失业保险给付资格的规定 ……………………………………… 201

三、失业保险的给付 ………………………………………… 203

四、失业保险的其他相关待遇 ……………………………… 207

第四节　中国失业保险制度的建立和改革 ………………………… 207

一、中国失业保险制度的建立和发展 ……………………… 207

二、中国失业保险制度发展存在的问题 …………………… 210

三、解决中国失业保险存在问题的对策 …………………… 211

第九章　工伤保险制度 ……………………………………………… 215

第一节　工伤保险制度的建立 …………………………………… 215

一、职业伤害与工伤保险制度的特点 ……………………… 215

二、工伤保险制度建立的原则 ……………………………… 216

第二节　工伤保险资金的筹集和管理 …………………………… 219

一、工伤保险资金筹集的原则 ……………………………… 219

二、工伤保险缴费率的确定 ………………………………… 220

三、工伤保险资金的管理 …………………………………… 222

第三节　工伤保险待遇的给付 …………………………………… 222

一、工伤认定 ………………………………………………… 222

二、劳动能力鉴定 …………………………………………… 226

三、工伤保险待遇的给付 …………………………………… 232

第四节　工伤事故的报告制度 …………………………………… 239

一、工伤事故类型 …………………………………………… 239

二、伤害分析 ………………………………………………… 240

三、工伤事故的主要统计指标 ……………………………… 241

四、工伤事故的损失和统计 ………………………………… 242

第五节　中国工伤保险制度的建立和改革 ……………………… 244

一、中国工伤保险制度的建立和改革 ……………………… 244

二、中国工伤保险制度改革的成果 ………………………… 247

三、中国工伤保险制度改革中存在的问题 ………………… 249

四、中国工伤保险制度未来的发展方向 …………………… 250

第十章　生育保险制度 ……………………………………………… 255

第一节　生育保险制度的特点和保障原则 ……………………… 255

一、生育保险制度的概念和特点 ·· 255

二、生育保险制度建立的原则 ·· 256

第二节　生育保险制度的保障 ·· 257

一、生育保险制度的保障范围 ·· 257

二、享受生育保险待遇的资格条件 ·· 258

三、生育保险待遇的给付 ·· 258

四、生育女职工的劳动保护 ··· 260

第三节　中国生育保险制度的建立和改革 ·································· 261

一、中国生育保险制度的建立 ·· 261

二、中国生育保险制度的改革 ·· 262

三、中国生育保险制度改革的成果 ·· 264

四、中国生育保险制度改革存在的问题 ···································· 264

第十一章　长期照护保险制度 ··· 267

第一节　长期照护保险制度的概念和特点 ·································· 267

一、长期照护的概念 ·· 267

二、长期照护保险制度的概念 ·· 268

三、长期照护保险制度的特点 ·· 269

四、长期照护保险制度的保障功能 ·· 269

第二节　长期照护保险资金的筹集和管理 ·································· 270

一、长期照护保险资金的筹集 ·· 270

二、长期照护保险资金的收支平衡 ·· 272

三、长期照护保险的给付方式 ·· 273

四、长期照护保险的管理模式 ·· 273

第三节　长期照护保险制度与其他保障的关系 ·························· 277

一、长期照护保险制度与其他社会保险制度的关系 ··················· 277

二、长期照护保险制度与社会养老服务的关系 ························· 279

三、长期照护保险制度与商业长期照护保险的联系和区别 ·········· 280

第四节　长期照护保险的保障项目 ··· 281

一、长期照护资格的评定 ·· 281

二、长期照护保险的保障项目 ·· 283

三、长期照护保险制度的保障方式 ·· 284

第五节　我国长期照护保险制度的试点和发展 ……………………… 289

　　一、我国长期照护保险制度的试点 ……………………… 289

　　二、我国长期照护保险制度试点中存在的问题 ………… 294

　　三、解决我国长期照护保险制度试点中存在问题的对策 ………… 296

第十二章　社会福利制度 ………………………………………… 300

　第一节　社会福利制度的概念和特点 ………………………… 300

　　一、社会福利制度的概念 ……………………………… 300

　　二、社会福利制度的特点 ……………………………… 301

　　三、社会福利制度的类型 ……………………………… 302

　　四、社会福利制度与社会保险制度的区别 …………… 302

　第二节　社会福利制度的保障 ………………………………… 303

　　一、公共福利制度 ……………………………………… 303

　　二、特殊人员的社会福利制度 ………………………… 306

　　三、社区福利制度 ……………………………………… 311

　　四、职工福利制度 ……………………………………… 313

　　五、福利彩票制度 ……………………………………… 317

　第三节　中国社会福利制度的建立和改革 …………………… 322

　　一、中国社会福利制度的建立 ………………………… 322

　　二、中国社会福利制度的恢复和发展 ………………… 324

　　三、中国社会福利制度的改革和发展 ………………… 324

　　四、中国社会福利制度改革的问题 …………………… 328

第十三章　社会救助制度 ………………………………………… 331

　第一节　社会救助制度的目标和原则 ………………………… 331

　　一、社会救助制度与社会弱势群体 …………………… 331

　　二、社会救助制度的特点 ……………………………… 331

　　三、社会救助制度的保障目标和原则 ………………… 332

　　四、社会救助制度的类型 ……………………………… 333

　第二节　社会救助制度的保障范围和措施 …………………… 334

　　一、社会救助制度的保障范围 ………………………… 334

　　二、社会救助制度的措施 ……………………………… 335

三、社会救助水平的确定 …………………………………………… 342

第三节　中国社会救助制度的建立和改革 ……………………… 344

一、中国社会救助制度的建立和发展 ……………………………… 344

二、中国社会救助制度的改革 ……………………………………… 348

三、中国社会救助制度改革存在的问题 …………………………… 350

四、解决中国社会救助制度改革存在问题的对策 ………………… 351

第十四章　社会优抚制度 ………………………………………… 355

第一节　社会优抚制度的特点和类型 …………………………… 355

一、社会优抚制度的概念和特点 …………………………………… 355

二、社会优抚制度的类型 …………………………………………… 356

第二节　社会优抚制度的保障对象和保障项目 ………………… 357

一、社会优抚制度的保障对象 ……………………………………… 357

二、确定社会优抚水平的依据 ……………………………………… 359

三、社会优抚制度提供保障的项目 ………………………………… 359

第三节　中国社会优抚制度的建立和改革 ……………………… 369

一、中国社会优抚制度的建立和发展 ……………………………… 369

二、中国社会优抚制度面临的问题 ………………………………… 371

三、中国社会优抚制度改革的基本思路和主要任务 ……………… 372

参考文献 ……………………………………………………………… 376

社会保障理论概述

社会保障制度是政府运用强制手段进行社会风险管理的制度安排,是政府风险管理的重要方面,是社会政治经济制度的重要组成部分,是社会经济发展的安全网和社会矛盾的缓冲器。社会保障制度是政府保障公民基本生活的安全保障机制,是用人单位管理职工的政策依据之一,也是职工依法维护个人合法权益的制度保证。

第一节　社会保障制度的概念、特点和功能

一、社会保障制度的概念

社会保障制度是以政府为主体,依据法律法规的规定,通过国民收入分配,在公民暂时丧失劳动能力或永久丧失劳动能力以及由于各种原因发生生活困难时,提供福利或者给予物质帮助的社会制度安排。这一概念的含义主要包括以下几个方面。

（一）社会保障制度的责任主体是政府

政府承担建立和管理公民保障的责任是社会经济发展的结果。政府是具体执行权力的行政机构,由政府承担社会保障责任富有规模经济,可以降低管理成本,可以及时预防和抵御各种社会风险,保障公民的生活,社会保障制度的责任主体是政府。例如,我国《宪法》规定:"中华人民共和国公民在年老、疾病或者丧失劳动能力的情况下,有从国家和社会获得物质帮助的权利。国家发展为公民享受这些权利所需要的社会保险、社会救济和医疗卫生事业。"

（二）社会保障制度的保障对象是全体公民

一个国家的全体公民均为社会保障的保障对象。特别是社会保障中的社会福利,为每一位社会成员提供必需的基础设施、文化设施、公共卫生设施、娱乐设施、道

路交通设施等,并保障每位社会成员的基本生活。

(三)社会保障制度的目标是实现社会公平

社会保障制度是对经受生老病死、失业、贫困等风险的社会成员给予保障的制度,以保障公民基本生活为目标。社会保障制度建立和发展的这一目标是基于人的生存权而建立的,从整个社会的角度来说,社会保障制度建立和发展的目标是实现社会公平,国家通过国民收入的再分配和使用实现社会保障的目标,如通过征收社会保险税、公共财政转移支付等,实现社会公平目标。

(四)法律法规是社会保障制度得以实施的保证

现代社会保障制度以健全、完备的法律法规体系为保证,政府必须以法律法规的形式规范社会保障各职能机构,依法确定各职能机构的设置、编制、责任和工作程序,依法确定用人单位、职工与社会保障管理机构之间的权利和义务关系,依法确定社会保险基金管理、投资运营的原则和范围,依法确定社会保险金的给付标准和办法等,法律法规使社会保障制度的运营具有制度化和规范化的特征。

二、社会保障制度的特点

(一)强制性

社会保障制度政府依据法律、法规强制实施,要求符合条件的用人单位和劳动者必须参加,实施社会保障制度的经费由政府依据法律法规的力量强制征收,任何单位、个人不得就社会保险缴费率和缴费额度讨价还价。社会保险基金的投资运营是依据国家政策、法规管理的,社会保障资金的给付也是依法实施的。

(二)互济性

社会保障资金的筹集是运用国民收入的再分配实施的,社会保障资金的筹集具有使国民收入由高收入阶层向低收入阶层转移分配的特征,具有使国民收入由效益好的行业向效益差的行业转移支付的特性和代际之间收入分配的特性。同时,社会保障制度将用人单位和职工缴纳的社会保险费聚集起来,建立社会保险基金。当公民遭遇风险而遭受到经济损失时,能够按规定从社会保险经办机构领到一定金额的保险金,实现风险分摊、互济互助的作用。

(三)储备性

社会保障制度的参加者,按照国家的规定缴纳一定金额的保险费,这些缴费的积累形成社会保险基金,储存待用,这使社会保障制度具有了储备性。对于劳动者个人而言,在年轻时期缴费,等待达到法定退休年龄以后,领取自己年轻时储蓄的一部分资金,这实际上是职工工资的延期支付。

(四)补偿性

社会保障制度给予参加者的物质帮助,仅限于收入损失的补偿,即在劳动者或公民没有工作、收入中断时,给予必要的经济补偿。但是,劳动者仅得到一定比例的经济补偿,以保障劳动者的基本生活需要为限度,尽量避免经济补偿带来的负效应。

三、社会保障制度的功能

社会保障制度的功能主要表现在三个方面:从社会层面看,为整个社会经济的正常运行创造良好的环境,增强社会的有序性,使国民经济和整个社会得以持续、稳定和协调地发展;从个体层面看,可以保障社会弱势群体体面地生活,可以解除劳动者或公民的心理负担,可以减轻家庭其他成员的供养负担;从用人单位层面来看,可以转移风险事故造成的人员损失和财产损失,可以在争夺人才战略中处于优势地位,提高用人单位的劳动生产率,建立有效的人才保障和激励机制。

(一)社会保障对社会具有的保障功能

1. 稳定社会。社会保障为社会成员提供各项保障的直接目的是维护社会秩序,缩小贫富差距,缓解社会矛盾,建立稳定社会的安全网。社会保障通过立法,以社会保险税或者其他形式的税收,将高收入者的一部分收入转移支付给低收入者,力求实现收入的均等化,缩小贫富差距。例如,2012 年英国政府规定,退休前收入为社会平均收入的养老金税前替代率为 32.6%,退休前收入为社会平均收入 200% 的,其养老金税前替代率为 22.5%。[①]

2. 调节经济。社会保障对经济的调节作用是双重的。在经济面临困境、出现经济危机或者经济萧条时,社会保障通过政府的转移支付活动来扩大社会总需求,扩大居民的消费支出,调整经济结构、产品结构,以促进经济的恢复和发展。在经济过度繁荣时,社会保障通过减少政府转移支付活动来缩小社会总需求,抑制超前、过度的消费需求。美国经济学家萨缪尔森对社会保障调节经济的作用赞不绝口,他指出"在经济繁荣的年份,失业准备金不但增长,而且还对过多的支出施加稳定性的压力。相反,在就业较差的年份,失业准备金使人们获得收入,以便维持消费数量和减轻经济

---

① 刘玉红:《英国基本养老保障制度及对我国的借鉴》,2015-12-02. http://www. sic. gov. cn/News/456/5616. htm.

活动的下降……其他福利项目——如社会保险以外的公共服务的就业和家庭救济金——也自动发生稳定性的反周期的作用"[①]。例如,经济萧条时期,政府运用减少社会保险缴费的措施鼓励用人单位扩大生产投资。

3. 保障劳动力的再生产。社会保障除了满足劳动者本人的基本生活之外,还通过建立生育保险、给付抚育子女津贴和教育津贴等形式,对劳动力的再生产给予资助,并与国家的人口政策结合,共同影响劳动力的再生产。在现代工业社会,劳动者的收入主要来自职业收入,妇女分娩、婴幼儿护理、未成年人的医疗服务、教育等是较大比例的费用支出。劳动者一旦因各种原因中断收入或者收入减少,势必会影响劳动者的家庭生活和劳动力的再生产。如果劳动力再生产不能实现,就不能为经济发展提供高素质、合格的劳动力储备,社会再生产就无法顺利进行。因此,世界各国通过社会保障制度对有子女的家庭提供劳动力成长和教育的资助,可以保证劳动力再生产的素质和质量。

（二）社会保障对个人具有的保障功能

1. 保障社会弱势群体体面地生活。社会保障制度建立的直接结果,是使社会弱势群体的生活有了保障,使由于各种原因导致收入中断或减少的社会成员得到基本生活的保障,使每位公民都能够生有所食、病有所医、老有所养,使公民不至于因遭受意外风险或劳动能力丧失而陷入绝境。这不仅保障了社会弱势群体的生活,而且也可以保障这些人过上体面、有尊严的生活。

2. 解除劳动者的忧虑和恐惧。对于生老病死的恐惧使人常常处于无所依靠的忧虑之中,这种忧虑和恐惧来自于生命的各种风险。当个人面对这些风险时,往往会感到无能为力。例如,随着年老的到来和工资的中断,人们会害怕年老、担心生活缺乏保障,建立社会保障制度可以解除劳动者对于各种风险和伤害的忧虑,缓解劳动者的心理负担。

3. 减轻家庭其他成员的负担。家庭成员承担其他成员的风险是以一定的血缘关系为基础的,血缘关系是维系家庭成员之间互济互助的基础。随着家庭结构的逐步缩小,传统宗法观念的淡薄,维系家庭成员互济互助的基础也变得越来越薄弱。社会保障制度的建立,使面临风险的家庭成员能够得到社会的保障,这适应了家庭结构的变化,同时也减轻了其他家庭成员的负担。

（三）社会保障对用人单位具有的保障功能

建立社会保障制度,对于用人单位来说,是具有积极作用的,其主要表现在以下

---

① 萨缪尔森:《经济学》,上册,507 页,北京,商务印书馆,1979。

几个方面。

1. 增强用人单位的竞争力。建立社会保障制度、企业年金计划,是用人单位进行人力资本投资的重要方面。没有人力资本的投资,用人单位就无法吸引到适合自身发展的优秀人才。在争夺人才的竞争中,如果用人单位只是以高工资来吸引有技术的员工,已经远远不够。为了防止员工频繁跳槽或用人单位随意剥夺职工的退休金受益权,美国《雇员退休收入保障法》规定了职工获得养老金受益权进度表。一项完善的社会保障制度和企业年金计划,可以吸引、保留优秀的员工为本单位服务。

2. 提高用人单位的劳动生产率。随着经济的发展,科技进步在用人单位利润中的贡献系数越来越高。特别是技术密集型产业,对于高技术人员的需求量也越来越大。人才的技术创新,可以给用人单位带来利润的大幅度提高,可以提高生产资源的配置效率。建立社会保障制度,不仅可以使职工安心工作,解除职工的后顾之忧,而且也是用人单位追求利润最大化的需要。

3. 分摊用人单位的风险。用人单位遭遇重大灾害事故,造成重大损失时,可能会影响到用人单位的生存和发展,建立社会保障制度可以分散用人单位员工人身损害的风险,使用人单位不至于因为重大灾害事故的发生而破产、倒闭,可以提高人力资源的使用效率。

4. 获得延税优惠或税收减免。政府为鼓励用人单位建立补充保险方案,往往在税收上给予一定额度的优惠。政府出台的有关政策规定,促进了补充保险的发展。例如,用人单位可以税前缴费、基金投资收入免税,对中低收入者实行临时性税收抵免、延税优惠等。又如,美国单身个人总收入低于 2.5 万美元者、户主总收入低于 3.75 万美元者、已婚联合申报夫妇收入低于 5 万美元者,可以获得的税收抵免等于其在个人补充养老保险账户上存款额的 $10\%\sim50\%$,但是总抵免额不能超过 1 000 美元。这些税收优惠政策的实施,有助于美国企业年金计划的普遍实施。

5. 聚集数量庞大的资产。无论是基金全额积累制社会保障制度还是基金部分积累制社会保障制度,无论是确定受益型企业年金计划还是确定供款型企业年金计划,都会积累一定金额的基金,这些基金对用人单位、整个社会经济的发展都起到了聚集资本的作用。尤其是在经济萧条时期,社会保障制度的这种聚集资本的作用就显得更加突出。

第二节　社会保障制度的产生和发展

社会保障制度的产生已经有 100 多年的历史。社会保障制度的产生以一定的经济发展水平为前提,是资本主义工业化和社会化的产物,并随着社会政治经济的进步而不断地发展、完善,是一个国家经济发展和社会进步的重要标志之一。

一、社会保障制度的萌芽

社会保障在以制度化、法制化的形式确立以前,是以非制度化的救助形式存在的。十六七世纪,英国的圈地运动使大批农民被迫同赖以生存的土地相分离,成为背井离乡的乞丐和流浪者,使小生产者被迫同生产资料相分离,成为无依无靠的无产者,偷盗、乞讨、抢劫等影响社会治安的事件不断地发生。流浪、贫困、生活没有着落已经成为引人注目的社会问题。为了缓解社会矛盾,英国政府颁布法令,让教会解决救助贫民的问题。1601年,英国女王伊丽莎白颁布《济贫法》(旧《济贫法》)。该法案用征税的办法向圈地运动中流离失所的贫民实行救济,各教区负责向居民和房产所有者征收济贫税,以此来为无力谋生的人发放救济品;教会组织有劳动能力者接受低微工资而工作,带有强制色彩。旧《济贫法》的主要内容有:建立地区行政和征税机构;为有劳动能力的人提供劳动场所;资助老人、盲人等丧失了劳动能力的人,为他们建立收容场所;组织穷人和儿童学艺;提倡父母和子女的社会责任;对比较富裕的地区征税补贴贫困地区。随着贫民的日益增加,各种宗教或世俗的慈善救济已经无法满足社会对生活保障的需求,国家建立的社会救助也就应运而生了。1834年英国政府又颁布了修订的《济贫法》。修订的《济贫法》规定,保障公民的生存是政府的义务,救济不是消极的行动,而是一项积极的社会政策。政府有责任组织专门的社会工作人员从事这项工作。修订的《济贫法》的颁布,保障了政府对贫民的救济,使社会团体实施的慈善救济转化为以国家为责任主体的政府救助,使宗教团体的慈善救济得以扩大化。英国实施救助制度后,瑞士、法国以及其他国家政府也颁布了一些济贫法令。

根据新《济贫法》的规定,接受救助的人必须接受三个条件:一是丧失个人声誉,接受救助被看作人生的污点;二是丧失个人自由,必须禁闭在贫民习艺所里劳动;三是丧失政治自由,丧失公民权,特别是选举权。新《济贫法》实施的救助措施是有条件、限制性的救助,是通过制造歧视和不平等来实现的,是一种难以保障整个社会劳动者最低生存条件的救助,是难以在整个社会普遍实施的救助。可见,英国政府提供的救助是一项临时性救助,是尚未制度化的救助措施,有待于通过必要的措施加以制度化、普遍化。英国失业、贫困大军的不断壮大,摧毁了新《济贫法》限制性救助的樊篱,标志着社会保障制度的萌芽。只有采取制度化的社会保障措施,才能解决日益突出的社会问题。

二、社会保障制度的建立和发展

1883 年 5 月 31 日,德国宰相俾斯麦主持颁布了世界上第一部《疾病社会保险法》,标志着社会保障制度的建立。1884 年颁布的《工伤事故保险法》和 1889 年颁布的《老年和残障保险法》,标志着社会保障的权利与义务有了进一步的法律保证。

德国的社会保障制度是为了满足政治斗争的需要自下而上产生的,是国家统一和社会安定的需要。19 世纪下半叶,德国是阶级关系复杂、政治流派繁多的国家。在马克思主义广泛传播的形势下,社会主义共产党出现在德国政治舞台上。代表容克地主阶级利益的普鲁士军队和普鲁士官僚,虽然完成了德国的统一,但是新加入德意志的各诸侯国却离心离德,宰相俾斯麦的首要目标是实现政治统一。对此,他采取了"胡萝卜加大棒"的政策,希望通过社会保险立法拉拢工人队伍,借此赢得工人对国家政权的支持,阻止工人运动的进一步发展。在这一背景下,德国率先建立了社会保障制度。

20 世纪初,社会保障制度在德国、英国以及欧洲其他国家得到了普遍实施。社会保障制度的建立和发展,使人类逐步认识到这一制度对于稳定经济和社会的积极作用。20 世纪 30 年代,席卷西方世界的经济危机,强烈地冲击着资本主义经济。日渐衰退的经济迫切需要国家干预国民收入再分配,通过提高社会的有效需求来促进经济增长。1933 年,美国政府颁布的《联邦紧急救助法》第一次确定了社会救助的保障责任和功能。1935 年,在总统罗斯福的支持下,美国通过了历史上第一部《社会保障法》,第一次正式提出了社会保障的概念,第一次规定了社会保障包括社会保险、社会福利和社会救助等方面的内容。1964 年,美国政府颁布的《食品券法》进一步规范了社会救助的方式。1965 年,美国政府颁布的《医疗照顾和救助法》进一步将社会保障的保障项目扩大到医疗照顾和救助方面。继美国建立社会保障制度之后,阿根廷、墨西哥、巴拿马等国家也相继建立了社会保障制度。20 世纪三四十年代,社会保障制度在世界各国普遍建立起来。1948 年,英国政府颁布的《国民卫生健康服务法》,使英国成为世界上第一个实行全民医疗保健的国家。同年,英国首相艾德礼宣布英国已经成为世界上第一个"从摇篮到坟墓"均有保障的国家。1952 年,国际劳工组织在日内瓦举行国际劳动会议,通过的《社会保障最低标准公约》标志着国际性社会保障公约的诞生,被视为社会保障制度建设的里程碑。《社会保障最低标准公约》虽然不具有法律约束力,但是建议成员国根据本国的具体情况参照执行。

20 世纪 70 年代,社会保障制度在获得充分发展之际,也暴露出种种弊端。这些弊端从经济上讲,表现为社会保障资金支出远远地超出了筹集的资金;从社会上讲,表现为公民对社会保障制度的依赖心理滋长。举世闻名的"瑞典病""英国病",就是欧洲国家社会保障制度充分发展以后产生的弊端。社会保障制度改革正在世界范围内以不同形式逐步展开,社会保障制度改革已经成为世界各国政府亟待解决的棘手问题。

三、社会保障制度产生的主要原因

社会保障制度是伴随着生产工业化和社会化而形成、发展起来的,是人类依据特定社会需要的制度选择,是社会经济政治制度发展、改革和变迁的结果。导致社会保障制度产生的主要原因大致有以下几个方面。

(一) 生产的工业化和社会化是社会保障制度产生的根本原因

生产工业化、创造更多社会财富的过程,实际上也是农民、小生产者贫困化的过程。生产工业化使大多数被剥夺了土地的农民、小生产者转化为雇佣工人,转化为依靠工资维持生存的劳动者,并日益发展成为劳动力市场供给的主体。资本主义工业化初期,大机器的使用造成了大量劳动力的伤残、死亡;经济危机的反复爆发,造成了大量的劳动者失业。一旦收入中断,劳动者就会陷入饥饿、贫困、衣食无着的境地。贫困人口的迅速增加,已经严重地阻碍了社会经济的发展,运用工业化带来的丰厚财富,保障社会成员的基本生活,是社会保障制度建立的物质基础。

(二) 传统宗法制度家庭的解体是社会保障制度产生的社会原因

随着资本主义经济的发展,依靠宗法观念形成的家庭逐步失去原有的作用,传统家庭具有的教育、养老、生育、保障的功能逐步弱化。作为组成社会的基本细胞,家庭的保障功能弱化,家庭结构的逐步缩小等,使传统家庭已经缺乏足够的能力承担起亲属保障的功能,依靠国家力量建立社会保障制度势在必行。

(三) 商业保险、社区保险和合作保险等形式的保障失效

在社会保障制度产生以前,为应付各类人身风险的商业保险公司、社区保险和合作保险就已经产生了。例如,17世纪末,工人自发组织的互助互济基金会、友谊会、工会俱乐部等,对缓解劳动者面临的疾病、工伤、失业、年老、死亡等风险发挥了积极作用,减轻了政府的经济负担。但是,面对经济危机、政治危机的反复爆发,商业保险、合作保险和社区保险已经无力再承担人们在社会经济生活中面临的各种各样的生老病死风险,迫切需要政府建立社会保险来稳定经济、稳定社会。

（四）社会保障制度产生的思想基础

社会政治斗争的发展,经济学家、政治家和思想家的学说,是社会保障制度产生的思想基础。19 世纪末,雇员反对雇主的斗争日益高涨,社会改良主义思潮不断地涌现。马克思主义思想指导下的德国工人运动,已经成为德国政府必须正视的政治力量。以施穆勒、布伦坦诺等为代表的德国新历史学派认为,政府除了发挥维护社会秩序和国家安全的作用之外,还要承担起兴办一些公共事业、改善国民生活的责任。例如,实行社会保险、发展公共教育、改善公共卫生条件、实行遗产税等,可以缓解社会各阶层的矛盾。20 世纪初,英国费边主义者韦伯夫妇设计了福利国家的美好蓝图,他们主张运用政府的力量对贫民、失业者、病人、残疾人和老年人实行救济。以庇古为代表的福利国家理论、凯恩斯主义的国家干预理论成为建立社会保障制度的理论基础。关于社会保障理论基础这一问题,在本书第二章将集中讲述。《贝弗里奇报告》对于社会保障制度的广泛建立具有促进作用。1942 年 11 月,英国社会保险和联合事业部委员会主席 W. H. 贝弗里奇勋爵向英国政府提交了一份题目为《社会保险及有关服务》的长篇报告,即《贝弗里奇报告》。报告建议,社会保障计划由三部分组成:一是建立社会保险制度,满足居民基本生活需要;二是建立社会救助,满足居民在特殊情况下的生活需要;三是鼓励居民自愿参加保险,满足那些收入较多的居民较高层次的生活保障需求。报告还提出了六条改革的原则:基本生活资料补贴标准一致的原则;保险费标准一致的原则;补助金必须充分的原则;全面和普遍的原则;管理责任统一的原则;区别对待的原则。这些原则至今仍然是发展社会保障制度适用的原则。虽然《贝弗里奇报告》当时并未引起有关当局的足够重视,但是,第二次世界大战以后,《贝弗里奇报告》有关建立社会保障的思想得以在实践中普遍实施。英国政府出台的《社会保险法》《国民健康服务法》《家庭津贴法》《工业伤害法》《国民救济法》等措施,构成战后英国社会保障的新法典,《贝弗里奇报告》成为系统解决社会问题的政策典范,在社会保障思想发展史上具有里程碑的意义。

第三节　世界各国社会保障模式

第二次世界大战后,社会保障制度进入了全面发展的阶段,亚洲、非洲、拉丁美洲等地国家普遍建立了社会保障制度。同时,欧洲国家和美国都将重建和发展社会保障事业,作为缓解战后经济和社会危机的措施。目前,世界各国社会保障模式大体分为以下四种。

一、投保资助型社会保障模式

投保资助型社会保障模式是世界上最早出现的社会保障模式,例如日本、德国、美国等国家就采用了这种模式,我国企业单位实施的社会统筹也属于投保资助型社会保障模式。这种模式的特点主要有以下几个方面。

1. 用人单位、员工共同缴费。社会保障资金的筹集主要以用人单位、员工缴纳社会保险税(或费)为主,国家财政给予适当的支持。实行投保资助型社会保障模式的国家,用人单位、员工的缴费大多为各缴1/2。

2. 权利与义务相结合。劳动者享受社会保险的权利与履行社会保险缴费的义务相联系,社会保障制度的受益者首先是制度的缴费者,劳动者应当履行缴纳社会保险税(或费)的义务。一般来说,劳动者未来享受社会保险给付的待遇,是同个人缴纳社会保险税的金额和纳税基数相联系的。

3. 财政转移支付的资金比较少。投保资助型社会保障的资金主要以用人单位、员工共同缴费为主,从投保资助型国家筹集的社会保障资金来看,目前大多数国家还能够应付社会保障资金支出的需要,政府用于社会保障转移支付的资金也比较少,政府的资金支付压力也不大。

4. 社会保障资金在社会成员之间调剂使用。社会保障资金在缴税(或费)职工之间调剂使用,充分体现了互济互助和风险共担的原则。投保资助型的社会保障资金不仅在年轻人和老年人之间调剂使用,而且还在社会各阶层之间进行转移分配。由于投保资助型社会保障模式调剂资金的能力相对于福利国家型保障模式来说比较弱些,因此,社会成员的收入差距比较大。

5. 保障水平不高。投保资助型社会保障模式具有鲜明的选择性,其保障的水平不高,仅能满足社会成员的基本生活,强调社会保障实施于社会弱势群体。例如,美国基本养老保险金给付额仅为社会救助金的130%,保障水平比较低。这种社会保障模式的保障项目也不完备,社会各阶层享受社会保障待遇的差别比较大。例如,美国在职职工是不能够享受国家提供的医疗保险保障的;只有当职工退休以后,才能够享受国家提供的医疗社会保险的保障。这种保障水平不高的社会保障制度,在避免福利大锅饭方面具有较显著的成效。

二、福利国家型社会保障模式

福利国家型社会保障模式是国家担负公民福利的职责,是从摇篮到坟墓、高福利的社会保障制度,这种社会保障模式主要以瑞典、英国等西欧国家为代表。这种模式的特点主要有以下几个方面。

1. 用人单位缴费,员工不缴费或者低缴费。例如,被称为福利国家橱窗的瑞典,社会保障资金主要来源于用人单位的纳税,用人单位按照法律法规的有关规定,按照规定的标准缴纳社会保险税或费,员工基本不缴费或者低缴费。

2. 权利和义务不对称。福利国家社会保障模式为全体社会成员提供保障,社会保障的受益者未必是社会保险税的纳税者,社会成员享受保障的权利和履行缴费的义务不对称。例如,1946 年英国政府出台了《国民保险法》规定,每位公民都可以获得失业、疾病、生育、孤寡、退休等方面的保障。

3. 财政转移支付的资金比较多。由于福利国家提供了较全面的福利保障,政府财政转移支付的资金比较多。强大的国家财政转移支付,已经成为福利国家社会保障制度正常运转的根本保证,社会保险税已经成为这些国家的第一大税种。

4. 实行有利于低收入者的再分配。例如,在给付养老金时,瑞典、英国等国家对于低收入者和中等收入者采用不同的养老金替代率,这有助于缩小贫富差距。瑞典低收入者的养老金替代率为 69%,中等收入者的养老金替代率则为 49%;英国低收入者的养老金替代率为 66%,中等收入者的养老金替代率为 50%。此外,国家通过赋税对国民收入实行有利于劳动者的再分配,这有助于实现社会各阶层收入的均等化,缩小贫富差距。美国经济学家指出,个人所得税是累进的,具有把收入从富人那里再分配给穷人的倾向。[1] 由于福利国家型社会保障模式调剂资金的能力相对于投保资助型社会保障模式强些,社会成员之间的收入差距比较小。

5. 保障水平高。福利国家的社会保障是内容广泛、全面的保障制度,保障项目除了生育、疾病、伤残、养老保险外,还有儿童、遗属、单亲家庭、住房、教育和培训津贴等;除了给付现金津贴外,还提供医疗、护理等方面的服务。福利国家的保障措施比较完备,高保障、高福利是福利国家的重要标志之一,国家通过举行社会保险、社会救济、公共卫生、医疗保健、家庭补助、养老金以及住房补贴等方面的保障,力争实现充分就业,消除无保障、匮乏、贫困等社会问题。应该看到,福利国家这种从"摇篮到墓地"的高保障,是依靠高税收、高财政赤字来维持的,这种福利制度已经影响到了福利国家的经济发展。

三、国家保障型社会保障模式

国家保障型社会保障模式是指国家举办社会保险事业,给予暂时和永久丧失劳

---

[1] 萨缪尔森:《经济学》,上册,250 页,北京,商务印书馆,1979。

动能力的社会成员提供保障的社会保障制度。目前,澳大利亚、新西兰等国家就实行国家保障模式。我国行政事业单位实施的社会保险制度就是国家保障模式。这种模式的特点主要有以下几个方面。

1. 用人单位和员工都不缴费,由政府举办社会保障事业。劳动者丧失劳动能力后,可以享受法定的社会保险待遇,国家不向用人单位和职工征收任何形式的社会保险税。

2. 权利和义务不对称。国家保障模式下,个人享受社会保险给付的权利和履行缴费的义务是不对称的。例如,只要是本国居民,就可以获得相应的保障,保障水平同员工是否就业无关,同居民在本国的生活年限有关。国家保障型社会保障制度的管理工作比较简单,管理成本也较低。

3. 财政转移支付资金比较多。政府举办社会保障事业是以拥有丰富的资源或者较强的资金调动能力为前提的。例如,改革开放以前,我国的企业生产和利润都由政府统一计划、统一管理,企业只有完成计划的义务,不具有计划企业生产和运用资金的权利,适应这种经济体制的社会保障制度必然是国家举办社会保障。在这种保障模式下,职工对政府的依赖性比较强,自我保障意识不强。

4. 社会保障资金的分配取决于制度设计的给付标准。国家保障型社会保障资金的分配主要取决于政府规定的给付标准。如果制度设计倾向于中、低收入者,则中、低收入者领取社会保险金的替代率就会比较高;反之,中、低收入者领取社会保险金的替代率就会比较低。

5. 保障水平比较高。相对于投保资助型社会保障模式来说,国家保障型社会保障模式提供的保障水平比较高。一般来说,社会保障提供的保障水平越高,公民获得的福利保障水平越高,国家的负担就越重。

四、储蓄型社会保障模式

储蓄型社会保障模式又称强制储蓄模式,这种制度是通过国家立法,强制用人单位、员工按照工资收入的一定比例向社会保险基金纳税(或缴费)的社会保障模式。目前,东南亚、拉丁美洲国家和部分非洲国家就采用了这一模式,主要以新加坡、智利为代表,中国企业单位的个人账户就是这种强制性储蓄模式。这种模式的特点主要有以下几个方面。

1. 用人单位、员工共同缴费或仅由员工缴费。例如,新加坡政府不仅要求用人单位缴费,而且要求员工也向社会保险基金缴费。又如,智利政府只要求员工缴费,不要求用人单位缴费,这些缴费直接计入员工的个人账户。新加坡每名公积金会员都有一个公积金账户,由用人单位和员工每月共同缴费后,存入员工的个人账户,以解决员工退休后的生活之需。1955 年公积金初创时期,缴费率仅为工资总额的10%,用人单位和员工各缴 5%;1980 年为工资总额的 38.5%,员工缴 18%,用人单位缴 20.5%;1985 年为 50%,用人单位和员工各缴 25%;1986 年为 35%,员工缴25%,用人单位缴 10%;1994 年为 40%,用人单位和员工各缴 20%。2012 年,新加坡政府规定,50 周岁以下的雇员公积金缴费率为工资总额的 20%,雇主为 16%;51~55周岁的,雇主缴费率为 14%,雇员缴费率为 18.5%;56~60 周岁的,雇主缴费率为10.5%,雇员缴费率为 13%;61~65 周岁的,雇员缴费率为 7%,雇主缴费率为7.5%。[①]

2. 权利和义务密切相关。储蓄型社会保障制度下,用人单位、员工为个人老年生活储蓄资金的金额决定员工将来获得养老金金额的多寡,也决定着职工工作期的储蓄积累。显然,这种高度相关的社会保障制度不具有代际之间互助互济、分摊风险的功能,也不具有收入再分配的功能,员工享受养老金的权益同履行的缴费义务密切相关。

3. 财政转移支付的资金比较少。同瑞典、美国相比,实行储蓄型社会保障模式的国家用于社会保障的转移支付资金比较少,只有在养老保险基金管理公司出现亏损的情况下,政府才支付最低额度的投资收益担保。例如,智利政府规定,养老基金管理公司经营亏损时,其他养老基金管理公司接管该公司的债权、债务,政府为投资于其中的个人账户提供最低收益担保。

4. 保障水平取决于社会保险基金的实际投资收益率。在储蓄型社会保障模式下,社会保险基金投资收益率的高低是决定养老金给付水平的重要因素。社会保险基金是沉淀下来的巨额金融资产,这部分金融资产投资收益率的高低,决定缴费职工未来领取养老金的多寡,也决定着社会保障的保障水平。

5. 社会保险基金存在政府运营和私人运营两种管理模式。新加坡对社会保险基金的投资运营采取政府集中运营管理的方式,这显然不同于智利的私人分散运营管理的方式。

(1)新加坡的政府运营模式。新加坡政府将中央公积金存款引导到政府控制的投资项目上,从而使政府获得了充足的公共建设资金。中央公积金积累起来的巨额资金,并不是根据市场化原则运营的,而是被引导到需求资金的公共部门。例如,通

---

① 李东平,孙博. 集中式综合社会保障及市场化运作——新加坡中央公积金制度的经验与启示. (2013-03-06). http://www.csrc.gov.cn/pub/newsite/yjzs/yjbg/201303/t20130306_221900.html.

过公共组屋计划,新加坡政府得到了建设组屋的资金来源;通过新加坡巴士股份有限公司计划、中央公积金计划、增进投资计划等将资金引导到政府控股的股票、政府债券和政府投资的其他项目上来。新加坡政府管理的社会保险基金,在最初实行的几十年内,因为只收不支,不存在养老金支付的压力,所以,目前难以确定中央公积金能否承担起未来的支付需求等问题。值得注意的是,政府管理的社会保险基金存在被滥用、投资失误等问题,1960—1990年,新加坡中央公积金的年平均实际收益率仅为5.36%。1995—1999年,普通账户名义收益率为3.6%,专门账户的名义收益率为3.3%。目前,新加坡中央公积金的投资收益率为6%。① 可见,政府集中运营管理社会保险基金的方式是缺乏效益的,人们对这种管理模式的评价也褒贬不一。

(2) 智利的私人运营模式。与新加坡政府集中管理的模式不同,智利实行社会保险基金的私有化管理。智利政府批准25家私人养老金公司(AFP)经营管理社会保险基金,个人缴纳基金管理费。参加保险的缴费者可以在政府批准的养老金管理公司之间进行选择或转移个人账户。

智利社会保险基金的投资运营引入了市场化竞争机制。政府授权的25家私营养老金管理公司,对养老保险基金实行市场化管理,代理投保人使用这些基金参加生产性投资以及法律允许的股票、债券等金融证券投资,投资收益计入职工个人账户,并在职工退休后支付给退休人员。由于养老金管理公司的经营效益有高有低,服务质量有优有劣,职工可以自由选择效益好的养老金管理公司委托管理,也可以随时将个人账户积累的基金从一家养老金管理公司转到另一家养老金管理公司。

智利的养老基金在实施私有化管理初期实行严格的"一人一账户""一公司一基金"的养老保险基金管理模式,随着养老金管理公司的发展和竞争的加剧,政府逐步允许个人开设多个账户,允许个人在养老金管理公司之间进行分散风险的投资组合。经过十多年的发展,智利养老金制度的参加者大幅度地提高;养老金投资营运取得了很高的实际投资收益率,1981—2000年年平均收益率为11.1%,既减轻了政府的财政负担,也为经济建设提供了大量的资金。

---

① 单兰勇.新加坡中央公积金制度评价.(2016-12-30).[2018-01-10]. http://business. sohu. com/20161230/n4773692176. shtml.

第四节　社会保障体系

一、社会保障体系的概念

社会保障体系是指社会保障各项目、保障措施、保障制度等构成的整体,各保障项目之间是相互独立又相互联系的。社会保障体系有广义和狭义之分。广义的社会保障体系是由政府承办的社会保险、补充保险和商业人身保险这三个支柱构成的。第一支柱是社会保险,主要包括基本养老保险、基本医疗保险、失业保险、工伤保险等各类保障项目,主要满足职工基本的生活需求和医疗需求。第二支柱是补充保险,主要包括补充养老保险、补充医疗保险、员工福利计划等项目,主要是在政府的倡导下,用人单位或个人自愿或者被强制地参加补充保险,补充保险可以由用人单位单独缴费,也可以由用人单位和员工共同缴费,补充保险计划主要用于改善职工退休后的生活或较高层次的医疗需求。第三支柱主要是指个人自愿地购买商业保险或其他形式保险,主要包括人寿保险、健康保险和人身意外伤害保险等,提高本人退休后的生活水平和医疗需求。① 狭义的社会保障体系仅指政府举办的社会保险制度、社会福利制度和社会救助制度。

二、中国社会保障体系的构成

中国狭义的社会保障体系主要包括社会保险、社会救济、社会优抚和社会福利四个方面。随着多层次社会保障体系的建立,我国广义的社会保障体系也将会向三大支柱的方向发展,这三支柱构成广义的社会保障体系(见图1-1)。

社会保险是狭义社会保障体系的核心,是国家以立法的形式对面临年老、疾病、生育、伤残及失业等风险因素而暂时、永久失去劳动能力或失去生活来源的劳动者及其家属,给予一定程度经济补偿的制度。社会保险保障的对象是劳动者,其承担的风险是人一生中发生的生、老、病、伤、残、失业等风险,是保障风险最多、运用资金最多、影响最大的一项社会保障制度。我国社会保险包括基本养老保险、基本医疗保险、失业保险、生育保险、工伤保险、长期照护保险六项制度。基本养老保险是在劳动者达

---

① 各国家或地区由于历史、政治、社会、人口和经济等多方面的不同,决定了各国社会保障体系中各部分构成比例的不同,也决定了社会保障体系各个部分在具体制度设计上的不同。

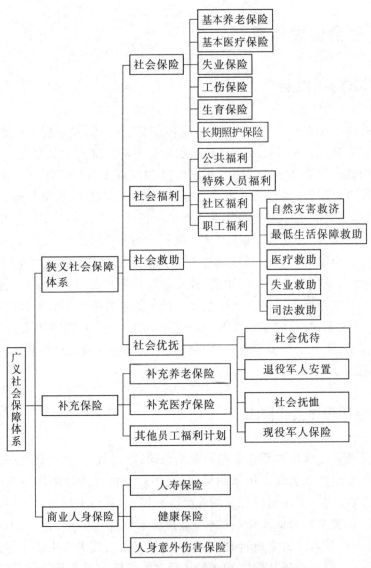

图 1-1　中国广义社会保障体系三支柱体系示意图

到法定退休年龄时,由社会保险经办机构或指定的其他单位按照法律法规的规定给付养老金的社会保障制度。基本医疗保险是政府、用人单位对劳动者(或公民)因为疾病、受伤(非因工受伤)等原因需要去医疗机构进行诊断、检查和治疗时,提供必要的医疗费用和医疗服务的社会保障制度。失业保险是指劳动者由于非本人原因失去工作、中断收入时,由国家和社会依法保证其基本生活需要的一项社会保障制度。工伤保险是指劳动者在生产经营活动或在某些规定的情况下,遭受意外伤害、职业病、死亡等事故,为劳动者提供医疗救治和康复服务,保证劳动者或其家属基本生活的保障制度。生育保险是指国家和用人单位为怀孕、分娩和哺乳的妇女提供医疗服务、生育津贴和产假,以保证那些因生育、抚养孩子而造成收入中断的妇女及其家庭基本生活的一项社会保障制度。

社会福利主要包括公共福利、特殊人员福利、社区福利和职工福利,是国家或社会团体兴办的以全体人民为保障对象的公益性事业,社会福利是社会保障的较高层次,保障的水平比较高。

社会救助是国家通过国民收入的再分配,对因自然灾害或者其他经济、社会原因而无法维持最低生活水平的社会成员给予救助的制度,主要包括城市居民最低生活保障、救灾救济、扶贫救济、失业救济、医疗救济等。社会救济是社会保障体系中最低层次的保障,保障的水平比较低,社会救济是社会保障安全网的最后一道防线。

社会优抚是一项特殊的社会保障制度,是对军人及其眷属的具有褒扬和优待赈恤性质的社会保障措施,主要包括社会优待、退役军人安置、社会抚恤、现役军人保险等。

从图 1-1 可以看出,中国的社会保障体系是不同于欧洲国家的社会保障体系,欧洲国家的社会保障大多包括社会保险、社会救济和社会福利三大领域,笔者认为,社会福利中政府免费或低价为公民提供的一些服务,如义务教育、住房补贴、各种生活补贴、公共卫生保健、老年人福利院等,应由政府负担,是公民基本生活需要的一部分。社会福利中较高层次的保障,如免费午餐、职工健身等项目,应该纳入员工福利计划之中,根据用人单位的经济发展状况来确定,这有利于减轻政府的负担,也可以提高用人单位的竞争力和凝聚力。

三、社会保障体系的其他相关概念

（一）全国社会保障基金和社会保险基金的关系

目前,国内许多报刊上出现了全国社会保障基金和社会保险基金混用的问题,对此有必要从理论上加以澄清。在狭义社会保障体系中,只有其核心部分——社会保险需要通过政府征税或者要求用人单位、个人缴费,其资金收支余额形成社会保险基金。社会救济、社会福利和社会优抚的资金主要来源于政府财政拨款,不需要用人单位和个人纳税或缴费,通常不会形成巨额资金的结余,也就不会形成基金。目前,社会保障基金一词经常见诸报端,但是,很少有人区别二者的差异,结果造成了全国社会保障基金和社会保险基金混用的问题。全国社会保障基金是国务院设立的专项储备基金,是政府为了应对社会保障资金收支不平衡状况而建立的储备基金,主要是由国家财政每年专项划入的,由全国社会保障基金理事会统一管理,而社会保险基金是用人单位、员工缴纳社会保险费后纳入个人账户积累形成的,由各省社会保险经办机构进行管理,存入各级社会保障财政专户。正是由于将全国社会保障基金与社会保险基金混用,人们对社会保障税和社会保险税也经常混用。一般来讲,政府征收的只是社会保险税(或费),而不是社会保障税,因为这些特定的税种只适用于养老保险、失业保险、医疗保险、工伤保险、长期照护保险和生育保险,而不适用于社会救济、社会福利和社会优抚。

(二)社会保险、补充保险和商业保险的关系

社会保险、补充保险和商业保险作为保障的三种方式,都是对于特定危险事故、偶然损失或丧失劳动能力等风险因素提供分散风险和经济补偿的机制,都是处理偶然性损失的风险保障机制,都是用人单位和个人风险转嫁的方式。特别是商业人身保险、补充保险和社会保险的保险标的都是人的生命或身体,其保障功能的同一性就更加明显。在一定的经济发展水平和一定的经济承受能力下,居民对社会保障的总需求是一定的。在这种情况下,社会保险、补充保险与商业保险的市场占有率存在着此消彼长的关系。如果社会保险的保障范围过宽,就会抑制商业保险的发展;如果社会保险的保障范围比较窄,商业保险的发展空间就会比较大。例如,瑞典社会保险的保障水平比较高、保障项目比较多,商业保险就不发达;美国社会保险的保障水平比较低、保障项目比较少,商业保险就得到了充分的发展。商业保险可以满足多层次、多形式的保障需求,是社会保险的重要补充。例如,在补充养老保险和补充医疗保险方面,商业保险发挥的作用越来越突出。社会保险与补充保险和商业保险的区别主要表现在以下几个方面。

1. 保障性质不同。社会保险是国家保障劳动者基本生活的一项社会保障制度,当劳动者遇到年老、疾病、失业、生育、伤残等风险暂时丧失或者永久丧失劳动能力而造成收入中断时,有从社会获得基本生活保障的权利。同时,这也是政府应该承担的义务,属于社会政策性保险,是政府行为的体现。补充保险是用人单位根据自身经营的状况,以企业年金或职业年金的形式为职工提供的保障,补充保险强调用人单位的责任。有些国家的补充保险是强制实施的,如匈牙利等国家强制用人单位为职工设立补充保险;有些国家的补充保险则是自愿实施的,如美国、中国等国家要求用人单位根据自身的经济效益建立补充养老保险。补充养老保险基金委托给信托公司或基金管理公司经营,补充保险属于社会保障体系的第二支柱,既不属于社会保险,也不

属于商业保险,是用人单位行为的体现。商业保险是投保人根据合同的约定,向保险人支付保险费的商业行为,保险人对于发生保险合同约定的事故所造成的人身损失,承担赔偿保险金的责任,或者当被保险人死亡、伤残、疾病或者达到合同约定的年龄、期限时,承担给付保险金责任的保险行为,商业保险是等价交换的买卖行为,具有商业性质。

2. 保障水平不同。社会保险是对公民基本生活的保障,属于较低层次的保障,是一个国家内普遍实施的保障,因而属于社会保障体系的第一支柱。补充保险是用人单位依据国家法律法规的规定为本单位职工自行办理的保险,是用人单位为提高本单位职工退休后的生活水平而建立的,属于社会保障体系的第二支柱。商业保险主要是指个人自愿地购买商业保险或其他保险形式,用于提高离退休以后的生活水平,属于较高层次的保障,因而属于社会保障体系的第三支柱。

3. 保障手段不同。社会保险是国家通过立法强制实施的,凡是符合国家法律规定的人都必须参加,其缴纳的社会保险费用和给付的保险待遇是由国家统一规定的,以实现社会公平为主要原则。商业保险则是在个人自愿的基础上,通过协商以订立保险合同的形式实施的,其缴纳的费用越多,未来得到的养老金给付也就越多。在补充保险、商业保险给付的过程中,以履行交费的义务和享受保障的权利相统一为主要原则,以实现经济效益为主。

4. 经营目标不同。社会保险的经营目标是非营利性的,是为了维护社会稳定而建立的,属于社会目标。例如,失业保险就是风险比较大、无利可图的保障项目,但是为了维护社会的安定,需要建立失业保险,完善社会保障安全网,这体现了社会保险的非营利性经营目标。补充保险、商业保险的经营目标是营利性的,补充保险可以采取委托经营的方式确定基金的投资组合方案,但是委托经营机构必须确保本金的安全。补充保险的经营目标既要兼顾社会效益,又要兼顾经济效益。在保值增值的前提下,实现经济目标。商业保险的经营目标是营利性的,是以合同的形式按照等价交换的原则确定保险双方的买卖关系,通过保险产品的买卖来实现保险公司的营利性目标。各家保险公司在维护被保险人利益的同时,开展公平、有序的竞争,谋求最佳的经济效益,其经营目标是获得利润。

5. 运营机制不同。社会保险业务的开展、资金的筹集、给付和社会保险基金的投资运营,都需要政府直接或间接地参与管理,通常由政府设立的社会保险经办机构统一管理。在社会保险基金的运营中,行政管理起着十分重要的作用。补充保险大多采取委托运营的管理机制,政府的主要职责是对补充保险基金的投资运营情况进行监管。商业保险业务的开展、资金的筹集、给付和基金投资运营,都是由商业保险公司按照市场化的原则运营的,自主经营、独立核算、自负盈亏。政府的主要职责是规范、监管保险公司的经营行为,防范保险公司出现比较大的经营风险,进而影响到被保险人的利益。

(三) 社会保障预算与国家预算的关系

社会保障预算是国家预算的一个重要组成部分。国家预算是依据国民经济宏观运行态势和年度经济社会发展目标编制的,是经国家法定程序审查批准的国家年度财政收支计划方案。国家预算包括经常性预算和建设性预算两个方面(见图1-2)。其中,经常性预算包括政府公共支出预算和社会保障预算等;建设性预算包括国有资产经营预算、公共建设性预算和国家债务预算等。

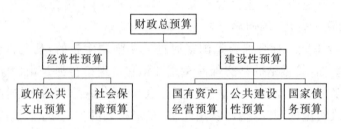

图1-2 国家预算管理体系示意图

社会保障预算是国家作为社会管理者,依据社会保障的总体目标,针对社会保障资金的收入、支出、基金的运营、管理和监督而编制的年度收支计划。社会保障预算收支的主要内容包括:上级和本级政府公共预算安排的各项社会保障经费;依法征收的各类社会保险基金、结余基金及其投资收益;政府预算外筹集和面向社会募捐的用于社会保障的资金等。

1. 社会保障实施的范围和保障项目决定着社会保障预算的总量规模及其结构。一个国家社会保障构成要素中的筹资规模、支付标准、保障水平和社会化程度等,都影响着社会保障预算的规模和结构,进而影响着国家预算的规模和结构。例如,社会保障资金的来源一般需要政府征收各项社会保险税。现收现付制社会保障制度实际上是对正在工作的一代人进行的债务融资,对这种负债只能通过征收社会保险税或具有税收特点的强制性缴费来解决。例如,在实行现收现付制的德国、法国、瑞士、荷兰、瑞典等国家,社会保险税就已经成了国家的第一大税种。一般来说,政府用于社会保障预算收支的资金越多,依靠税收增加来筹集资金的可能性就越大。

2. 社会保障预算反映着政府参与社会保障管理的范围、规模和力度,也反映着社会保障资金运行的全过程。国家在调整公共支出预算结构时,更多地应向社会保障倾斜。养老保险、医疗社会保险、失业保险、社会救助、社会福利和社会优抚等项目的财政支出,关系到经济、社会的稳定,关系到人民的生活,因此,一个国家在编制社会保障预算时应向社会保障倾斜,扩大社会保障资金的支出规模,提高社会保障支出占财政支出的比重。

3. 社会保障预算影响着公共建设性预算的支出。公共建设性预算是指为了给社会提供公共产品和满足公共需要,以政府筹资和投资为主的收支预算。社会保障预算对公共建设性预算支出的影响主要体现在两个方面:①社会保障预算自求平衡的余地较大,国家财政就可以向建设性预算倾斜,较多地增加建设性预算的支出;相反,如果社会保障资金收支的缺口比较大,相应地就会增加国家财政预算平衡的压力,甚至会出现财政危机。一些发达国家出现巨额财政赤字的主要原因是由于社会保障资金收支不平衡造成的。②社会保障预算结余可用于支持公共建设性预算。在编制国家财政预算时,社会保障预算具有确保收支平衡、无偿性拨款的性质;而公共建设性预算则坚持量力而行、与国家财力相适应的原则,采取有偿使用或补贴的方式。

4. 社会保障预算对国家债务管理预算的影响。国家债务管理预算是全面反映预算年度中央政府债务规模、资金投向、偿债情况所形成的收支预算,是中央政府采取有偿的方式向国内外融资,以弥补财政资金不足的重要渠道。社会保障预算对国家债务管理预算的影响主要表现在两个方面:①社会保险基金的积累可以通过购买专项债务的方式,形成国家债务预算收入。投资国家债务风险比较低,收益比较稳定,社会保险基金投资国债必将会对社会保障预算的平衡和稳定起积极的作用。②社会保障制度在由现收现付制向部分积累制转变的过程中,形成了对老人(社会保障改革时已经退休者)和中人(社会保障改革时尚未退休者)的欠债,这部分欠债对政府财政形成巨大的资金支付压力,通过发行国债可以解决社会保障资金的紧缺问题。

复习思考题

1. 简述社会保障制度的特点。
2. 简述社会保障制度的功能。
3. 简述社会保障制度的产生和发展。
4. 简述社会保障制度产生的主要原因。
5. 简述投保资助型、福利国家型、国家保障型和储蓄型社会保障模式的特点。
6. 简述我国社会保障体系的构成。
7. 简述社会保险与商业保险的关系。
8. 简述社会保障预算和国家预算的关系。

社会保障制度的理论基础

　　社会保障作为一种社会制度出现,仅有一百多年的历史。但是,社会保障的思想渊源却很久远。我国春秋战国时期,儒家学派就曾提出"大道之行也,天下为公。选贤与能,讲信修睦,故人不独亲其亲,不独子其子,使老有所终,壮有所用,幼有所长,鳏寡孤独废疾者皆有所养"的思想。西方工业革命以后,一些社会学家、政治学家、经济学家分别从不同的角度探讨充满人道主义的福利思想。马克思的政治经济理论,对推动社会保障制度的形成和发展起了积极的作用。西方福利经济学理论、凯恩斯开创的以国家干预为核心的宏观经济理论等,直接促成了社会保障制度的建立。

第一节　马克思关于社会保障的一般论述

　　马克思逝世的 1883 年,也是社会保障制度开始建立的一年。虽然马克思生前没有看到社会保障制度的完善和充分发展,但是,透过马克思生前对有关保险等相关问题的论述,可以看出马克思的一系列论述对于促进社会保障制度的建立具有积极作用。马克思关于社会保障的有关论述,是我国完善社会保障制度的理论基础。

一、社会再生产理论对劳动力再生产的论述

　　在社会再生产理论中,马克思直接论述了劳动力再生产的作用。

　　社会再生产过程是物质资料再生产和劳动力再生产的统一。物质资料再生产包括生产资料(如被磨损的机器、设备、工具)和被消费掉的原材料、燃料、辅助材料等的再生产,物质资料的再生产是社会再生产的前提条件。劳动力再生产包括劳动力及其家属生产、生活消费所需的各种消费资料等的再生产,劳动力的再生产是社会再生

产顺利进行的保证。

社会再生产是一个由低级阶段向高级阶段不断发展的过程,因此,社会劳动力的生产和生活消费也会由低级向高级不断地发展。只有社会再生产不断进行,劳动力再生产才会不断地发展下去。如果劳动力再生产过程发生障碍,又不能及时排除,必然会危及社会再生产。因此,早在1848年,马克思、恩格斯在《共产党在德国的要求》一文中就曾提出:"建立国家工厂。国家保证所有的工人都有生活资料,并且负责照管丧失劳动力的人。"[①]这里,马克思虽然没有明确指出社会保障对劳动力再生产的作用,但是马克思却明确指出了国家参与管理的必要性,因为只有这样,国家管理才能为劳动者的再生产提供保障,才会成为劳动力再生产的"蓄水池"。在社会再生产理论中,马克思十分明确地指出了劳动力再生产的地位和国家管理劳动力再生产的必要性,对社会保障制度的建立和完善具有积极作用。

当前,我国改革、完善社会保障制度对于促进经济的良性运行具有十分重要的作用。按照马克思的再生产理论,劳动力再生产是维护社会再生产良性运行的重要方面。在传统的计划经济体制下,劳动力再生产是由国家和企业负担的,就业问题由国家负责解决,职工的医疗费用以及退休后的养老费用全部由企业负担。在市场经济条件下,原来维护劳动再生产的方式已经不能适应经济发展的需要了,应该由整个社会来负担劳动力再生产的费用。也就是说,要建立适应社会主义市场经济发展要求的社会保障制度。目前,我国社会保障制度还很不完善,如果国有企业按照效率原则大幅度地解雇富余劳动力,就会造成整个社会的不稳定。国家为了维护社会稳定,让许多国有企业承担着沉重的冗员负担,影响了经济的良性运行。为了解决社会再生产的不良运行状态,需要改革和完善社会保障制度,由社会保障来解决劳动力再生产的问题。

二、社会总产品分配理论对社会保障的相关论述

在社会总产品分配理论中,马克思对有关社会保障的一些问题做出了较为集中的论述,其主要表现在以下几个方面。

(一)社会保障扣除必要性的相关论述

在社会总产品分配理论中,马克思初步论述了社会保障资金扣除的必要性,为社会保障资金的筹集提供了理论依据。

---

① 马克思、恩格斯:《共产党在德国的要求》,载《马克思恩格斯全集》,第5卷,4页,北京,人民出版社,1958。

在《哥达纲领批判》中，马克思指出，拉萨尔所谓的"劳动所得应当不折不扣和按照平等的权利属于社会一切成员"的观点是错误的，必须进行必要的扣除，这些扣除是社会再生产得以进行的前提条件。马克思指出，"如果我们把'劳动所得'这个用语首先理解为劳动的产品，那么集体的劳动所得就是社会总产品。现在从它里面应该扣除：第一，用来补偿消费掉的生产资料的部分。第二，用来扩大生产的追加部分。第三，用来应付不幸事故、自然灾害等的后备基金或保险基金。…… 剩下的总产品中的另一部分是用来作为消费资料的。在把这部分进行个人分配之前，还得从里面扣除：第一，同生产没有直接关系的一般管理费用。…… 第二，用来满足共同需要的部分，如学校、保健设施等。…… 第三，为丧失劳动能力的人等等设立的基金，总之，就是现在属于所谓官办济贫事业的部分"①。

马克思在《哥达纲领批判》中论述的六项扣除，适用于任何社会形态的社会总产品分配。但是，在《哥达纲领批判》中马克思考察的是社会共同占有生产资料的社会形态，即以不存在商品交换的"共产主义社会第一阶段"为研究问题的出发点，当然也就没有涉及商业保险形式的保险基金。马克思论述保险基金的概念和目前普遍认同的保险基金的概念显然是有所不同的。马克思所说的保险基金主要是指财产保险积累起来的基金用于补偿意外的财产损失的资金。目前，学术界普遍认同保险基金包括两个方面：一是商业保险基金；二是社会保险基金。财产保险基金、商业人寿保险基金等只是商业保险基金中的一部分，而马克思所说的"为丧失劳动能力的人等设立的基金"，实际上涉及了现代社会保险基金中的大部分，如养老保险、为因重大疾病而丧失劳动能力的人提供的医疗保险等资金。

这样，马克思部分地论述了社会保障扣除的必要性，并且设想了社会保障扣除的一些方式。根据马克思的理论，保险基金不仅是社会再生产正常运行的基本条件之一，而且也是"一切社会生产方式所共有的理论基础"。对此，马克思指出："如果我们再把剩余劳动和剩余产品，缩小到社会现有生产条件下一方面为了形成保险基金和准备金；另一方面为了按社会需求所决定的程度来不断扩大再生产所必需的限度；最后，如果我们把那些有劳动能力的人必须为社会上还不能劳动或已经不能劳动的成员而不断进行的劳动，包括到（1）必要劳动和（2）剩余劳动中去，也就是说，如果我们把工资和剩余价值，必要劳动和剩余劳动的独特资本主义性质去掉，那么，剩下的就不再是这几种形式，而只是它们的为一切社会生产方式所共有的基础。"②

这里，马克思把保险基金的形成看成了"一切社会生产方式所共有的基础"，与此

---

① 《马克思恩格斯选集》，第三卷，2版，302～303页，北京，人民出版社，1995。

② 马克思：《资本论》，第三卷，990页，北京，人民出版社，1975。

同时,马克思认为,保险基金扣除不仅适用于资本主义社会,而且在资本主义社会消亡之后还会存在较长一段时间。

(二)社会保障扣除比例适度性的相关论述

根据马克思的理论,在社会总产品分配的过程中,不仅要初次扣除"用来应付不幸事故、自然灾害等的后备基金或保险基金",而且还要二次扣除"为丧失劳动能力的人等等设立的基金"。马克思从社会产品分配的理论出发,将产品分配进行两次扣除,第一次扣除的后备基金或保险基金主要是产品损失的利润扣除,主要是防止财产等生产要素发生意外损失的保险。第二次扣除的基金主要是劳动力的保险扣除,实际上就是后来发展起来的社会保险扣除。

关于保险基金的扣除,马克思指出:"至于扣除多少,应当根据现有的物资和力量来确定,部分地应当根据概率计算来确定,但是这些扣除无论如何根据公平原则是无法计算的。"①在这里,马克思实际上提出了保险基金(财产保险)扣除的适度性原则。笔者认为,这个原则也可以推广到"为丧失劳动能力的人等设立的"社会保险基金的扣除。马克思指出,这个原则是无法用抽象的公平概念来衡量的,这是一个客观的原则。由此,笔者可以引申而论,社会保险基金的扣除,应当以现实的经济发展状况为根据,既不应影响生产的积累和居民消费,也不应影响国家的经济实力;应该以风险事故发生的概率及其可能造成的经济损失为依据来确定。

(三)马克思主义经济学对于社会保险基金来源的相关论述

根据马克思的社会总产品分配理论、社会再生产理论以及有关社会保险的论述,可以得出马克思主义经济学关于社会保险基金来源的几点认识。

马克思主义经济学认为,社会总产品经过分配后,最终将形成补偿基金、消费基金和积累基金。在这三种基金中,补偿基金、积累基金中后备扣除的一部分和消费基金中丧失劳动能力者的基金扣除这两部分,将形成保险基金(见图2-1)。保险基金是维持社会再生产顺利进行的必要条件。其中,积累基金和补偿基金中扣除的保险基金可以防止物质资料再生产的间断;消费基金中扣除的保险基金可以防止劳动力再生产的间断,保险基金同补偿基金、积累基金具有同等重要的地位。

马克思的扣除理论不仅从社会总产品分配的角度概括了保险基金的筹资方式、扣除比例和作用,而且成为后来发展起来、建立社会保障制度的重要理论依据。马克思扣除理论中对保险基金的论述,显然同当前普遍使用的保险基金是有所不同的,马克思论述的保险基金不仅包括财产保险资金的积累,而且也包括补偿劳动力再生产的基金。

---

① 《马克思恩格斯选集》,第三卷,2版,303页,北京,人民出版社,1995。

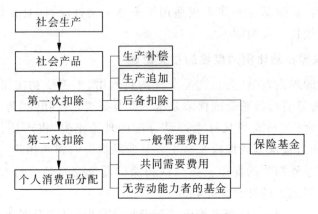

图 2-1　保险基金形成流程示意图

第二节　福利经济学关于社会保障理论的相关论述

西方国家建立社会保障制度的理论基础之一是福利经济学。1920 年,庇古发表了《福利经济学》一书,标志着福利经济学的产生。20 世纪 30 年代,以罗宾斯为代表的西方经济学家对庇古的福利经济学理论提出质疑,并进行改头换面,被称为新福利经济学。新福利经济学产生以后,卡尔多、希克斯、西托夫斯基、李特尔、萨缪尔森、德列诺夫斯基等分别从不同角度质疑并发展了新福利经济学。福利经济学在发展过程中,虽然直接论述社会保障的内容比较少,但是,透过福利经济学对一些问题的相关论述,可以发现福利经济学中有许多值得借鉴的理论。

一、福利经济学对福利衡量的研究

经济福利如何衡量问题,一直是福利经济学中永恒不衰的研究主题,这主要是因为福利经济学从产生的那一天起,就存在无法回避的漏洞和缺陷,这同庇古建立的福利经济学理论有关。

(一)基数效用论

福利经济学之父——庇古认为,一个人的福利寓于自己的满足之中,这种满足可以来自对财物的占有,也可以来自对知识的获得、情感和欲望的实现。满足的含义是复杂、广泛的,因而也是难以计算的。因此,庇古把研究局限在可以计量的福利上,这种福利可以直接或间接用货币量计量,被称为经济福利。

在经济福利的计量上,庇古采用了边际效用分析方法。他认为"一个人的经济福利就是由效用构成的"[①],而效用可以用一个人为获得某种满足或快乐而愿意支付的货币量来计量。这样,效用就可以用单位商品价格来计量了。

最后增加一单位商品所取得的效用是边际效用;从商品边际单位得到的效用越来越少,这是边际效用递减规律。如果一个人的欲望不变,他持有一种商品越多,从这种商品增加的单位中得到的效用就越少,因而为商品增加的单位而愿意支付的货币量也就越少。为了实现效用的最大化,需要对各种商品提供的效用进行比较,以便合理分配货币收入,使所购买各种商品的边际效用同商品的价格成比例。假设人们的全部收入用来购买 A 和 B 两种商品,那么就有如下结果:

$$\frac{A\,\text{边际效用}}{A\,\text{价格}} = \frac{B\,\text{边际效用}}{B\,\text{价格}} \quad 即 \quad \frac{MU_A}{P_A} = \frac{MU_B}{P_B}$$

或

$$\frac{A\,\text{边际效用}}{B\,\text{边际效用}} = \frac{A\,\text{价格}}{B\,\text{价格}} \quad 即 \quad \frac{MU_A}{MU_B} = \frac{P_A}{P_B}$$

其中,MU_A、MU_B 分别为 A、B 两种商品的边际效用;P_A、P_B 分别为 A、B 两种商品的价格。这样,边际单位商品的价格,就是消费者愿意支付的价格,也就是消费者购买商品的边际效用计量单位。用这种方式计量效用,意味着经济福利可以用 1、2、3……基数计量,这就是庇古的边际效用基数论。

庇古在计算经济福利时,假设货币的边际效用不变,同时假设某人购买某种商品的支出在他的货币收入中只占很少一部分。在这种假设之下,商品价格的变动不会影响货币的边际效用,这样经济福利不仅可以计算某一商品的效用,并且也可以比较各种商品的效用。

假设货币的边际效用不变,意味着在有 X、Y、Z 三种商品可供购买、购买量不同的条件下,商品的边际效用与商品价格之间的比例是一个常数(L)。

$$MU_X/P_X = MU_Y/P_Y = MU_Z/P_Z = L$$

这样可以推出以下等式:

$$TU_X = L \cdot P_X$$
$$TU_Y = L \cdot P_Y$$
$$TU_Z = L \cdot P_Z$$

其中,TU_X、TU_Y、TU_Z 为 X、Y、Z 三种商品的总效用;MU_X、MU_Y、MU_Z 为 X、Y、Z 三

---

① 庇古:《福利经济学的几个方面》,载《美国经济评论》,1951(6),288~289 页。

种商品的边际效用；P_X、P_Y、P_Z 为 X、Y、Z 三种商品的价格。庇古在提出以基数效用计量福利的时候，由于假设货币的边际效用对不同的人是相同的，庇古假设不同的阶层所支出的货币量与所得的满足量是相同的。他说："可以认为，一定量的东西不但在任何一个人与其他一个人之间，而且在不同集团代表成员之间，都得到同量的满足。"[①]正因为假设货币的边际效用对于不同的人是相同的，从而满足数量也就与货币数量成比例，正因如此，庇古的理论受到了新福利经济学家罗宾斯的质疑。

（二）序数效用论

1932 年，罗宾斯出版了《论经济科学的性质和意义》一书，首先否定了庇古的假设，对庇古的基数效用论进行了以下几个方面的批判。

首先，罗宾斯否定了个人间效用比较的可能性。"没有办法能够检查出，在 A 和 B 比较之后，A 的满足的大小。…… 内心省察不能使 A 衡量 B 的心理活动，也不能使 B 衡量 A 的心理活动。因此，没有办法对不同人的满足加以比较。"[②]其次，罗宾斯认为，个人效用是一种主观评价的观点，是不科学的。凡是从事研究"应该是什么"的经济政策问题的福利经济学都是主观评价，这和研究"是什么"的实证经济学应当有区别。最后，经济科学是中立的，"凡是使我们说明政策好坏的经济学都是不科学的"[③]，福利经济学不是经济学家所应当研究的固有科学。

罗宾斯对旧福利经济学的批判在当时经济学界引起了很大反响。在批判过程中，罗宾斯借用了一个重要的分析工具，即帕累托提出的"最优状态"概念。帕累托在分析最优状态时，采取了同时代的英国经济学家埃奇沃思使用的"无差别曲线"和"契约曲线"的概念。埃奇沃思在运用边际效用学说研究个人力求达到自己的最大效用以及个人彼此之间的协议时，应用几何图形画出无差别曲线和契约曲线，表示两个人各有一种商品在完全竞争的交换中达到最为有利的状态，这种分析方法为帕累托所采用。

帕累托为了避免效用计量和加总的困难，提出了以"偏好顺序"来代替效用的计量。即认为只要根据在市场上观察到的消费者行为——对于不同商品组合的同等、较多或较少的偏好，就可以确定个人在既定的价格和收入条件下所达到的最大偏好状态。这样，就可以应用无差别曲线，以"偏好顺序"来表示个人和全体的最大满足。

---

① 庇古：《福利经济学的几个方面》，载《美国经济评论》，1951(6)，292 页。

② 莱昂内尔·罗宾斯：《论经济科学的性质和意义》，139～140 页，1935。转引自厉以宁、吴易风、李懿：《西方福利经济学评述》，北京，商务印书馆，1984。

③ 罗宾斯：《论经济科学的性质和意义》，153 页，1935。转引自厉以宁、吴易风、李懿：《西方福利经济学评述》，北京，商务印书馆，1984。

帕累托给"最大偏好状态"下了一个定义:"最大偏好状态就是这样一种状态,它的任何微小的改变,必然使有些人的偏好增多和另一些人的偏好减少。"[①]后来,经济学家把以"偏好顺序"表示满足的理论称为"效用序数论",即只有次序先后才是表现财富效用的合理方法,效用只能用第一、第二、第三……顺序数目来表示。比如,消费者对衣服的偏好胜过对面包的偏好,对面包的偏好胜过对苹果的偏好等。

效用对人心理的满足是没有办法查出来的,因而没有办法对不同人的满足加以比较。对此,罗宾斯提出以序数效用论代替庇古的基数效用论,并认为经济福利是不能相加的,只存在福利水平的高低,不存在福利的多少。

(三)卡尔多—希克斯的福利标准

为了解决罗宾斯福利无法进行加总、不同人的福利无法比较的问题,卡尔多—希克斯提出了福利的补偿原则。卡尔多—希克斯的理论认为,如果按照帕累托式最优条件的标准,要求一些社会成员经济地位的改善而不能造成其他社会成员经济地位的恶化,那就会否定改变经济政策以增加社会福利的说法。因为经济政策的改变意味着价格体系的改变,而任何价格体系的改变,都会使一方得利,另一方受损。但是如果通过税收政策或价格政策,使得利者补偿受损者有余,就不失为正当的经济政策,也就增加了社会福利。卡尔多在《经济学的福利命题和个人间的效用比较》中指出,"在一切情形下,当一定的政策导致物质生产率的增长,从而增加实际收入总额时,经济学家拥护这种政策,就完全不受个人间满足比较问题的影响……经济学家没有必要去证明——事实上他们永远也不能证明……由于采取一定措施的结果,社会上没有人将受到损失。为了使他们的论点能够成立,他们只要表明,那些受害的人所遭受的损失能得到充分补偿,而社会上其余的人仍较以前为好就很够了"。[②] 对此,李特尔指出,根据卡尔多的福利标准而得出的所谓"任何变革都是好的变革"的推论,"简直是虚伪的",因为卡尔多撇开了收入分配问题谈补偿原则。卡尔多提议的不是一种检验,而是一个定义,他的确把收入分配划分开来,但只是把它撇开不谈罢了。事实上,卡尔多先生所做的是,提出一个"财富增加"的定义,撇开了运用收入分配增加经济福利的做法。这正是争论的实质所在。我们不相信,任何不包括收入分配的关于财富的增加、福利、效率或实际社会收入的定义是可以接受的。[③]

---

①　帕累托:《政治经济学教本》,意文 1906。引自法文译本 1927 年第二版的 354 页。转引自厉以宁、吴易风、李懿:《西方福利经济学评述》,北京,商务印书馆,1984。

②　卡尔多:《经济学的福利命题和个人间的效用比较》,载《经济学杂志》,1939(9),550 页。转引自厉以宁、吴易风、李懿:《西方福利经济学评述》,北京,商务印书馆,1984。

③　李特尔:《福利经济学评述》,104 页,北京,商务印书馆,1980。

希克斯是支持卡尔多的。希克斯认为,在长时期的一系列政策改变之中,政策改变对于收入分配的影响是或然性的。这次政策的改变使这些人受益,使另一些人受损,下次可能使这些人受损而使另一些人受益,其结果相互抵消,而使全社会所有人都受益。对此,李特尔认为,"希克斯政策至多对所建议的某些变革来说才是正当的,在这种变革中,实际收入分配的影响多半是微小的。……因为分配影响要是巨大的话,说他们相互抵消掉就讲不通了"。[①]

(四) 西托夫斯基的双重福利标准

西托夫斯基认为,卡尔多—希克斯的福利标准只是片面地考虑原来的收入分配,而没有考虑到情况改变以后的收入分配。西托夫斯基指出,如果推行一种符合卡尔多—希克斯的福利标准的变革,而补偿没有切实支付的话,那么变革前后的实际收入分配将不相同,因此,卡尔多—希克斯的标准可能还准许相反的变动。[②] 对此,西托夫斯基主张对福利的检验必须是双重的,即必须有两个标准。他写道:"首先,我们看看在新的情况下是否有可能重新分配收入,以致每一个人都比原来的情况为好。其次,我们必须看看,从原来的情况来研究,仅仅采用收入再分配的办法,是否可能达到一种对于每一个人来说又比新情况为好的情况。如果有可能出现第一个检验结果而不可能出现第二个检验结果,那么我们就可以得出新情况优于旧情况的结论。如果不可能出现第一个检验结果而有可能出现第二个检验结果,那么我们就可以得出新情况较差。如果两个检验结果都有可能出现或都不可能出现,我们就不能得出一个关于福利的命题。"[③]西托夫斯基的双重检验标准,既满足卡尔多—希克斯的补偿检验的要求,也满足反转补偿检验的要求。这种反转补偿检验,实际上是要求在维持改变后的收入分配状况下,使既得利益者能够得到利益。

(五) 李特尔的福利标准

李特尔关于福利标准的学说是对卡尔多—希克斯、西托夫斯基学说的补充或修正。李特尔一方面接受了卡尔多—希克斯以及西托夫斯基的补偿检验理论;另一方面又反对他们回避收入分配的做法。他认为,关于分配的道德标准,特别是关于收入分配的价值判断,在福利经济学中是不可回避的。如果说,一种政策满足了卡尔多—希克斯标准,就会增加社会的"效率",那么事实上就是在推荐这种政策,这本身已经表明它是一种价值判断。何况卡尔多—希克斯所说的假想补偿也有可能导致收入分

---

① 李特尔:《福利经济学评述》,113页,北京,商务印书馆,1980。
② 李特尔:《福利经济学评述》,109～110页,北京,商务印书馆,1980。
③ 西托夫斯基:《略论经济学中的福利命题》,载《经济研究评论》,1941(11),86～87页。

配状况的更加恶化,这说明价值判断问题是不可能回避的。

李特尔认为,只有在假想补偿检验之上再加上实际补偿,才能使增加福利的标准成为充足的标准。在这里,实际补偿就是指收入再分配。李特尔认为:"收入分配是一个伦理方面的变量,它的数值,有利的或不利的,是给定的,我们必须求得一个包括有这个变量的标准。"[①]李特尔所提出的福利标准,实际上是把卡尔多—希克斯、西托夫斯基等所排除的价值判断和收入分配问题以另一种方式重新表述出来。李特尔提出了三重福利标准:第一,卡尔多—希克斯(既得利益能够补偿受损者有余)满足了吗? 第二,西托夫斯基(双重检验标准)满足了吗? 第三,收入分配是适当的吗? 在前两个标准满足之后,还必须看收入再分配是不是适当的。如果收入再分配不适当,那就必须用转移货币收入的办法来补偿。李特尔的三重标准,被不少经济学家赞赏为具有"稳当的富于常识的素质",或者被推崇为"对于解决问题有真正的贡献",当有的经济学家把"好的收入分配"解释为"趋于较为均等的分配"时,李特尔则加以否认。他认为,新的情况比原来的分配好,只是指在另一个状态下,至少有一个人的境况好些,而没有人的情况更坏;至于为什么说好些,这可能由于分配上的公正,也可能由于其他原因。由此可见,李特尔收入分配上的公正是指不损害效率的公正。在收入分配问题上,李特尔虽不比庇古走得更远,也没有提出人们普遍认同的福利准则,他只是把人们放弃的收入分配问题重新予以重视。

(六)社会福利函数论

福利经济学发展到社会福利函数论才有了比较大的进展。美国经济学家柏格森、萨缪尔森等人认为,经济福利计量既不能回避收入分配问题,也不能单纯运用效用理论,应该在兼顾这两个方面条件的同时,注意一定社会制度下的"一定道德标准"。当收入分配的道德原则为既定的条件下,不同家庭每一元钱的边际福利就必然是相同的,这样,序数效用论中不能比较的福利又可以比较了。萨缪尔森等人的社会福利函数论是福利经济学理论发展上的一个突破,为当时社会制定福利政策提供了理论依据。

柏格森、萨缪尔森等经济学家采用多元函数来表示社会福利。社会福利是社会中每个人所购买的货物和所提供的生产要素以及其他有关变量的函数。柏格森认为,福利函数的数值,取决于所有影响福利的变量,所有家庭消费每一种货物的数量,所从事每一种劳动的数量和每一种资本投入的数量,即这种社会福利函数是社会所有人的效用水平的函数。

---

① 李特尔:《福利经济学评述》,109 页,北京,商务印书馆,1980。

$$W = W(U_1, U_2, U_3, \cdots, U_n)$$

式中,W 表示社会福利,U_1 表示第 1 个人的效用水平指标,U_2 表示第 2 个人的效用水平指标……U_n 表示第 n 个人的效用水平指标。

柏格森把这种函数关系具体化,用下列形式来表述:

$$W = W(X_I, Y_I, A_I^X, B_I^X, A_I^Y, B_I^Y, \cdots, C^X, D^X, C^Y, D^Y, r, s, t, \cdots)$$

式中,X_I, Y_I 代表第 I 个人所消费的假设是两种消费品的数量;$A_I^X, B_I^X, A_I^Y, B_I^Y$ 代表第 I 个人生产 X 和 Y 时所用的两种劳务;C^X, D^X, C^Y, D^Y 代表生产 X 和 Y 时所用的两种生产要素(不包括劳动);$r, s, t \cdots$代表影响福利的其他非经济因素,如天气或人口的变化等。柏格森认为,在经济因素改变较小的限度内,可以假设这些非经济因素不变。由于柏格森、萨缪尔森将收入分配及其他所有支配福利的因素一并编入"社会福利函数",当这个函数值最大时,社会福利就达到了最大化。如果函数中有任何一个厂商因组合生产要素而使生产效率增加或者存在任何一个人因消费的增加而使其满足的程度增加,而其他厂商的生产效率和其他人的满足程度仍然不变,那么,社会福利就达到了最大化,这就是帕累托最优状态的实现。

社会福利函数论者认为,上述的有关社会福利最大化的条件是一般条件,其对于任何福利函数都是适用的,但是不能用来确定特定的福利函数。这是因为组成社会福利的个人福利,还要取决于社会上个人的收入分配。收入分配不同,每个人所消费的各种商品的数量也不同。但是,对于各种社会收入分配的评价,必须根据社会每个人对于全社会福利各种情况的评价以及根据每个人的偏好次序,才能推导出全社会所有人的一致的偏好次序。这就是说,只有从每个人的偏好次序推导出社会偏好次序,然后才能确定社会的最大福利。这里显然存在如何从每个人的福利偏好次序推导出全社会所有人一致的偏好次序的问题。

社会福利函数理论中的一大难题也是个人偏好次序如何向社会偏好次序过渡的问题。为了能够从个人偏好次序推导出社会偏好次序,美国经济学家阿罗提出了以下假设条件:①全部可供选择的社会偏好必须有一种排列的顺序。②不会有任何人不顾忌社会上其他任何人的偏好,而使自己的偏好成为社会的偏好。③假设存在着若干可供选择的对象,那么要在这些对象中进行社会选择,这种社会选择就只能依存于个人对若干可供选择对象的偏好次序。在如此严格的假设条件之下,个人偏好次序的加总,就成了社会偏好次序。

阿罗的假设在现实生活中显然是难以实现的,就连他自己也不得不承认,如果排除个人之间的效用比较,在个人偏好向社会偏好过渡的过程中,既能使社会偏好得到满足,又能代表广泛的个人偏好次序的方法,唯有强制或独裁。

福利经济学发展到了社会福利函数论,可以更全面地反映福利的状况,其学说也较旧福利经济学发展了。从萨缪尔森抽象的道德标准到荷兰中央计划局所确定的具体目标[①],表明福利经济学是逐步走向成熟的,其评价福利的标准也变得更加全面、更加客观公正。但是,也应该看到社会福利函数论所确定的具体道德原则并不能完全地反映社会福利的全貌,正因如此,社会福利函数论受到了相对福利学说的攻击。尽管如此,必须承认社会福利函数论对福利经济学发展的贡献是巨大的,在福利经济学中具有重要的地位。

在社会福利函数发展的基础上,德列诺夫斯基提出的国家偏好函数和个人偏好函数的概念,将社会福利函数进一步细化,这被认为是理论研究工作的一大突破。德列诺夫斯基认为,任何一种制度的经济理论都包括双重偏好体系……这可以导致一种更具有普遍意义的理论。无论是资本主义的理论,还是社会主义理论,都可以被这种具有特殊意义的理论包含其中。[②] 德列诺夫斯基提出的国家偏好函数,为国家制定政策提供了更进一步的理论依据。

在福利衡量标准问题上,尽管有许多经济学家孜孜不倦地探索,在福利的衡量上取得了一定的成果,但是,理论界至今仍未形成普遍认同的理论准则,这与福利经济学天生就有不可克服的缺陷有关,这种缺陷并不因福利经济学家使用了数理模型分析方法而有所克服。

二、福利最大化的条件——资源配置最优

如果说,在福利经济学产生以前,经济学家对社会财富的关注比较多的话,那么,福利经济学产生以后,福利最大化问题便成为许多经济学家关注的焦点。

庇古认为,国民收入最大量即社会福利最大量,而实现国民收入最大量的条件是社会资源的最优配置。庇古继承了他的老师马歇尔所提出的——国民收入是"可供分配的各种享受之新来源的总和"[③]的观点,提出国民收入增长即经济福利的增长。庇古认为:"影响任何国家经济福利的经济原因,不是直接的,而是通过经济福利的客观对应物,即经济学家们所谓的国民收入的形成和使用。"[④]生产资源的合理配置是国

[①]　(1)最大限度地提高实际国民收入;(2)维持高度而稳定的就业水平;(3)实现国际收支的平衡;(4)达到高度的投资水平;(5)维持稳定的价格水平;(6)实行合理的收入分配。

[②]　德列诺夫斯基:《社会主义经济理论》,载《政治经济学杂志》,1961(4)。转引自厉以宁、吴易风、李懿:《西方福利经济学评述》,北京,商务印书馆,1984。

[③]　马歇尔:《经济学原理》,下册,196~197页,北京,商务印书馆,1981。

[④]　庇古:《福利经济学》,31页。转引自厉以宁、吴易风、李懿:《西方福利经济学述评》,37页,北京,商务印书馆,1984。

民收入量达到最大的条件,国民收入总量的增加是促进经济福利的主要因素。一个社会要增加国民收入量,就必须增加满足社会需求的产量;要增加社会产品量,就必须使生产资源在各个生产部门的配置达到最优状态,否则就不能最大限度地增加国民收入量。对此,庇古假设市场处于完全竞争状态。在完全竞争市场条件下,生产资源(劳动、资本、土地等)可以完全自由地移动,也可以完全分割;投资者信息灵通,能够完全掌握市场情况,投资者为了谋求自身利益可以使各方面所投入资源的边际社会纯产值趋于相等,从而使资源的配置达到最佳状态;生产要素供给者可以根据自身的利益来充分提供生产要素,以实现可能得到的全部正常利润。在这种情况下,资源配置也就处于最优的状态——没有失业和开工不足。假设有900公顷土地,可用于种植粮食、棉花或放牧。再假设第一个100公顷土地种植粮食可获得的边际社会纯产值为10万英镑,在土地报酬递减规律的作用下,第二、第三、第四个100公顷土地的边际社会纯产值依次为9万、8万、7万英镑。同样,用于种植棉花的第一个100公顷土地所获得的边际社会纯产值为9万英镑,用于放牧的第一个100公顷土地的边际社会纯产值为8万英镑,以下依次递减(见表2-1)。

表2-1 生产资源在三种不同用途上的最优配置　　　　　　万英镑

次序 \ 用途	用途(边际社会纯产值)		
	种粮	种棉	放牧
1	10	9	8
2	9	7	7
3	8	7	6
4	7	6	5
5	6	5	4

从表2-1中可以看出,900公顷土地上只有用400公顷土地种粮,300公顷土地种棉花,200公顷土地放牧时,才能使生产出来的国民收入达到最大值,这时土地在这三种用途上的边际社会纯产值都是7万英镑。因此,只有当一国可以利用的生产资源在各种不同用途上最后一单位所带来的边际社会纯产值相等时,社会资源才得到了最合理的利用,即实现了资源的最佳配置。

新福利经济学在探讨社会福利最大化、实现社会资源最优配置时,借用了一个非常重要的分析工具——帕累托最优。按照意大利经济学家菲尔弗雷多·帕累托的说法,如果社会资源配置已经达到这样一种状态:任何一个人的境况变好都不可能不使其他任何人境况变坏,那么,这种资源配置是最佳的,也是最具有效率的。相反,如果达不到这样一种状态,资源的配置使某人的境况变好,却不使任何人的境况变坏,那么,这种资源配置的状况就不是最佳的,也就是缺乏效率的。这就是著名的帕累托效率准则。帕累托最优是实现社会福利最大化需要具备的条件,也就是说,撇开收入分配,在交换和生产上达到帕累托最优状态,社会福利才能达到最大化状态。

罗宾斯因为借用了帕累托最优,为市场合理配置资源提出了理想的目标。在现实经济生活中,这个目标虽然是不可能实现的,但是却为资源的合理配置提供了重要的依据。

在福利最大化的问题上,社会福利函数论者进一步论述了帕累托最优的具体状态,如果函数中任何一个厂商因组合生产要素而使生产效率增加,或者有任何一个人因消费品的增加而使满足的程度增加,而其他厂商的生产效率和其他人的满足程度仍然不变的话,那么社会福利就会有所增加。当社会福利增加到不能再增加的程度时,社会福利就达到了最大化,这就是帕累托最优状态的实现。

三、福利最大化的手段——国民收入分配

旧福利经济学注意通过收入分配的转移,实现社会消费效用的最大化;而要实现整个社会效用的最大化,其手段是社会财富的转移分配。

庇古认为,福利经济学应当研究国民收入分配问题,因为国民收入分配是福利最大化的手段。一个人的收入越多,货币的边际效用就越小;收入越少,货币的边际效用就越大。如果把富人收入的一部分(货币边际效用小的部分)转移给穷人,社会的福利就会增加。收入转移的途径是由政府向富人征税,再补贴给穷人。补贴穷人的方法可以采取各种服务设施,如养老金、免费教育、失业保险、医疗社会保险、房屋供给等,因为这些收入转移分配将会增加穷人的实际所得。政府既可以采取累进所得税、遗产税之类的措施,又可以设立一些社会福利设施,将货币收入从富人那里转移给一些穷人,这样就可以增加货币的效用,使社会的满足总量增加。这里庇古不再假设货币的边际效用是不变的,而是把它看成随着货币收入的增加而减少的。庇古同时指出,福利措施应当以不损害资本增值和资本积累为宗旨,否则就会影响投资于国内的资本及其积累,会减少国民收入和社会福利。庇古认为,从富人那里转移收入,自愿转移往往少于社会所需要的收入转移的数量,需要政府对收入分配强制转移。但是,无论实行哪一种收入转移分配措施,都要防止懒惰和浪费,使投资于福利事业的收益大于投资于大机器生产等方面的收益。

在国民收入分配问题上,旧福利经济学发展到新福利经济学,却走向了一个误区。这个误区在于,新福利经济学家在重视资源配置最大化的同时,大多忽略了收入分配对福利最大化的作用。一个理论如果忽视收入分配对福利的作用或者对收入分

配问题避而不谈，而去谈大众福利的最大化问题，显然是一种空谈。从旧福利经济学向新福利经济学理论的发展中，可以看到这一变化，这种变化实际上也是西方经济学发展的一种偏离。

当福利经济学发展到社会函数理论时，又对收入分配的作用重新予以重视，但是，这并不能改变福利经济学以后的发展，其更加忽视收入分配对实现福利最大化的作用，其实正如庇古所认识的，收入分配是实现福利最大化的手段之一。

第三节　凯恩斯主义经济学的"国家干预理论"

凯恩斯（Keynes J. M.）的"国家干预理论"对 20 世纪 30 年代西方资本主义国家社会保障制度的建立具有促进作用。凯恩斯主义经济学的有效需求不足理论，指出了市场经济国家建立社会保障制度的必要性和积极作用。

1926 年，凯恩斯发表了《自由放任主义的终结》一文，提出传统的自由放任经济已经不能适应经济发展的要求，需要政府积极干预经济运行的过程。尽管凯恩斯比较超前地认识到国家干预经济的重要性，但是，该文的发表在当时并未引起人们足够的重视。1929 年资本主义世界的经济危机，使凯恩斯的"国家干预理论"得到了广泛的传播，成为许多资本主义国家建立社会保障制度的理论基础。

一、自由放任主义的终结

在"凯恩斯革命"之前，新古典经济学占据着经济学的正统地位。无论是瓦尔拉斯的"一般均衡理论"，还是马歇尔的"局部均衡理论"，都把自由放任的资本主义经济制度看成一部可以自动调节的"美妙机器"，通过自由竞争的市场机制，能够保证全社会的经济资源得到充分利用和合理配置，也就是说，在自由市场经济制度下，劳动力资源能够得到充分利用，不可能存在非自愿失业。新古典经济学家主张，国家不应该干预经济生活，只应充当自由市场精神的"守夜人"。根据美国经济学家劳埃德·雷诺兹的研究，新古典经济学有如下基本命题[1]。

（1）物品在生产的同时，也提供物品的购买手段，根据这一"供给创造需求"的原理，社会总供给总是等于社会总需求，资本主义经济不会发生总需求不足（或生产普遍过剩）的经济危机。这一命题被称为"萨伊定律"。

---

[1]　L. 雷诺兹：《宏观经济学——分析和政策》，116～117 页，北京，商务印书馆，1983。

（2）资本主义经济有自然趋于充分就业的倾向。当经济处于不均衡状态时,市场经济的各种机制就会使它恢复均衡。

（3）利息率是调节经济生活中储蓄和投资的机制。

（4）工资是调节劳动力市场中劳动供求的机制。

（5）资本主义的经济活动不需要政府干预,但是,允许一个例外,政府可以对货币的供给实行管制。

凯恩斯却认为,新古典经济学的理论命题中,包含了许多不符合实际情况的假设,只适用于特殊情况,而不适用于一般的情况,新古典学派所假设的情况只是可能出现的各种均衡状态的一个特例。[①] 20 世纪 30 年代,资本主义世界爆发的经济危机,导致新古典经济学崇尚的"市场万能"的神话被打破了,自由放任主义终结了。正是在这种经济状况和社会背景下,凯恩斯提出了"国家干预理论",主张国家对经济运行实行有效的干预。

二、凯恩斯的有效需求不足理论

凯恩斯主张国家对市场经济活动进行必要的干预,其理论基础是"有效需求不足理论"。1936 年,凯恩斯在他的著作《就业、利息和货币通论》中指出,社会总需求与社会总供给往往是不平衡的,经常出现的情况是总需求小于总供给,总需求不足是资本主义经济中时常出现的现象。凯恩斯认为,资本主义社会的就业数量取决于有效需求的水平,有效需求不足是失业和经济危机发生的原因。

在凯恩斯看来,总需求函数与总供给函数相交时的数值称为有效需求[②],是总需求和总供给达到均衡状态的总需求,是企业主根据当前就业量预期获得的总收入或总收益。有效需求由消费需求和投资需求两部分组成;同样地,有效需求不足也包括消费需求不足和投资需求不足。造成有效需求不足的三个基本心理因素是:心理上的消费倾向,心理上的流动偏好以及个人对资产未来收益的预期。

凯恩斯认为,消费增量只能是收入增量的一部分,因而平均消费倾向是递减的,边际消费倾向也是递减的。由于存在消费倾向递减规律,致使消费的增长总是跟不上收入的增长,因而引起消费需求不足。

投资需求不足是由于资本边际效率递减引起的。资本边际效率是指预期增加一单位投资可以得到的利润。当资本的边际效率高于市场利率时,资本家就会增加投

---

① 约翰·梅纳德·凯恩斯:《就业、利息和货币通论》,1 页,北京,商务印书馆,1999。

② 约翰·梅纳德·凯恩斯:《就业、利息和货币通论》,30 页,北京,商务印书馆,1999。

资；当资本的边际效率低于市场利率时，资本家就会减少投资；当资本的边际效率等于市场利率的时候，实际投资量等于资本需求量。由此，凯恩斯认为，经济周期实际上是资本边际效率剧烈波动的结果，经济危机是资本边际效率突然崩溃的结果。

流动偏好是造成有效需求不足的又一个重要因素。流动偏好是指公众愿意用货币形式持有收入和财富的欲望与心理。引起流动偏好的原因是交易动机、谨慎动机和投机动机。出于交易动机和谨慎动机的流动偏好所需要的货币数量，主要取决于经济体系的一般经济活动和货币收入水平，对利率变动的反应不很敏感。与此不同，出于投机动机的流动偏好所需要的货币数量，对利率变动的反应比较敏感。这样，货币的需求量分成两个部分：一是出于交易动机和谨慎动机的流动偏好所需要的货币量；二是出于投机动机的流动偏好所需要的货币量。前者是收入的函数，后者是利率的函数。货币供给量的增加使利率降低到某一水平时，货币需求就会趋于无穷大，货币管理当局增发多少货币，公众就会吸收多少货币，利率不再因此下降，这就是"流动性陷阱"。由于"流动性陷阱"的存在，使资本家增加投资的动力减弱，造成投资不足。

由于有效需求的不足，直接导致整个社会劳动力就业不足。也就是说，尽管一些人愿意在低于现行工资水平的情况下就业，但是，由于有效需求的不足，社会却未能向他们提供就业机会，他们处于非自愿失业状态，进而导致整个经济经常处于非充分就业状态。

三、凯恩斯主义的国家调节和干预理论

根据有效需求不足理论，经济运行中自然会出现非充分就业状态，因此，凯恩斯提出了通过国家干预经济来扩大有效需求、实现充分就业的主张。

针对消费需求不足的状况，凯恩斯认为，要增加居民的消费，必须提高居民的边际消费倾向。提高居民的边际消费倾向，可以扩大消费需求，增加社会总需求，增加就业，减少失业压力。对此，凯恩斯认为，国家必须干预经济，通过税收、利率限制、增加政府开支等对消费倾向施加导向性的影响，促进平均消费倾向的提高，这样可以扩大有效需求。他还主张通过国家立法、财政赤字政策等非市场调节方式，大幅度提高工资标准和扩大社会福利，增加职工收入，这样就可以抑制经济危机。

针对投资需求不足的状况，凯恩斯认为，必须提高资本的边际效率，只有在资本的边际效率高于利率的情况下，资本投资才有利可图，投资需求才会增加。投资需求的扩大会通过投资乘数发生作用，而投资乘数的大小取决于边际消费倾向的大小。因此，凯恩斯认为，降低利率可以提高私人投资的积极性，此外他还主张投资社会化，

由国家组织公共设施等方面的建设,以增加投资需求。

在论述国家调节和干预经济生活的措施时,凯恩斯虽然没有明确提出建立社会保障制度的主张,但是,其理论体系和分析方法后来却被其追随者进一步阐释,提出了建立社会保障制度的主张。他们提出了消除贫民窟、实行累进税制、实行最低工资保障的主张。凯恩斯主义者认为,国家承担起私人和市场无法承担的老年救济、失业保障等社会责任,是一种有效克服市场失灵和反经济危机的措施,也是有效的"经济稳定器"之一。只有依靠国家凭借政治权力干预经济,才能解决社会存在的贫困、疾病、无知、脏乱和懒惰等问题,才能摆脱失业和经济萧条,这也为国家实行社会保障提供了理论依据。

凯恩斯的"国家干预理论"成为罗斯福政府在美国建立社会保障制度的理论基础。1934年,凯恩斯和罗斯福在华盛顿的会晤,促进了美国重要法律文件——《社会保障法》的出台,同时也促进了美国社会保障由非正式制度安排向正式制度安排的转变。

复 习 思 考 题

1. 简述马克思对劳动力再生产的论述。
2. 简述马克思社会总产品分配理论中对社会保障的论述。
3. 简述基数效用论对福利衡量的论述。
4. 简述序数效用论对福利衡量的论述。
5. 简述福利经济学对福利最大化实现条件的论述。
6. 简述福利经济学对福利最大化实现手段的论述。
7. 简述凯恩斯关于有效需求不足的论述。
8. 简述凯恩斯的国家干预和调节理论。

社会保障资金运行的 第 三 章
特点和模式

社会保障资金运行问题是社会保障制度建设的首要问题。只有了解社会保障资金运行的特点、方式和功能，才能设计出富有效率的运营制度，才会有助于进一步加深对社会保障制度、社会保障体系的理解，进而经营管理好有限的社会保障资金。

第一节 社会保障资金运行的过程

社会保障资金是指社会保障体系中筹集、使用和分配的资金。社会保障资金运行是指社会保障资金的筹集、社会保险基金的投资运营和社会保障资金给付的过程。社会保障资金在这三个环节的流通，即为社会保障资金运行的过程。

一、社会保障资金的筹集

社会保障资金的筹集是指职能部门受政府委托，依据国家法律法规的规定，采取强制手段筹集的货币资金。社会保障资金的筹集是社会保障制度得以运行的基础。足额的筹资数量，适当的筹资方式可以使社会保障更好地发挥积极作用，减轻对经济的不良影响。社会保障筹资的主体有政府、用人单位和个人。政府主要以转移支付的方式划转社会保障资金，用人单位和个人主要以缴纳税、费的方式筹集。下面以社会保险税（或费）的征缴为例，说明社会保障资金的筹集。

社会保险覆盖范围内的用人单位和劳动者是社会保险税（或费）课征的范围，用人单位发放的工资是课征的对象。社会保险资金筹集的方式主要有两种：一种是采取征收社会保险税的方式；另一种是采取社会保险缴费的方式。社会保险税是国家参与社会产品分配的手段，是政府职能的体现。世界各国的法律法规大多明确规定，纳税是每一位公民的基本义务,并以社会保障法或者社会保险法为依据,对资金的征收、管理和支出以及征管机构、人员和手段进行规范化的管理。征收社会保险税具有无偿性、强制性、规范性和固定性的特点。社会保险费则不同,社会保险缴费在征收机关、征收标准和征收制度上难以统一,并且征收机关的征收权力经常受到多种因素的制约,其强制性和规范性比社会保险税差一些。

确定社会保险缴费水平即社会保险税率(或费率)的高低,直接影响到社会保险资金筹集的数量。社会保险缴费水平越高,社会保险给付水平才会高;反之,社会保险给付水平就会低。社会保险缴费分为分项税①和综合税②两种。分项税是按照社会保险的项目单独征收的,例如,我国社会保障资金的筹集就采用分项税率的方式进行的。综合税是将社会保险各项目的缴费合并计算的,例如,德国社会保险资金的筹集就采用综合税的方式。

具体到世界各国,不同的社会保障制度,其承担社会保险税(或费)的比例是不同的,不管这些国家是采用分项税率筹集社会保障资金,还是采用综合税率筹集社会保障资金。对比瑞典、美国、德国、新加坡、智利、中国等国家(见表3-1)社会保障资金的筹资结构,可以分析各国社会保障制度的运营状况。

表 3-1　世界主要国家社会保障筹资结构对照表

比项国别	个人缴费占总费用比例	用人单位缴费占总费用比例	政府支付占总费用比例
瑞典	不缴	全缴或缴费很多	支付比例高
英国	缴费比例低	缴费比例高	支付比例高
德国	缴费 1/2	缴费 1/2	支付比例较高
法国	缴费比例低	缴费比例高	支付比例高
美国	缴费 1/2	缴费 1/2	支付比例低
新加坡	缴费 1/2 或 1/2 以上	缴费 1/2 或 1/2 以下	支付比例低
智利	全缴	不缴	支付比例极低
阿根廷	缴费少	缴费多	支付比例高
澳大利亚	不缴	不缴	全部支付
巴基斯坦	不缴	缴费	不支付
中国	缴费 1/2 以下	缴费比例高	支付比例低

从表 3-1 可以看出,世界各国社会保障资金的筹资结构中,个人缴费、用人单位

---

①　分项税是指社会保障税的征收机构根据社会保险项目的不同,分别征收社会保险税或者社会保险费。例如,中国。

②　综合税是指社会保险税的征收机构将社会保险各项目的社会保险税或者社会保险费合并征收。例如,德国。

缴费和政府转移支付的比例是不同的。政府责任比较重的国家,财政转移支付所占的比例就比较大,个人缴费的比率就很低、甚至不缴;相反,个人的缴费比例就比较高,个人承担的责任就重。可见,政府承担责任的程度直接关系到社会保障资金的运营效率,合理确定个人、用人单位缴费比率和政府出资比例是至关重要的。

二、社会保障资金的给付

社会保障资金的给付是指社会保障管理部门按照国家法律法规规定的条件、项目、标准等,运用一定的方式,为保障范围内的公民支付一定金额的社会保障资金,以保障公民基本生活和基本医疗等方面需要的制度安排。

社会保障资金的给付是社会保障制度运行的目的。社会保障的给付水平主要是指社会保障受益人领取的各项保险待遇、获得经济给付的水平。社会保障给付的资金、待遇水平体现着一个国家保障的水平和政策目标。由于社会保障的各保障项目不同,给付的形式和标准也是不同的。养老保险制度、医疗社会保险制度、失业保险制度、工伤保险制度和生育保险制度、社会福利、社会救助和社会优抚制度的保障目标不同,其给付的原则和水平也是不同的。

三、社会保险基金的运营

社会保险基金是为实施各项社会保险制度依法建立起来、专款专用的货币资金。社会保险基金是基金积累制、部分基金积累制社会保障制度运行的经济基础,是实现社会保险各项目标的保证。按照国家有关规定,社会保险基金只能用于社会保险项目的经济补偿和给付。我国《社会保险法》规定,社会保险基金不得用于平衡政府其他预算,不得用于兴建、改建办公场所和支付人员经费、运行费用、管理费用或者违反法律、法规挪作其他用途。社会保险基金的投资运营是指利用社会保险基金收入和给付的时间差、数量差,对社会保险基金投资运营,以确保缴费人员的利益。社会保险基金资产的运营管理具有自身的特殊性,可以大致归结为以下几点。

1. 社会保险基金资产的所有权不属于社会保险经办机构。社会保险经办机构作为非营利性事业单位,其主要管理职能是代表政府筹资社会保险基金、管理社会保险基金、监管社会保险基金的投资运营,但是,社会保险经办机构对社会保险基金形成的资产不具有占有或者控制权。

2. 社会保险基金资产不属于国有资产。从社会保险基金的来源看,社会保险基金大多来源于用人单位和职工个人共同缴费形成,筹集的目的是为了保障职工社会保险权益的实现。社会保险基金是基金受益人共有的资产,由政府受托管理。为了保障社会保险基金资产的安全,社会保险基金的管理应当按照国有资产的管理进行有效的管理。首先,对基金资产形成的信息进行汇总和整理,建立资产统计报告制度,能够对基金资产有详细的了解。其次,要组织对基金资产的清产核资、债权、资产评估等基金管理工作,解决社会保险基金资产状况不清、管理混乱、资产浪费、流失等问题。最后,要对基金资产保值增值的状况进行监督检查,并制定相关的效益评价指标体系。

3. 社会保险基金负债管理。社会保险基金的负债是基金运行过程中形成的各种借入款项和暂收款项。借入款项是指社会保险经办机构所经办的基金在周转发生困难时,临时向银行、财政和上级有关部门借用的款项。发生借入款项的条件主要包括:一是非管理原因,如遇到比较大的自然灾害、一次性补发保险金、大规模流行病、传染病等造成基金支出的大幅度增加;二是社会保险基金入不敷出,提前兑现国债,利息损失较大;三是基金滚存结余全部用完,在提高缴费比例等措施未实施或还在初期阶段;四是经过同级财政部门批准。暂收款项是指社会保险经办机构在开展社会保险业务中发生的,属于社会保险基金收入之外的暂收款项。如用人单位多缴纳的社会保险费以及收到的不能确定资金性质的其他资金。为了加强社会保险基金负债管理,要建立健全借入款项和暂收款项的会计账簿和管理制度。对于发生的暂收款项,要按实际发生额及时记账,月末终了,还要及时进行清理和偿付。对于确实难以及时偿付的负债,列入下月的重点清偿计划。

第二节　社会保障资金运行的特点

社会保障资金运行的特点主要包括以下几个方面。

一、社会保障资金的运行具有法制性

社会保障是政府强制建立和实施的,社会保障资金的筹集、管理和使用也是在法律法规允许的范围内进行的。一旦经过立法确定,用人单位或员工必须无条件地依法按时、按既定税率(比率税率或分档累进税率)缴纳社会保险费。商业保险作为社会保障的第三支柱,是通过事先订立契约确认的。商业保险中,人寿保险的投保人是否投保是自愿的,这与社会保险中的强制缴费是不同的。但是,商业保险契约一旦确

立,也必须依照有关合同条款的约定履行相应的权利和义务,必须依法办事。可见,无论是第一支柱的基本社会保险,还是第三支柱的商业保险,其资金运行都具有法制性。

社会保险基金的投资运营、投资组合和投资数额的确定需要依法进行。社会保障资金的给付具有不可延期、缓期给付的特点,因此,对社会保险基金投资运营的依法监管就显得十分重要。社会保障资金是退休人员的"养命钱",社会保障资金的给付必须依法按时足额发放。为保证社会保障资金的按时足额给付,各国政府大多制定专门的法律法规,对违反者进行严厉的处罚。

二、社会保障资金的运营既讲求社会效益又兼顾经济效益

社会保障资金的运营既不同于财政性资金,也不同于银行信贷资金。社会保障资金在运营的过程中,要保障参保人或受益人经济生活的安定,保障社会成员在遭遇风险和不幸事故时给予经济上的补偿,用社会保障资金有效地解决社会稳定的问题,这是社会保障资金运营的社会效益。同时,社会保险基金的投资运营,是缓解社会保障资金供给不足的重要途径;而要实现社会保险基金的保值增值,必须兼顾社会保障资金运营的经济效益。银行信贷资金的运营则不同,银行作为国民经济的微观主体,以利润最大化为经营目标。如果银行经营不善,就会破产或倒闭。财政资金的运营与社会保障资金的运营也不同,财政性资金运营的目标是实现社会效益,公共物品的非排他性等决定了财政资金的运营不能过分地追求经济效益。

可见,银行信贷资金的运营是以经济效益为唯一目的,财政资金的运营是以社会效益为主要目的的。相反,社会保障资金的运营则具有双重性,既要追求社会效益,又要兼顾经济效益。

三、社会保障资金的使用具有专项性

社会保障资金的给付是社会保障管理部门向基本生活发生困难的公民提供的货币或实物补助,社会保障资金是一项专项资金,其使用具有专门的用途。例如,养老保险资金主要用于保障老年人退休以后的生活,失业保险资金主要用于保障职工失业以后的生活,医疗保险资金主要用于保障人们平等地获得适当的医疗服务,工伤保险资金用于保障在工作中受伤致残或死亡者及其遗属的生活,生育保险资金用于保障怀孕、分娩和哺乳的妇女。任何挤占、挪用社会保障资金的行为都是违法的。社会保险基金的结余,要纳入专户储存。社会保险基金必须专款专用,不得用于弥补财政

赤字。这不仅体现了社会保障资金"取之于民、用之于民"的原则,而且有助于社会保障资金的优化配置。

四、社会保障资金的运营具有稳定性

社会保障资金是按照职工工资的一定比例筹集的。有些资金可能不会马上运用出去,如个人账户积累的资金,需要进行长达数十年的积累。这些资金具有源源不断、稳定性强等特点,这就使社会保障资金的运营具有长期性、稳定性的特点。如果将具有长期性和稳定性强的资金投资到适当的领域,不仅可以获得长期、稳定的投资回报,而且还有利于经济的稳定和发展。

第三节　社会保障资金运行模式

目前,世界各国社会保障资金运行模式主要分为现收现付制、基金积累制和部分基金积累制三种模式。这三种社会保障资金运行模式的共同特点是通过采取社会保险或储蓄的方式对未来可能出现的危机做出准备,这三种资金运行模式的差异将在以下各章节通过对比分析予以考察,从而为解决社会保障资金面临的困境和改革提供理论依据。

社会保障资金运行模式的特点和差异,可以通过对现收现付制、基金积累制和部分基金积累制的分析来说明,还可以从图 3-1、图 3-2、图3-3非常直观地表现出来。

一、现收现付制社会保障资金运行模式

现收现付制(Pay-As-You-Go,PAYG)是指用正在工作的一代人的缴费支付已经退休的一代人社会保险费用的制度安排,是以不同代际之间短期(一个时期内)横向平衡为指导原则确定的资金运行模式。具体做法为:

(1)首先确定社会保险给付的水平和待遇标准[①],假设待遇标准为 W_b;

(2)依据保障水平(W_b)和被保障人数(R_b),对支出资金的数额做出大致地估算,即为 $W_b \cdot R_b$;

(3)根据以支定收的原则,确定社会保险资金收入和支出在年度内保持大体平

---

①　该模式首先确定社会保险给付的水平和待遇标准,因而又被称为确定受益制或受益基准制。

衡的用人单位或个人的缴费率,假设 b 为用人单位或个人的缴费率,假设 W_j 为缴费工资,R_j 为缴费人数。

现收现付制下,社会保障资金的平衡公式为

$$bW_j \cdot R_j = W_b \cdot R_b \tag{3.1}$$

将式(3.1)变形,可得

$$b = \frac{W_b}{W_j} \cdot \frac{R_b}{R_j} \tag{3.2}$$

式中,W_b/W_j 为养老金替代率,是指退休人员获得的养老金占在职职工工资的比重;R_b/R_j 为制度负担率,是指退休人员人数占在职职工人数的比重。当 R_b/R_j 变大时,社会保险缴费率 b 也会变大;反之则变小。当 W_b/W_j 变大时,社会保险缴费率 b 就变大;反之则变小。从一定时期来看,社会上有多少退休人员、在职职工是一定的,那么,整个社会的制度负担率是一定的,即 R_b/R_j 的比率是一定的,因而,用人单位或个人缴费率的高低,取决于养老金替代率的高低(见表 3-2)。

表 3-2　现收现付制下不同制度负担率和替代率决定的缴费率　　　　　　%

替代率	制度负担率				
	1:2	1:3	1:4	1:5	1:6
100	50	33	25	20	17
80	40	27	20	16	13
60	30	20	15	12	10
40	20	13	10	8	7

现收现付制下,社会保障资金的筹集、给付按照"以支定收、收支平衡、略有结余"的原则确定,因而其资金运行中不存在社会保险基金的积累,其资金运行模式如图 3-1 所示。

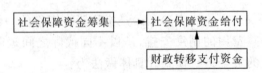

图 3-1　现收现付制社会保障资金运行模式

现收现付制资金运行模式的特点有:社会保险缴费比率的确定和调整比较灵活,互济性强,管理成本低,易于操作,不受通货膨胀和利率变动的影响。现收现付制社会保障资金运行模式下,为了避免社会保险缴费率频繁变动,允许社会保险的储备金保持在一定的支出范围内。例如,德国政府规定,波动储备金保存的额度为一个月至一个半月的支出额,德国波动储备金的设置,有助于社会保险缴费比率的稳定。

现收现付制社会保障资金顺利运行的前提条件是有长期稳定的人口结构。这也就是说,在职职工和退休人员保持适度的比例。现收现付制社会保障资金运行模式实施的初期,由于退休人员占在职职工的比率偏低,社会保险缴费率也是偏低的。现收现付制社会保障资金运行模式实施的后期,退休人员占在职职工的比率会逐步提高,社会保险的缴费率也会不断地提高。以美国为例,20 世纪 50 年代,16 位在职职工供养 1 位退休人员;20 世纪 70 年代,3 位在职职工供养 1 位退休人员。同美国相比,我国人口老龄化发展的速度也是比较快的。1978 年,我国在职职工和退休人员的比率为30∶1,也就是说,当时的状况是 30 位在职职工供养 1 位退休人员。1989年,这一比例为 5.4∶1;近几年来,养老保险缴费人员数量与领取养老金人员的比例下降为 2.47∶1。[①]正是这一比率的急剧下降,才导致现收现付制社会保障资金运行模式在我国面临着极大的压力和挑战。

二、基金积累制社会保障资金运行模式

基金积累制又称完全基金制(Fully-funded Pension System),是指正在工作的职工为自己退休储备社会保险费的制度安排,这是一种以长期(个人整个生命期)纵向平衡为原则确定的资金运行模式。具体做法为:

(1)预测一位职工退休以后平均每年对社会保险资金的需求,假设其金额为 W_b。

(2)估算个人退休以后至生存期满大致生存的年限,假设生存年限为 N。

(3)确定一位职工退休后保持一定生活水平的总费用,即为 $W_b \cdot N$。

(4)将一位退休人员社会保险总费用平均分摊到职工个人整个缴费期,假设职工个人的缴费期为 M(即从职工参加工作到退休时的年限);再假设缴费期职工的工资为 W_j。

(5)职工在缴费期的工资收入按一定的缴费率(b)逐月缴纳到集中、可用于投资的社会保险基金中。职工退休之后,根据职工个人以往的缴费金额和基金的投资收益给付养老金。

如果不考虑社会保险基金的投资收益率[②],则其平衡公式为:

$$bW_j \cdot M = W_b \cdot N \qquad (3.3)$$

---

① 根据《2017 年度人力资源和社会保障事业发展统计公报》计算得到。

② 投资收益率是影响退休人员领取养老金的重要因素之一,这里暂不考虑。

对式(3.3)变形,可得:

$$b = \frac{W_b}{W_j} \cdot \frac{N}{M} \tag{3.4}$$

式中,W_b/W_j为个人养老金替代率,是退休人员领取的养老金占个人退休前工资的比重;N/M为个人负担率,是个人退休后生存1年需要在职期间缴费几年。如果制度设计的养老金替代率比较高的话,职工或用人单位缴费期的缴费率就高;反之,职工或用人单位缴费期的缴费率就低。同样地,如果职工缴费期比较长,其自我负担率就低;反之,其自我负担率就高。

基金积累制资金运行模式是以"自我储蓄、自我保障、自存自用"为原则确定的,其资金运行模式的优点是,在社会保障制度实施初期,社会保障收入会形成数额庞大的社会保险基金,如图3-2所示。经过数十年以后,社会保险金的给付需要从基金的积累中支付,其不足部分由国家财政支付,这部分资金占政府财政支出的比重很小(见表3-1)。

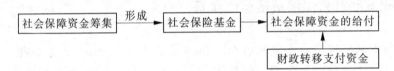

图3-2 基金积累制社会保障资金运行模式

由于基金积累制资金运行模式在较长的一段时期内积累了巨额的资金,容易遭受通货膨胀、金融市场危机的影响,还可能出现被挪用、渎职、亏损等问题,历史上就曾出现过社会保险基金被用于战争、挥霍等问题。为了避免历史悲剧的重演,需要政府提供最低程度的保障。这是因为,在没有政府为个人账户提供最低收入保障的情况下,有可能使某一代退休人员陷入相对贫困,甚至绝对贫困的状况。退一步说,即使政府为个人账户提供了最低额度的养老金保障,这种保障可能会使老年人口的贫困问题有所减轻,但是,由于需要政府资助的退休人员在时间和数量上又比较集中,可能会造成无法预期的财政赤字。

从以上分析可以看出,基金积累制社会保险制度的给付水平还取决于两方面的因素:一是社会保险的缴费水平。社会保险缴费是根据某一确定的社会保险给付水平、覆盖人口、经济发展状况及其他一些相关因素运用精算原理确定的。一般来说,职工在工作时期缴纳的养老保险费越多,领取时的养老金也就越多;职工在工作时期缴纳的养老保险费越少,领取时的养老金也就越少。二是社会保险基金的实际投资收益率。社会保险金的给付水平最终取决于基金积累的水平,而基金积累水平取决于基金的实际投资收益率。如果积累的社会保险基金因投资失误而损失,则个人退休后能够领取的养老金就会减少。

从世界范围看,目前新加坡、智利、马来西亚、阿根廷等国家采取的都是基金积累制。从表3-1可以看出,基金积累制社会保险基金的筹集可以是用人单位和职工共同缴费(如新加坡),也可以是职工单独缴费(如智利),这些缴费直接计入职工个人账户,形成社会保险基金,职工退休以后依据个人账户缴费记录和投资收益领取养老金;基金积累制下,退休人员死亡后,其家属有权领取、继承个人账户未领取完毕的养老金。这是一种通过强制性储蓄实行的职工自我保障制度,主要特征是"强制储蓄、自存自用",基金积累制社会保障资金的储蓄和收益具有高度的相关性,这与现收现付制所具有的风险分担、互济互助的功能大相径庭。

三、部分基金积累制社会保障资金运行模式

部分基金积累制又称混合制(Partly-funded Pension System),是指社会保障资金的一部分按现收现付制运行,另一部分按基金积累制运行的制度安排,这是将短期横向收支平衡和长期纵向收支平衡结合起来的社会保障资金运行模式。也就是说,这种社会保障资金运行模式,既考虑当前退休人员对社会保障资金的需求,进行社会保障资金的统筹安排;又考虑在职职工未来的养老需求,其储备资金形成社会保险基金(见图3-3)。这样不仅可以在相当长的一段时期内,保持社会保险基金的收支平衡,而且还可以根据经济负担能力和短期内情况变化的需要,比较灵活地选择和调整社会保险的缴费率和积累率。

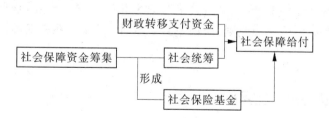

图3-3　部分基金积累制社会保障资金运行模式

这种社会保障资金运行模式的优点有:采用了社会统筹和个人账户相结合的管理办法,既吸收了现收现付制的优点,又吸收了基金积累制的优点,其特点在于实现了两种社会保障资金运行模式功能上的相互补充。在这种模式下,社会保险资金的给付原则是确定受益制和确定缴费制相结合,可以实现公平和效率的有机结合。一

方面,个人账户是个人在不同年龄时期的收入分配制度,个人老年时的收入取决于个人工作期的储蓄及其积累的金额;另一方面,现收现付制资金运行模式又是以支定收的,社会保障资金的供给,取决于社会保障资金的需求。这种既进行社会统筹,又进行个人账户积累的资金运行模式,实现了互济互助和自我保障的有机结合。

这种社会保障资金运行模式的缺点主要有三个方面:一是社会保险基金的缴费率和收益率不易确定。在部分基金积累制社会保障资金运行模式下,由于不断地有一部分资金给付现期退休人员,同时又存在个人账户积累基金保值和增值等问题,因而不易确定社会保险基金的缴费率和收益率。二是承担社会保障的转制成本。在社会保障制度转变的过程中,原来处于现收现付制下的职工是没有个人账户积累的,他们现在和未来对社会保障资金的需求构成社会保障制度的转制成本,要顺利实现现收现付制向部分基金积累制的转变,政府必须承担旧制度向新制度过渡的转制成本;否则,就会产生以社会保险基金弥补资金缺口的问题。三是管理难度大、管理成本比较高。职工个人账户积累的基金由非盈利性的社会保险行政部门管理,不仅造成了社会保险基金投资运营效率的低下,而且也使制度内的职工无法预期个人未来将获得多少养老金给付。

第四节　社会保障资金运行的目标和原则

社会保障资金的运行涉及千家万户的利益,其运行必须有明确的目标。社会保障资金运行的基本目标是实现公民基本生活的保障,最终目标是增进社会福利。在社会保障资金运行过程中,应该坚持公平与效率相统一的原则,应该坚持社会保障水平与经济发展水平相适应的原则,应该坚持基本社会保险、补充保险和商业保险协调发展的原则。

一、社会保障资金运行的目标

社会保障是对公民基本生存权利的保障,社会保障资金运行的基本目标应该是实现对公民基本生活的保障。社会保障资金是重要的经济资源,其运行的最终目标应该是追求社会福利的最大化,以改善公民的生存状态。

(一)社会保障资金运行的基本目标是保障公民的基本生活

根据马克思社会再生产、社会总产品分配理论,保险基金的扣除是基本扣除,是满足社会成员基本生活的"必要的扣除",是维持劳动力再生产的前提条件。结合我国国情,目前我国在建立、完善社会保障制度时,应该坚持对公民基本生活的保障,帮助由于面临失业、年老、疾病、生育、工伤和死亡等风险而使基本生活发生困难的社会成员渡过难关。福利经济学关于福利的论述是内涵较为广泛的。在福利经济学家看来,凡是可以增加国民收入、实现资源优化配置和提高整个社会国民效用的一切改革和措施都是福利,由此,西方国家一些学者将社会保障等同于社会福利,将建立的一整套社会保障制度的西欧国家称为"福利国家"。

由于对社会保障内涵的理解不同,因而对社会保障体系的设计也是不同的。福利国家的社会保障是"从摇篮到墓地"、高福利的保障制度。目前,这种项目广泛、无所不包的社会保障制度,已经成为福利国家一大难以治愈的症结,已经影响到了福利国家的经济发展,这些国家社会保障资金的支出已经占到 GDP 的20%～30%。相比之下,美国的社会保障是保障水平较低、保障项目较少的社会制度,美国政府承办的基本社会保险中并没有将较高的社会福利纳入社会保障的范畴之中,甚至在职职工的医疗保险也没有纳入基本社会保险体系之中,由用人单位自主决定给予职工提供福利和医疗保障,这种较低水平的社会保障制度对于美国经济的发展起了积极的作用。

(二)社会保障资金运行的最终目标是增进社会福利

我国实施的社会保障是对公民基本生活的保障。但是,这并不是说,社会保障给予公民基本生活的保障是一成不变的。相反,随着经济的发展和国民收入的提高,社会保障应该在不影响经济发展的前提下,不断地扩大社会保障资金的支出,其最终目标是增进社会福利,提高公民的生活水平,提升公民的生活层次。这也就是说,如果要增进社会福利,最基本的条件是经济的发展、劳动生产率的提高和国民财富的增长。只有在经济不断发展的前提下,可用于社会保障给付的资金才会不断地增加,社会福利才能不断地增进,国民生活水平才能不断地提高,人民生活才会更加安定。从这个角度来看,社会保障资金运行的最终目标同实现公民基本生活保障的目标是一致的。

社会福利是不断地增进的,但并不是没有限度的。在经济发展的基础上,社会保障资金的给付理当逐年增加,但是社会保障支出的增长幅度不宜过大,不能超越经济发展的承受能力。社会保障资金支出的增长速度应该小于社会资本投资收益的增长速度,否则就会影响经济的发展。这是因为,社会保障支付的资金主要来源于社会剩余产品,而社会剩余产品的增加根源于资本投资收益的增长,如果没有资本投资带来的社会剩余产品的增加,就不会有社会保障资金的增加,毕竟社会保障支付的资金是消费资金。

二、社会保障资金运行的原则

现阶段,我国在实现社会保障资金运行目标时,应该坚持一定的原则,这些原则可以规范、指导有关管理部门的行为,为实现既定的社会保障目标服务,有关管理部门应该坚持的原则主要有以下几个方面。

(一)坚持公平与效率相统一的原则

社会保障资金运行的效率主要体现在:社会保障资金筹集、给付的高效率;社会保险基金投资运营、管理的高效率;社会保障制度自身运营的高效率等方面。

社会保障资金运行的公平主要体现在:社会保障资金在筹集、给付、保障机会等方面均等;社会保障体系中,基本社会保险给予社会各阶层的保障标准应该是一致的;社会保障给付水平能够充分体现公平与效率相统一的原则;社会保障制度能够发挥互济互助、内在稳定器的作用。

目前,我国学术界对于社会保障资金的配置存在公平与效率的争论。有的学者认为,公平与效率是相互对立的关系,公平或效率任何一方效益的增加,都是以对方一定程度的损失为代价的。提高效率必然会产生不公平,注重公平就要牺牲效率。在公平与效率孰轻孰重的问题上,有的学者认为,社会保障制度设计应该坚持"效率优先,兼顾公平"的原则,只有这样,社会保障的原则才会与经济发展的原则相一致。有的学者则认为,社会保障制度设计应该坚持"公平优先,兼顾效率"的原则。

对此,设计合理的社会保障制度可以实现公平和效率的有机结合。国家建立社会保障制度的首要目标是实现社会公平、社会安定,因此,在社会保障体系中,国家承办的社会保险应该平等地保障每位老年人、失业者、患有重大疾病者的基本生活和健康的权利。这是因为,社会保险是给予人的基本生存权利的保障,是人人平等的保障,是不应该因为工资级别、社会地位等方面的差异而有所差别。无论是国有企业职工,还是非国有企业职工;无论是企业职工,还是行政机关、事业单位职工;无论是城镇居民,还是农村居民;无论是高职位者,还是社会低收入阶层。人们在享受社会保险给付待遇上应该是平等的,是没有任何差别的。社会保险给予人平等的社会保障,是提高社会保障资金配置效率的前提条件,缺乏这个前提条件,去谈论资金的配置效率就是一句空话。一个社会中,如果老年人、失业者、患有重大疾病者等社会群体的基本生存权利得不到保证,不仅会影响社会保障功能的发挥,也会影响经济的发展、社会的安定,其所实现的社会保障资金的配置,也是缺乏效率的。

目前,我国社会保障资金的给付并不是很公平,集中体现为社会保险给付标准的不统一。当前,我国社会保障资金在给付的过程中,普遍存在着制度设计给予体力劳动者的保障水平过低,甚至无法满足基本生活的问题;相反,制度设计给予脑力劳动者的社会保障给付水平过高,这部分退休人员得到的养老金不仅可以维持较高的生活水平,而且在职工退休后还会形成储蓄。社会保障资金在给付的过程中,如果使一部分人过度地享受社会保障给付待遇,同时却使另一部分人无法享受到社会保障给付或者享受的社会保障给付无法满足基本生活需要,这种资金运用方式不仅是不公平的,而且也是缺乏效率的。

社会保障资金配置的公平,不是缺乏资金使用效率的公平,而是公平与效率相统一的公平。目前,我国政府出台的一些管理措施,有悖于社会保障资金的使用效率。例如,养老保险制度设计、医疗保险制度设计存在着越改革越复杂,制度的管理成本越来越高,存在着越来越缺乏效率的问题。

(二)坚持社会保障资金使用与经济发展相适应的原则

按照马克思社会总产品分配理论,社会保障资金的来源只能由社会剩余产品(M)来提供。社会剩余产品越多,可供人们分配的产品就越多,提高社会保障水平才具备基本的物质条件;相反,社会剩余产品越少,可供人们分配的产品就越少,提高社会保障水平就不具备基本的物质条件。社会剩余产品是社会保障资金筹集的物质前提,缺乏这个前提,社会保障资金的筹集就无从谈起。这也就是说,社会剩余产品占社会总产品($C+V+M$)的比重越高,可用于支配的利润也就越高,相应地,可以作为社会保障来源的资金也越多,社会保障水平也就越高;相反,社会保障水平也就越低。因此,以马克思社会总产品分配理论作为确定社会保障水平的理论依据,不仅可以为确定适度社会保障水平提供理论根据,而且可以使社会保障制度设计与现实社会的经济发展水平相适应。

从一定层次上讲,社会剩余产品的多寡,标示着社会的经济发展水平。一个国家的经济发展水平越高,可供分配的社会剩余产品就越多;一个国家的经济发展水平越低,可供分配的社会剩余产品就越少。人们常说,社会保障与国家的经济实力相适应,这实际上也就是说,社会保障给付资金的分配不能超越可供分配的社会剩余产品。从宏观经济运行的角度来看,社会保障水平反映整个社会承担社会保障资金给付的能力,即社会保障总承受能力。这一总承受能力的确定不是没有根据的,其基本依据是经济的发展水平。确定了这个依据,在确定社会保障总水平时,应该坚持以可分配利润的能力或一定的经济发展水平为根据。脱离经济发展水平,确定不切实际、过高的社会保障给付水平势必导致经济增长速度的放慢或严重的通货膨胀;脱离经济、社会的现实状况,确定过低的社会保障水平,又会影响到人民的生活,因而影响到社会的稳定。

评价一个国家社会保障制度的标准并不是社会保障运用的资金越多越好,保障项目越多越好,而应该是,社会保障制度的设计与经济发展的现实状况相适应,不应该超越经济的总承受能力。从这一原则出发,我国在改革和完善社会保障制度时,应当坚持社会保障使用资金与经济发展相适应的原则。

(三)坚持社会保险、补充保险和商业保险协调发展的原则

根据国际劳工组织的建议,社会保障体系有三个支柱。社会保障资金在三个支柱之间的配置应当有助于实现协调发展的原则。这是因为,社会保障体系三个支柱在保障功能上都是为了发挥分摊风险、保障社会成员生活的作用,在保障方式上都是为社会成员提供经济补偿,三者之间相互联系、相互补充。坚持社会保险、补充保险和商业保险协调发展的原则,不仅可以实现经营主体利益上的互补,而且有助于进一步完善社会保障安全网,这也是进一步健全我国社会保障体系的基本前提条件。

目前,我国保险市场上存在着社会保险与商业保险经营范围混乱、争抢业务等问题,影响了各自功能的正常发挥。对此,需要明确社会保险、补充保险和商业保险之间的关系和界限,实现三者的协调发展。

社会保险与补充保险、商业保险是相互联系、相互补充,但又不能相互替代,因此,需要严格界定社会保险与补充保险、商业保险的范围和界限。属于社会保险、保障公民基本生活的保险项目应该划入社会保险的范畴;属于补充保险、为提高个人生活水平而举办的保险应该划入补充保险的范畴;属于商业保险的,应当由保险公司经营的业务划入商业保险的范畴,社会保险经办机构不宜经办补充保险、商业保险的某些险种。

同西方国家相比,我国社会保障体系在实现社会保险、补充保险和商业保险的相互衔接、相互补充和协调发展上做得还很不够。造成我国社会保障体系三支柱相互分离、各自为政的原因是多方面的,概括起来有以下几个方面。

1. 制度设计不合理。目前,我国的基本养老保险包括社会统筹和个人账户两部分,这两部分的混合不仅造成了基本养老保险管理中的诸多问题,而且加大了社会保障制度改革的难度,社会保险经办机构无法预期未来社会保障资金支出的金额,个人无法预期未来领取养老金的金额。对此,笔者认为,有必要将基本养老保险中的社会统筹和个人账户分开,将个人账户纳入社会保障体系的第二支柱进行管理,发展补充养老保险计划。补充保险可以采取基金积累制的方式,按照市场化的原则运营。基本养老保险可以实行社会统筹,社会统筹部分由政府统一管理,实行现收现付制。这

不仅可以实现职责和范围的明晰,而且可以提高社会保险资金的使用效率。

2. 补充保险发展缓慢。目前,我国补充保险是在国家有关政策的指导下,根据用人单位的经济效益,为职工提供基本保险之外的补充保险。补充保险的供款可以在用人单位工资储备金中列支;也可以将基本养老保险缴费中超过当地在职职工平均工资 300% 以上的部分,由社会保险经办机构返还给用人单位作为补充养老保险的供款;还可以经当地政府批准,将不超过用人单位工资总额一定比例的部分计入相关的成本费用。当前,我国企业的经济效益不高,企业承担基本养老保险的缴费负担本来已经很重,让企业缴费进一步发展企业补充保险的空间不太大,社会保障第二支柱的作用并没有很好地发挥。

3. 补充保险的发展缺乏法律、法规的监管。目前,政府有关管理部门虽然出台了一系列法律、法规来规范补充保险的发展。但是,在补充保险的经营、管理等方面依然缺乏具体、可操作的制度来规范补充保险的发展,规范我国补充养老保险发展的法律法规滞后。只有规范补充保险的发展,才能预防补充保险的发展面临较大的损失风险。我国补充保险发展的制度建设任重道远。

复习思考题

1. 简述社会保障资金运行的过程。
2. 简述社会保障资金运行的特点。
3. 简述现收现付制社会保障资金收支平衡的原理。
4. 简述基金积累制社会保障资金收支平衡的原理。
5. 简述部分基金积累制社会保障资金运行模式的优缺点。
6. 简述现阶段我国实行保障基本生活的主要原因。
7. 简述社会保障资金使用与经济发展相适应的原则。
8. 简述社会保险、补充保险和商业保险协调发展的原则。

世界各国社会保障面 第  章
临的问题和改革

随着社会保障制度的建立和广泛发展,世界各国社会保障资金的支付日渐窘迫、匮乏。由于人口出生率的下降、新增劳动力的减少、人口平均寿命的延长、老龄人口(退休人员)的增多[①]、社会保障水平的不断提高等方面原因,使社会保障资金陷入了入不敷出的困境。

综观世界各国的社会保障制度改革,没有一个国家的改革是一帆风顺的,改革的过程中总要遇到一些意想不到的问题,由此也决定了世界各国的社会保障制度改革也是一个艰难而痛苦的过程。

第一节 福利国家型社会保障面临的问题和改革

现收现付制起源于欧洲,并且在欧洲获得了广泛的发展,英国、瑞典等高福利国家大多采取现收现付制社会保障资金运行模式。随着社会保障制度的逐步完善、保障范围的扩大和保障项目的增加等,福利国家资金的支付越来越紧缺,社会保障制度亟待改革。20 世纪 80 年代,福利国家开始实行社会保障制度的改革。

一、福利国家型社会保障存在的问题

从目前福利国家的现实状况看,主要有以下几个方面的特点。

1. 高福利、高标准。以瑞典为代表的福利国家对全体国民实行普遍、全面的社

---

① 1999 年是国际老年人年,这不仅标志着世界已经进入人口老龄化的时代,也标志着世界各国对老年群体特殊地位的正式承认。1999 年全世界 60 岁以上的老年人口已接近 5.5 亿人,2000 年达到了 6 亿人左右,2006 年达到了 6.5 亿人,预期 2025 年将达到 20 亿人。

会福利,提供从"摇篮到墓地"的一切保障,保障水平比较高,实行收入均等化。福利国家和社会保障实行有利于劳动者的分配,缩小社会各阶层的贫富差距。对此,美国经济学家萨缪尔森指出,"个人所得税是累进的,具有把收入从富人那里再分配给穷人的倾向"[①]。20 世纪 60 年代后期,瑞典基尼系数开始大幅度下降;到 70 年代中期,基尼系数已经降到 0.2 以下的水平;80 年代中期略有上升,但是基尼系数仍未超过 0.22,这说明福利国家的社会保障制度具有使收入分配均等化的功能。

2. 高税收。瑞典社会保障资金的主要来源是用人单位的缴费(见表 3-1),员工则不缴费或低缴费。例如,1995 年瑞典用人单位负担的养老保险和医疗社会保险等各项法定社会保险费用占利润的 32.9%。社会保障资金的筹集除了用人单位缴费外,还依赖政府的转移支付,政府转移支付资金所占的比重比较大(见表 3-1),强大的国家财政转移支付已经成为政府实行福利制度的根本保障。经过税制改革后,瑞典社会保险税已经成为国家的第一大税种。

3. 高财政赤字。福利国家的高给付标准,促使政府依靠大量举债维持庞大的社会保障费用支出。财政赤字的增加,不仅推进了物价的上涨,而且影响了人民生活水平的提高。尽管经济增长率大幅度下降,财政赤字不断地增加,职工依然缺乏工作的积极性。这是因为,职工即使不上班、失业,也可以获得数量可观的收入,这些收入足以让职工或失业者体面地生活下去。由于职工缺乏工作、就业的动力,也就影响了在职职工工作的积极性,更进一步影响了社会保障资金的配置效率。对此,瑞典经济学家阿萨·林德伯克认为,福利病的根本原因在于,"这种体制使我们的公共开支的增长,超过了总资源的增长",并指出"福利无论就其范围还是就其内容来说,都是有限度的,超过了极限就要进入危险境地"。

4. 高劳动成本。福利国家社会保障制度具有的高福利、高标准和广覆盖的特点,导致用工单位承担着较高的社会保险缴费率,高缴费率提高了劳动成本,进而影响到福利国家产品出口的竞争力。

5. 低经济增长。福利国家的高福利、高标准,同时也带来了社会保障资金配置的低效率。目前,福利国家已经陷入了"高福利—高劳动成本—高国债—高税收—低投资、低增长"的恶性循环之中。对此,一些经济学家不禁惊呼,国家和经济已经跌入"社会福利国家的陷阱"。

[①]　萨缪尔森:《经济学》,上册,250 页,北京,商务印书馆,1979。

二、福利国家型社会保障制度的改革

随着人口老龄化的加剧,福利国家用人单位、职工缴纳社会保险的税率也在不断地提高。通过强制缴费筹集的资金难以应付人口老龄化带来的对社会保障资金需求的增加,一些国家开始尝试进行社会保障制度改革。

1. 社会保障资金收支技术上的改革。一些国家采取减少支出津贴给付、更改津贴给付标准、延长最低缴费年限和提高法定退休年龄等办法,来减少社会保障资金的支出。这些技术上的调整虽然取得了一定的成效,但是并不能带来实质上的改变。西欧国家社会保障制度改革因为涉及政党的利益而变得举步维艰。

2. 社会保障资金管理方式的改革。西欧国家进行社会保障制度改革的进程虽然是艰难的,但是,改革目标却是明确的,就是要逐步减少国家干预,强调市场机制在社会保障资金配置中发挥应有的作用,使社会保障制度由原来政府承担主要管理职能的国家管理方式向部分私有化管理方式转变,让私有化管理模式在社会保障制度改革中发挥作用。例如,英国已经将部分补充保险资金的管理权交给了私有企业,让私有企业来经营、管理。又如,荷兰已经宣布法定医疗保险实行私有化管理。总之,现收现付制国家正在逐步改变原来承担责任过重的状况,由国家管理向国家与私人管理相结合的方向发展。

3. 扩展社会保障体系。如果说社会保障制度改革以前,福利国家社会保障支出的资金主要由国家负担,国家是经办社会保障事业主体的话,那么,目前福利国家正逐步改变原来"独脚拐棍式"的社会保障体系,向政府提供保险、补充保险以及个人自愿购买储蓄保险三支柱的方向发展。

4. 强调社会保险基金的投资收益。随着福利国家社会保障制度改革的深化,随着补充保险基金积累资产规模的扩大,特别是20世纪90年代以来,福利国家更加重视社会保险基金与资本市场的关系,强调社会保险基金在资本市场获得更高的投资收益率。

第二节　基金积累型社会保障面临的问题和改革

基金积累型社会保障制度自20世纪80年代实施以来,因其强制储蓄和动用资源的能力而受到世界各国的广泛关注。目前,各国经济学家对这种社会保障模式的评价褒贬不一,尚未形成统一的认识。

　　基金积累型社会保障模式的积累率为100％,这种资金运行模式在制度实施的最初几十年,由于只缴纳社会保险费,不支付资金,加之目前这种资金运行模式还没有进入养老金的集中给付期,存在的一些问题尚未充分暴露出来,因此,对基金积累制资金运行模式妄下结论还为时过早。

一、新加坡中央公积金计划

　　新加坡中央公积金计划从1955年开始实施,主要为在职职工退休后或不能工作时提供稳定的收入来源。在制度开始实施阶段,只覆盖殖民政府及其所控制的公共部门的公务员。新加坡独立以后,中央公积金的覆盖范围不断扩大,其保障功能逐步增强。中央公积金计划由员工、用人单位和政府三方共同支持,用人单位和员工向中央公积金缴费,政府的主要职责是投资运营中央公积金。用人单位、员工的缴费进入员工个人账户,职工个人账户在55岁以前有三个:普通账户、保健账户和特别账户。普通账户的储蓄可用于住房、保险、政府批准的投资和教育支出以及向父母的退休账户进行填补性转移支付等,普通账户的存款约占中央公积金存款的75％。保健账户可以用来支付个人在指定医院的诊疗费用,还可以用来支付前三个孩子的分娩费用,以及支付医疗盾牌计划(Medishield)的保险费,保健账户的存款约占中央公积金存款的15％。特别账户的储蓄主要用于预防不测之需,其存款额约占中央公积金存款的10％左右。

　　职工年满55岁以后,其个人账户变为退休账户和保健账户。为了鼓励职工将储蓄继续留在个人公积金账户上,政府规定退休账户必须有一笔中央公积金局规定的最低储蓄存款金额。其余的资金可以不存在中央公积金账户而存在银行,或者向中央公积金局批准的保险公司购买年金。职工60岁退休后,可以按月领取养老金。从2000年7月1日开始,政府规定中央公积金成员在年龄达到55岁后须在个人账户留足6万美元,其中至少要有2万美元的现金,剩下的4万美元可以以不动产的形式存在。这一最低余额将逐步以每年增加5 000美元的方式递增,到2003年上调至8万美元。职工个人账户的中央公积金收入享受免税优惠,这是负责管理中央公积金各项政策的中央公积金理事会制定的。

　　新加坡个人账户存款利率也是由政府规定的,其中普通账户和保健账户的存款利率是按照新加坡国内四家主要银行①一年期定期存款利率(80％的权重)和活期存

---

　　①　新加坡发展银行(DBS)、华侨银行(OCBC)、华联银行(OUB)和大华银行(UOB)。

款利率（20％的权重）进行加权求和计算的；而特别账户和退休账户上的存款利率稍高于普通账户和保健账户的存款利率。

经过几十年的发展，目前新加坡政府已经积累了数额巨大的中央公积金。这不仅是基金积累制资金运行模式储备功能的体现，也是社会保障稳定发展的经济保证。

实行基金积累制资金运行模式的关键问题是社会保险基金如何投资运营和管理。新加坡中央公积金主要由政府投资运营，通过公共组屋计划，政府得到了建设组屋的资金来源；通过新加坡巴士股份有限公司计划、中央公积金计划、增进投资计划等将资金引导到政府控股公司的股票、政府债券和政府投资的其他项目上。新加坡政府通过发行国家债券、开发组屋等对中央公积金加以利用，政府发动的住房开发计划使新加坡86％的人口能够居住在公房中，并且他们中的许多人拥有住房的所有权。

新加坡积累的中央公积金使政府获得了充足的公共建设资金，政府投资运营的中央公积金的实际收益率年平均为2％～3％，同世界其他国家相比，新加坡中央公积金的实际收益率比较低。同时，实行基金积累制的马来西亚[①]、印度尼西亚、坦桑尼亚、赞比亚[②]、加纳等国家，由于在资金管理上不如新加坡，有的国家甚至出现了账户管理混乱、基金亏空、投资收益率低下等问题，因而基金积累制并未被人们普遍接受。同时，由于基金积累制仅仅是一种强迫个人储蓄的社会保险制度，不具有互济互助的功能，引起的非议较多。许多经济学家认为，基金积累制纯属个人储蓄，与社会保障"风险分担"的功能大相径庭。

引人注目的是，新加坡、马来西亚等国家正在逐步由基金积累的公积金制度改为现收现付制。

二、智利的社会保障制度改革

智利的社会保障制度改革被称为激进式改革，其主要特点是由改革前实行的现收现付制社会保障制度转变为以强制性建立个人账户为基础的基金积累制，基金积累的供款由私营养老金管理公司运营。在养老金制度改革方面，智利的改革还是比较成功的。

智利的社会保障制度建立于1924年，到20世纪70年代尚未建立起统一的社会

---

① 马来西亚雇员公积金主要用于修建机场、补贴国有企业和救助濒临破产的金融机构，其社会保险基金的投资收益率比较低。

② 在多数实行中央公积金制度的非洲国家，由于缺乏有效的管理和腐败、浪费等原因，不仅基金的管理费用比较高，而且基金的投资收益率也比较低。

保障体系,各行业分散管理的确定受益型养老金计划彼此之间互相分立、各自为政。旧制度存在的问题主要有三个方面:一是养老金给付水平低;二是各地区、各行业实行的社会保障制度不统一;三是社会保障资金收支缺口比较大。1981年智利政府开始对养老金制度进行私有化改革。

(一)现收现付制向基金全额积累制改革的转制成本

智利的社会保障制度改革是以私人管理的基金积累制取代原来实行的现收现付制。在社会保障制度改革的过程中,职工可以自愿选择旧制度(现收现付制)或新制度(基金积累制)。对于选择旧制度的职工政府除了要维持旧制度的继续运转外,还要为已经退休的人员支付养老金。在社会保障制度改革中,由于绝大多数职工选择了个人账户积累制,从而减少了旧制度的缴费收入;退休人员和选择"旧制度"职工的历史债务由政府承担了下来。对于由旧制度转向新制度的职工来说,政府为转入新制度的职工发行承认工龄债券,以解决转入新制度职工在旧制度下没有个人账户资金积累的问题,并按职工工龄发放认可债券。职工达到法定退休年龄时,可以兑现当初发行的认可债券。认可债券的发行,使智利选择新制度职工未来退休时可以获得政府的补偿。这些经济补偿措施,使政府背上了较重的财务负担。1981—2000年的19年间,智利政府每年拿出相当于国民生产总值3.4%的费用支付转制成本。国家用于支付转制成本的资金包括直接的财政投入和每年用于支付工龄债券本息两部分的资金。目前,这部分费用支出还是逐年增加的(见表4-1),截至1998年12月,转制成本达到2 565 371千美元。

表4-1　政府支付的转制成本及其构成[①]

比项 年份	直接财政投入		承认工龄债券		合计 (千美元)
	金额 (千美元)	占政府支付转制 成本的比重(%)	金额 (千美元)	占政府支付转制 成本的比重(%)	
1981	468 928	99.66	1 616	0.34	470 544
1982	483 086	95.50	22 744	4.50	505 830
1983	629 139	93.42	44 296	6.58	673 435
1984	848 715	93.70	57 052	6.30	905 767
1985	1 199 185	94.63	68 088	5.37	1 267 273
1986	1 161 696	92.35	96 178	7.65	1 257 874
1987	1 071 064	89.01	132 230	10.99	1 203 294
1988	1 267 860	89.09	155 239	10.91	1 423 099

---

① 此表以2000年6月的千美元为依据计算。

续表

比项 年份	直接财政投入		承认工龄债券		合计 （千美元）
	金额 （千美元）	占政府支付转制 成本的比重（%）	金额 （千美元）	占政府支付转制 成本的比重（%）	
1989	994 034	86.06	161 063	13.94	1 155 097
1990	1 218 885	86.60	188 537	13.40	1 407 421
1991	1 363 145	88.16	183 117	11.84	1 546 262
1992	1 464 875	86.46	229 435	13.54	1 694 310
1993	1 538 790	83.60	301 947	16.40	1 840 737
1994	1 622 242	81.95	357 420	18.05	1 979 662
1995	1 701 323	80.47	412 883	19.53	2 114 206
1996	1 663 852	78.91	444 562	21.09	2 108 414
1997	1 901 645	78.17	531 152	21.83	2 432 797
1998	1 972 380	76.88	592 991	23.12	2 565 371

资料来源　阿雷汉德罗·费雷依罗：《智利的养老制度》，载王梦奎主编：《中国社会保障体制改革》，329 页，北京，中国发展出版社，2001。

　　根据 1993 年公布的有关统计数据，假设在 2015 年以前经济增长率保持在 5% 左右，可以大致地估计出政府以后将要支付转制成本（见表 4-2）的资金。

表 4-2　政府支付转制成本及其组成预期

比项 年份	承认工龄债券		直接财政投入		合　计	
	金额 （千美元）	占政府支付转制 成本的比重（%）	金额 （千美元）	占政府支付转制 成本的比重（%）	金额 （千美元）	占GDP 的比重（%）
2000	679 213	30.26	1 565 162	69.74	2 244 375	2.99
2001	758 473	33.25	1 522 860	66.75	2 281 333	2.90
2002	817 213	35.66	1 474 161	64.34	2 291 374	2.77
2003	867 169	37.92	1 419 715	62.08	2 286 884	2.63
2004	947 019	41.04	1 360 445	58.96	2 307 464	2.53
2005	1 014 183	43.87	1 297 778	56.13	2 311 961	2.41
2006	1 034 449	46.75	1 178 388	53.25	2 212 837	2.20
2007	1 074 404	48.89	1 123 050	51.11	2 197 453	2.08
2008	1 106 631	50.84	1 070 043	49.16	2 176 674	1.96
2009	1 114 565	52.23	1 019 297	47.77	2 133 861	1.83
2010	1 092 656	52.95	970 713	47.05	2 063 369	1.69
2011	1 063 809	53.51	924 382	46.49	1 988 191	1.55
2012	1 033 342	54.00	880 230	46.00	1 913 572	1.42
2013	978 259	53.86	838 197	46.14	1 816 456	1.28
2014	883 828	52.55	798 165	47.45	1 681 993	1.13
2015	798 906	51.25	760 018	48.75	1 558 925	1.00

资料来源　阿雷汉德罗·费雷依罗：《智利的养老制度》，载王梦奎主编：《中国社会保障体制改革》，329 页，北京，中国发展出版社，2001。

从智利改革的转制成本构成可以看出,由现收现付制向基金完全积累制的改革不是一帆风顺的,需要政府承担巨额的历史欠债,并需要几十年的长期支付来完成。政府只有实行长期的财政盈余政策,积累充足的财政转移支付资金,才能完成由旧制度向新制度的顺利过渡。

在社会保障制度由现收现付制向基金完全积累制转变的过程中,政府在养老保险制度运行中的作用也是变化的,即逐步由原来政府直接参与基金管理的方式转为委托私人经营间接管理的方式。政府的主要作用是制定各项法规,规范私人养老金基金公司的经营管理,并监管其投资运营。政府的管理主要包括以下几个方面:(1)管理养老基金管理公司的申请、注册;(2)制定基金投资运营的各项法规和制度;(3)管理职工的个人账户;(4)制定基金管理的法规和各项规章制度。

(二)基金完全积累制改革的成功经验

智利选择新制度的职工,需要根据新制度的要求进行个人账户的积累。智利新制度的实施主要包括以下几方面的内容。

(1) 所有职工(包括国家公务员)必须将当期工资的10%交到为每个人开设的储蓄账户中,作为养老保险缴费;此外,还需缴纳残疾和遗属保险金约为工资的2.5%~3%。

(2) 个人账户积累的基金由政府批准的私人养老金管理公司(AFP)进行投资运营,个人需要缴纳管理费,养老金管理公司的自有资产和养老保险基金资金分开经营。

(3) 个人可以在任何养老金管理公司之间进行选择或转移个人账户。

(4) 政府对那些因低工资或失业等原因导致个人账户积累不足的参加者提供最低限度的养老金保障。

(5) 除了军队仍保留原有的养老金计划外,新制度对于个体经营者和旧制度的参加者是非强制性的,可以自愿参加。

(6) 参加者达到法定退休年龄(男性65岁,女性60岁)后,可以选择从其个人账户按月提取养老金或向保险公司购买终身年金。

与新加坡不同,智利在养老保险基金的运营管理中引入了市场化竞争机制。政府授权25家私营养老保险基金管理公司对职工个人账户积累的基金实行市场化管理,代理职工将这些基金参与生产性投资以及法律允许的股票、债券等金融投资,投资收益属于个人。职工退休后领取养老金,养老金管理公司提取管理费用。如果私人养老金管理公司投资损失过多,政府为选择该养老金管理公司的个人提供最低收益担保。由于养老金管理公司的经营效益有高有低,服务质量有所不同,个人账户的缴费职工可以自由地选择效益好的养老金管理公司,委托养老金管理公司代理投资个人账户的资产。职工个人账户积累的养老金资产，可以随时从一家养老金管理公司转移到另一家养老金管理公司。智利社会保障制度改革初期，职工个人账户采用"一人一账户"的方式选择养老金管理公司，目前可以以"一人多账户"的方式选择养老金管理公司，这有利于保护投资者的利益，分散投资风险。

经过十多年的改革和发展，智利养老保险基金的投资运营取得了一些成绩。

（1）参加养老保险的人数大幅度提高。新制度下参加养老保险的人数由1982年的140万人，占在职人数的37％，增加到2001年的642.7万人，占在职人数的69％。

（2）养老保险基金的实际投资收益率比较高。从1981年到2000年6月，养老保险基金的实际投资收益率平均为11.1％，如此高的投资收益率既减轻了政府的财政负担，又为经济发展提供了大量的资金。

（3）个人账户基金积累的比重逐年上升。20世纪80年代，个人账户基金积累额每年以47％的速度增加，养老保险基金的积累额占国民生产总值的比重从1981年的不足1％上升到1999年年底的53.28％。

（4）养老金管理公司的发展，带动了国民经济各部门的发展。例如，证券、金融、电力和通信等行业的发展，就是养老保险基金投资运营的结果。

（5）养老金管理公司不仅是国内最大的机构投资者，可以为大型投资项目进行融资，也成为股票市场发展、金融工具创新的积极推动者。截至2000年6月，智利的养老保险基金投资于国家发行投资工具的比重为35.12％，投资于公司所有权证券（债券和股票）的比重为15.58％，投资于金融机构发行工具的比重为34.76％，投资于封闭式基金的比重为2.59％，投资于国外投资工具的比重为11.72％。

智利养老保险基金的私有化投资运营对金融市场的积极作用主要表现在以下几个方面。

（1）提高了资本市场的透明度，严厉打击了内幕交易、违规自营行为，加强对投资者利益的保护。

（2）建立了一套风险评估分类体系，对企业风险信用进行评级，方便了养老保险基金选择更好的投资工具。

（3）促进了金融市场的发展，特别是促进了金融工具的创新、私人证券存放公司、住房贷款抵押、信用票据的发展。

（4）带动了商业人寿保险的发展。随着养老保险制度的改革，智利的人寿保险也获得了充分的发展。为了避免承担养老保险缴费职工残疾或死亡风险，养老金管理公司必须为缴费职工购买人寿保险公司的残疾和遗属保险。当缴费职工或其家属领取养老金、残疾或遗属养老金时，也可以选择购买人寿保险公司的终身年金。

（三）基金完全积累制改革面临的问题

智利养老保险制度改革的成功使一些专家相信，股票投资是养老保险制度改革的指路明灯，并认为基金积累制具有无限的魅力和广阔的前景。美国麻省理工学院经济学教授彼特·戴尔蒙（Peter A. Diamond）认为，只要将一部分养老保险基金投资于股票市场，就可以解决目前社会保障资金面临的问题和困境。还有一些经济学家甚至完全否定现收现付制社会保障资金运行模式存在的必要，积极倡导美国进行以基金完全积累制为主的社会保障制度改革。美国哈佛大学教授马丁·弗尔德斯坦（Martin Feldstein）认为，对社会保障制度进行以基金积累制为特点的私有化改革，既有助于解决社会保障资金未来的赤字问题，又可以提高国民的储蓄率，还有助于促进经济的增长。但是，也有一些专家持相反的意见，他们认为，基金积累制并没有想象得那么美好，社会保障制度非常有可能陷入下一次交易所危机的泥潭，从而成为一种呆滞的制度。美国《纽约时报》评论道："我们不相信，国家退休金制度应当迫使所有有关的人——有经验的人和无经验的人、富人和穷人都遭受投资带来的风险。"这些专家还认为，投资差别的风险和重担应该由社会而不应该由单个人承担。事实的确如此，进入 20 世纪 90 年代以后，智利养老保险基金的投资收益率呈下降的趋势，1998 年上半年，一些养老金管理公司发生了亏损，还有一些养老金管理公司已经被外国公司控制、接管。智利养老金管理委员会的主管胡利奥·布斯塔门斯曾把投资收益率的下降归咎于经济增长速度的放慢，因为社会保障制度改革的前 10 年经济增长率维持在 7％以上，1998 年下降到 5％左右。智利养老金保险基金投资收益率下降的情形表明，养老保险基金的投资运营取决于经济发展的状况，取决于养老保险基金投资于其中的社会经济环境的变迁。

其实，养老保险基金本身并不具有抵御经济衰退的能力。1997 年亚洲金融危机对养老保险基金的直接影响是使基金的投资收益遭受较大损失。职工的养老保险基金，特别是以个人账户形式积累的、数额庞大的养老保险基金，遭受了严重的损失。由于投资于股票及汇率市场的基金，价格涨跌波动的幅度比较大，导致股市、汇市相继大幅度下调，致使很多养老保险基金损失惨重。以中国香港的强积金草案[①]为例，由于政府纵容高风险投资，允许强积金用 100％的资产投资于股票市场，受亚洲金融危机的影响，该基金的损失高达 30％～50％，结果造成基金在整个投资期的投资收益

---

① 强积金草案（Mandatory Provident Fund，MPF）即为强制性公积金草案的简称，是香港于 1995 年开始实行的养老保险制度，这是一套强制实行的个人账户制，属于市场化经营的养老保险制度。

率低于年平均 8.8% 的通货膨胀率。截止到 2008 年底,世界金融危机造成各国补充养老保险基金投资的损失大约为 5.5 万亿美元,致使各国养老保险面临着偿付能力不足的危机。世界各国养老保险基金投资的损失再一次说明,基金积累制并不是完美无缺的模式,这种资金管理模式要经受基金投资收益率下降、政策变动、通货膨胀、经济增长速度放慢等风险因素的影响,基金保值增值的压力比较大。最近一段时间,随着智利新制度下领取养老金人员的增加,人们惊奇地发现,新制度并没有达到预期的效果,一些原来生活舒适的员工在退休后反而陷入生活困境。据智利政府预测,目前仍有 17% 的退休人员因缺乏足够的养老金而工作。养老金资产交给私营养老金管理公司经营运作并不能解决养老保险资金紧缺的实际问题。

第三节　投保资助型社会保障面临的问题和改革

美国社会保障制度自 20 世纪 30 年代诞生以来,一直是美国人的骄傲。进入 20 世纪 80 年代,美国社会保障管理部门预测未来将面临严重的支付危机,为此,里根总统委任高级的专门小组——格林斯潘委员会为修订有关法律法规做出准备。面对社会保障资金未来将会出现的、更加严峻的入不敷出问题,美国总统克林顿于 1998 年在一年一度的国情咨文中号召人民"首先挽救社会保障计划"。

美国社会保障制度的改革是较有效率的,一个主要原因是政府正在逐步缩小对基本社会保险费的支出,而大力发展补充保险,实行企业、行政单位自愿参加的企业年金和公共年金计划。美国企业年金计划积累的基金,对缓解社会保障资金的支付压力起了积极的作用。

一、美国社会保障的三个层次

美国社会保障体系分为三个层次:第一层次是政府举办的基本社会保险制度,由国会立法在全国统一强制实施;第二层次是用人单位举办的补充保险(企业年金和公共年金),企业年金是用人单位自愿举办的,公共年金是行政事业单位举办的;第三层次是个人养老储蓄,由个人自愿参加,政府给予税收优惠。美国通常将这三个层次的社会保障体系称为"三支柱体制",也称为"三条腿制度"。

美国社会保障的实施情况,大致可以从下表显示出来(见表 4-3)。

表 4-3　美国社会保障的基本结构

项　目	行政管理	实施范围	费用负担情况（％）			
			用人单位	员工	联邦	地方
基本养老金	联邦政府管理	全体员工	6.75	6.75		
补充养老保险	用人单位管理	部分员工	100.00			
65 岁以上老人的医疗保险	联邦政府管理	养老金领取者	1.50	1.50		
在职职工和家属的医疗保险	员工、用人单位投保	全体员工	60.00	40.00		
工伤保险	各州管理	全体员工	1.70			
失业保险	各州管理	全体员工	6.20			
社会救助	联邦管老人、盲人、残疾人救济	需要者			50.00	50.00

资料来源　转引自陈冬红、王敏：《社会保障学》，84 页，成都，西南财经大学出版社，1996。

从表 4-3 可以看出，美国基本养老保险、工伤保险、失业保险和社会救济属于基本保障的范围，而补充养老保险、在职职工及其家属的医疗保险这两部分属于补充保险的范围。目前，美国补充养老保险主要包括雇主退休金计划、地方政府公务员计划和非盈利部分员工计划等。美国的补充医疗保险主要是为在职职工及其家属提供医疗保险，大多通过用人单位投保商业医疗保险来提供保障。

（一）美国的社会保险

美国的社会保险是由联邦政府和州政府共同分担的。联邦政府负责管理全国的基本养老保险、65 岁以上老人的医疗保险和社会救助；各州政府负责管理各州的失业保险和工伤保险。美国基本社会保险提供的保障水平比较低，这同美国的经济发展不相适应。但是，美国基本社会保险的覆盖面比较广，较好地体现了社会公平的原则。例如，美国的基本养老保险包括老年保险、遗属保险和残疾保险三个方面，这三个方面合并在一起称为年金保险，简称 OASDI 方案，是美国最重要的收入保障项目，是全国性的，一般支付终身，主要保障职工在退休、残疾等情况下的生活。截至 2006 年底，美国 90％的 65 岁以上老人可以领取养老金。养老金给付水平为社会救济金的 130％。

（二）美国的补充保险

美国的补充保险是由用人单位单独缴费或用人单位和员工共同缴费的，主要是指在政府的倡导下，用人单位或员工自愿或者被强制地参加补充保险，建立企业年金计划，以改善员工退休以后的生活。为了鼓励用人单位和员工为补充保险积累资金，1978 年美国《国内收入法典》中增加了"第 401k 条款"，对补充养老保险缴费给予特定的税收优惠。2001 年美国税收管理部门规定,不超过工资的 25%(2002 年起这一比例被取消)、总额不超过 10 500 美元的存款,可以延期纳税。员工到 59.5 岁时,允许提取账户上的存款,在提取存款时缴纳个人收入所得税。但是,如果员工要提前提取养老金计划的存款,则视同一般收入所得,按 20%的税率缴纳所得税;另外,还要被征收 10%的惩罚税。由于用人单位为员工退休金计划的缴费,可以从公司当期应税收入中扣除,从而达到减税的目的,因此,用人单位就有了发展补充保险的积极性;同时,员工可以享受减免当期税收的优惠。

　　同时,由于行业的性质和利润不同,不同行业参加补充养老保险计划所占的比重也是不同的(见表 4-4)。

表 4-4　美国不同行业参加补充养老保险计划人数占职工总数的比重

行　业　名　称	参加人数占职工总数的比重(%)
公共服务部门及政府部门	81
通信部门	81
煤矿	69
工业生产	67
金融、保险及房地产	54
交通	53
贸易批发	47
服务行业	36
建筑行业	32
贸易零售	29
农业	8

　　资料来源　林羿:《美国的私有退休金体制》,24 页,北京,北京大学出版社,2002。

　　从表 4-4 可以看出,美国参加补充养老保险计划较高的行业首先是公共服务部门及政府部门、通信部门;其次是风险度较高的煤矿行业,贸易零售业、农业等低风险行业参加补充养老保险计划的比重比较低。

　　补充保险作为基本社会保险的补充,已经发挥越来越重要的作用,在一定程度上缓解了基本社会保险资金支付不足的压力。

二、美国企业年金计划的建立和发展

　　美国第一个私人企业年金计划是 1875 年建立的。1875 年美国运通公司为员工建立了世界上第一个正式的退休金计划。美国运通公司最初建立私有退休金计划是只保障永久残疾工人的,用于支付伤残抚恤金。一位伤残员工必须为公司工作满 20

年,达到 60 岁,才有资格从计划中获得退休金。如果达不到规定的期限,就无法获得退休金既得受益权。同时,公司总经理必须为符合条件的残疾工人提出受益推荐,该推荐必须得到公司董事会执行委员会批准。退休者年收入是该职工退休前 10 年内年平均工资的 1/2。1915 年美国运通公司将这一计划进一步修改,不管年龄多大,只要在公司工作 20 年以上,就可以从退休金计划中获得养老金。

美国运通公司建立第一个员工退休金计划以后,1880 年巴尔的摩及俄亥俄铁路运输公司也建立了员工退休金计划。截至 1905 年,美国多家铁路运输公司共建立了 12 个正式退休金计划,参加计划的员工有 49 万人。20 世纪初,美国企业年金计划的增长出现了一个高潮。截至 1929 年底,美国铁路运输公司、煤气电气公司、银行、煤炭公司、石油公司、化学公司、橡胶公司、机器制造公司等企事业单位共建立员工退休金计划 421 个,参加企业年金计划的员工为 350 万人,占工人总数的 10%。1950 年 4 月,通用汽车公司董事长查尔斯·威尔逊建议将积累的退休金交给投资经理进行投资运营。如果说,美国早期退休金计划都是保险年金式的退休金计划,即投资于寿险产品的话,那么,通用汽车公司的退休金计划则作为投资信托基金投资于资本市场,即投资于股票、债券等投资工具。随着企业年金计划的发展,美国退休基金已经同银行、保险、股票及共同基金一样,发挥着重要的金融媒介作用。截至 2003 年底,美国企业年金资产总规模高达 9 万亿美元。美国企业年金计划获得发展的条件主要有以下几个方面。

1. 用人单位有充足的利润。最初建立企业年金计划的铁路运输业是利润比较丰厚的行业,有足够的资金为职工建立企业年金计划。但是,随着 1929 年美国经济危机的到来,原来有足够利润资助企业年金计划的单位,面临着筹资不足的问题。许多建立退休金计划的公司无法兑现其对员工的承诺。

2. 享受减税优惠。企业年金计划的资金主要来源于企业当期的应税收入,用人单位向员工退休金计划缴费可以从企业的当期应税收入中扣除,从而达到免税的目的。据有关部门统计,截至 1929 年,不要求员工缴费的退休金计划中 60% 的资金是由用人单位从当期应税收入中支付的。只要资助退休金计划的用人单位为计划参加者的缴费额不超过所有计划参加者年收入总额的 25%,就可以从公司的当期应税收入中免除纳税义务。

3. 获得投资收益。美国企业年金计划缴费的投资收益不仅可以使企业获得投资收益,而且还不计入计划参加者的当期应税收入。可观的投资收益,促使用人单位积极发展企业年金计划,以获得更多的投资收益。

4. 既得受益权是约束员工流动的方式。美国用人单位最初举办的企业年金计划是以公司奖给员工的一种礼物存在的,为员工提供退休金已经成为劳动报酬的重要组成部分,成为吸引和控制员工的手段。这也就赋予用人单位可以随时随意终止计划的权力和自由,用人单位可以根据人力资源的竞争状况决定员工获得退休金的权益。同时,既得受益权的规定,又成为用人单位约束员工、为其忠诚工作的重要砝码。

三、美国社会保障的发展方向

美国私人退休金计划无论是在资金筹集、基金投资运营,还是在基金监管等方面都是成功的。但是,由于美国社会保险存在着未来资金支付不足的压力,社会保障何去何从的问题依然成为美国社会各界关注的焦点,也成为民主党和共和党相互攻击的热门话题。2010 年 8 月 14 日,正值美国《社会保障法》签署生效的 75 周年纪念日,奥巴马总统承诺将捍卫《社会保障法》的宗旨——让退休人员可以体面地生活,坚决抵制国会共和党领导人将其私有化作为立法议程的行为。目前,美国政府在社会保障制度管理方面的改革主要有以下几个方面。

(一)调整公共部门和私人部门承担的责任

目前,美国政府正在逐步调整社会保障开支的结构,调节社会资源在公共部门和私人部门的利益再分配。近年来,美国进一步明确了社会保障受益者的权利和义务,提出受益人的"自立水平"问题,调整了公共部门和私人部门承担社会保障支出的结构水平(见表 4-5)。

表 4-5 美国社会福利支出占 GDP 比重的变化趋势 ％

年份 比项	1980	1983	1984	1985	1986	1987	1988	1989	1990
总开支	26.3	28.6	27.4	28.1	28.8	28.8	28.2	28.9	30.0
公共部门开支	18.6	19.5	18.3	18.4	18.5	18.7	18.4	18.5	19.1
私人部门开支	9.1	10.6	10.5	11.1	11.6	11.6	11.7	11.9	12.3

资料来源 美国社会保障署:《社会保障公报——1993 年度统计增刊》,130 页,1993。

从表 4-5 可以看出,1980—1990 年,公共部门开支占 GDP 的比重基本稳定在18％～19％的水平上,而私人部门开支占 GDP 的比重却逐步增长,这说明美国政府正在逐步提高私人企业承担社会保障的能力,而逐步缩小社会保险的承保范围和保障水平。1996 年 3 月 29 日,克林顿总统签署的《1996 年美国振兴合同法案》(Contract with Advancement Act of 1996),对有关残疾人的保障计划进行了修改。在该法案出台以前,社会保障政策不考虑被资助者致残的原因,只要申请者确实因伤残不能工作,就可以享受补助。但是,这个法案出台以后,由于服用违禁药物或酗酒而致残的人,社会保障计划或"附加保障计划"将不再提供任何补助,正在享受社会保障计划或"附加保障计划"的人员于 1997 年 1 月 1 日终止。1996 年 8 月 22 日,克林顿总统签署《1996 年个人责任与工作机会协调法案》(*The Personal Responsibility and Work Opportunity Reconciliation Act of* 1996),对员工福利计划的有些规定进行了修改,将大部分非本国公民排除在"附加保障收入计划"之外。在此法案出台以前规定,法律承认的外国公民只要符合该计划的有关规定,就可以享受相应的补助。但是,从这个新的法案签署之日起,任何新的非本国公民均不能参加这个计划,而已经参加并且正在享受补助的人也被排除在外,除非他们符合法律规定的例外情况。《1997 年预算平衡法》又恢复了在美国居住的部分非美国公民领取附加保障收入的资格,但是法案同时规定,其享受社会保障计划资格的时间延长不超过 1 年。

(二)规范企业年金的发展

随着美国企业年金的发展,美国政府出台了一系列法律法规,规范企业年金的发展,扩大用人单位的责任范围。2002 年 4 月 11 日,美国众议院通过的《2002 年退休金保障法》规定,允许员工更自由地将自己的退休金进行分散投资;禁止用人单位强制员工购买本公司股票;允许员工得到养老金投资方面的专业投资咨询,费用由用人单位承担;让员工更加了解他们的退休金及拥有的可以分散投资的权利。2002 年 6 月,美国国会通过《经济增长与减税协调法》,放宽了计划的缴费限额,以加大员工个人养老储蓄的规模。2002 年 7 月 11 日,参议院财政委员会提交的《国民雇员储蓄与投资股票保障法》规定,只要在某一单位工作满 3 年以后,员工就有权将退休金计划中的资产分散投资,并且用人单位至少要向员工提供三种以上的投资方式备选,而不仅限于本公司股票。计划管理者每季度要向参加计划的员工提供收益报告,报告必须包括个人账户的投资收益以及个人享受的改变投资模式的权利等内容;用人单位每年要向员工介绍分散化投资及风险管理等投资原则和内容。如果退休金计划将要进入管制期,用人单位必须提前 30 天通知员工。从近几年出台的一系列改革措施可以看出,美国政府正在出台各项法律、法规,规范企业年金的发展,扩大用人单位的责任,从法律上保护企业年金计划受益者的权益,规避可能发生的投资损失风险。

第四节 中国社会保障制度的改革和发展前景

我国社会保障制度于新中国成立初期建立,当时采取的资金运行模式是现收现付制。随着经济体制改革的深入,我国社会保障制度也开始逐步向部分基金积累制转变。部分基金积累制社会保障资金运行模式是我国政府面对经济运行中各种矛盾的选择。但是,从现收现付制向部分基金积累制转变的过程中,亟待解决的问题是社会保障资金的紧缺问题。

一、中国社会保障制度的建立和发展

新中国成立不久,人民政府就把建立社会保障制度的工作列入国家重要的议事日程。

(一)企业职工劳动保障制度

1951 年 2 月 26 日,政务院颁布实施的《中华人民共和国劳动保险条例》(本章以下简称《劳动保险条例》)规定了职工在疾病、伤残、死亡、生育及年老后获得必要帮助的办法,同时规定职工供养的直系亲属也可以享受一定的社会保险待遇。这些措施适用于国营、公私合营、私营企业和农村合作社的职工。《劳动保险条例》是我国历史上第一部全国性的社会保障法规,奠定了新中国社会保障制度的基础。一个经济落后的国家能够建立起如此完整的社会保障制度,无疑使我国的社会保障制度建设跻身于世界的前列。

随着国民经济的发展,1953 年和 1956 年国家先后对《劳动保险条例》进行了修订,扩大了制度的覆盖范围,调整并提高了部分劳动保险的给付待遇。1956 年,全国国营、公私合营、私营企业中,94％的职工同单位签订了具有劳动保险内容的合同。1957 年,我国城镇企业职工的社会保障制度初具规模。

(二)国家机关、事业单位的社会保障制度

新中国成立初期,国家机关、事业单位工作人员的社会保险和企业职工的社会保险是分开的,单独制定政策、单独管理。20 世纪 50 年代后期,国家在原战时供给制待遇的基础上,先后制定和颁布了《革命工作人员伤亡褒恤暂行条例》《关于女工作人员生育假期的通知》《关于国家机关工作人员子女医疗问题》《国家机关工作人员退休处理暂行办法》《国家机关工作人员退职处理暂行办法》等,对机关事业单位工作人员的社会保险做出了较详尽的规定,其待遇水平略高于企业职工。

1958 年 3 月,国务院又公布了《关于工人、职员退休处理的暂行规定》,放宽了退职条件,提高了待遇标准,从而使我国企业和国家机关工作人员的退休、退职实行统一的制度和标准。从这一文件可以看出,当时中央政府具有合并企业职工和国家机关事业单位工作人员间社会保险制度的愿望,但是这一规定在实践中并没有得到较好地贯彻执行。从 1958 年到 1966 年,国家又对国营企业、合作社经营、个体经营的

企业和事业单位学徒工的工资待遇、劳动保险、医疗社会保险等作出了规定,对长期享受劳动保险待遇的移地支付、职业病的范围等问题作出了具体的规定。这也就是说,从新中国成立初期《劳动保险条例》的颁布,到 1966 年对各项社会保险制度的建立、修改和补充,我国社会保险制度得以初步完善,基本上适应了我国社会化生产的要求,解除了劳动者的后顾之忧,促进了社会的安定。

这一时期我国社会保障制度具有以下三方面的特点。

(1)实行国家保障制度,社会保险费用全部由政府或者企业承担,职工参加工作就可以享受各项社会保险待遇。

(2)社会保障制度与计划经济体制相适应,社会保障支付的资金也是政府工作计划的一部分。

(3)在国家保障制度实施的初期阶段,我国实行就业、福利和保障三位一体的保障模式。劳动者通过政府的劳动、人事部门统一分配到单位就业,同时可以享受各项社会保险和员工福利待遇。

二、计划经济体制下中国社会保障制度的弊端

20 世纪 80 年代,我国经济体制进行了以政企分开、扩大企业经营自主权为核心的改革。随着经济体制改革的逐步推进,原有社会保障制度的弊端逐步暴露出来,主要表现在以下几个方面。

(一)企业承担的社会保障负担畸轻畸重

随着经济体制改革的推进,原来由政府承担的职能逐步从企业退出,劳动保险待遇的支付责任也就相应地落到了企业身上,这使企业的经济效益受到很大影响。同时,一些退休人员比较多的老企业,承担的社会保障负担比较重,占工资总额的 40%～50%;而一些退休人员比较少的新企业,承担的社会保障负担就比较轻,约占工资总额的 5%。企业负担的不均衡,不利于企业在市场经济环境下平等地参与竞争。社会保障资金在不同企业、不同行业、不同地区之间进行社会统筹、统一调剂使用十分必要。

(二)社会保障资金的筹集渠道单一

原有社会保障制度的资金筹集渠道只有用人单位,个人不承担社会保障负担。由于个人不承担社会保障责任,就存在一定程度的过度消费社会保障资金的问题,用人单位和政府的负担比较重。例如,医疗保险费用上涨过快与职工个人不承担责任有很大的关系。建立筹资渠道多元化、保障体系多层次的社会保障架构十分必要。

(三)实行就业、福利和保障"三位一体"的保障模式

在原有社会保障制度下,劳动者在一个单位就业,相应地就有了一定的福利和保障;如果离开单位,也就失去了原有的福利和保障。这种就业、福利和保障"三位一体"的保障模式,使企业难以适应市场经济的要求,必须进行以减员增效为核心的企业制度改革。如果企业裁减冗员,就会使被解雇人员的生活出现困难,进而引发一系列社会问题。

(四)退休人员的社会保障缺乏稳定的依托

在市场经济条件下,企业面临着经营风险。如果经营决策失误,企业就可能被兼并、重组、破产、倒闭。如果企业破产、倒闭,退休人员的养老金、医疗保险等问题就失去了稳定的依托,就会失去维持基本生活的收入来源。由此,退休人员的社会保障问题亟待实行社会化管理,由社会保险经办机构以社会化形式发放养老金,集中管理退休人员医疗社会保险等各方面的待遇。

(五)社会保障资金的供给不能满足保障的需求

随着人口老龄化的加剧,退休人员对社会保障资金需求的增长比较快,但是,社会保障资金的供给却无法满足退休人员的资金需求,现收现付制的社会保障制度面临着入不敷出的困境,社会保障资金紧缺的问题亟待解决。

三、中国社会保障制度的改革

(一)中国社会保障制度改革的回顾

我国社会保障制度改革是伴随着经济体制改革逐步展开的。在经济体制改革以后,我国原有的社会保障制度已经不能适应经济主体多元化的要求,不能适应企业自主经营、自负盈亏发展的要求,进行社会保障制度改革势在必行。

1. 我国社会保障制度改革的试点探索阶段(1984—1993年)。1984年,我国开始实行养老保险资金管理的社会统筹,以改变企业负担费用标准不统一的问题。1986年,国务院在《中国国民经济与社会发展第七个五年计划》中提出,要逐步地建立具有中国特色的社会保障制度。从1986年开始,国家多次颁布社会保障法规,并在许多城市进行养老保险模式改革的实验。在养老保险制度进行改革的同时,我国医疗保险制度改革也启动了。20世纪80年代,一些地方开始探索实施退休人员医疗保险费用社会统筹和职工大病统筹,大部分地区实行了医疗费用和个人利益挂钩的管理办法。1984年4月28日,卫生部、财政部发布的《进一步加强公费医疗管理的通知》明

确指出,公费医疗保险制度改革势在必行,从此,我国公费医疗保险制度改革也启动了。1986年10月,国营企业在新招收工人中普遍推行劳动合同制,对此,政府颁布了《国营企业实行劳动合同制暂行规定》和《国营企业待业保险暂行规定》,从此,我国新生劳动力就业就是合同制工人,改变了原来到国营企业工作就有"铁饭碗"的局面。《国营企业待业保险暂行规定》首次从制度上明确了国营企业部分职工实行待业保险的决定,标志着我国失业保险制度的建立。1989年,劳动部发布的《国营企业职工待业保险基金管理办法》规定,企业按照全部职工标准工资的1%缴纳待业保险费。1990年12月,在中国共产党第十三届中央委员会第七次会议上通过的《中共中央关于制定国民经济和社会发展十年规划和"八五"计划纲要》明确提出,"改革医疗保险和工伤保险制度"。在各地改革试点的基础上,1991年6月26日,国务院发布的《关于企业职工养老保险制度改革的决定》提出,建立多层次的养老保险体系,即国家强制性基本养老保险、企业自愿举办的补充养老保险和个人储蓄式养老保险相结合的保障体系;并规定基本养老保险实行社会统筹,费用由国家、用人单位和职工三方负担;确定了以支定收、略有结余、留有部分积累的原则。从1992年起,劳动部组织推进了养老金计发办法改革的试点,使养老金同社会平均工资和个人缴费工资相关联。1993年11月,中共十四届三中全会通过的《关于建立社会主义市场经济体制若干问题的决定》提出,城镇职工养老保险和医疗保险由单位和个人共同负担,实行社会统筹和个人账户相结合的制度,首次明确了"个人账户"的概念,从此我国养老保险制度进入了现收现付制与基金积累制相结合的发展阶段。

2. 社会保障制度改革全面展开阶段(1994—2000年)。1994年7月5日,第八届全国人民代表大会常务委员会第八次会议通过的《劳动法》规定,国家发展社会保险事业,建立社会保险制度,设立社会保险基金,使劳动者在年老、患病、工伤、失业和生育等情况下获得帮助和补偿。1994年12月14日,劳动部颁布《企业职工生育保险试行办法》,并规定从1995年1月1日起实施。《企业职工生育保险试行办法》规定了生育保险的相关政策,女职工的合法权益得到了保护。1995年3月1日,国务院发布的《关于深化企业职工养老保险制度改革的通知》指出,建立新社会保障制度的基本框架,实行社会统筹和个人账户相结合的制度,并补充以企业保险、个人储蓄,形成多层次的社会保障体系。1995年8月24日,劳动部、审计署联合发布的《社会保险审计暂行规定》规定,各级国家审计机关应当加强对劳动行政部门及社会保险基金经办和劳动就业服务机构管理的社会保险基金、资金的财务收支的审计,对其内部审计工作进行指导和监督。各级劳动行政部门负责对本级社会保险经办机构和劳动就业服务机构的审计监督。1996年,国家技术监督局批准的《职工工伤与职业病致残程序鉴定 GB/T 16180—1996》规定了职工工伤与职业病致残程度鉴定的原则和标准，适用于因工负伤和因职业病致残程序的鉴定。1996 年 8 月 12 日，劳动部颁布的《企业职工工伤保险试行办法》第一次将工伤保险作为独立的制度加以实施，强调工伤保险制度应将工伤补偿、工伤预防和工伤康复结合起来。1997 年 7 月 16 日，国务院颁布《关于建立统一的企业职工基本养老保险制度的决定》，由此，全国大部分省市普遍建立了个人账户和社会统筹相结合的养老保险制度。1998 年底，国务院颁布《关于建立城镇职工基本医疗保险制度的决定》，由此中国的医疗保险制度改革也启动了。1999 年 1 月 4 日，国务院发布的《社会保险征缴暂行条例》，标志着我国社会保险费的征缴纳入了法制化的轨道。1999 年 1 月 22 日，国务院颁布的《失业保险条例》将原来使用多年的待业保险改为失业保险，标志着我国社会保障制度建设向前推进了一大步。1999 年 3 月 5 日，第九届全国人民代表大会第二次会议所作的《政府工作报告》，首次提出"三条保障线"，即国有企业下岗职工基本生活保障、失业保险和城镇居民最低生活保障。这"三条保障线"有效地保障了国有企业下岗、失业人员的生活。1999 年 6 月 15 日，财政部、劳动和社会保障部发布的《社会保险基金财务制度》规定，社会保险基金实行预算管理。1999 年 10 月 1 日，国务院颁布的《城市居民最低生活保障条例》开始实施，由此城市居民的最低生活保障制度开始建立。

3. 社会保障制度修改完善阶段（2001 年至今）。2000 年 12 月 25 日，国务院发布的《关于完善城镇社会保障体系的试点方案》提出了完善社会保障体系的总目标、原则和主要任务，强调积极开展城镇职工基本医疗保险制度的改革。2001 年 5 月 8 日，劳动和社会保障部发布的《社会保险基金监督举报工作管理办法》规定，公民、法人和其他社会组织有权对养老保险基金、医疗保险基金、失业保险基金、工伤保险基金、生育保险基金收支和管理方面的违法违纪行为进行检举、控告。2001 年 7 月，国务院颁布《关于同意辽宁省完善城镇社会保障体系试点实施方案的批复》指出，首先在辽宁省进行完善社会保障制度的试点，其目标是建立独立于企业、事业单位之外，资金来源多元化、保障制度规范化、管理服务社会化的社会保障制度。目前，完善社会保障制度的试点已经扩大到吉林省、黑龙江省。2001 年 6 月 6 日，国务院颁布的《减持国有股筹集社会保障资金管理暂行办法》规定，以国有股减持资金充实全国社会保障基金。2002 年 9 月，国务院批准成立全国社会保障基金理事会，专门管理全国社会保障基金。2002 年 12 月 13 日，财政部、劳动和社会保障部发布的《全国社会保障基金投资管理办法》对全国社会保障基金的投资范围、投资方向、投资比例做出了明确的规定。2003 年 4 月 16 日，国务院第五次常务委员会发布的《工伤保险条例》规定，从 2004 年 1 月 1 日起开始实施。《工伤保险条例》扩大了工伤的认定范围，完善了劳动能力鉴定和评残标准,规定了劳动能力鉴定的程序和申请时限。2004年1月6日,劳动和社会保障部颁布的《企业年金试行办法》对企业年金的参加人员、资金筹集方式、个人账户管理方式、基金管理方式、计发和支付方式、待遇条件、管理和监管方式、中止缴费的条件等作出了明确的规定。2004年2月23日,劳动和社会保障部、中国银行监督委员会、中国证券监督委员会、中国保险监督委员会联合发布的《企业年金基金管理试行办法》规定,设立企业年金的企业及职工作为委托人与企业年金理事会或法人受托机构、受托人与企业年金账户管理机构、企业年金基金托管机构和企业年金投资管理机构,按照国家有关规定建立书面合同关系,书面合同应当报劳动保障行政部门备案。同时,《企业年金基金管理试行办法》规定了基金受托人、账户管理人、投资管理人和中介机构建立的条件和主要职责。2004年8月1日,国务院、中央军事委员会颁布《军人抚恤优待条例》,修订的《军人抚恤优待条例》较好地体现了军人保障、军人抚恤与经济发展相适应的原则,调整了军人残疾评定的等级,明确了义务兵家庭享受优待金的范围和标准,确定了保障抚恤对象生活不低于当地平均生活水平的原则。2005年12月13日,国务院颁布《关于完善企业职工基本养老保险制度的决定》,进一步明确了完善养老保险制度的基本原则、主要任务和措施。2007年4月24日,劳动和社会保障部发布的《关于做好企业年金移交工作的意见》规定,社会保险经办机构、原行业管理及其企业自行管理的企业年金应移交给具备资格的管理机构投资运营。这一措施的出台,预防了企业年金资产的违规、分散化管理,规范了企业年金基金资产的管理。2007年6月29日,第十届全国人大第二十八次会议通过的《中华人民共和国劳动合同法》规定,国家采取措施,建立健全劳动者社会保险关系跨地区转移接续制度。2008年3月11日,第十一届全国人大常委会第四次全体会议通过的《国务院机构改革方案》规定,将人事部、劳动和社会保障部的职责整合划入人力资源和社会保障部,组建国家公务员局,由人力资源和社会保障部管理,不再保留人事部、劳动和社会保障部。2008年3月31日,人力资源和社会保障部正式挂牌成立。

　　2009年3月18日,国务院发布的《医药卫生体制改革近期重点实施方案(2009—2011年)》指出,重点抓好五项改革:一是加快推进基本医疗保障制度建设;二是初步建立国家基本药物制度;三是健全基层医疗卫生服务体系;四是促进基本医疗卫生服务逐步均等化;五是推进公立医院改革的试点。这五项改革措施的实施效果有待于实践的检验。2009年6月19日,经国务院批准,财政部、国资委、证监会和全国社会保障基金理事会联合印发的《境内证券市场转持部分国有股充实全国社会保障基金实施办法》规定,股权分置改革新老划段后,凡在境内证券市场首次公开发行股票并上市的含国有股的股份有限公司,除国务院另有规定的,均须按首次公开发行时的实际发行股份数量的10%,将股份有限公司部分国有股转由全国社会保障基金理事会持有,全国社会保障基金理事会对转持股份承继国有股东的禁售期义务。这一规定不仅有助于股市的稳定,而且有助于社会保障基金来源的稳定。2010年7月8日,国务院颁布的《自然灾害条例》规定,自然灾害救助工作遵循以人为本、政府主导、分级管理、社会互助、灾民自救的原则,首次将救灾工作纳入法制化轨道。2011年4月20日,人力资源和社会保障部发布的《"中华人民共和国社会保障卡"管理办法》规定,社会保障卡是持卡人享有社会保障和公共就业服务权益的电子凭证,具有信息记录、信息查询、业务办理等基本功能。2016年3月10日,国务院发布的《全国社会保障基金条例》对全国社会保障基金的构成、管理运营、托管人职责、基金的监督、违约责任做出了明确的规定。2017年11月28日,财政部发布修订的《社会保险基金会计制度》规定,社会保险基金的会计核算应当遵循以下基本原则:(1)社会保险基金的会计核算应当以实际发生的业务为依据,如实反映社会保险基金的财务状况和收支情况等信息,保证会计信息真实可靠、内容完整。(2)社会保险基金的会计核算应当采用规定的会计政策,确保会计信息口径一致、相互可比。(3)社会保险基金的会计核算应当及时进行,不得提前或者延后。2010年10月28日,全国人大常委会通过的《社会保险法》规定,社会保险基金通过预算实现收支平衡。县级以上人民政府在社会保险基金出现支付不足时,给予补贴。社会保险按照统筹层次设立预算,按照社会保险项目分别编制。统筹地区的社会保障预算、决算草案,由统筹地区社会保险行政部门编制,经同级财政部门审核,报本级人民政府批准。全国社会保险预算、决算草案,由国务院社会保险行政部门编制,经国务院财政部门审核,报国务院批准。2018年3月17日,第十三届全国人民代表大会第一次会议通过的《关于国务院机构改革方案》规定,组建国家医疗保障局,将人力资源和社会保障部管理的城镇职工基本医疗保险、城镇居民基本医疗保险、生育保险,国家卫生和计划生育委员会管理的新型农村合作医疗,国家发展和改革委员会管理的药品和医疗服务价格,民政部管理的医疗救助,交给国家医疗保障局管理。国家医疗保障局是国务院的直属机构。2018年5月31日,国家医疗保障局正式挂牌成立。

（二）中国社会保障制度改革的积极成果

1. 社会保障覆盖的范围不断扩大。目前,我国社会保险已经从20世纪80年代初的只覆盖国有企业职工,发展到既覆盖国有经济,也覆盖集体企业、外资企业、合资企业、个体企业职工和灵活就业人员,社会保障制度覆盖的范围不断扩大,制度受益面更加广泛。当前,针对城镇无业居业的基本养老保险、基本医疗保险,针对农村居民的养老保险、基本医疗保险和农村贫困居民的生活保障等民生问题已经启动,我国社会保障的普惠性已经开始显现。截至 2016 年底,我国城镇就业人员 88 777 万人,其中,参加城镇职工基本养老保险的人数达 37 930 万人;参加基本医疗保险的人数达 74 392 万人,其中,参加城镇职工基本医疗保险的人数为 29 532 万人,参加城镇居民基本医疗保险人数为 44 860 万人;参加失业保险的人数为 18 089 万人;参加工伤保险的人数为 21 889 万人;参加生育保险的人数为 18 451 万人。

2. 社会保障资金的支出不断扩大。社会保障制度改革以来,国家用于社会保障的资金也在不断地扩大。1980 年,国家用于社会保险和各项福利的支出为 13.61 亿元,占 GDP 的 0.2%;2005 年国家用于社会保险和各项福利的支出为 5 400 亿元,占 GDP 的 2.9%;2008 年国家用于社会保险和各项福利的支出为 6 804.29 亿元,占 GDP 的 2.26%。社会保障支出资金占 GDP 的比重不断提高,说明新增社会财富更多地用于提高劳动者的社会保障待遇水平。

3. 社会保障制度建设不断完善。《社会保障法》、修订《社会抚恤优待条例》《全国社会保障基金条例》等法律法规的出台,使社会保障制度建设得以完善,规范了社会保障受益人和管理者的行为,使管理者的行为有法可依,使受益人的合法权益得到保障。

4. 城镇居民最低生活保障制度支持了经济的发展。随着我国经济的发展,随着企业经济结构的调整,城镇居民下岗、失业人数不断增加。城镇居民最低生活保障制度的建立,有力地支持了企业经济体制改革和发展的需要,保障了城市弱势群体的生活需要。

5. 公民的风险保障意识增强。随着社会保障制度的改革和发展,公民的风险保障意识不断增强,维权意识也在逐步地提高。当职工、公民的合法权益受到侵害时,他们能够依法维护自己的合法权益,监督用人单位、有关管理部门对于社会保障政策的执行情况。

（三）中国社会保障制度改革中存在的问题

1. 有些法规有违社会保障制度改革目标。一些地方的社会保险经办机构为了追求基金的盈余,不断地降低保障水平;也造成这些机构认为补充养老保险有利可图,经营管理补充养老保险业务;更造成一些地区社会保险制度设计对劳动者的受益条件规定得十分苛刻,以至于很多人难以成为制度的受益者。例如,我国一些省市在医疗保险制度改革中明确规定,医疗保险的受益条件是男缴费(或视同缴费)年限满 25 年,女缴费(或视同缴费)年限满 20 年,退休后才能资格享受医疗保险待遇。这种制度设计,意味着未来将有很大一部分曾经工作的职工,由于医疗保险缴费年限达不到制度设计的要求,退休以后无法获得城镇企业职工医疗保险制度的保障,这与我国医疗保险制度改革的目标相违背。

2. 制度设计比较复杂,管理成本比较高。随着社会保障制度改革的深入,我国社会保障制度设计得越来越复杂,造成各单位、部门需要大量的人员从事社会保险管理工作,制度的管理成本比较高。例如,"中人"的过渡性养老金计算十分复杂,退休人员领取的养老金不知道如何计算出来的。目前,我国已经积累的社会保险基金的管理成本也比较高,基金面临着通货膨胀的侵蚀,面临着投资失败的风险,基金保值增值的压力比较大。

3. 社会保障改革引发的群众不满比较多。我国社会保障制度改革的初衷是,确保社会保障资金的使用更具有效率。通过"低水平、多层次、广覆盖"的原则,确保需要保障的群体获得保障。但是,随着社会保障制度改革的深入和发展,广覆盖的进程比较慢,社会保障资源分配却越来越不公平。例如,在基本医疗保险的保障方面,不仅存在城乡差别,而且城市不同群体之间的差别也比较明显。企业职工获得医疗保障的水平正在逐步降低,而国家直属机关、事业单位职工的医疗保险制度改革推进得比较慢,以至于居民、企业职工和机关事业单位职工获得的保障水平差距较大,引发的群众不满比较多。

4. 社会保障改革缺乏相关部门的有力支持。我国社会保障制度的改革缺乏相关部门的、制度化的支持,社会保障改革措施难以落实。例如,我国养老保险资金缺口迟迟得不到解决,缺乏制度化的财政资金支持,以至于社会统筹支出不断地挤占个人账户资金,导致职工个人账户空账。又如,我国医疗保险制度的改革,缺乏卫生、药品流通管理体制、缺乏医疗机构的配套改革和支持,以至于医疗保险制度疲于应付药品和治疗价格的不断上涨,医生乱开药、开高价药、做不必要的检查等现象十分严重,加重了患者和基本医疗保险的负担。由于国家发改委、卫健委、人力资源和社会保障部、财政部平行管理医疗保险改革,致使医疗保险制度关键环节的改革无从下手。

(四) 解决中国社会保障制度改革存在问题的对策

1. 修改有违社会保障制度改革目标的做法。社会保障制度建立的首要目标是实现社会公平,中国社会保障制度改革的目标也应该是实现资源配置的公平,对此有关管理部门应该致力于实现社会目标,而不应该片面地追求经济效益或者追求社会保障资金收支的盈余。明确这一目标后,政府有关管理部门的主要职责是在现有财力、物力的基础上,保障制度受益者的基本生活,实现社会保障资金利用效率的最优化。

2. 简化制度设计,降低管理成本。针对社会保障制度设计的复杂性,政府有关管理部门的职责是简化制度设计,降低制度的管理成本。政府有关管理部门可以针对已有的制度进行难易性和复杂性的评价,对评价为复杂的制度进行相应的调整和改革。

3. 实现制度公平,降低制度改革的不良影响。政府有关管理部门应当针对制度改革中引发民怨较多的问题,大胆改革,实现制度创新,力争使每一位公民都能够得到平等、公平的制度保障,不会因为个人的地位和职业的不同而有所差异。设计公平的社会保障制度是社会政治、经济安全的稳定器。

4. 协调相关管理部门的关系,促使社会保障制度改革获得相关部门的支持。政府有关管理部门应致力于协调社会保障部门与其他相关管理部门的关系,促使社会保障改革措施能够得到顺利实施,减少其他相关部门对政策措施执行带来的负面影响。

复 习 思 考 题

1. 简述福利国家社会保障制度存在的问题。
2. 简述福利国家的社会保障改革措施。
3. 简述新加坡社会保障制度存在的问题。
4. 简述智利社会保障制度改革的成果。
5. 简述智利社会保障制度改革存在的问题。
6. 简述美国企业年金发展的条件。
7. 简述我国社会保障制度改革的经过。
8. 简述我国社会保障制度改革中存在的问题。
9. 简述我国社会保障制度改革的积极成果。

第 5 章

社会保障水平

社会保障水平是社会保障理论与实践的一项重要内容之一,社会保障水平决定着社会保障资金的筹集、给付,决定着社会保障体系的运营状况,决定着社会保障目标的实现。本章主要探讨社会保障水平的内涵、社会保障给付水平确定的理论依据、社会保障缴费水平确定的依据、监测社会保障水平的指标体系等。

第一节　社会保障水平的内涵和划分

一、社会保障水平的内涵

社会保障水平是指一定的社会保障制度对由于发生年老、疾病、失业、工伤、贫困等原因而造成经济困难的社会成员提供基本生活保障的能力。社会保障水平代表着一个国家给予公民提供保障的程度和水平。

目前,理论界对于社会保障水平的研究还很肤浅,只是规范地判定社会保障水平不能过高,也不能过低,应该适度。辽宁大学博士生导师穆怀中教授将社会保障水平划分为社会保障总支出水平、社会保障分项支出水平[①]。

笔者认为,社会保障水平主要包括三个方面的内容:一是社会保障缴费水平;二是社会保障给付水平;三是社会保障各项目的给付水平。

社会保障缴费水平是指用人单位、职工承担社会保险缴费的能力;社会保障给付水平是指国家给予社会成员提供保障待遇的平均水平线总体水平,通常用社会保障人均支付被保障人员的年(月)平均额或社会保障支付资金占 GDP 的比重来衡量;社

---

① 穆怀中主编:《社会保障国际比较》,北京,中国劳动社会保障出版社,2002。

会保障各项目的给付水平是指每一社会保障项目平均给付每一被保障人口的资金，即每一社会保障项目平均给付水平或每一社会保障项目支付的资金占 GDP 的比重。

二、划分社会保障水平的依据

社会保障水平划分为社会保障缴费水平、社会保障给付水平和各项目给付水平的依据是，社会保障筹集的资金并不总是等于给付的资金。在现收现付制下，社会保障资金的筹集是根据社会保障资金的给付确定的，因此，现收现付制下考察社会保障水平显然没有必要明确区分社会保障缴费水平和社会保障给付水平。但是，在基金积累制和部分基金积累制下，社会保障筹集的资金并不等于社会保障给付的资金。一般来说，社会保障给付的资金要大于或者小于筹集的资金，这是社会保险基金投资运营的结果。由于社会保障资金运营中存在着数额庞大的社会保险基金的积累，这些资金会通过一定的运营方式获得投资收益，其投资收益率可能为正值，也可能为负值。在这种情况下，有必要从理论上区分社会保障缴费水平与社会保障给付水平。

社会保障筹集的资金虽然不等于社会保障给付的资金，但是，二者并不是没有内在联系的。部分基金积累制下，社会保障筹集的统筹资金加上职工个人账户积累的资金，再加上个人账户积累资金的投资收益，等于社会保障给付的资金。因此，确定我国养老保险给付水平应该根据社会统筹的给付水平和个人账户的给付水平来确定。基金积累制下，社会保障筹集的资金加上投资收益等于社会保障给付的资金，社会保障给付水平受基金缴费率和投资收益率的影响。

三、划分社会保障水平的意义

（一）确定适度的社会保障缴费水平，有助于用人单位的发展

从微观经济活动主体的角度来看，用人单位缴纳的社会保险费过多，会提高用人单位产品成本，从而会影响用人单位的生产和投资。从这个角度来看，确定社会保障缴费水平的依据是用人单位、职工乃至国家财政的承受能力。相反，用人单位缴纳的社会保险费过少，会影响退休人员的基本生活，会影响社会安定。可见，确定适度的社会保障缴费水平是至关重要的。

（二）社会保障给付水平反映社会保障资金使用的经济效益

确定适度的社会保障给付水平，是为了实现社会保障资金的优化配置。社会保障给付水平通常用社会保障资金支出占 GDP 的比重来衡量，这一水平可以反映社会

保障与经济发展的相互关系,是目前国际上普遍采用的衡量方法,即社会保障总水平,考察社会保障总水平可以预测社会保障资金运行的宏观经济效益。但是,这一指标并不能反映社会保障水平的全貌,无法反映社会保障微观管理层面的问题,例如,用人单位、职工和政府承担社会保障缴费的能力、人均养老金给付能否满足退休人员的基本生活需要。

(三) 社会保障各项目的给付水平反映社会保障资金的支出结构

社会保障各项目的给付水平,反映社会保障各项目提供保障的能力,反映社会保障各项目在社会保障体系中的作用,也反映社会保障各项目给予被保障人口提供保障的能力。例如,人均给付养老金金额、人均给付医疗保险费金额、社会保险各项目支付的资金占社会保险总支付资金的比重、社会保险各项目支付的资金占 GDP 的比重等,就反映了社会保障各项目的给付水平。

第二节　确定社会保障给付水平的理论依据

确定适度的社会保障给付水平是提高社会保障制度运营效率的内在要求。这是因为适度社会保障给付水平的确定直接关系到职工(公民)享受社会保障待遇水平的高低,也关系到社会保障缴费水平的确定,进而影响整个社会经济的运行。探讨确定社会保障给付水平的理论依据,有助于在实践中确定适合我国经济发展需要的、适度的社会保障给付水平。

如上所述,确定社会保障给付水平的标准,在理论上应该以社会剩余产品占新增价值①($V+M$)的比重为依据,这主要是由于社会保障资金大部分来源于社会剩余产品。

按照马克思的社会总产品分配理论,社会保障费用支出属于消费支出,而消费支出的资金只能由社会剩余产品(M)来提供,即只能来源于企业的利润。企业利润越多,可供企业、职工使用的资金才会越多,社会保障给付水平才能不断地提高;相反,企业利润越少,可供企业、职工使用分配的资金就越少,提高社会保障给付水平就不具备基本的物质条件。可见,社会剩余产品(或利润)是确定社会保障水平的物质前提,缺乏这个前提,社会保障资金的支付就无从谈起。也就是说,社会剩余产品占新增价值的比重越高,可用于支配的利润也就越高,相应地,用于社会保障支付的资金

---

① 马克思主义政治经济学的新增价值即为西方经济学的国民收入。

也就越多,社会保障水平也就越高;相反,社会剩余产品占新增价值的比重越低,可用于支配的利润也就越低,相应地,用于社会保障支付的资金也就越少,社会保障水平也就越低。

从一定层次上讲,社会剩余产品的多寡,标示着社会的经济发展水平。一个国家的经济发展水平越高,可供分配的社会剩余产品就越多;一个国家的经济发展水平越低,可供分配的社会剩余产品就越少。人们常说,社会保障水平的确定应与国家的经济实力相适应,这实际上是说,社会保障给付资金的分配,不能超越可供分配的社会剩余产品,也就是社会保障水平的确定应该与经济发展的状况相适应。从宏观经济运行的角度来看,社会保障的总水平是整个社会能够承担社会保障资金给付的能力,这种能力的确定不是没有根据的,其基本前提是经济发展的水平,即 GDP 的增长。

有了这个依据,在确定社会保障总水平时,应该坚持以可分配利润或一定的经济发展水平为根据。脱离经济发展水平,确定不切实际的社会保障水平,势必影响经济增长。

第三节　确定社会保障缴费水平的依据

社会经济的发展不是孤立的,是各经济行为主体参与的发展。将确定社会保障水平的理论依据进一步扩展,可以理解为,社会保障的缴费水平不应该影响经济行为主体正常的经济活动。具体地说,社会保障缴费水平的确定不应该影响用人单位的生产和经营、居民的消费和政府的经济活动。基于这一认识,可以将上述理论进一步引申、扩展,探讨确定社会保障缴费水平的依据。

一、确定社会保障缴费水平必须考虑用人单位、个人和政府的承受能力

(一)确定社会保障水平必须考虑用人单位的经济承受能力

社会保障对劳动者来说是一项社会福利,对用人单位来说则是一种负担。如果用人单位的负担过重,将使产品成本大幅度地提高。在国际市场竞争下,这种负担不可能通过提高产品价格的方式转嫁给消费者,提高社会保险缴费率将会进一步挤占用人单位的利润。毫无疑问,这会影响到用人单位的经济效益和市场竞争力。在骤然提高社会保障缴费水平的情况下,许多用人单位尤其是劳动密集型企业,将无法承受过高的社会保险缴费。一份调查资料显示,由于人口老龄化等原因,日本厚生年金的缴费率 2020 年左右要提高到 34% 左右,才能维持现有的给付水平,而这一计划在

日本引起了企业界人士的强烈反对。日本许多企业家认为，如果把厚生年金的缴费率提高到25％，用人单位将无法承受这一负担，进而导致日本经济的崩溃。同样地，我国也存在用人单位能够承担多少社会保险缴费负担的问题。有一种观点认为，目前我国占工资总额24％的养老保险平均缴费率显然是不够的，建议将其提高到占工资总额34％的水平。而根据周小川的一份研究报告显示，社会保险缴费多少对企业盈利能力的影响是比较大的。如果把当前养老保险的缴费率从占工资总额的24％提高到34％，很有可能会使近几年国有企业扭亏为盈的成果付诸东流。以我国乡镇企业为例，乡镇企业大多是以劳动密集型为主的，原来是不缴纳社会保险费的，现在让他们缴纳社会保险费，劳动成本一下子提高了20％，这将会导致相当多的乡镇企业亏损、倒闭。[①] 可见，社会保障管理部门在进行社会保障改革和确定用人单位缴费率时，首先应该考虑的是用人单位的承受能力。

（二）确定社会保障缴费水平应该考虑职工的承受能力

基金积累制或部分基金积累制社会保障资金运行模式中，许多国家的法律法规规定，个人需要缴纳社会保险费并计入个人账户延期支付，因而在确定适度社会保障缴费水平时，应该考虑职工个人的承受能力。

职工将年轻时获得的收入推迟到年老以后消费，将现期收入的一部分转化为远期消费，这种社会保障资金运行模式对职工一生的消费曲线进行了调整，使职工整个生命周期中各个阶段的消费水平保持一个比较稳定的状态。这种调整，也将影响到职工不同时期的消费需求。

基金积累制社会保障资金运行模式中，居民消费分成现期和远期两个阶段，因而个人必须将其收入在现期消费和远期消费之间进行消费的时间配置，并通过这种合理配置，谋求其生活福利的最大化。

假设职工的现期消费为C_1，远期消费为C_2，一生消费为C，则有$C = C_1 + C_2$。

假设职工个人的现期收入为Y_1，远期收入为Y_2，其一生的收入为Y，则有$Y = Y_1 + Y_2$。

再假设职工的储蓄为S，利率为r，则不同时期的消费函数为：

$$C_1 = Y_1 - S \tag{5.1}$$

$$C_2 = Y_2 + S(1+r) \tag{5.2}$$

$$C = C_1 + C_2 \tag{5.3}$$

将式(5.1)和式(5.2)代入式(5.3)，可得：

---

① 周小川：《社会保障与企业盈利能力》，载《经济社会体制比较》，2000(6)。

$$C_1 + C_2 = (Y_1 - S) + [Y_2 + S(1+r)] \tag{5.4}$$

由于式(5.2)可以换成为现值,等式两边同时除以$(1+r)$,可得:

$$\frac{C_2}{1+r} = \frac{Y_2}{1+r} + S \tag{5.5}$$

式(5.5)表明,远期消费的现值等于远期收入的现值再加上储蓄。

将式(5.5)和式(5.1)的现值合并,可得:

$$\frac{C_1 + C_2}{1+r} = Y_1 + \frac{Y_2}{1+r} \tag{5.6}$$

式(5.6)说明,消费现值等于收入现值,这是个人对收入进行消费——储蓄配置的基本准则,也是个人对现期消费和远期消费配置选择的一个基本准则(见图5-1)。

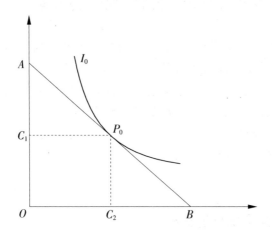

图 5-1　现期消费和远期消费的最佳组合与选择

如图 5-1 所示,预算线 AB 表示在现期收入为 Y_1、远期收入为 Y_2 和利率为 r 的条件下,个人对现期消费 C_1 和远期消费 C_2 的选择。职工个人消费效用线 I_0 与预算线 AB 相切,切点为 P_0,P_0 点为现期消费与远期消费的最佳替代点。在切点(P_0)上,现期消费与远期消费的边际替代率为:$\mathrm{MRS}_{\frac{1}{2}} = 1/(1+r)$。因为预算线的斜率为$1/(1+r)$,所以,职工收入通常是按照$1/(1+r)$的比例分解为消费和储蓄的,这也就实现了现期消费与远期消费之间的最佳组合和选择。

职工的工资,一部分必须用于现期消费;另一部分形成储蓄,用于远期消费。社会保障制度中的职工个人缴费在一定意义上执行了强制储蓄的功能。社会保障的强制性储蓄,不应该超过职工的自愿储蓄,否则,就会影响职工的现期消费,会使职工感到不堪重负,这样就可以通过测算职工的自愿性储蓄来确定职工缴费的限额。

（三）确定社会保障缴费水平应该考虑政府的负担能力

财政支持社会保障转移支付资金的能力，应该以政府能够负担为限度。政府负担的社会保障支出主要来自当年的税收，其主要包括营业税和个人收入所得税等，但是，各种税收的最终负担者仍然是用人单位和个人，因此，政府为负担社会保障支出而征收的各种税赋最终还应该以用人单位和个人能够负担为限度。

确定适度的社会保障缴费水平是比较复杂的问题，需要综合考虑经济运行中的各经济行为主体——用人单位、个人乃至政府的承受能力。只有建立在充分调查、研究和科学计算的基础上，确定的社会保障缴费水平才是科学、合理的。

二、用人单位、个人和政府的承受能力与社会总承受能力

确定社会保障缴费水平应该考虑用人单位、个人和政府三方面的承受能力，应该以不影响用人单位、居民和政府正常的经济活动为限度。探讨用人单位、个人和政府三方面的承受能力，应该以社会总承受能力为前提，即社会的经济发展水平。在社会总承受能力既定的条件下，各方面的承受能力会受到社会总承受能力的制约，各方承受能力不应该超过社会总承受能力。考察社会总承受能力，又必须以用人单位、个人和政府三方面的承受能力为依据。超越这个社会总承受能力而确定的社会保障缴费水平即为过度。

三、监测社会保险缴费水平的指标

（一）监测社会保险缴费水平的宏观指标

1. 社会保险缴费收入占 GDP 的比重。社会保险缴费收入占国内生产总值的比例，即 1 元的国内生产总值中，有多少元缴费了社会保险税（或费）。这一指标表明，全社会的社会保险总负担能力。

2. 社会保险总缴费额占劳动者工资总额的比重。这一指标表明，社会保险缴费占全社会劳动成本的比重。

3. 社会保险总缴费额占国民收入的比重。社会保险总缴费（或纳税额）占国民收入的比重，即公民的 1 元国民收入中缴纳的社会保险费（或税）是多少元。这一指标表明，公民承担社会保险费（或税）的经济负担能力。

（二）监测社会保险缴费水平的微观指标

1. 用人单位缴费率（或纳税率）。用人单位缴费（或纳税）率是指用人单位缴费（或

纳税)占工资总额的比例。这一指标表明,用人单位负担社会保险缴费(或纳税)的成本占劳动成本的比重。

2. 劳动者(或公民)缴费(或纳税)率。劳动者(或公民)缴费(或纳税)率是指劳动者(或公民)缴费(或纳税)占工资总额的比率。这一指标表明,劳动者(或公民)被强制缴费(或纳税)的负担能力。

第四节　监测社会保障给付水平的指标

确定适度社会保障给付水平是关系国计民生的问题,设计一系列社会保障给付水平的监测指标体系,可以判断社会保障制度实施的范围和力度,可以为政府的宏观决策提供量化数据指导。社会保障给付水平的高低,可以通过社会保障给付水平宏观指标和微观指标来监测,下面逐一介绍这些指标。

一、监测社会保障给付水平的宏观指标

从总体上反映社会保障给付水平的指标就是社会保障给付水平的宏观监测指标,主要包括以下几个方面。

(一)社会保障支出占GDP的比重

社会保障支出占GDP的比重即社会保障总水平。用社会保障支出占GDP的比重可以进行国家之间的横向比较,可以大致对比出世界各国社会保障达到的水平,以及我国同发达国家之间的差距。例如,西方发达国家社会保障支出占GDP的比重大约为20%,而目前我国社会保障支出占GDP的比重大约为5%,造成这一差距的主要原因,不是我国社会保障制度覆盖内人均给付水平太低,而是我国社会保障的覆盖率太低。有计划、有步骤地扩大社会保障覆盖面,提高社会保障支出占GDP的比重,使更多的人分享经济发展的成果,是我国社会保障制度改革的长远发展方向。

历史地考察社会保障支出占GDP的比重,可以反映一个国家或地区社会保障给付水平提高的程度。如果一个国家或地区社会保障支出占GDP的比重是逐年提高的,则说明社会保障制度提供的保障水平是逐年提高的,社会保障受益人是能够分享经济发展成果的;相反,则说明社会保障制度提供的保障水平是逐年降低的。

(二)社会保障支出的年增长率

一般来说,社会保障支出的资金是随着GDP的增长而增长的。社会保障支出的

年增长率是每一年度社会保障资金的支出相对于上一年度社会保障资金支出的增长额占上年度社会保障资金支出的比率,社会保障支出的年增长率是衡量一个国家社会保障发展速度的环比指标。

$$社保资金支出的年增长率=\frac{本年度社保资金支出－上年度社保资金支出}{上年度社保资金支出}$$

社会保障支出的年增长率通常应当同国内生产总值的增长率相适应,不能超过国内生产总值的增长率。如果社会保障支出的增长速度无限制地提高,超过国内生产总值的年增长速度,将会导致社会保障支出的过度膨胀,最后挤占国内生产总值增长的成果,甚至导致经济增长速度的缓慢或经济的崩溃。运用这一指标进行监测,可以及时地遏制社会保障资金支出的过快增加。

(三) 政府用于社会保障支出占财政支出的比重

政府用于社会保障的支出是否适度,可以非常敏感地反映到社会保障支出占财政支出的比重上。这一指标不仅反映政府每支出的 1 元钱中,有多少元钱用于社会保障支出,而且反映社会资源配置的格局。如果社会保障支出占财政支出的比重过高,将会导致巨额财政赤字和国债的增加,过度的财政赤字也会加重用人单位当前或未来的负担,进而影响到经济的发展;反之,则会影响到被保障群体的生活质量。根据 20 世纪 90 年代初的统计,发展中国家社会保障支出占财政支出的比重一般为10%,中等发达国家一般为 25%左右,发达国家一般为 40%。目前,我国政府用于社会保障支出的资金占财政支出的比重只有 10%左右,相比之下,我国财政用于社会保障支出的资金还是比较低的,这与我国财政支出结构不合理有很大关系(见表 5-1)。

表 5-1　1998—2017 年我国财政社会保障支出占财政总支出的比重

项目 年份	财政总支出 (亿元)	财政社会保障支出 (亿元)	财政社会保障支出占财政总支出的比重 (%)
1998	11 549.5	595.6	5.16
1999	13 805.9	1 197.4	8.67
2000	15 886.5	1 517.6	9.55
2001	18 902.6	1 987.4	10.51
2002	22 053.2	2 636.2	11.95
2003	24 650.0	2 655.9	10.77
2004	28 486.9	3 116.1	10.94
2005	33 930.3	3 698.9	10.90
2006	40 422.7	4 361.8	10.79
2007	49 781.4	5 447.2	10.94
2008	62 592.7	6 804.3	10.87

续表

项目 年份	财政总支出 （亿元）	财政社会保障支出 （亿元）	财政社会保障支出占财政总支出的比重 （%）
2009	76 299.9	7 606.7	9.97
2010	89 575.4	9 081.4	10.14
2011	109 247.8	11 109.4	10.16
2012	125 953.0	12 585.5	9.99
2013	140 212.1	14 490.5	10.33
2014	151 785.56	15 968.9	10.52
2015	175 768	19 019	10.82
2016	187 841	21 591	11.49
2017	203 330	24 812	12.20

资料来源　1. 中国财政年鉴编辑委员会：《中国财政年鉴》(2015)，北京，中国财政杂志社出版，2015。
　　　　　2.《中国财政收支情况(2015—2017年)》，财政部网站，www. mof. gov. cn。

（四）人均社会保障支出占人均国民收入的比重

人均社会保障支出占人均国民收入的比重，这一指标反映了社会保障给予公民提供保障的程度，可以作为国家之间进行横向比较的指标。一般来说，人均社会保障支出占人均国民收入的比重越高，社会保障的给付水平就越高；相反，人均社会保障支出占人均国民收入的比重越低，社会保障的给付水平就越低。

（五）人均社会保障给付水平

人均社会保障给付水平是同人均国民收入密切相关的指标。一般来说，一个国家人均国民收入越高，人均社会保障支出就越高，社会保障水平就越高，社会保障的项目就越多。相反，一个国家人均国民收入越少，人均社会保障支出就越少，社会保障水平就越低，社会保障的项目就越少，保障的范围只能包括一些较基本的保障项目。历史地考察人均社会保障给付水平的变化可以从宏观角度反映政府给予公民提供保障的程度。

（六）社会保障人均支付额占人均工资总额的比重

社会保障支出总额占工资收入总额的比重从宏观上表示整个社会的补偿率，即整个社会用于社会保障的支出相当于在职职工工资总额的比重，这一指标应该以不超过工资总额的一定比重为限度，超过一定的比重，在职职工承担的负担就会过重。从这一指标可以推导出，养老保险支出总额占工资总额的比重、失业保险支出总额占工资总额的比重、医疗社会保险支出总额占工资总额的比重、生育保险支出总额占工资总额的比重、工伤保险支出总额占工资总额的比重，对这些指标进行监测，可以揭示社会保障资金支出的结构水平，即社会保障支出结构中哪一个社会保险项目所占的比重比较高。但是，在人口老龄化的压力下，退休人员占在职职工的比例却是不断上升的，这就推动了社会保障支出的资金占在职职工工资总额的比重不断地上升。

二、监测社会保障给付水平的微观指标

从保障项目方面反映社会保障给付水平的指标就是社会保障给付水平的微观指标，主要包括以下几个方面。

（一）养老金替代率

养老金替代率是指退休人员平均每月领取的养老金占同期在职职工月平均工资的比率，也指退休人员领取的养老金占其退休前一年（或几年）月平均工资的比率。养老金替代率是衡量养老保险保障水平的重要指标，一般来说，这一指标越高，退休人员获得保障的水平越高；反之，退休人员获得保障的水平越低。

（二）补偿率

补偿率是指社会保障向遭遇疾病、失业、工伤、生育、失能等风险的人员提供补偿的水平。我国社会保障的补偿率主要包括医疗费用补偿率和津贴补偿率、失业保险补偿率、工伤津贴补偿率和生育保险费用和津贴补偿率。

1. 医疗费用补偿率。医疗费用补偿率是指用人单位或政府补偿患者的医疗费支出占患者全部医疗费用支出的比率。医疗费用补偿率是衡量医疗保险保障水平的重要指标。一般来说，医疗费用补偿率越高，医疗保险的保障水平就越高；反之，医疗保险的保障水平越低。

同医疗保险费用补偿率对应的指标是医疗费用的自负率，医疗费用自负率是患者自我负担的医疗费用占患者全部医疗费用支出的比率。一般来说，医疗保险自负率越高，医疗保险保障水平越低；反之，医疗保险保障水平越高。

$$医疗费用补偿率 + 医疗自负率 = 1$$

医疗保险津贴补偿率是医疗保险参保人领取的疾病津贴占个人工资总额的比例。一般来说，参保人的工龄越长，领取的医疗保险津贴占工资的比例越高，保障水平就越高，反之，保障水平就越低。

2. 失业保险补偿率。失业保险补偿率是指失业人员领取的失业保险金占个人失业前工资的比率或失业人员领取的失业保险金占同期当地在职职工平均工资的比率。一般来说，失业保险补偿率越高，失业保险的保障水平越高；反之，失业保险的保障水平越低。

3. 工伤补偿率。工伤津贴补偿率是指因工受伤人员获得的工伤津贴占职工受伤前月平均工资的比率。一般来说,工伤津贴补偿率越高,工伤保险的保障水平越高;反之,工伤保险的保障水平越低。

工伤医疗补偿率是指工伤保险报销的医疗费用占医疗费用总支出的比例。工伤医疗补偿率通常为100%。

4. 生育津贴补偿率。生育津贴补偿率是指生育妇女获得的生育津贴占个人生育前工资的比率,也指生育妇女获得的生育津贴占本单位职工平均工资的比率。一般来说,生育津贴的补偿率越高,生育保险的保障水平越高;反之,生育保险的保障水平越低。

生育医疗补偿率是指生育妇女获得的生育医疗费用补偿占生育医疗费用支出的比例。一般来说,生育医疗补偿率越高,生育保险的保障水平越高;反之,生育保险的保障水平越低。

5. 长期照护津贴补偿率。长期照护津贴补偿率是指失能、半失能或残疾人领取的长期照护津贴占个人支出的照护费用的比例。一般来说,参保人失能程度越严重,其获得的长期照护津贴就越多,长期照护津贴的补偿率就越高。反之,长期照护津贴的补偿率就越低。

(三)居民生活最低保障标准

居民生活最低保障标准是支撑社会贫困阶层最低生活的保障标准,是以个人最低生存需求为依据而设定的保障标准,这一标准反映了社会保障“安全网”的最后一道防线为公民提供最低生活保障的程度,并在一定程度上反映出社会救助给予社会贫困阶层提供的保障水平。例如,截至2016年底,我国城市居民生活的最低保障标准平均额为每人每月288元。2016年北京市居民生活的最低生活保障标准为每人每月480元。

$$某城市最低生活保障补偿率 = \frac{某城市最低生活保障标准}{某城市在职职工人均月平均工资}$$

历史地考察居民最低生活保障补偿率可以反映政府给予社会贫困阶层提供保障的程度。

总之,社会保障制度和社会保障体系是决定社会保障水平的重要政策因素,也是决定社会保障给付水平的重要机制。监测社会保障给付水平的总体指标和结构性指标固然重要,但是,某一确定的社会保障给付水平也是在社会保障制度设计较为合理的条件下实现的。相反,如果社会保障制度设计得不合理,那么,不管设计出多么完善的社会保障给付水平的监测指标体系,对于确定适度社会保障给付水平也是无益的。

1. 简述社会保障水平的内涵。

2. 简述确定社会保障给付水平的依据。

3. 简述确定社会保障缴费水平的依据。

4. 简述监测社会保障支出占 GDP 比重的作用。

5. 简述监测社会保障支出年增长率的作用。

6. 简述监测社会保障支出占财政支出比重的作用。

7. 简述监测人均社会保障给付水平的作用。

8. 如何监测养老保险替代率？

9. 如何测算医疗保险费用补偿率？

10. 如何测算医疗保险津贴的补偿率？

11. 如何测算工伤保险津贴的补偿率？

12. 如何测算长期照护津贴的补偿率？

第六章

养老保险制度

长生不老一直是人类不懈追求的美好愿望,但是出生、发育、成熟、衰老和死亡是人类必然面对的生命历程,养老保险制度是人类理性地面对衰老、死亡而建立的保障制度。1889 年,德国政府颁布的《老年与残障社会保险法》,标志着养老保险制度的实施具有了明确的法律依据。1891 年 1 月 1 日,这部法案开始实施,标志着家庭养老开始向社会养老转变。如果说,以往劳动者(或公民)年老或者因为伤残丧失劳动能力以后,主要依靠家庭成员的互助维持基本生活,那么养老保险制度产生后,劳动者(或公民)则主要依靠社会成员的互助和政府的帮助来维持生活。20 世纪七八十年代,养老保险制度面临严峻的挑战。随着人口老龄化[①]的到来,人类在养老保险制度的改革创新方面进行着艰难的探索,本章主要介绍养老保险的基础理论、我国养老保险制度的建立、改革和面临的主要问题。

第一节 养老保险制度的概念和特点

一个国家养老保险制度的建立,是社会生产方式、经济发展水平、政治和思想文化传统等多方面因素综合作用的结果。目前,世界上已经有 170 多个国家建立了不同类型的养老保险制度,但是,各国养老保险制度建立的原则大致是相同的。本节主要介绍养老保险制度的概念、特点和建立原则。

一、养老保险制度的概念

养老保险制度又称老年社会保险制度,是指一国政府依据法律、法规的规定对劳

---

① 联合国人口基金会规定,一个国家 60 岁以上(或 65 岁以上)的人口占总人口的比重达到 10%(或 7%)以上时,这个国家就可以认定为老龄化社会。

动者达到法定退休年龄并从事某种劳动达到法定退休年限后，由政府或社会依法给予帮助，以维持老年人基本生活的一项社会保险制度。养老保险制度是应对劳动者年老、丧失劳动能力这一风险因素由政府设立的社会保险项目，是社会保险的重要内容。对于养老保险制度的理解可以有以下几个方面：第一，养老保险制度是政府依法强制执行的制度。第二，获得养老保险待遇给付必须达到法定退休年龄。劳动者在达到法定退休年龄界限时，可以因年老丧失劳动能力而同用人单位解除劳动关系。第三，劳动者履行劳动义务或依法缴纳养老保险费达到法定的最低年限。例如，目前我国政府规定，劳动者履行缴费义务（含视同缴费）满15年，才有资格享受养老保险待遇。第四，社会保险经办机构或者指定的其他单位（如用人单位）是实施养老保险制度的主体。

二、养老保险制度的特点

（一）养老保险制度是社会保险体系中最重要的项目

养老金是职工年老丧失劳动能力以后维持基本生活的主要来源，是适用范围最广泛、运用资金最多、作用时间最长的社会保险项目。在社会保险资金运用结构中，养老保险制度使用的资金最多，相当于社会保险资金运用额的1/2。对于生命个体来说，职工从退休到生存期满需要经历很长时间，这也就决定了养老保险制度是一项长期发挥作用的制度安排。

（二）劳动者达到法定退休年龄

医疗、工伤等社会保险制度伴随着风险事故的发生而发挥作用，对劳动者没有年龄的限制，限定劳动者达到法定退休年龄是养老保险区别于其他社会保险项目的主要特征。劳动者达到法定退休年龄被依法解除劳动关系后，就有获得养老金给付的可能。这就意味着，退休人员将退出原来所从事的职业或工作岗位，不再承担履行社会劳动的义务。

（三）养老保险制度是一项经济补偿制度

政府建立养老保险制度的首要目标是使劳动者老有所养。国家依法解除劳动者的劳动义务后，对其提供一定的物质帮助，保障劳动者年老退休后，仍然有稳定的收入来源、得到社会的尊重，依然可以体面地生活，并安度晚年。养老保险制度是一项经济补偿制度，养老保险制度是劳动者（或公民）消除心理恐惧、衣食无忧、生活幸福的制度保证。

（四）养老保险制度具有调节收入分配和使用的特点

养老保险制度调节收入分配和使用的特点主要体现在三个方面。

（1）调节退休人员和在职职工之间的收入分配，即调节人口代际之间的收入分配。养老保险资金运行中，现收现付制就以调剂退休人员和在职职工之间的收入分配与使用为主要特征。政府在运用在职职工的缴费支付已经退休人员养老保险费用的时候，实际上是使用下一代人的缴费供养上一代人，这也就调节了人口代际之间的收入分配，实现了社会成员间的互济互助。

（2）调节社会贫困阶层和富裕阶层的收入分配。在国民收入分配和使用的过程中，政府凭借政权的力量强行参与，以社会保险税[①]、高额累进税、利息税、遗产赠予税等形式将高收入阶层的一部分收入集中到财政部门，然后通过养老金给付、失业保险金给付、社会救济和社会优抚等政府转移支付的方式，为生活困难的社会成员或对社会有特殊贡献的军人及其家属提供基本生活的保障。政府的这些强制措施对原有的收入分配格局产生了一定的影响，进而调节社会各阶层之间，尤其是贫困阶层和富裕阶层、低收入者和高收入者之间的收入分配。

（3）调剂劳动者个人年轻时期和年老时期收入的使用。养老保险资金运行中，基金积累制资金运行模式就是以调剂劳动者个人生命周期中收入的使用为主要特征的。基金积累制在将劳动者工作时期（高收入时期）的一部分收入调剂到退休时期（低收入时期）使用的时候，虽然这种资金调剂方式并不像现收现付制那样存在社会成员之间的互济互助和收入再分配，但是，却将劳动者工作时期的一部分收入转移到职工退休以后使用，这实际上是工资的延期支付。假设一个员工在某个纳税档次内，100 美元的工资要缴税 40 美元。但是，如果用人单位不把这 100 美元作为员工的当期收入，而将这 100 美元作为补充保险缴费纳入补充养老金计划中，则该员工退休时，这 100 美元可以作为退休金支付给退休人员。此时，退休人员不再有工资，其收入有可能进入较低的纳税档次，如税率为 25%，节省的这 15 美元主要来自累进税率下工资在个人生命周期的平均分配。[②]

三、养老保险制度建立的原则

由于政治、经济和文化背景不同，世界各国养老保险制度的类型也存在着较大差

---

①　目前，在我国还没有开征社会保险税，是以社会保险缴费的形式筹集资金的。

②　目前，我国退休人员领取的基本养老金如果超过个人收入所得税宽免额是不纳税的。

异,但是,世界各国建立养老保险制度遵循的原则大体是一致的,主要有以下几个方面。

1. 普遍性和选择性相结合的原则。养老保险保障的是劳动者丧失劳动能力以后的生活,养老保险应当平等地覆盖所有劳动者,这是养老保险制度普遍性原则的要求,也是一国政府制度设计公平的体现。但是,养老保险也是有选择保障的制度,规定劳动者工作(或缴费)的时间达到法定的最低年限;否则,就无法获得养老保险制度的保障。

2. 享受养老保险的权利与履行义务相对应的原则。劳动者享受养老保险的权利,是以履行义务为前提的,这一原则体现了权利和义务的一致性。劳动者有劳动能力时,履行劳动的义务,达到法定退休年龄或者丧失劳动能力(伤残)时,就可以获得应有的保障。但是,由于世界各国的政治、经济发展状况不同,履行义务的条件也是不同的,各国养老保险制度的建立大多依据权利和义务对称的原则。纵观世界各国养老保险制度,主要有以下几种履行义务的方式。

(1) 享受养老保险的权利和履行劳动义务相对应的原则。遵循这一原则,享受养老保险保障的人员,其工作年限必须达到政府规定的最低年限。

(2) 享受养老保险权利与履行缴费义务相对应的原则。遵循这一原则,获得养老保险保障制度的人员,要履行养老保险的缴费义务,且履行缴费义务的时间必须达到政府规定的最低年限。

(3) 享受养老保险的权利与国籍、居住年限对应的原则。公民只要达到领取养老金的年龄,并符合所在国规定的最低居住年限,就有资格领取养老金。

3. 享受养老保险待遇与工作贡献相联系的原则。世界许多国家的政府在制定养老保险法规时,将劳动者退休后享受养老保险金的待遇与其工作期间的劳动贡献相联系。

(1) 给予从事特殊行业或特殊工种的劳动者提供养老金待遇上的优惠。例如,法国政府规定,从事繁重和危险性工作(如井下、高温和有毒有害工种)的工人,可以提前退休,不减发退休金。我国养老保险制度改革以前,从事特殊工种的职工每工作一年其工龄按一年六个月计算;养老保险制度改革以后,从事特殊工种的职工则不再给予这样的优惠。政府管理部门强调,可以运用补充养老保险政策予以从事特殊工种的职工以补偿。

(2) 对于有突出贡献的科学技术人员,实行政府津贴制度。

(3) 给予劳动模范、劳动英雄提高退休金。例如,我国政府规定,获得全国劳动英雄、劳动模范称号的干部,退休金提高15%;获得省级劳动模范、先进工作者、先进生产者称号的干部、职工,退休金提高10%;在新民主主义革命和社会主义革命、社会主义建设中有特殊贡献的人员,如在科研、生产等方面有重大发明创造、成绩显著并由省政府或国务院各部委授予荣誉称号的人员,退休金提高5%。

(4)给予军人特殊的养老金待遇。例如,我国政府规定,在部队荣获军以上单位授予的英雄、模范称号,提高养老金给付额。荣立一等功、特等功或者相当档次奖励的转业人员、复员人员,退休金提高15%;荣立二等功、大功、三等功或相当档次奖励的复原、转业军人,退休金提高10%。

4. 保障基本生活的原则。劳动者丧失劳动能力退出生产过程以后,养老保险制度为其提供基本生活需求方面的保障,而要保障老年人的生活,就应该使养老金能够满足老年人的基本生活需要。保障退休人员的基本生活应当考虑以下几个方面。

(1)保障基本生活的原则。基本养老保险提供保障的上限应当考虑退休人员原来的工资水平和生活水平,保障的下限应该高于社会贫困线。也就是说,养老保险给付的待遇标准必须高于社会救助的标准。例如,美国的基本养老年金给付,夫妻合领约为单个人工资的65%,单身约为工资的40%,相当于贫困线标准的130%。

(2)提供长期保障的原则。养老保险是老年人终身享受的社会保险,应当按照一定的周期、一定的标准连续不断地给付,不能一次性给付。一次性给付不仅无助于退休人员的生活,而且可能使养老金积累瞬息之间化为乌有,不能起到保障老年人基本生活的作用。

(3)实行养老金给付的动态调整的原则。老年人获得养老保险保障的过程是长期、动态的过程,这就要求退休人员(或公民)获得的养老金给付,不受社会或经济因素变动的影响。为了保障退休人员的基本生活,必须适时、适当地调整养老金给付水平,建立养老金给付的工资指数化或物价指数化动态调节机制,或者发放必需的生活费补贴,以保障退休人员的生活不受通货膨胀的影响。

第二节　养老保险资金的筹集

及时、足额地筹集养老保险资金,可以促进养老保险制度的有效运行;适当的筹资方式和筹资水平,可以使养老保险制度发挥积极的影响,减少其对经济发展的不良影响。

一、养老保险资金的筹集渠道

养老保险资金主要来源于个人、用人单位缴费和政府转移支付。这三个方面的不同组合,会形成以下五种不同的资金筹集渠道。

1. 用人单位全额纳税或缴费。养老保险的纳税或缴费全部由用人单位负担,政府和个人不承担任何缴费。采用这种筹资方式的国家大多实行用人单位保险,用人单位承担着员工养老保险的全部责任。例如,巴基斯坦。

2. 政府全额资助。养老保险资金的筹集、给付都由政府承担,不需要用人单位、个人纳税或缴费,发展养老保险所需要的资金全部由财政拨款,采取这种养老保险筹资方式的国家大多地广人稀,政府有能力调动丰富的资源,具备采取这种保障方式的经济实力。例如,澳大利亚、新西兰等少数国家。在国家保障型养老保险制度下,由于劳动者不缴纳养老保险费,退休金计算比较简单。随着经济的发展,这种资金来源单一的缴费模式,使政府越来越感到不堪重负。

3. 个人纳税或缴费、政府担保。养老保险的缴费全部由个人承担,政府只在养老保险资金投资失败的时候,提供最低的收益担保。这种筹资方式聚集的资金最初主要运用于养老保险项目上,此后才逐步扩展到其他社会保险项目上。基金全额积累制国家大多采用这种筹集资金的方式,主要以智利、阿根廷等国家为代表。例如,我国《社会保险法》规定,无雇工的个体工商户、未在用人单位参加基本养老保险的非全日制从业人员以及其他灵活就业人员,可以参加基本养老保险,由个人缴纳基本养老保险费。

4. 用人单位与个人共同纳税或缴费。在用人单位与个人的缴费比率上,往往因不同的养老保险制度而有所不同。在以用人单位责任为主的国家中,用人单位纳税或缴费的比率就高一些,个人纳税或缴费的比例就低一些。例如,美国、新加坡。但是,这并不是说用人单位、个人确定的纳税或缴费比例是一成不变的,双方缴费的比率还要根据宏观经济形势、养老保险制度改革等方面的变化而有所调整。在实施个人缴费的初期或者职工工资较低的情况下,个人缴费的比率要低一些;随着职工劳动工资的增长,会逐步提高个人缴费的比率。我国《社会保险法》规定,职工应当参加基本养老保险,由用人单位和职工共同缴纳基本养老保险费。

5. 个人、用人单位和政府三方共同负担。个人、用人单位和政府三方共同负担的缴费方式是用人单位、个人共同缴费的补充。在这种筹资方式中,政府可以承担一定比率的养老保险费用,也可以采取补贴的方式,将资金划入养老保险基金。目前,我国采取的就是用人单位、个人共同缴费,政府承担部分费用的方式。用人单位缴纳的养老保险费不超过工资总额的20%,职工缴纳的养老保险费为职工工资的8%,用人单位缴费按工资总额的3%纳入职工个人的养老保险账户。从2006年1月1日开始,用人单位缴费不再纳入职工个人的养老保险账户。尽管如此,用人单位缴费仍然不能满足退休人员的养老金需求,政府采取不定期补贴的形式,向基本养老保险划拨资金。例如,我国《社会保险法》规定,基本养老保险基金由用人单位和个人缴费以及财政补贴等组成。基本养老保险基金出现支付不足时,政府给予补贴。

二、养老保险缴费的计算方法

劳动者个人缴费率等于个人缴纳养老保险的费用与劳动者工资额的比率;劳动者工资是以上年度劳动者月平均工资为基础计算的,其计算公式为:

$$个人纳税或缴费率 = \frac{个人纳税或缴费}{劳动者工资额} \times 100\%$$

用人单位缴费率等于用人单位缴纳的养老保险费与用人单位工资总额的比率;用人单位工资总额以用人单位上年度月平均发放的工资总额为基础计算,其计算公式为:

$$用人单位纳税或缴费率 = \frac{用人单位纳税或缴费}{职工工资总额} \times 100\%$$

工资是指用人单位根据劳动者提供劳动的数量和质量,按照劳动合同的约定或者政府有关法律法规的规定支付的货币报酬。例如,根据 1990 年 1 月 1 日国家统计局令发布的《关于工资总额组成的规定》的规定,职工工资的构成包括计时工资或计件工资、奖金、津贴、补贴、加班加点工资和特殊情况下支付的工资六部分组成。除此之外,一概不能计入工资总额,也不能列入工资序列处理。根据国际上通行的做法,个人纳税或缴费工资基数可以从几方面理解。

1. 纳税或缴费工资确定的依据是职工的劳动所得。工资是职工的劳动所得,职工劳动所得以外的其他收入不能计入职工工资额。例如,资本所得、股息所得、利息所得、租金所得等,不计入职工工资的总额,不能确定为职工的纳税或缴费工资基数。

2. 纳税或缴费工资不包含职工应得的福利费用和出差费用。职工获得的福利费、社会保险费、出差费不能计入职工缴费工资。例如,职工的洗理费补助、交通补助、出差补助、丧葬费、抚恤费等,也不能计入职工的缴费工资基数。

3. 发明创造奖不列入缴费工资。这部分奖金不作为养老保险缴费的依据。例如,根据我国政府发布的有关规定而支付的各类奖金,如发明创造奖、科学技术进步奖、合理化建议奖和技术改进奖等,不计入纳税或缴费工资基数。这些奖金不是劳动关系的必然权利,不由《劳动法》进行调整。但是,如果用人单位不按照政府有关规定而发放的各种奖金,应该计入职工的缴费工资基数。由于我国工资货币化程度比较低,致使职工获得的实际工资远远大于缴费工资。在实际操作中,用人单位会以各种名义发放不统计在工资总额之内的非工资收入,结果造成社会保障部门核定的缴费工资总额小于国家统计局核定的工资总额,更小于职工实际得到的工资总额。

4. 纳税或缴费工资具有额度的限制。职工工资过低或过高时,低于某一界限或者高于某一界限的部分工资,不作为养老保险的缴费工资基数。例如,我国政府规定,职工工资低于当地在职职工平均工资的60%时,按照当地平均工资的60%缴费;当职工工资高于当地在职职工平均工资300%时,其多出部分可以不缴费或者作为职工参加补充养老保险的缴费。

5. 纳税或缴费工资不允许宽免或费用扣除。养老保险纳税或缴费是直接以职工工资总额为课征对象的,没有宽免额或者费用扣除的规定,这是课征养老保险税与个人收入所得税的不同之处。一般来说,政府有关部门在课征个人收入所得税时,允许扣除个人为取得收入而发生的费用(如衣食住行等基本生活费用开支),也可以扣除一些个人宽免项目。养老保险缴费或者征税是直接以职工工资为缴费基数或者纳税基数的。

三、养老保险的纳税或缴费方式

养老保险缴费的方式决定着养老保险制度运营的效率,从世界各国养老保险管理的实践来看,缴纳养老保险费的方式主要有以下四种。

1. 固定比例制(或比例税率)。固定比例制是指职工工资的高低与养老保险的缴费比例无关,一律征缴固定比率的养老保险税或者养老保险费。目前,世界各国采取这一方式征缴养老保险税或者养老保险费的国家有许多,这种征缴方式的优点是,计算比较简单,易于管理。例如,智利政府规定,不论职工从事哪种职业、职位高低、工资额多寡,均采取统一的固定比例制,缴纳职工工资的10%,计入职工个人账户。

2. 级差缴费比例制(或差别比例税率制或等级比例制)。级差缴费比例是指将缴费职工的工资划分若干等级,确定每一等级的标准,最后以每一等级的工资标准为基础,按每一等级的养老保险费率缴纳养老保险费。这种征缴方式的缺点是,计算比较烦琐,不易管理。但是,这种纳税方式对于工资较低的社会阶层设计的缴税率较低,有利于社会成员的互济互助。

3. 累进比例制(或累进税率制)。累进比例制是指根据缴费人的工资,规定不同的养老保险费率。对于低工资者征收较低费率的养老保险费,对于高工资者则征收较高费率的养老保险费,并且随着工资的增加,缴费的费率也随之提高。一般认为,这种缴费方法体现了养老保险互济互助的原则,管理难度比较大。

4. 均一制。均一制是指不论个人工资水平高低,一律按照统一金额缴纳养老保险税或费。这种缴费方法的优点是,计算简便,筹集资金方式简单。但是,由于低工资者与高工资者都负担同样的养老保险费,低工资者的缴费比率显然要比高工资者的缴费比率高,不利于体现养老保险互济互助的功能,不利于缩小劳动者之间的贫富差距。例如,1975 年英国政府修订的《国民保险法》规定,对自雇者采取均一制,其保险费为每周 2.1 英镑,这种养老保险缴费方式就是均一制。

第三节　养老保险金的给付

养老保险金的给付是指职能部门按照国家法律法规规定的条件、项目、标准等,为保障范围内的退休人员支付养老金的制度安排,养老保险金的给付是养老保险资金筹集的目的。

一、养老保险给付的条件

确定职工是否具备领取养老金的资格,是养老金给付的前提条件。一般来说,需要满足两个条件:一是达到政府规定的法定退休年龄;二是缴费或投保或居住达到一定的年限。达到法定退休年龄只是享受养老保险待遇的一个必要条件,必须同时满足第二个条件的劳动者(或公民),才有资格获得养老金的给付。

1. 年龄资格条件。目前,世界各国对于劳动者退休年龄的规定是不同的(见表 6-1),1952 年和 1967 年国际劳工大会通过的有关公约规定,劳动者领取养老金的年龄不得超过 65 岁。法定退休年龄是政府有关管理部门,综合考虑以下相关因素确定的。

(1)劳动者的体质状况。劳动者的体力、智力出现衰退,完成一定的工作会面临较大的困难,这一年龄段可以作为确定法定退休年龄的依据。如果法定退休年龄规定得过低,会迫使一部分尚有劳动能力的职工,过早地退出劳动过程,会失去大批有丰富经验的劳动者,同时又会增加社会的负担;反之,则影响劳动者的身心健康,不利于新增劳动力就业。

(2)劳动力资源供需的状况。劳动力资源的长期供给和需求状况是影响法定退休年龄确定的重要因素。如果一个社会劳动力的长期供给远远超过劳动力需求,可以考虑降低法定退休年龄;反之,提高法定退休年龄。

（3）社会人口平均寿命。如果一个国家人口平均寿命比较低,法定退休年龄就比较低;反之,就比较高。

（4）劳动者的平均工作年限。一国政府以立法的形式规定劳动者工作年龄的上限和下限,劳动者工作年龄的下限通常为16周岁,工作年龄的上限为法定退休年龄。16岁至法定退休年龄之间的人口为劳动年龄人口。一国法定退休年龄通常是以劳动者平均工作年限为依据确定的。

（5）社会经济发展状况。一个国家的经济发展比较稳定,有足够的资金供养老年人,可以维持原有的法定退休年龄;反之,可以提高法定退休年龄。这样,可以增加缴费、降低退休人员领取养老金的年限,减少养老保险资金的需求。例如,我国政府规定,男性年满60岁,女工人年满50岁,女干部年满55岁,即达到法定退休年龄。某些从事特殊职业的职工,如从事井下、高空、高温、特别繁重体力劳动或者其他有害身体健康工作的职工,退休年龄可以放宽5年,男性年满55周岁,女性年满45周岁。工伤或职业病患者、残疾军人,退休和领取养老金可以不受年龄的限制。劳动者因疾病或者非因工伤残①,由劳动能力鉴定部门确定完全丧失劳动能力者,可以提前退休,男性年满50周岁,女性年满45周岁。

2. 养老保险给付的合格期。劳动者从事某种劳动达到法定退休年龄,只是可能获得养老金的一个前提条件;同时还必须达到规定的工作年限或缴费年限或居住年限等,这是获得养老保险保障的工作年限或缴费或居住年限合格期。1952年和1967年国际劳工大会通过的公约规定:"受保护者在享受养老补助金以前,即已具有合格期的条件,这种合格期应是缴纳保险费或就业30年,或居住20年。"具体到世界各国主要有以下几种类型(见表6-1)。

表 6-1　2015 年部分国家(地区)获得养老金待遇的资格条件

国　别	资　格　条　件
德国	65 岁,缴费满 35 年。
俄国	男 60 岁,工龄满 25 年;女 55 岁,工龄满 20 年。
英国	男 65 岁,女 60 岁,缴费满 40 年。
法国	60 岁,工龄 40 年。
希腊	男 65 岁,女 60 岁,缴费满 30 年。
挪威	62 岁,居住满 40 年。
加拿大	60 岁,居住满 10 年。

---

① 非因工伤残是指在同生产(工作)无关的情况下所致的伤残。普通伤病,在未治疗或者治疗未结束以前,不能确定是否残疾。只有经过劳动能力鉴定部门确定为大部分或者完全丧失劳动能力后,才纳入非因工伤残的范围。

续表

国　别	资　格　条　件
中国香港	65 岁,合法居民,缴费满 5 年。
日本	60 岁,参保满 25 年。
新加坡	62 岁。
新西兰	65 岁,居住满 20 年。
智利	男 55—65 岁,女 50—60 岁,缴费满 20 年。
中国	旧制度:男 60 岁,女 55 岁或 50 岁,连续工龄满 10 年。 新制度:男 60 岁,女 55 岁或 50 岁,缴费满 15 年。

资料来源　《世界各国退休年龄与养老制度解析》,搜狐网,2017 年 5 月 29 日,http://www. sohu. com/a/144528229_182529。

（1）工龄合格期。采用工龄合格期的国家主要有苏联、中国养老保险制度改革前的企业职工和东欧国家。例如,根据《国务院关于工人退休、退职的暂行办法》的规定,我国职工工龄的合格期为连续工龄满 10 年;我国企业职工养老保险制度改革后,不再以工龄为获得保障的合格期。

（2）缴费年限合格期。采取这种方法的国家主要有法国、德国、美国和养老保险制度改革后的中国等国家。德国规定享受养老金的条件是年满 63 岁,缴费年限 35 年,或年满 65 岁,缴费年限为 15 年。法国规定享受养老金给付的条件是年满 60 岁,缴费年限为 37.5 年。如果达不到 37.5 年,则减发养老金。在一些缺乏劳动力的国家,则鼓励职工延长缴费年限或延长退休年龄[①],并给予养老金给付的优惠。又如,我国《社会保险法》规定,参加基本养老保险的个人,达到法定退休年龄时累计缴费满 15 年的,按月领取基本养老金。参加基本养老保险的个人,达到法定退休年龄时累计缴费不足 15 年的,可以缴费至满 15 年,按月领取基本养老金。可见,我国基本养老保险缴费的合格期为 15 年。

（3）居住年限合格期。采用这种方法的国家主要有新西兰、加拿大、冰岛、瑞士、瑞典、丹麦等国家。丹麦政府规定,国民年金的享受条件是年满 67 岁之前,在本国连续居住 5 年的本国公民。加拿大政府规定,国民年金的享受条件是年满 65 岁,18 岁以后在加拿大居住一年,可以领取养老金的 1/40。新西兰政府规定,居民年满 65 岁,并在最近的 20 年内居住本国境内者,有权领取养老金。一般来说,地广人稀、人均收入较高的国家,以居住年限合格期为领取养老金的条件。

---

①　一些国家规定退休年龄可以提前或者推迟 3～5 年,即实行弹性退休年龄。提前退休者获得减额退休金,推迟退休者获得增额退休金。

二、养老保险给付水平

养老保险给付水平是指退休人员获得养老金保障的程度和水平。现收现付制和基金积累制资金运行模式下,决定养老保险金水平的因素是不同的。下面分别分析这两种资金运行模式下,养老保险水平的确定。

(一)现收现付制养老保险给付水平

现收现付制下养老保险给付水平是依据养老保险缴费水平确定的。确定养老保险给付水平取决于以下三方面的因素。

1. 养老保险制度的负担系数。确定养老保险给付水平,需要考虑在职职工人数占总人口的比重,职工所创造的财富能供养和资助被抚养人口的比例数,其中包括少儿抚养比和老年抚养比。退休人员占在职职工的比例是老年抚养比,即养老保险的负担系数,通常用百分比来表示,即每 100 名在职职工负担多少名退休人员。退休人员与在职职工的比例越高,在职职工的负担越重,养老保险给付水平就越低;相反,养老保险给付水平就越高。

2. 养老金替代率。养老金替代率是指退休人员领取的养老金占其退休前某一阶段时间的平均工资的百分比,养老金替代率的高低反映着养老保险给付的水平。养老金替代率设计得过高,容易引发职工提前退休。养老保险替代率应当小于100%,但仍然较高时,提前退休就获得了闲暇,工资和闲暇的组合可以达到效用最大化,因而人们愿意提前退休(见表 6-2)。

表 6-2   2010 年一些国家的养老保险替代率   %

发达国家					
澳大利亚	47.3	意大利	64.5	希腊	95.7
奥地利	76.6	日本	34.5	意大利	64.5
利比亚	57.6	韩国	42.9	日本	34.5
加拿大	69.7	挪威	53.1	瑞典	53.8
法国	49.1	葡萄牙	53.9	英国	68.6
德国	59.0	西班牙	81.2	美国	78.2
发展中国家					
阿根廷	78.1	俄罗斯	52.3	南非	33.1
巴西	85.3	印度	65.2	智利	44.9
中国	49.3	印尼	14.1	墨西哥	30.9

资料来源   转引自张士斌、杨黎源、张天龙:《养老金替代率的国际比较与中国路径》,《浙江学刊》,2012 年第 4 期。

从表 6-2 可以看出,大多数国家的养老金替代率是按照低收入(20 000 美元)和中等收入(50 000 美元)两个水平给出的,只有个别国家如日本、加拿大仅有一个养老金替代率。国际劳工组织公布的《社会保障最低标准公约》规定,养老金替代率最低为 55%。鉴于我国居民收入差距不断扩大的趋势,我国退休人员的养老金替代率可以按照高收入、中等收入、低收入三个层次,设计三种不同的养老金替代率。对于低收入阶层的养老金替代率可以设计得高一些,对于高收入阶层的养老金替代率可以设计得低一些,这不仅有助于缩小贫富差距、缓解社会矛盾[①],而且还有助于发挥养老保险互济互助的功能。

3. 基期工资。基期工资是退休人员领取养老金的计算标准。基期工资可以按职工退休前一年或若干年的平均工资来确定,也可以按职工全部工作期的平均工资来确定。

(二) 基金全额积累制养老保险给付水平

基金全额积累制下养老保险给付水平的确定是根据职工个人的缴费率、养老保险基金的实际投资收益率来确定的。基金全额积累制下,养老保险给付水平的确定应当考虑以下几个方面的因素。

1. 个人或用人单位缴费率。政府规定的用人单位或者个人的缴费率越高,向个人账户缴纳的养老保险费越多,职工未来领取的养老金就越多;反之,领取的养老金就越少。用人单位或者个人缴费率与养老金给付具有正相关关系。

2. 个人缴费年限。一般地说职工的缴费年限少则十几年,多则 40~45 年。缴费年限越长,职工未来领取的养老金就越多;反之,领取的养老金就越少。个人缴费年限与养老金给付具有正相关的关系。

3. 个人账户基金实际投资收益率。职工个人账户基金实际投资收益率是影响养老金给付的重要变量。养老保险基金的实际投资收益率等于名义投资收益率减去通货膨胀率,养老金给付水平在很大程度上取决于名义投资收益率与通货膨胀率间的关系。如果名义投资收益率低于通货膨胀率,就必须不断地提高用人单位或职工向个人账户缴费的比例;否则,养老金替代率就会很低。相反,养老金替代率会随着基金实际投资收益率的提高而提高。所以,在基金全额积累制养老金保险制度下,需要监控养老保险基金投资损失的风险,确保养老保险基金的安全。

4. 退休人员的平均预期寿命。退休人员的平均预期寿命越长,职工从个人账户

[①] 目前,我国国家统计局公布的基尼系数有三种,即农村居民基尼系数、城镇居民基尼系数和全国居民基尼系数。全国居民基尼系数 2000 年为 0.458,2004 年接近 0.5,已经超过国际公认的 0.4 的警戒线,并以每年 0.1 个百分点的速度在扩大,预计未来 10 年中国贫富差距还将进一步扩大。

领取的养老金就越少；反之，领取的养老金则越多。退休人员的平均预期寿命与养老金给付水平之间具有负相关关系。

三、养老保险的给付方式

世界各国养老保险金给付的方式通常可分为四种：绝对金额制、统一比例制、薪资比例制和收入关联制。

（一）绝对金额制

绝对金额制是指有关管理部门根据缴费人及其供养的直系亲属，按不同标准划分为若干种类，对每一种类的人按照同一金额发放养老金，而同缴费人退休前工资水平无关，普通国民保险或家庭补贴大多采用这种给付方法。例如，1989 年修改后的日本国民年金制度规定，每人每月获得的养老金为 55 500 日元。

（二）统一比例制

统一比例制是指养老金按工资的一定比例或某一确定标准的一定比例给付，也就是说，职工退休前的养老保险缴费与退休后获得的养老金之间没有多大联系，这种支付制度即为统一比例制。退休人员领取养老金的公式为：

$$养老金＝统一比例×基期工资$$

（三）薪资比例制

薪资比例制是指以缴费人退休前某一段时期内的平均工资或最高工资额为基数，根据职工的工龄或缴费年限确定养老金替代率，然后以这一比例为依据计发养老金。例如，1978 年我国政府规定，新中国成立后工作的退休人员，连续工龄分 10～15 年、15～20 年、20 年以上三个档次，退休金分别按本人标准工资的 60%、70% 和 75% 计发，这是根据职工工龄长短确定的薪资比例制。退休人员领取养老金的公式为：

$$养老金＝不同比例×基期工资$$

此外，还可以根据职工缴费年限，计算养老金替代率。例如，美国私人退休金计划就采取与职工缴费年限相联系的养老金给付方式，领取养老金的计算公式为：

$$养老金＝养老金替代系数×缴费年限×基期工资$$

这里，养老金替代系数是指职工获得养老金随工龄增加而增加的百分比，养老金替代系数通常由社会保险行政管理部门确定；缴费年限是指从职工加入退休金计划开始计算，直到在本单位退休或离职，职工缴费年限最长可以达到 40 年。"养老金替代系数×缴费年限"为养老金替代率，缴费年限越长，养老金替代率就越高；反之，则越低。基期工资可以有多种选择标准,如最后工作日的工资、过去 5～10 年的平均工资或退休前 10 年内最高 3 年月工资的平均值等。

(四)收入关联制

收入关联制是指退休人员领取养老金的替代率与退休前的工资负相关。这种支付制度下职工退休前的工资越高,领取养老金的比例就越低;相反,职工退休前的工资越低,领取养老金的比例就越高。例如,20 世纪 70 年代,苏联职工退休前 35 卢布及其以下者养老金替代率为 100%,退休前月工资为 35～50 卢布者养老金替代率为 85%,退休前月工资为 50～60 卢布者养老金替代率为 75%,退休前月工资为 60～80 卢布者养老金替代率(退休金占工资的比例)为 65%,退休前月工资为 80～100 卢布者养老金替代率为 55%,退休前月工资为 100 卢布以上者,养老金替代率为 50%。又如,西欧国家对低工资者采取较高的养老金替代率,对中高工资者采取较低的养老金替代率,就采用了收入关联制。

四、养老金给付的指数化管理

养老金给付的指数化管理是指养老金给付随着工资指数或物价指数的变动而变动的管理方式,实行养老金给付指数化管理的目的是防止退休人员获得的养老金由于通货膨胀的侵蚀而陷入相对贫困,养老金给付指数化管理是养老保险管理的重要内容之一。例如,我国《社会保险法》规定,国家要建立基本养老金正常调整机制。根据职工平均工资增长、物价上涨的情况,适时提高基本养老保险待遇水平。

(一)养老金给付指数化管理的调节机制

自 20 世纪 70 年代以来,西方工业化国家养老保险制度发展的一个重要特点是普遍建立了养老金的指数化调节机制,以克服通货膨胀带来的不利影响。1922 年,丹麦政府最先引入了指数化调节机制。目前,世界各国大致形成了两种指数化的调节机制。

1. 自动指数化调节机制。自动指数化调节机制也称动态调节机制,即养老金给付随物价水平或工资水平的变化自动地调整。例如,1957 年德国政府最先确定了自动指数化调节机制,退休人员获得的养老金同劳动生产率挂钩。又如,美国国会从 1975 年起就以立法的形式确定,按照物价指数逐年上升的具体情况,每年相应地自动提高养老金给付的金额,从此退休人员不必苦苦等待,就可以得到逐年提高的养老金补助(见表 6-3)。

表 6-3 美国社会保障计划补助增加一览表   %

生效时间	1950 年 9 月	1952 年 9 月	1954 年 9 月	1959 年 1 月
增加幅度	77	12.5	13.0	7.0
生效时间	1965 年 1 月	1968 年 2 月	1970 年 1 月	1971 年 1 月
增加幅度	7.0	13	15.0	10.0
生效时间	1972 年 9 月	1974 年 3 月	1974 年 6 月	1975 年 6 月
增加幅度	20.0	7.0	11.0	8.0
生效时间	1976 年 6 月	1977 年 6 月	1978 年 6 月	1979 年 6 月
增加幅度	6.4	5.9	6.5	9.9
生效时间	1980 年 6 月	1981 年 6 月	1982 年 6 月	1983 年 12 月
增加幅度	14.3	11.2	7.4	3.5
生效时间	1984 年 12 月	1985 年 12 月	1986 年 12 月	1987 年 12 月
增加幅度	3.5	3.1	1.3	4.2
生效时间	1988 年 12 月	1989 年 12 月	1990 年 12 月	1991 年 12 月
增加幅度	4.0	4.7	5.4	3.7
生效时间	1992 年 12 月	1993 年 12 月	1994 年 12 月	1995 年 12 月
增加幅度	3.0	2.6	2.8	2.6
生效时间	1996 年 12 月	1997 年 12 月	1998 年 12 月	
增加幅度	2.9	2.1	1.3	

资料来源 土则柯主编:《社会保障在美国》,广州,中山大学出版社,2000。

2. 非自动调节机制。非自动调节机制是指退休人员领取的养老金不是每年自动进行指数化调整,而是政府在特殊时期采取的政策调节措施,也称为临时补贴。目前,一些国家采用临时补贴的政策,来缓解物价上涨对养老金的侵蚀。自 1978 年改革开放以来,我国政府逐步放松了对物价的管制,物价增长幅度比较大,这同时也造成了退休人员养老金实际购买力的下降。对此,政府采取了非自动调节机制,为退休人员发放物价补贴,提高退休人员的养老金待遇。

(二) 养老金给付指数化管理的方式

养老金给付指数化管理的方式主要有以下三种。

1. 零售物价指数化管理。零售物价指数化管理是指实行养老金给付与零售物价指数相联系的调整养老金给付方法。目前,实行零售物价指数化管理的国家有澳大利亚、丹麦、日本、美国、巴西、瑞典、加拿大等国家。零售物价指数化管理的计算公式如下:

当年月领取养老金＝上年月领取养老金×(1＋零售物价指数年增长率)

零售物价指数不仅统计零售生活用品消费的价格指数,而且还统计零售生产用品消费的价格指数。养老金是退休人员晚年生活的主要来源,主要用于退休人员日常生活用品的消费。可见,养老金与零售物价指数有一定的联系,但是,这种联系并不十分密切。这种物价指数化管理的优点是透明度比较高,比较直观,易于被退休人员接受。

2. 生活费用价格指数化管理。生活费用指数化管理是指实行养老金给付与生活用品消费指数相联系的养老金给付方法。目前,实行生活费用价格指数化管理的国家有新西兰、扎伊尔等国家。生活费用价格指数化管理的计算公式如下:

当年月领取养老金＝上年月领取养老金×(1＋生活费用指数年增长率)

实行生活费用价格指数化管理的优点是,可以使养老金给付额在一定的生活费用指数下得到自动修正,稳定了退休人员的生活水平。例如,在我国居民消费结构和消费水平发生很大变化的情况下,实行生活费用价格指数化管理会保障退休人员的基本生活水平。

3. 工资指数化管理。工资指数化管理是指实行养老金给付与在职职工平均工资增长指数相联系的养老金给付的方法。目前,实行工资指数化管理的国家有荷兰、法国、意大利、秘鲁等国家。工资指数化管理的计算公式如下:

当年月领取养老金＝上年月领取养老金×(1＋社会职工月平均工资增长率×

调整系数[①])

实行工资指数化管理的优点是,既解决了物价指数增长带来的养老金贬值的问题,也使退休人员分享了经济发展的成果。

第四节　养老保险基金投资运营的管理

在基金全额积累或基金部分积累制下,养老保险资金从筹集到给付会有很长一段时间,这部分闲置资金的投资运营就是养老保险基金管理的重要内容。养老保险基金投资运营是养老保险基金保值增值的要求。

一、养老保险基金的概念和组成

养老保险基金是为实施养老保险制度,通过法定程序,依法建立起来的用于养老金给付的货币资金。养老保险基金是基金全额积累制、基金部分积累制养老保险制

---

① 许多国家将调整系数确定为 40%～80%。

度运营的经济基础,是实现养老保险目标的财务保证。按照国家法律法规的有关规定,养老保险基金只能用于养老保险的补偿或给付,以确保缴费人的利益。养老保险基金通常由以下几部分组成:(1)用人单位、个人缴纳的养老保险费;(2)养老保险基金的投资、利息等增值收益;(3)养老保险费滞纳金;(4)社会捐赠;(5)财政补贴;(6)依法应当纳入养老保险基金的其他资金。

二、养老保险基金投资运营的原则

养老保险基金是具有特定用途的专项基金。养老保险基金在投资运营的过程中,世界各国都采取审慎的态度,制定严格的法规和监管制度,以确保养老保险基金的安全。

1. 安全性。养老保险基金投资的安全性是指必须保证投资本金能够全部收回。在能够确保安全收回本金的前提下,取得预期的投资收益;当预期亏损的概率大于盈利的概率时,就应该选择不冒风险,也不投资。基于以上考虑,养老保险基金的投资风险应该较低,并能够确保取得投资收益,这是养老保险基金投资运营必须遵循的基本的原则。养老保险基金的投资安全不仅影响到几代人的经济利益,而且关系到社会经济、政治的稳定。如果投资风险太高,不仅无法获得预期的投资收益,而且还会危及养老保险制度的经济基础,影响社会公众对养老保险制度的信心。

2. 流动性。养老保险基金的流动性是指在养老保险基金投资的各类金融产品可以随时变现,用以支付各种养老保险费用或转移和规避风险。当市场风险来临时,基金资产的流动性可以促进基金资产的优化组合,通过基金资产的优化组合来转移和规避风险。

3. 保值增值。养老保险基金的保值增值是指在符合安全性原则的条件下,实现养老保险基金的保值增值。我国《社会保险法》规定,社会保险基金在保证安全的前提下,按照国务院的相关规定投资运营,实现保值增值。强调养老保险基金的保值增值可以抵御通货膨胀对养老保险基金的侵蚀,真正实现养老保险基金的投资运营目标;还可以减轻用人单位、个人的负担,实现养老保险资金投资的优化配置。

从以上介绍可以看出,安全性是养老保险基金投资运营的根本,流动性是养老保险基金投资运营的保证,保值增值是养老保险基金投资运营的目标。在均衡市场上,投资收益和风险是正相关的,而资产的流动和收益却是负相关的。这使得养老保险基金在投资运营的过程中,往往难以兼顾这三个方面的目标,需要根据实际情况灵活地选择投资方式,实现养老保险基金投资安全性和收益性的统一。

三、养老保险基金投资运营的工具

养老保险基金的投资工具主要有:购买国债、存入银行、投资于符合国家政策导向的项目(如房地产、基础设施等)、进入国内、国际资本市场购买股票、债券和基金等。

(一)债券

债券是发行人依照法定程序发行,并约定在一定期限内还本付息的有价证券,债券反映了债权债务的关系。按照发行主体划分,债券可以分为国家债券、地方债券、金融债券、公司债券和国际债券。

1. 国家债券。国家债券简称国债,是国家信用的基本形式,是一国中央政府依据有借有还的信用原则,为筹措资金而发行的债券。由于国债以国家信誉作担保,投资国债的利息收入固定,到期可以收回本金,投资风险低,投资收益比较稳定,我国养老保险基金购买国债是最可靠的投资方式之一。

2. 地方债券。地方债券是指地方政府为了筹措资金而发行的债券。地方债券的信誉仅次于国家债券,其发行面额通常比较小;地方债券的利率通常比国家债券的利率高,地方债券是养老保险基金投资的重要工具之一。

3. 金融债券。金融债券是由银行和非银行金融机构为筹集资金向社会公开发行的债务凭证。金融债券的利率通常高于国家债券和地方债券的利率,通常低于公司债券的利率。这主要是因为,金融机构的信用度较之中央政府和地方政府的信用度低,较之公司的信用度高。养老保险基金投资于金融债券可以获得比较稳定的投资收益。

4. 公司债券。公司债券是指股份公司为筹措资金而发行的、向持有人承诺在固定的期限还本付息的债务凭证。公司债券的利率通常高于政府债券、金融债券。这主要是因为,公司的信誉比政府、金融机构的信誉低。投资风险相对较高。

5. 国际债券。国际债券是一国发行人(包括政府、公司、银行等机构)或国际机构在另一国的债券市场上以另一国货币面值发行的债券。养老保险基金投资国际债券也可以获得稳定的收益,但是,也要承受汇率变动带来损失的风险。

(二)银行存款

银行是经营货币的企业,企业经营失败就会破产。如果将养老保险基金存入银行,其投资风险略高于国债。一般来说,只要选择了信用等级比较高的银行,基金的投资风险还是比较低的。存入银行的养老保险基金可以选择多种存期组合,既要有长期的,也要有短期的,以增强基金的可兑现性。目前,在我国银行存款利率固定的条件下,养老保险基金可以获得稳定的利息收入;但是,养老保险基金存入银行会面临通货膨胀的风险。

(三) 贷款

在国家政策允许的情况下,养老保险基金应该有选择地投资于一些建设项目上,特别是符合政策导向的建设项目,如基础设施建设、房地产开发等。基础设施建设具有投资周期长、投资收益高等特点,需要长期性的资金支持。养老保险基金是长期稳定的资金,如果投资到基础设施的建设上,就会获得长期、稳定的投资回报。基础设施建设投资的风险比较高,养老保险基金投资于这些项目的比例不宜过高。

(四) 股票

股票投资具有高风险、高收益的特点,养老保险基金之所以能够获得高于通货膨胀率、工资增长率的投资收益率,是与养老保险基金投资于股票市场密切相关的。养老保险基金投资于股票,获得的收益主要来自两个方面:一是定期的股息或红利;二是股票的价差收入。这两方面收益的大小取决于上市企业的经营状况和股票市场的波动情况。一般来说,在资本市场正常运营的情况下,企业经营得好,企业的股票价格就会上升,股票持有者就可以得到更多的股息或红利,股票持有者就可以将升值的股票卖出以获得收益。相反,上市企业经营得比较差,其股票的价格就会下降,股票持有者的收益也会下降。按照取得股息的方式不同,股票一般分为普通股和优先股,普通股的投资风险大于优先股。如果上市公司倒闭,普通股的股东只能在债权人和优先股股东分配剩余财产之后获得清偿。正因为如此,普通股的分红并不是事先确定的,而是随着上市企业经营业绩的好坏随时波动的。对于养老保险基金来说,进入资本市场购买股票,可以获得较高的投资收益,基金的可兑现性也比较强。但是,股票市场是一个无法预测、投资风险比较高的市场,购买股票就有可能带来基金较大的损失,因此,养老保险基金进入股票市场应视资本市场的状况确定。

(五) 证券投资基金

20世纪90年代,证券投资基金获得长足发展与养老保险基金的投资运营密切相关。证券投资基金作为一种信托投资方式,是通过发行基金单位,集中投资者的资金,用于股票、证券投资的。养老保险基金投资管理人投资的资金是他人委托的资金,只是代表委托人进行投资的管理人。为了满足委托人的利益,取得较高的投资收益率,基金投资管理人必须密切关注证券的价格变动及其近期的投资收益率。一旦预期证券市场将要出现剧烈的波动,基金投资管理人就会采取及时有效的措施,防范、转移和化解风险,减少损失,保护基金受益人的利益。证券投资基金的发展客观上需要金融衍生产品的发展、创新,例如股指期货、股指期权等金融衍生工具的创新,使基金能够规避股市下滑的风险。养老保险基金投资于金融衍生品市场可以起到有效地规避投资风险的作用,例如,中国香港政府规定,养老保险基金投资金融衍生工具的上限为10%。金融衍生产品以小博大的杠杆作用,又使养老保险基金面临较大的投资风险。如果过度地使用金融衍生产品,又会影响到养老保险基金的安全。

四、养老保险基金投资的管理模式

养老保险基金投资的管理模式有政府直接管理、政府间接管理和政府部分委托管理三种。养老保险基金的这三种管理模式各有利弊,其优点、缺点和发挥作用的条件可以通过以下对比分析反映出来。

1. 政府直接管理模式。政府直接管理模式的关系人有缴费人、受托人、受益人、托管人和账户管理人。这就是说,社会保险经办机构作为养老保险基金的受托人不仅管理着基金管理的行政性事务,而且还承担着养老保险基金投资运营的职责(见图 6-1)。

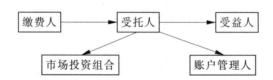

图 6-1　政府直接管理模式示意图

从图 6-1 可以看出,这种管理方式的优点有:受托人与投资管理人合二为一,委托代理关系简单,管理成本较低。这种管理方式的缺点有以下几个方面。

(1) 受托人权力过大、职责范围过宽,不符合专业化分工协作发展的要求;

(2) 基金的投资收益率不高,有时甚至低于市场利率,非常明显的结果是,投资收益率低于政府间接管理的投资收益率;

(3) 受托人承担的责任比较大,市场投资失误的风险全部由受托人承担;

(4) 养老保险基金进行投资时,受到国家法律法规的限制比较多。这种管理方式发挥作用的条件是,对受托人的专业技术要求比较高,必须具备应付市场风险的投资决策能力。

2. 政府间接管理模式。政府间接管理模式是指政府不直接投资基本养老保险基金,而是委托给专业的养老金投资管理公司投资运营的管理模式。政府间接管理模式的关系人不仅包括缴费人、受托人、受益人和账户管理人，而且还包括投资管理人。这种养老保险基金管理模式的主要特点是，基金受托人将养老保险基金投资运营和资产管理的部分责任委托给了投资管理人——信托投资公司和基金管理公司，由基金管理公司负责养老保险基金的投资运营。

从图6-2可以看出，这种管理模式的优点主要有以下几个方面。

（1）受托人、投资管理人之间职责分工明确，有利于提高基金投资运营效率；

（2）受托人将养老保险基金委托给多家投资管理人管理，有利于分散投资风险；

（3）委托专业的基金管理公司作为投资管理人可以增强服务的竞争性，降低管理费用，增强管理的透明度，便于受托人依法进行监督；

（4）受托人作为所有权的代表，能够对投资管理人的投资行为进行有效的约束，规范养老保险基金的投资方案和投资组合；

（5）资产账户管理人可以依法监督投资管理人的投资行为；

（6）有利于提高养老保险基金的投资收益率，实现基金的保值增值。这种管理模式的缺点有：代理关系比较复杂，管理成本比较高。

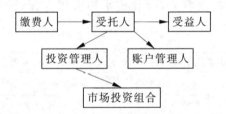

图6-2 政府间接管理模式示意图

这种管理模式发挥作用的条件主要有以下几个方面。

（1）需要大力开展投资管理人的培养工作，培养具有投资理财经验的专业人才；

（2）需要加强对投资管理人的监管，防止投资管理人涉足风险过高的投资领域；

（3）需要规定投资管理人取得投资收益率的下限。

3. 政府部分间接管理。政府部分间接管理是介于政府直接管理和政府间接管理之间的基金管理模式，是政府将一部分养老保险基金投资运营的管理权留给了自己，只将一部分养老保险基金委托给投资管理人。

从图6-3可以看出，这种管理模式的优点主要有：受托人职责范围、承担的风险有所降低，基金投资运营的部分风险转移给了投资管理人。这种管理模式的缺点主要有：专业分工有限，养老保险基金投资收益率可能不如政府间接管理的模式。这种管理模式发挥作用的条件是要求受托人具备一定的投资管理能力。因为随着银行存款、国债利率市场化程度的加深,即使获得固定的投资收益,也需要具有较高的投资技能。

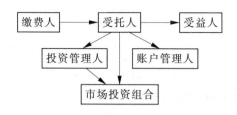

图 6-3　政府部分间接管理模式示意图

4. 确定养老保险基金管理模式的原则。对比以上分析可以看出,不论采取何种形式实现养老保险基金投资运营的目标,无论政府直接管理模式、政府间接管理模式,还是政府部分间接管理模式,都不能改变养老保险制度本身所具有的分摊风险、保障公民基本生活的功能,所不同的只是养老保险基金经营管理的方式发生变化。无论采取何种模式经营管理养老保险基金,只要有利于养老保险基金的保值增值,都可以作为我国养老保险基金投资运营目标的实现形式。

目前,我国采取政府部分间接管理模式经营养老保险基金,有助于提高社会保障体系的运营效率,有助于实现养老保险基金的优化配置。由于我国社会保障体系三支柱的实现目标、运营机制和保障功能不同,笔者认为,我国基本养老保险中的社会统筹资金由于实行现收现付制,可以采取政府集中、统一管理的方式,按照非市场化机制运营。综观世界各国,现收现付制的基本养老保险大多采用政府直接管理的模式,这不仅可以降低养老保险基金的管理成本,而且还可以提高养老保险制度的运营效率,有效地保障公民的基本生活。个人账户、补充保险积累的资金,由于实行基金积累制,可以采取政府全部委托或部分委托管理的模式,可以委托基金管理公司、信托公司等经营实体,管理、运营养老保险基金,以此来提高个人账户、补充养老保险资金的运营效率。借鉴智利政府管理养老保险基金的经验,个人账户、补充养老保险资金可以按照市场化的原则由具备竞争实力的基金管理公司、信托公司、银行和保险公司投资运营。20 世纪 90 年代,投资基金之所以获得长足的发展,除投资基金自身的优势外,也与世界各国推行的社会保障制度改革有关。随着养老保险基金数量的激增,投资基金就成了养老保险基金投资的一种比较合适的投资工具。从这个角度来说,养老保险制度的改革推动了金融工具的创新;同样,金融工具的创新也为养老保险基金的投资运营提供了广阔的投资前景。

五、养老保险基金投资运营的监管

养老保险基金投资运营监管是多方面、多渠道的监管。完善我国养老保险基金投资运营监管制度,不仅需要财政部、中国证监会、中国人民银行、国家审计署、同行业协会的监管,同时还需要中介机构和社会公众的监督。

(一) 养老保险基金投资运营监管的原则

养老保险基金投资运营的监管原则是养老保险基金管理实践中必须遵循的原则,必须按照基金运行的规律进行监督管理。养老保险基金投资运营监管的原则主要有以下几个方面。

1. 法制性原则。法制性原则是指政府监管机构利用法律手段来管理养老保险基金的经办和运营业务。这主要有三个方面:一是依法确定监管对象的权利、义务,以及管理和运营的行为标准;二是依据法律法规确定监管机构的法律地位、监管权威与监管职责及其行为标准和管理办法;三是依据法律法规确定监管机构与其他机构之间的关系,涉及政策制定部门、中介机构及国内外相关机构。法制性原则的确定使基金监管具有严肃性、强制性和权威性,从而保障基金监管的有效实施。

2. 公正性原则。公正性原则是指监管机构在履行监管职能时,应该以客观事实为依据,以法律规章为准绳,综合运用行政、经济和法律手段,对经办机构及有关机构的违规违纪行为予以监督检查。公正性原则要求监管人员不得参与经办机构、运营机构和中介机构的管理运营活动。例如,与被监管单位有利害关系和亲属关系的人员,应予回避。

3. 独立性原则。独立性原则是指监管机构依照法律法规独立行使监管的权力,不受其他机关、企业、社团和个人的干预。独立性原则主要有两个方面:一是监管机构与监管对象、其他机构既要密切合作,又要划清职责界限,互不干涉、越位;二是监管机构对经办机构和运营机构执法时,不能受其他机构、个人的左右,应当保持相对的独立性。

4. 审慎性原则。审慎性原则是指监管机构必须进行审慎的监管,包括审慎地确定养老保险基金管理机构的市场准入与退出,审慎地定论与处理,做到松紧适度,创造良好的监督管理环境。监管机构的管理重心,应放在为经办机构的规范管理和运营创造适度的竞争环境。

5. 科学性原则。养老保险基金监管是一项不断发展和完善的系统工程,是涉及监管组织、监管方式、法律法规以及管理运营预警体系和风险监测体系等,这些体系必须以科学性原则为准则,才能达到监管的目标。对此,监管机构应当运用先进的技术和手段,建立健全法律体系和监测评估体系,不断地提高监管的质量和效率。

(二)养老保险基金投资运营监管的目标

养老保险基金的投资运营及其效果关系到养老保险制度能否正常运行,关系到能否实现社会保险的政策目标,关系到千家万户的利益。因此,在对养老保险基金的投资运营进行监管时,应该确立以下目标。

1. 维护劳动者的合法权益。养老保险基金的性质和功能决定着基金监管的出发点是维护劳动者的合法权益。养老保险制度的政策性目标之一是为广大人民群众解除后顾之忧,使广大人民得到基本生活保障。因此,维护广大劳动者的权益,是养老保险基金投资运营监管的重要目标。

2. 确保基金安全完整。保障基金的安全是各国养老保险基金监管部门的重要目标。无论从收支的过程看,还是从具体运营的操作看,巨额的养老保险基金都潜伏着巨大的风险。因此,有必要对养老保险基金的投资运营进行严格的监管,以确保基金的安全。

3. 维护社会的稳定。养老保险基金投资运营监管的成效直接影响到社会的稳定,关系到广大劳动者的生活,养老保险基金投资运营监管的另一个重要目标是实现社会的稳定。

(三)养老保险基金投资运营政府监管的内容

养老保险基金的政府监管是养老保险基金投资运营监管的核心,下面逐步探讨养老保险基金投资运营政府监管的要求。

1. 规定养老保险基金运营机构市场准入和退出的资格。为了确保养老保险基金的安全,防范投资运营的风险,必须建立基金运营机构的市场准入制度和相应的退出机制。对此,许多国家建立了明确的投资管理人资格认定标准,规定这些机构在获得特别许可证后,才能从事养老保险基金的投资运营业务。投资管理人资格的审议具有严格的程序和条件,其中投资管理人是否具备投资管理能力、投资管理经验和投资管理业绩等是政府审查的重点。只有符合要求的基金管理公司,才有资格经营养老保险基金。通过资格审查后,成为养老保险基金的投资管理人。

我国对养老保险基金委托—代理机构市场准入资格的监管主要由人力资源和社会保障部来行使,主要对养老保险基金进入市场主体的资格、条件予以限制,审查基金发起人、基金管理人和基金托管人的资格和条件。监管机关还就有关的资本要求、人员资格、组织结构、内部制度、财务报表等进行审批。只有基金管理公司具备一定的资格条件后,才允许从事运营养老保险基金业务。

委托—代理养老保险基金机构的市场准入与退出监管,应该包括以下几个方面。

(1)在我国可以成为养老保险基金投资管理人的公司和机构,应该是在中国注册、已经由有关部门确定的基金管理公司或具有资产管理资格的金融机构。

(2) 作为投资管理人的基金管理公司必须有足够的资金,能够有效地处理业务和承担债务,其最低实收资本为 1 亿元人民币。如果少于 1 亿元人民币,必须在规定的时间内补足。

(3) 基金管理公司管理的基金资产净值必须在 70 亿元人民币以上。

(4) 基金管理公司至少有一年以上在中国境内从事投资管理业务的经验,且经营管理审慎。公司所管理的大部分(如 70%)基金资产历史业绩优良,基金业绩评级达到较高的星级水平。

(5) 基金管理公司至少有 5 名董事,其中包括 2 名独立董事。

(6) 基金管理公司最近一年没有因为违反国家有关规定受到监管部门的处罚。

(7) 基金投资管理人必须具有较强的控制风险的能力。

2. 监管养老保险基金的投资范围和结构。养老保险基金是缴费人的"养命钱",养老保险基金实际投资收益率的大小直接影响到养老金的给付水平和给付安全。在进行养老保险基金投资时,必须将资金的安全放在首位,通过有效地调节基金的投资运营,寻求养老保险基金投资的最佳组合方案。

(1) 限定养老保险基金的投资范围。限定养老保险基金的投资范围是指限定养老保险基金选择的投资工具。养老保险基金选择什么样的投资工具,必须根据国家现有的投资规模和市场收益率来确定,因为投资工具的选择直接影响到养老保险基金的安全。如果市场规模过小,吸纳能力弱,市场波动幅度比较大,养老保险基金就没有必要过多地投入;如果市场收益率不是稳定增长,而是大幅度地剧烈波动,表现出较强的投机性,也会增大养老保险基金的投资风险。以我国为例,2001 年 12 月 13 日,经国务院批准,财政部、劳动和社会保障部发布的《全国社会保障基金投资管理暂行办法》(本章中以下简称《办法》)对全国社会保障基金的投资方向做了明确规定。《办法》指出,全国社保基金投资的范围限于银行存款、买卖国债和其他具有良好流动性的金融工具,其中包括上市流通的证券投资基金、股票、信用等级达到投资要求以上的企业债券、金融债券等有价证券。全国社会保障基金不能投资的领域主要包括房地产、金融衍生工具、海外市场等。2006 年 3 月,财政部、劳动和社会保障部、中国人民银行联合颁布的《全国社会保障基金境外投资管理暂行规定》规定,允许全国社保基金境外投资。全国社保基金的境外投资由全国社会保障基金理事会负责组织实施,财政部会同劳动和社会保障部、国家外汇管理局制定全国社保基金境外投资管理运作的有关政策,并对全国社保基金境外投资运作的情况进行监督,中国证券监督管理委员会、中国银行业监督管理委员会按照各自的职责对全国社保基金境外投资的相关事宜进行监督。随着我国养老保险基金市场化运营的逐步深入,国家会逐步放松对养老保险基金投资的限制。

(2)监管养老保险基金投资的比例。为了实现养老保险基金投资的安全性、流动性,一些国家或地区规定了养老保险基金投资于不同工具的最高比例或最低比例(见表6-4)。超越国家规定的投资工具和比例都属于违法。对于养老保险基金投资的监管主要包括以下几方面的内容。

表6-4　一些国家或地区对养老保险基金投资工具和投资比例的限制

国家或地区	投资比例规定(允许占总资产的比例)
丹麦	自我投资不允许,国内债券≥60%,国外投资20%,房地产、股票40%。
瑞士	国内股票≤50%,房地产≤50%,国外资产≤20%。
德国	自我投资≤10%,证券≤20%,房地产≤5%,国外投资≤4%。
匈牙利	政府公债≥30%,股票、公司债券≤60%,不允许国外投资。
智利	政府项目50%,银行存款、证券50%,信贷、可抵押贴现50%,公私营企业债券45%,股票37%,国外投资9%。
阿根廷	国家债券≤50%,银行债券≤28%,股票≤35%,共同基金≤10%,国外债券≤10%。
新加坡	被批准经营公积金的基金经理,必须将至少10%的基金存入新加坡银行,必须投资于政府债券、立法委债券和交易债券,以保证基金的流动性;基金经理人应该谨慎投资,不允许对金融衍生工具等进行投机活动等。
中国香港(强积金)	计划资产必须分散投资于政府准许投资的项目,禁止进行高风险投资;基金的30%必须为港元投资;金融衍生工具只能用于对冲投资风险。

资料来源　Vitas 和 Iglesias,1992。

①不得以养老保险基金的名义使用不属于养老保险基金名下的资金买卖证券,或以其他基金的名义使用属于养老保险基金名下的资金买卖证券。不得将养老保险基金资产用于抵押、担保、资金拆借或者贷款;不得挪用养老保险基金资产;不得从事可能使养老保险基金资产承担无限责任的投资;不得从事养老保险基金监管机构禁止从事的其他行为。保证投资风险最小化,并对投资活动承担相应的经济法律责任。②规定投资的最高限额、投资各类投资工具的比例,确定限制投资的范围,以及确定投资准备金的规模与安全警戒线等。③投资收益资金与税额分配的确定以及投资优惠条件的确定。规定基金资产年平均净投资回报率(分红率)不低于同期银行存款实际利率。④监管资产管理与负债管理准则。基金管理公司所管理基金资产的大部分(如70%)历史业绩优良,基金业绩评级达到一定的水平。⑤监管养老保险基金运用的财务会计规则。设置基金投资运营的电脑自动监控系统和预警系统,基金会计核算、基金资产估值系统;为基金受托人、缴费人提供全方位的服务。以我国为例,《全

国社会保障基金投资管理暂行办法》规定了全国社会保障基金投资于不同投资工具的比例。全国社会保障基金投资于银行存款和国债的比例不得低于50％,其中银行存款的比例不得低于10％;投资于企业债券、金融债券的比例不得高于10％;投资于证券投资基金、股票的比例不得高于40％。委托单个基金管理公司投资管理的资产,不得超过年度养老保险基金委托资产总值的20％。此外,《办法》还规定,在全国社会保障基金建立的初始阶段,除减持国有股所获得的资金以外,中央预算拨款仅限于投资银行存款和国债。待条件成熟时,可报请国务院批准后,方可按上述规定的比例进行投资。

(3)监管基金投资结构的优化组合。投资结构的优化组合是指运用各种可供选择的投资工具,进行资产投资组合的优化管理,以便获得较高的投资收益率。养老保险基金投资组合的监管是指对投资机构或养老保险基金信托责任权限进行严格的限定,如是否履行国家各项投资法律法规,以保证投资风险的最小化。监管养老保险基金的优化投资组合,要求将基金分散投资于性质不同、期限不同的投资工具,以取得风险与收益的最佳组合。监管养老保险基金投资结构的多元化就是要限定养老保险基金的投资,不能仅仅集中在某一高回报的工具上,因为高回报工具通常也是高风险的,监管基金投资结构的优化组合实际上是在保证养老保险基金安全的前提下,获得较高的组合性投资收益。

3. 规定养老保险基金投资收益率的下限。养老保险基金的投资收益率直接影响到职工退休后获得的养老金给付和养老金替代率,因此,许多国家都以法律法规的形式规定了养老保险基金的最低投资收益率。目前,世界各国对养老保险基金投资收益率的规定主要有两种方式:一是采用相对值的形式规定养老保险基金投资收益率的下限,即达到所有养老保险基金投资收益的平均值或某个收益基准的一定比例。例如,智利政府规定,单个养老保险基金的投资收益率必须高于全部基金平均收益率的0.5％;二是采取绝对值的形式规定养老保险基金投资收益率的下限,即规定养老保险基金的投资收益率必须达到某个具体数值(名义值或实际值)。例如,瑞士政府规定,养老保险基金的名义投资收益率必须高于4％;乌拉圭政府规定,养老保险基金实际投资收益率必须高于2％。

为了抵御人口老龄化的压力,减轻国家财政负担,实现养老保险基金的保值增值,我国政府有必要规定养老保险基金投资的最低收益率。例如,规定养老保险基金资产的年平均实际投资收益率不得低于同期银行存款利率或者不得低于国家规定的某一具体数值,或者规定养老保险基金的实际投资收益率要超出同期通货膨胀率1~2个百分点。

根据国际劳工组织 102 号公约确定的最低给付标准的要求,养老保险基金 30 年内实际投资收益率必须达到 4% 的水平。为了确保我国养老保险基金达到国际劳工组织规定的最低支付标准,笔者认为,可以规定投资管理人(基金管理公司、资产管理公司、信托公司等)经营养老保险基金的实际投资收益率最低为 2%~4%,以保护养老保险基金缴费人的利益,以确保养老保险基金资产的安全。

4. 监管养老保险基金投资的税收优惠。税收优惠是政府对于用人单位发展补充养老保险的特殊优惠政策,其主要表现为,不同的投资项目在政府规定的范围内确定不同的纳税率;用人单位发展补充保险可以享受免税或延税优惠。例如,养老保险基金投资于国债的投资收益通常不需要纳税;而投资于其他项目的收益,纳税比例是不同的;基本养老保险基金投资的收益是免税的。又如,美国政府为了鼓励用人单位为员工建立补充养老保险计划,对建立补充养老保险方案的用人单位实行投资收益免税的政策。美国《税收法》规定,只要资助确定供款型退休金计划的用人单位,为计划参加者所缴纳的缴费额不超过所有计划参加者工资总和的 25%,就可以从用人单位的当期应税收入中免除纳税义务。如果用人单位向确定受益型退休金计划缴费,几乎可以没有限制地从当期应税收入中扣除,只要这些缴费额是从精算角度确定的,而不是用人单位故意避税。由于税收政策的优惠,美国补充养老保险基金的资产规模已经与用人单位的资本金规模相当,有些用人单位的基金规模甚至超过了资本金(见表 6-5)。规模庞大的补充养老保险基金资产,不仅有助于用人单位筹集资金,扩大积累,而且有助于解除职工的后顾之忧。

表 6-5　1985 年美国十大企业的补充养老保险计划

公　司	公司养老计划资产 (10 亿美元)	公司净值 (10 亿美元)	公司养老计划资产/ 公司净值 (%)
AT&T	46.4	62.3	74
通用汽车	18.1	20.8	87
IBM	10.4	23.2	45
通用电气	10.2	11.3	90
美国钢铁	8.5	5.6	152
福特汽车	8.1	7.5	108
埃克森	7.7	29.4	27
GTE	4.9	6.8	72
罗可威尔国际	4.1	2.5	164
杜邦	8.2	11.5	71

资料来源　Stephen Berkowitz 等:《公司养老基金计划的投资绩效》(英文版),124 页。

5. 设立养老保险基金投资储备金和盈余储备金。为了防止养老保险基金投资收益的过度波动,一些国家的政府要求,养老金管理公司建立投资储备金和盈余储备金。投资储备金通常由自有资本构成,盈余储备金则由基金一年的实际投资收益率超过所有养老保险基金平均收益率的几个百分点以上的差额构成。这些国家设立风险准备金的目的是,当养老保险基金投资管理机构遭遇投资风险、出现支付困难时,由养老保险基金投资风险准备金弥补暂时的资金短缺。投资风险准备金来源于各级投资管理机构的投资收益,并且只有当投资收益率达到一定水平(例如,高于同期通货膨胀率5个百分点)时,才允许提取超过部分、一定比例的风险准备金。例如,智利政府规定,投资储备金由养老金管理公司管理资产1%的自有资产构成,盈余储备金由基金一年的实际投资收益率超过所有的养老保险基金平均收益率1.5%或2%以上的差额部分构成,盈余储备金属于养老保险基金资产,而不是基金管理公司的资产。当养老保险基金的年投资收益率低于所有的养老保险基金平均收益率的0.5%～2%以下时,基金管理公司首先要用盈余储备金弥补差额;如果盈余准备金不足,再用公司的投资储备金弥补;如果仍然不足,则公司要被强制进行破产清算,由政府来弥补基金收益率的剩余差额,个人账户资金将被转移到其他养老金管理公司。

第五节　补充养老保险制度

广义的养老保险主要包含政府提供的基本养老保险、用人单位提供的补充养老保险(又称企业年金)和商业人寿保险公司提供的人寿保险三个方面。本节主要介绍补充养老保险的特点、经营和管理。补充养老保险作为基本养老保险的补充,已经在养老保险体系中发挥着越来越重要的作用。

一、补充养老保险的概念和特点

补充养老保险是用人单位根据自身经济效益的状况,为提高职工生活水平而建立的补充养老保险,补充养老保险通常包括企业年金和职业年金。例如,我国政府于2004年5月1日开始实施的《企业年金试行办法》和《企业年金基金管理试行办法》规定,企业年金是企业及其职工在依法参加基本养老保险的基础上,自愿建立的补充养老保险制度。补充养老保险作为用人单位提供的福利,是对职工未来领取养老金的承诺。我国政府于2015年3月27日发布的《机关事业单位职业年金办法》对职业年金的管理办法做出了规定。职业年金是指机关事业单位及其工作人员在参加机关事业单位基本养老保险的基础上建立的补充养老保险制度。补充养老保险的发展需要用人单位有足够的经济实力,需要国家政策优惠和税收优惠的支持。归纳起来主要有以下几个方面。

1. 用人单位根据自身的经济能力,自愿建立补充养老保险计划或者依据法律法规强制建立补充养老保险计划。(1)自愿建立的补充养老保险计划。例如,《中华人民共和国劳动法》第75条规定,国家鼓励用人单位根据本单位的实际情况为劳动者建立补充保险。经济效益差的企业,可以不发展补充养老保险。建立补充养老保险的用人单位,必须参加基本养老保险,并且按时足额地缴纳基本养老保险费。(2)强制建立的补充养老保险计划。例如,我国针对行政事业单位工作人员建立的补充养老保险——职业年金计划就属于强制建立的补充养老保险计划。

2. 用人单位向补充养老保险计划缴费,可以税前列支。这是政府鼓励用人单位发展补充养老保险的政策优惠。用人单位向补充养老保险缴费时,其缴纳的养老保险费并不导致纳税要求,这部分缴费可以纳入产品成本,进行税前列支。

3. 补充养老保险计划投资获得的投资收益可以免税。这是政府鼓励用人单位发展补充养老保险的税收优惠。企业年金计划基金的投资可以委托给能够经营企业年金的基金管理公司、资产管理公司或者信托投资公司来经营运营,接受委托管理资产的公司在经营企业年金时获得的投资收益,应该获得免税的待遇。这是鼓励基金管理公司经营这部分资产的一项重要的政策优惠。

4. 用人单位可以分享补充养老保险计划获得的额外收入。这是促使用人单位发展补充养老保险的动力。管理退休金资产的公司获得契约约定或国家规定的管理费后,获得的额外收入可以作为投资收益,返还给支持确定受益型补充养老保险计划的用人单位,这是促使用人单位积极发展企业年金计划的重要条件。在美国,确定受益型补充养老保险计划获得的额外投资收益,可以抵免用人单位下一年需要缴纳的费用,也可以作为投资收益返还给用人单位,作为用人单位利润的一部分。

5. 个人参加补充养老保险计划可以享受延迟纳税的待遇。这是鼓励个人参加补充养老保险的税收优惠。为了鼓励个人参加企业年金计划,职工可以自愿将其工资的一部分通过企业年金计划纳入到补充养老保险体系中来,从而使纳税的金额从职工当期应税工资中扣减,以降低其应税的金额,以此达到延迟纳税的目的。

二、补充养老保险资金的筹集和征税模式

(一)补充养老保险资金的筹集

1. 企业年金基金的筹集。我国企业年金缴费没有强制性的规定,但是有缴费上

限的规定。单位缴费一般不超过上年度工资总额的 1/12(相当于工资总额的 8.33%);企业和职工合计缴费不超过上年度工资总额的 1/6(相当于工资总额的 16.7%)。

2. 职业年金基金的筹集。我国职业年金缴费有强制性的规定,用人单位缴纳的比例为本单位上年度工资总额的 8%,个人缴费比例为本人上年度工资的 4%,由单位代扣。单位和个人缴费基数与机关事业单位工作人员基本养老保险缴费基数一致。根据经济社会发展状况,国家适时调整单位和个人职业年金缴费比例。

(二)补充养老保险计划的征税模式

在补充养老保险计划中,由于政府对基金筹集、基金投资运营和给付这三个环节课税的情况不同,形成以下几种征税模式。如果用字母 E(exempt)表示免税;用字母 T(tax)表示征税,补充养老保险计划征税的模式主要有以下几种。

1. EET 模式。EET 模式是指对用人单位和员工向补充养老保险计划缴费免税,对企业年金基金投资收益免税,而对退休人员从补充养老保险计划领取的养老金要征税的管理模式。目前,美国企业年金计划就实行 EET 模式。目前,我国补充养老保险计划属于 EET 模式。(1)缴费阶段不征税。用人单位和个人缴费暂不征税。财政部、人力资源社会保障部、国家税务总局于 2013 年 6 月 12 日发布的《关于企业年金、职业年金个人所得税有关问题的通知》规定,企业和事业单位根据国家有关政策规定的办法和标准,为在本单位任职或者受雇的全体职工缴付的企业年金或职业年金单位缴费部分,在计入个人账户时,个人暂不缴纳个人所得税。个人根据国家有关政策规定缴付的年金个人缴费部分,在不超过本人缴费工资计税基数的 4%标准内的部分,暂不从当期的应纳所得税额中扣除。(2)企业年金、职业年金投资收益不征税。财政部、人力资源社会保障部、国家税务总局于 2013 年 12 月 6 日发布的《关于企业年金、职业年金个人所得税有关问题的通知》规定,企业年金、职业年金投资运营收益分配计入个人账户时,个人暂不缴纳个人所得税。(3)领取阶段按照规定纳税。财政部、人力资源社会保障部、国家税务总局于 2013 年 12 月 6 日发布的《关于企业年金、职业年金个人所得税有关问题的通知》规定,个人达到国家规定的退休年龄,在本通知实施后按月领取的年金,金额按照"工资、薪金所得"项目适用的税率,计征个人所得税。

2. ETT 模式。ETT 模式是指对员工和用人单位向补充养老保险计划的缴费给予免税待遇,但对于补充养老保险计划的投资收益以及退休人员从补充养老保险计划领取的养老金征税的管理模式。

3. TTT 模式。TTT 模式是指政府对用人单位、员工向补充养老保险计划缴费、投资运营和给付均征税。这种管理模式不利于补充养老保险的发展。

4. TEE 模式。TEE 模式是指对用人单位和员工向补充养老保险计划的缴费征税,而对补充养老保险基金的投资收益、养老金的领取免税的管理模式。这种管理模式可以避免 ETT 模式的重复征税。

5. TTE 模式。TTE 模式是指对用人单位和员工向补充养老保险计划的缴费、基金投资收益均征税,而对退休人员从补充养老保险计划领取养老金免税的管理模式。显然,这种管理模式比 ETT 模式更不利于补充养老保险的发展。

6. TET 模式。TET 模式是指对用人单位和员工向补充养老保险计划缴费、领取养老金征税,但是对于基金的投资收益免税的管理模式。这种管理模式比 TTT 管理模式有利于企业年金的发展。

7. EEE 模式。EEE 模式是指对补充养老保险计划的缴费、投资收益和领取养老金三个环节全部给予免税的管理模式,这种管理模式有利于补充养老保险的发展,但是不利于政府增加税收收入。

三、补充养老保险的运营机制

补充养老保险是按照确定受益型和确定供款型两种机制运营的。下面以美国补充养老保险计划为例,介绍确定受益型和确定供款型补充养老保险计划的运营及其发展趋势。美国补充养老保险计划分为确定受益型退休金计划(defined benefit)和确定供款型退休金计划(defined contribution)两种,由于这两种退休金计划的运营机制不同,其资金运营模式也是不同的。下面分别介绍这两种补充养老保险计划的运营机制。

1. 确定受益型补充养老保险计划。确定受益型退休金计划简称 DB 计划,是指由用人单位资助、职工退休后每月可以获得固定养老金的保障计划。领取养老金的计算公式为:

$$养老金 = 养老金替代系数 × 工作期 × 最终养老工资$$

这里,养老金替代系数是指养老金随着员工工龄而增加的百分比,在美国养老金替代系数通常确定为 1.75%。工作期是指从职工加入企业年金计划到职工退休或离职这段时间,职工工作期最长可达 40 年。养老金替代系数乘以工作期就可以得到养老金替代率。最终养老工资可以有多种选择标准,如退休前一年平均工资、过去 5～10年的平均工资或最后 10 年内最高 3 年工资的平均值。为了防止退休金遭受通货膨胀的影响,美国的《雇员退休收入保障法》和《税收法》规定,职工退休金受到"反减少退休金额"有关条款的保护,可以根据通货膨胀率和生活费用指数的提高而自动调整退休金金额。

在确定受益型计划中,用人单位保证员工退休后每月得到固定金额的退休金,这就需要用人单位建立补充养老保险基金,即用人单位以月缴或年缴的方式向信托基金公司提供供款。如果基金的投资收益率比较高,对于用人单位来说,可以减少缴费,降低补充养老保险计划筹资的成本;对于员工来说,则退休金更加安全。相反,如果基金资产不足以满足退休金的支付,在这种情况下,如果用人单位具有偿付能力,就要及时弥补基金的赤字。如果用人单位缺乏偿付能力,甚至经营失败、破产,员工(已退休和未退休的职工)就会面临养老金收入损失的风险。为了解决养老保险基金的亏空,美国政府作出三项规定:一是补充养老保险基金与企业经营资产分离。规定补充养老保险基金不得投资于本单位,或者规定基金投资本单位的最高比例。二是规定企业年金基金资产的账户管理人与投资管理人分离。对此,美国政府对企业年金基金的设立和基金管理人的行为准则做出了明确的规定,限制企业年金基金选择风险等级过高的投资工具,并对企业年金基金的经营和业绩进行检查监督。三是建立养老金给付的担保机制。为了保证确定受益型企业年金计划的顺利实施,美国政府规定,建立退休金津贴保障公司来承担退休金计划筹资不足的风险。1974年,美国政府通过的《私人养老保险收益保障法案》规定,所有公司的确定受益型退休计划都要向退休金津贴保障公司缴纳保险费。当养老保险基金发生财务困难时,由退休金津贴保障公司向退休人员支付确定的养老金。通过退休金津贴保障公司向退休人员提供确定的收入保障,保障了退休人员应该获得的权益。为了保证信托投资公司的资产不致因为亏损而影响到受益人的利益,有些国家政府采取了规定信托投资基金购买再保险的方式,以保障企业年金计划受益人的利益(见图6-4)。

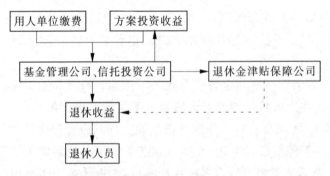

图6-4 美国确定受益型企业年金基金投资运营示意图

2. 确定供款型补充养老保险计划。确定供款型补充养老保险计划简称DC计划,是指缴费率事先确定,员工获得养老金给付金额不确定的补充养老保险计划。用人单位通常承担大部分缴费,员工可以自愿选择附加缴费,缴费比例最高不得超过工资的25%。职工的缴费主要有两方面的用途:一是购买商业保险,以抵御意外人身风险;二是为员工建立个人账户。职工缴费资金放入某一投资管理机构,由该投资管理机构向员工提供可供选择的投资工具,例如,债券、证券投资基金、股票等投资工具。职工账户中的资金如何进行投资组合主要由职工自己决定,委托投资管理机构操作;投资方式可以选择股票、债券、专项定期存款、保险等。在投资组合方案的实施中,基金的积累额就与职工就业期的供款额和投资收益率密切相关。职工个人账户积累资金多少,主要取决于基金投资组合方案的收益率(见图6-5)。

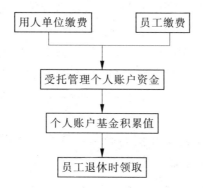

图6-5　美国确定供款型企业年金基金投资运营示意图

3. 确定受益型企业年金计划与确定供款型企业年金计划的区别。确定受益型企业年金计划与确定供款型企业年金计划的区别主要有以下几个方面。

(1) 运营机制不同。确定受益型企业年金计划采用的是保险、担保运营机制,而确定供款型企业年金计划采用的则是投资基金运营机制。在确定受益型企业年金计划中,企业可以根据职工工资增长率、死亡率、预定利率等精算出企业的缴费率。由于企业的缴费率受到信托基金投资收益率的影响,需要连续地精算。如果基金的投资收益率比较高,企业的缴费率就会下降,甚至不需要再缴费。例如,美国柯达公司的养老保险基金近13年取得的投资收益率比较高,公司已经很长时间没有缴费了,只要依靠投资收益就可以保证退休人员的养老金支付。[1] 确定受益型企业年金计划的优点是,用人单位缴费除受员工工资增长的影响外,还受信托基金投资收益率的影响。在企业年金计划发展初期,确定受益型企业年金计划几乎占到美国私人退休金计划的95%以上。以后,随着投资理财、证券投资基金等方面的发展,确定供款型年金计划正以其独特的魅力蓬勃发展起来。

---

[1]　柯达公司全球养老基金投资董事,Russell Olson,1997。

(2) 承担责任不同。确定受益型企业年金计划中,用人单位承担的责任比较重,基金投资风险通常由资助计划的用人单位或退休金津贴保障公司来承担。在确定供款型企业年金计划中,用人单位承担的责任有限,用人单位只负责按期足额缴费,不承担基金投资损失的风险;基金的投资风险由员工承担,员工是投资方案的最终责任承担者。例如,美国安然公司的破产,使确定供款型企业年金运营计划面临很大的挑战。由于安然公司员工[①]将超过 21 亿美元的养老保险基金的 58% 用来购买本公司的股票,公司破产时,员工陷入了养老积蓄和工作一起丢掉的困境。一位在安然公司工作大半辈子的妇女,购买了 100 多万美元的本公司股票,最后只剩下几万美元。其实,在美国许多大公司如可口可乐、通用电气、麦当劳等公司的员工,都将企业年金的大部分资金投资于本公司股票。安然公司的破产,对确定供款型企业年金的投资管理方式提出了新的挑战,即确定供款型企业年金基金如何进行投资组合、如何有效地规避投资组合风险、如何完善基金账户的管理等,以保证企业年金基金的安全。对此,美国总统布什责成财政部部长奥尼尔对企业年金计划进行研究,并出台了新的法案,以保护投资者的利益。

(3) 发展前景不同。确定受益型和确定供款型企业年金计划资产的发展趋势,可以分别从表 6-6 和表 6-7 中显示出来。

表 6-6 确定受益型退休金计划的部分资产

资 助 者	资助者数量	资产价值 (亿美元)	5 年增长预计 (%)
企业	89 000	20 750	6.5
政府	5 000	25 600	8.0
工会	2 000	3 400	7.2
总计	96 000	49 750	

资料来源 林羿:《美国的私有退休金体制》,北京,北京大学出版社,2002。

表 6-7 确定供款型退休金计划的部分资产

资 助 者	资助者数量	资产价值 (亿美元)	5 年增长预计 (%)
企业	492 500	23 660	13.5
政府	N/A	1 720	20.0
工会	1 700	750	15
403(B)	33 800	5 490	13

---

① 安然公司破产时,公司在世界各地拥有员工 2.1 万人。

续表

资　助　者	资助者数量	资产价值 （亿美元）	5 年增长预计 （％）
457	31 450	920	14
总计	559 450	32 550	

资料来源　林羿：《美国的私有退休金体制》，北京，北京大学出版社，2002。

从表 6-6 和表 6-7 可以看出，虽然确定供款型企业年金计划的总资产规模还没有达到确定受益型企业年金计划的总资产规模，但是，资助确定供款型企业年金计划的用人单位数量以及该种计划资产在未来 5 年的增长速度将会远远超过确定受益型企业年金计划。近几年来，确定受益型企业年金计划衰退、确定供款型企业年金计划兴起的主要原因有以下三个方面：①从用人单位的角度来说，资助确定供款型企业年金计划要比资助确定受益型企业年金计划的成本低，管理也比较容易。资助确定受益型企业年金计划不仅要求用人单位对资金的筹集负全部责任，而且还要对资金的缴费方式、提款方式和精算等做出严格的规定。确定供款型企业年金计划只要求计划参加者向企业年金计划缴费，这就大大减轻了用人单位的经济负担；同时，绝大部分确定供款型企业年金计划允许用人单位根据本单位的盈利状况向计划进行缴费。②由于确定供款型企业年金计划为每位计划参加者单独设立个人账户，定期向参加者提供其账户积累金额的报表，使参加者能够随时了解自己账户中积累的资金，而确定受益型企业年金计划由于不为计划参加者设立个人账户，确定受益型企业年金计划的参加者难以知道养老金给付是否可以满足未来生活的需要。③确定供款型企业年金计划的资产通常投资于美国金融市场的比重比较高。美国股票市场在过去几十年里经历了前所未有的强劲增长，使许多确定供款型企业年金计划参加者获得了十分可观的投资收益。相比之下，确定受益型企业年金计划则将大部分资产投资于能够获得固定收益的投资工具中，确定受益型企业年金计划资产的投资收益率相对较低。

四、补充养老保险的管理和政策规范

企业年金的发展，不仅需要政策上的优惠，而且更需要相应的法律法规，规范企业年金的发展，使之做到既保护广大职工的利益，又防止养老金资产的损失和税收的流失。

1. 规范员工既得受益权的承诺。例如，美国早期企业年金计划是用人单位奖励员工的一份礼物，这也就赋予了用人单位可以随时终止计划的权力和自由。员工只有达到享受企业年金的资格，才具有领取养老金的权利，即既得受益权。美国企业年金计划发展初期,员工获得企业年金既得受益权的条件是在用人单位工作5～10年。近几年,美国政府才规定,员工对企业年金计划具有即时的既得受益权,禁止用人单位随意终止企业年金计划。如果由于用人单位的原因导致企业年金计划无法继续实施,则员工就享有受益权,这一规定有效地保护了员工的利益,防止了未获得受益权的损失。目前,我国补充养老保险的较大一部分投保了保险公司的年金保险产品。许多保险公司的保险年金合同规定,职工为单位工作5～10年才能获得未来领取养老金的权益。如果职工中途发生变故,工作期未满,就不能获得既得受益权。但是我国年金保险对于一些企业因破产、员工工伤、死亡等其他原因造成的既得受益权的丧失规定得并不十分明确,有待于进一步细化保险年金既得受益权的有关规定,以保障职工的合法权益。

2. 防止企业年金为高职位者或高收入者提供优惠。在美国,如果税务局发现,某一家企业年金计划中大部分参加计划的高薪职员都能够为用人单位工作到退休年龄,并能够获得企业年金计划提供的退休金,而大部分参加计划的低薪职员很早就离开了用人单位,得不到企业年金计划为其提供的退休金的话,那么,税务局就可以认定,该企业年金计划具有优惠高收入者的倾向,就不再给予税收优惠。

3. 监督用人单位利用企业年金计划合理避税和贪污。美国税务部门加强税收监管,主要从以下几个方面着手。

(1) 确定用人单位向企业年金计划缴费的最高限额,禁止用人单位向企业年金计划超额缴费。超额部分不能从当期应税收入中扣除,并且对超额部分附加一定额度的惩罚税。

(2) 限制获得税收优惠企业年金计划提款的时间。规定参加企业年金计划的职工,退休以前不得随意提款。如果提前提款,不仅不再享受税收优惠,而且还要附加10%的惩罚税。

(3) 规定企业年金计划的提款方式,限定最低提款次数。如果用人单位、个人一次性提取企业年金计划的资金,将不再享受税收优惠,而且还要附加惩罚税。

(4) 确定企业年金计划的受益公式。在确定受益型企业年金计划中,确定个人受益的公式,以备个人和政府查询。确定个人受益公式有利于打击不法人员利用企业年金获得过高的养老金给付,有利于防止养老金资产的亏空。

(5) 建立个人账户的转账和继承制度。政府出台的法律法规规定了个人账户转账和继承的条件,使个人账户的管理有了明确的法律和政策依据。

(6) 领取企业年金需要纳税。美国政府出台的有关法律法规规定,职工领取的养老金超过税收宽免额部分应该纳税,这就同政府征收的个人收入所得税相协调、相衔接,避免政策上的疏漏。

4. 完善企业年金投资运营的监管机制。美国补充养老保险基金由符合要求的基金管理公司、资产管理公司、信托投资公司等委托——代理,是企业年金保值增值的必然选择。在这种情况下,政府出台的法律法规规定了基金受托人、基金托管人、基金投资管理人和基金账户管理人的市场准入资格和职责,规范和监管基金管理公司的投资运营,依法维护受益人的合法权利。在企业年金的委托——代理中,规定了受托人禁止交易的情形和相关管理措施。如果受托人违反规定,将承担相应的法律责任。企业年金的投资运营监管体系主要包括以下几个方面。

(1) 政府监管机构对基金受托人、投资管理人和基金账户管理人的有效监管;

(2) 中介机构对基金受托人、投资管理人和基金账户管理人的有效监管;

(3) 金融市场对投资管理人的有效监管;

(4) 基金受托人对投资管理人、账户管理人的有效监管;

(5) 投资管理人和账户管理人之间的监管等。这几个方面的监管都需要法律法规的支持,这是企业年金基金资产安全的法律保证。

5. 建立退休金津贴担保公司。政府出资建立退休金津贴担保公司是防止职工退休金一无所有的重要安全保障机制。基金管理公司等机构经营失败或者发生财务困难,无法支付退休金时,退休金津贴担保公司可以向退休人员提供最低限度的收入保障,这是保障基金受益人获得退休金的制度保证。同时,建立退休金津贴担保制度,可以减轻财政的负担,避免出现基金缺口时,国家财政一时难以筹措到必需的资金。

第六节　中国养老保险制度的建立和改革

建立具有中国特色的养老保险制度是中国经济体制改革的必然要求,也是市场经济机制逐步完善的制度保证。中国养老保险制度的改革是伴随着经济体制的改革而逐步展开的。

一、中国养老保险制度的建立和发展

中国养老保险制度是新中国成立初期建立起来的。1951 年 2 月,政务院颁布的适用于企业职工的《中华人民共和国劳动保险条例》,规定了职工退休的年龄、工龄条件、养老金待遇及其他一些问题。男工人与男职员年满 60 周岁,一般工龄已满 25 年,本企业工龄已满 10 年者,由劳动保险基金下按其本企业工龄的长短,付给养老补助费,至死亡为止。女工人与女职员年满 50 周岁,一般工龄满 20 年,本企业工龄已满 5 年者,得享受养老补助待遇。《劳动保险条例》的颁布标志着我国养老保险制度开始建立。养老保险制度建立初期,只适用于百人以上的国营企业、公私合营和私营的工厂、矿场及其附属单位。对于暂不实行《劳动保险条例》的单位,职工的保险待遇可以通过签订集体劳动合同的方式解决。1953 年,政务院公布修改后的《劳动保险条例》,将养老保险的实施范围扩大到工厂、矿场及交通事业的基本建设单位和国营建筑公司,退休金待遇虽有所调整,但是变化不大。1955 年 12 月,国务院又以单项法规的形式,颁布的适用于事业单位、机关工作人员的《国家机关工作人员退休处理暂行办法》规定,女干部的退休年龄为 55 周岁,其他养老保险金的支付条件和待遇与企业职工基本相同。1958 年 4 月,国务院发布《关于工人、职员退休处理暂行规定》,适当地放宽了退休条件、退职条件、调整了养老金待遇,解决了企业事业单位、国家机关政策不一致的矛盾。这一制度一直延续到"文化大革命"以前。

"文化大革命"期间,中华全国总工会、劳动部都被撤销,养老保险一度处于无人管理的状态,全国几百万老、弱、病、残职工办不了退休手续,养老保险管理的工作被迫中断。针对养老保险混乱、无人管理、政令不通的状态,财政部于 1969 年 2 月发布了《关于国营企业财务工作中几项制度的改革意见(草案)》,规定国营企业一律停止提取劳动保险金,企业退休人员、长期病号工资和其他劳保开支在营业外收入列支。至此,养老保险失去了社会统筹的调剂功能,变成了企业养老保险,导致各企业间养老保险负担的不平衡。

1978 年 5 月 24 日,第五届全国人民代表大会常务委员会通过的《国务院关于退休、退职的暂行办法》规定,全民所有制企业、事业单位和党政机关、群众团体的工人,符合下列条件之一的,应该退休:(1)男年满 60 周岁,女年满 50 周岁,连续工龄满 10 年;(2)从事井下、高空、高温、特别繁重体力劳动或者其他有害身体健康的工作,男年满 55 周岁,女年满 45 周岁,连续工龄满 10 年;(3)男年满 50 周岁、女年满 45 周岁,连续工龄满 10 年,经医院证明,并经劳动鉴定委员会确定,完全丧失劳动能力的;(4)因工致残,由医院证明,并经劳动能力鉴定委员会确认,完全丧失劳动能力。

1978 年 5 月 24 日,第五届全国人民代表大会常务委员会第二次会议通过的《国务院关于安置老弱病残干部的暂行办法》规定,党政机关,群众团体,企业、事业单位的干部,符合下列条件之一的,可以退休:(1)男年满 60 周岁,女年满 55 周岁,参加革命工作年限年满 10 年的;(2)男年满 50 周岁,女年满 45 周岁,参加革命工作年满 10

年,经过医院证明完全丧失工作能力的;(3)因工致残,经过医院证明完全丧失工作能力的。干部退休后,每月按下列标准发给退休费,直至去世为止。符合第(1)(2)条、抗日战争时期参加革命工作的,按本人标准工资的90%发给。解放战争时期参加革命工作的,按本人标准工资的80%发给。中华人民共和国成立以后参加革命工作,工作年限满20年的,按本人标准工资的75%发给;工作年限满15年不满20年的,按本人标准工资的70%发给;工作年限满10年不满15年的,按本人标准工资的60%发给。截至1978年底,全国共有退休人员314万人,退休费开支17.3亿元。20世纪80年代初,国家为了解决失业问题,放宽了退休条件,许多没有达到退休年龄的职工提前退休,引发退休人员人数和退休费开支的急剧膨胀。1980年10月7日,国务院发布的《关于老干部离职休养的暂行规定》规定,干部离休后,原标准工资(含保留工资)照发,福利待遇不变。其他各项生活待遇,都与所在地区同级干部一样对待,并切实保证。截至1982年底,全国退休人员达到1 113万人,退休费开支达到73.1亿元。随着物价的上涨,退休金标准过低,大批达到退休年龄的职工不愿意退出工作岗位,政府不得不采取补助的办法,提高退休人员的待遇。1983年,针对城镇集体企业保障功能弱的问题,国务院在《关于城镇集体所有制经济若干问题的暂行规定》中指出,集体企业要根据自身经济条件提取一定数额的养老保险金,逐步建立养老保险制度,解决职工年老退休、丧失劳动能力的生活问题。养老保险资金支付的严重不足,引发了养老保险制度的改革,在全国范围内进行养老保险制度改革势在必行。

二、中国养老保险制度的改革

1984年10月20日,中国共产党第十二届中央委员会第三次会议通过的《中共中央关于经济体制改革的决定》规定,国有企业成为自主经营、自负盈亏、相对独立的生产者和经营者。与此同时,我国一些省、市的国营企业开始实行退休费用的统筹管理,以改变企业间负担标准不统一的问题。1986年,国务院在《中国国民经济与社会发展第七个五年计划》中提出,要有步骤地建立具有中国特色的社会保障制度。从1986年开始,国家多次颁布法规,并在许多城市进行了养老保险模式改革的实验。

在各地改革实验的基础上,1991年6月26日,国务院发布了《关于企业职工养老保险制度改革的决定》,提出建立多层次的养老保险体系,即基本养老保险、补充养老保险和个人储蓄式养老保险相结合的保障体系;并规定基本养老保险实行社会统筹,费用由国家、用人单位和职工三方负担。养老保险制度改革初期,规定养老保险的个人缴费不超过职工工资的3%,以后逐年增加,直至职工工资的8%。1992年1月,民政部办公厅发布的《县级农村社会养老保险基本方案（试行）》规定，我国农村养老保险发展是国家保障全体农民年老基本生活的一项重要社会政策，规定保障对象为农村各类从业人员，实行以个人缴费为主，集体补助为辅，个人缴费和集体补助全部计入个人名下的管理办法。1993 年 11 月 14 日，国务院发布的《关于建立社会主义市场经济体制若干问题的决定》指出，"城镇职工养老和医疗保险由单位和个人共同负担，实行社会统筹和个人账户相结合的制度"，首次明确了"个人账户"的概念。1995 年 3 月 1 日，国务院发布《关于深化企业职工养老保险制度改革的通知》，明确了建立新的养老保险制度的基本框架，实行社会统筹和个人账户相结合的基本养老保险制度，并补充以企业保险、个人储蓄，形成多层次的养老保险体系。从此，我国企业职工养老保险制度进入了现收现付制与部分基金积累制相结合的改革阶段。1995 年 10 月 19 日，国务院发布的《国务院办公厅转发民政部关于进一步做好农村社会保险工作意见的通知》规定，逐步建立农村社会养老保险制度，是建立健全农村社会保险体系的重要措施。

1997 年 7 月 16 日，国务院发布了《关于建立统一的企业职工基本养老保险制度的决定》，由此，全国大部分省市普遍建立了个人账户和社会统筹相结合的养老保险制度，规定用人单位缴纳基本养老保险的费用不得超过工资总额的 20%，个人缴纳工资总额的 8%。考虑到新旧制度的衔接问题，国家采取了部分基金积累制养老保险资金运行模式，实行"小账户大统筹"的资金运行方式。1998 年 8 月，国务院发布《关于实行企业职工基本养老保险省级统筹和行业统筹移交地方管理有关问题的通知》，决定对有关政策进一步调整实施，将原来 11 个行业实行的行业内养老保险统筹移交给地方（省、自治区、直辖市）管理；提高统筹层次，实施省级统筹；养老金由原来差额缴拨的方式改为全额缴拨，并实行养老金的社会化发放。1999 年 1 月 14 日，国务院颁布的《社会保险费征缴暂行条例》确定了我国养老保险费征缴的基本框架。2001 年 7 月，国务院发布的《关于同意辽宁省完善城镇社会保障体系试点实施方案的批复》在养老保险方面的措施是，社会统筹基金和个人账户基金分账管理，不得挤占或挪用。个人账户基金按照参保人缴费工资的 8% 划入，用人单位缴费不再划入个人账户。参保人 2001 年 7 月 1 日之后的缴费，全部纳入个人账户。个人账户做实后，社会统筹的资金缺口，由中央财政与地方财政按 3∶1 的比例分担。从 2001 年 7 月到 2003 年底，辽宁省累计做实个人账户资金 88.8 亿元，由省级社会保险经办机构负责管理和运营。在评估辽宁省做实个人账户的成果时，世界银行强调，辽宁试点依然存在养老保险资金的持续性问题，因为 20 年以后，辽宁省领取养老金的人数与在职职工人数的比例将由目前的 1∶2.5 将上升到 1∶1。如果不解决这一问题，就会影响到新增劳动力的就业和用人单位的竞争力,并带来较重的财政负担。做实个人账户后,个人账户基金的投资回报率为 1.6%～2.7%,这样的投资回报率只能达到 12% 的养老金替代率,远远达不到 26% 的目标替代率。在辽宁省试点期间,中央和地方政府的资金投入占辽宁省生产总值的 1.1%,要解决历史遗留问题,所需要的资金大约占辽宁省生产总值的 2.5%。如果缺乏政府转移支付的资金,要实现养老保险资金的收支平衡比较难,辽宁试点向全国推广的难度比较大。2001 年 12 月 21 日,劳动和社会保障部发布的《关于进一步规范养老金社会化发放的通知》确保了基本养老金按时、足额发放,实现了企业退休人员养老金的社会化管理。

2003 年 11 月 10 日,劳动和社会保障部发布的《关于认真做好当前农村养老保险工作通知》指出,被征用土地的农民、进城务工农民、乡镇企业职工、小城镇农转非农人员、农村计划生育对象及有稳定收入的农民等,应采取不同的参保方式参加社会保险。这样可以促进劳动力就业和有序流动,维护他们的合法权益;同时,各单位应加强养老保险基金的财务管理,严格遵守基金使用的有关规定。如果发现违规投资问题,要及时查处,追究有关人员的责任。

2004 年 1 月 6 日,劳动和社会保障部颁布的《企业年金试行办法》;2004 年 2 月 23 日,劳动和社会保障部会同银监会、证监会和保监会颁布的《企业年金基金管理试行办法》,对企业年金的建立、企业年金基金的管理和投资运营做出了规定,标志着我国企业年金运营的各项制度建设纳入了规范化的管理阶段。2004 年 5 月,国务院启动了黑龙江、吉林两省社会保障制度改革的试点。与辽宁试点相比,黑龙江、吉林两省个人账户做实比例由参保人缴费工资的 8% 下降为 5%,采取补偿个人账户的方式。2004 年 9 月 29 日,劳动和社会保障部、中国证监会联合发布的《关于企业年金基金证券投资有关问题的通知》首次对企业年金基金账户开设、清算模式、备付金账户管理、交易席位、交易结算数据获取、信息披露和证券投资管理等方面做出了具体的规定,为企业年金入市奠定了制度基础。2005 年 7 月 7 日,财政部、劳动和社会保障部联合发布的《关于全国社会保障基金投资国家改制企业及国家重点改革试点项目的函》指出,全国社会保障基金可以向中央直属企业的改制或改革试点项目进行直接股权投资,投资总额按成本计算不超过划入社保基金货币资产的 20%,投资单一项目的比例不超过该项目资产总规模的 20%。2005 年 12 月 13 日,国务院通过的《国务院关于完善企业职工基本养老保险制度的决定》(本章以下简称《决定》)提出,企业职工基本养老保险制度需要进一步改革和完善。《决定》对我国养老保险制度建设的问题提出了以下改革措施:一是扩大覆盖范围,城镇各类企业职工、个体工商户和灵活就业人员都要参加企业职工基本养老保险。二是逐步做实个人账户,基本养老保险个人账户为本人缴费工资的8%,全部由个人缴费构成,企业缴费不再计入个人账户。三是改变基本养老金计发办法,基本养老金由基础养老金和个人账户养老金组成,职工退休时的基础养老金月标准以当地上年度在岗职工月平均工资和本人指数化月平均缴费工资的平均值为基数,缴费每满1年发给1%。个人账户养老金月标准为个人账户储存额除以计发月数。计发月数根据职工退休时城镇人口平均预期寿命、本人退休年龄、利息等因素确定(见表6-8)。四是建立养老金的调整机制。根据职工工资和物价变动等情况,可以适时调整企业退休人员基本养老金水平,调整幅度为省、自治区、直辖市当地企业在岗职工平均工资年增长率的一定比例。各地根据本地实际情况提出具体的调整方案,报劳动和社会保障部、财政部审批后实施。在总结东北三省试点经验的基础上,2006年9月,做实企业职工基本养老保险个人账户的试点扩大到了上海、天津、山东、河南、山西、湖北、湖南、新疆8个省、自治区和直辖市。与东北三省不同,这8省市做实个人账户的起点标准为缴费工资的3%,并将2006年1月1日作为是否做实划界的时间点。这一天以前已经退休的人员,个人账户不做实;这一天以前已经参保、尚未退休的人员,其2006年1月1日之前没有做实的个人账户不做实,2006年1月1日之后做实;这一天之后申请参保的人员,个人账户做实。2006年2月15日,财政部颁布的修订的《企业会计准则第10号——企业年金基金》主要规范了企业年金基金的会计处理及财务报表,第一次将企业年金基金作为独立的会计主体进行确认、计量和列报。2007年2月5日,劳动和社会保障部、财政部颁布《关于进一步扩大做实企业职工基本养老保险个人账户试点工作问题的通知》要求,各省市要进一步加快和完善养老保险的省级统筹,江苏、浙江、广东等经济发达省市可以根据本地的实际情况,依靠自身能力开展做实个人账户的试点。2007年4月24日,劳动和社会保障部发布的《关于做好企业年金移交工作的意见》规定,社会保险经办机构、原行业管理及其企业自行管理的企业年金应移交给具备资格的管理机构运营。这一措施的实施,预防了企业年金资产的违规、分散化管理,规范了企业年金基金资产的管理。随着养老保险个人账户的做实,截至2007年底,我国11省市养老保险个人账户基金积累额已达500亿元,每年新增积累额将达到1 000亿元。2006年底,天津、山西、吉林、黑龙江、山东、河南、湖北、湖南和新疆9个省市将个人账户中中央财政补助的资金委托给全国社会保障基金理事会投资运营。首批委托资产的规模每年大约为100亿元,委托期限最短为5年。我国养老保险个人账户经过十几年的发展,经历了从"一本账管理"到"分账管理",从"空账运行"到"实账运行",养老保险基金投资运营的成果有待于实践的证明。2008年3月14日,国务院发布的《事业单位工作人员养老保险制度改革试点方案》规定,在山西省、上海市、浙江省、广东省、重庆市进行事业单位养老保险制度改革试点,拉开了事业单位养老保险制度改革的序幕。2009 年 6 月 2 日,财政部、国家税务总局联合发布的《关于补充养老保险费、补充医疗保险费有关企业所得税政策问题的通知》规定,自 2008 年 1 月 1 日起,企业根据国家有关政策规定,为本企业任职或者受雇的全体员工支付的补充养老保险费、补充医疗保险费,分别在不超过职工工资总额 5% 标准内的部分,在计算应纳税所得时准予扣除。2009 年 9 月 1 日,国务院发布的《关于开展新型农村养老保险试点的指导意见》规定,探索建立个人缴费、集体补助、政府补贴相结合的新农保制度,实行社会统筹与个人账户相结合,与家庭养老、土地保障、社会救助等其他社会保障措施相配套,保障农村居民老年基本生活的制度。2009 年 12 月 28 日,人力资源和社会保障部、财政部发布的《城镇企业职工基本养老保险关系转移接续暂行办法》规定,参保人员跨省流动就业的,由原参保所在地社会保险经办机构开具参保缴费凭证,其基本养老保险关系应随同转移到新参保地。参保人员达到基本养老保险待遇领取条件的,其在各地的参保缴费年限合并计算,个人账户储存额累计计算;未达到待遇领取前,不得终止基本养老保险关系并办理退休手续。参保人员跨省流动就业转移基本养老保险关系时,按下列办法转移资金:(1)个人账户储存额。1998 年 1 月 1 日前按个人缴费累计本息计算转移,1998 年 1 月 1 日后按计入个人账户的全部储存额计算转移。(2)统筹基金。以本人 1998 年 1 月 1 日后各年度实际缴费工资为基数,按 12% 的总和转移,参保缴费不足 1 年的,按实际缴费月数计算转移。2010 年 10 月 28 日,中华人民共和国第十一届全国人民代表大会常务委员会第十七次会议通过的《社会保险法》规定,个人跨统筹地区就业的,其基本养老保险关系随本人转移,缴费年限累计计算。个人达到法定退休年龄时,基本养老保险基金分段计算,统一支付。2011 年 1 月 11 日,人力资源和社会保障部、中国银行业监督管理委员会、中国证券监督管理委员会、中国保险监督管理委员会通过《企业年金管理办法》规定,一个企业年金计划应当仅有一个受托人、一个账户管理人和一个托管人,可以根据资产规模大小选择适当的投资管理人。同一企业年金计划中,受托人与托管人、托管人与投资管理人不得为同一人;建立企业年金计划的企业成立企业年金理事会作为受托人的,该企业与托管人不得为同一人;受托人与托管人、托管人与投资管理人、投资管理人与其他投资管理人的总经理和企业年金从业人员,不得相互兼任。同一企业年金计划中,法人受托机构具备账户管理或投资管理业务资格的,可以兼任账户管理人或者投资管理人。2011 年 2 月 12 日,人力资源和社会保障部、中国银行业监督管理委员会、中国证券监督管理委员会、中国保险监督委员会发布的《企业年金基金管理办法》降低了允许企业年金投资股票的比例,以规避企业年金基金投资损失的风险,规范企业年金基金的管理。2011 年 6

月13日，国务院发布的《关于城镇居民社会养老保险试点的指导意见》规定，参加城镇居民养老保险的城镇居民，年满60周岁，可按月领取养老金。国家为每位参保人员建立终身记录的养老保险个人账户。养老金待遇由基础养老金和个人账户养老金构成，支付终身。中央确定的基础养老金标准为每人每月55元。2011年7月24日，国务院发布的《分类推进事业单位改革配套文件》规定，除了继续推进事业单位养老保险制度改革的试点外，还颁布了《事业单位职业年金试点办法》等九个配套文件。《事业单位职业年金试行办法》的颁布，使事业单位职业年金的发展有了法规依据。2013年12月6日，财政部、人力资源和社会保障部、国家税务总局发布的《关于企业年金、职业年金个人所得税有关问题的通知》规定，企业、事业单位和个人根据国家有关规定缴费时，暂不缴纳个人所得税；企业年金、职业年金投资运营收益分配计入个人账户时，个人暂不缴纳个人所得税；个人达到国家规定的退休年龄，在本通知实施后按月领取的年金，金额按照"工资、薪金所得"项目适用的税率，计征个人所得税。2014年2月21日，国务院发布的《国务院关于建立统一的城乡居民基本养老保险制度的意见》决定，将新型农村基本养老保险和城镇居民基本养老保险两项制度合并实施，在全国范围内建立统一的城乡居民基本养老保险制度。2015年1月14日，国务院发布的《关于机关事业单位工作人员养老保险制度改革的决定》规定，从2014年10月1日起对机关事业单位养老保险制度进行改革。从此以后，我国基本养老保险结束了城镇企业职工养老保险与机关事业单位养老保险实行两套不同制度的局面，机关事业单位基本养老保险也实行统账结合的制度。2015年3月27日，国务院发布的《机关事业单位职业年金办法》规定，职业年金是指机关事业单位及其工作人员在参加机关事业单位基本养老保险的基础上建立的补充养老保险制度。职业年金所需费用由单位和工作人员个人共同承担。单位缴纳职业年金费用的比例为本单位工资总额的8%，个人缴费比例为本人缴费工资的4%，由单位代扣。职业年金基金采用个人账户方式管理。个人缴费实行实账积累。对财政全额供款的单位，单位缴费根据单位提供的信息采取记账方式，每年按照国家统一公布的记账利率计算利息。工作人员退休前，本人职业年金账户的累计额由同级财政拨付资金记实；对非财政全额供款的单位，单位缴费实行实账积累。实账积累形成的职业年金基金，实行市场化投资运营，按实际收益计息。2015年8月17日，国务院发布的《基本养老保险基金投资管理办法》规定，各省、自治区、直辖市基本养老保险基金结余额，可以按照本办法规定，预留一定支付费用后，确定具体投资额度，委托给国务院授权的机构进行投资运营。基本养老保险投资管理机构是指接受受托机构委托，具有全国社会保障基金、企业年金基金投资管理经验，或者具有良好的资产管理业绩、财务状况和社会信誉，负责养老保险基金资产投资运营的专业机构。养老保险基金限于境内投资。投资范围包括：银行存款、中央银行票据、同业存单；国债，政策性、开发性银行债券，信用等级在投资级以上的金融债、企业（公司）债、地方政府债券，可转换债（含分离交易可转换债）、短期融资券、中期票据、资产支持证券、债券回购；养老金产品，上市流通的证券投资基金、股票、股权、股指期货、国债期货。国家重大工程和重大项目建设、养老基金可以通过适当方式参与投资。国有重点企业改制、上市，养老基金可以进行股权投资。2016 年 9 月 28 日，人力资源和社会保障部发布的《职业年金基金管理暂行办法》对职业年金基金的委托管理、账户管理、托管、投资管理以及监督管理做出了明确的规定。2018 年 6 月 13 日，国务院发布的《关于建立企业职工基本养老保险基金中央调剂的通知》规定，按照各省份职工平均工资的 90% 和在职职工应参保人数作为计算上解额的基数，上解比例从 3% 起步，逐步提高。

表 6-8　个人账户养老金计发月数表

退休年龄/岁	计发月数/月	退休年龄/岁	计发月数/月
40	233	56	164
41	230	57	158
42	226	58	152
43	223	59	145
44	220	60	139
45	216	61	132
46	212	62	125
47	208	63	117
48	204	64	109
49	199	65	101
50	195	66	93
51	190	67	84
52	185	68	75
53	180	69	65
54	175	70	56
55	170		

三、中国养老保险制度改革存在的问题

我国养老保险制度的改革已经进行了 20 多年，但是，养老保险制度依然存在着许多问题，解决这些问题有待于进一步深化改革，有待于养老保险制度建设的创新。

目前，我国养老保险制度改革中存在的问题主要有以下几个方面。

1. 各地基本养老保险社会统筹的范围不统一，缺乏可转移性。目前，我国基本养老保险的社会统筹原则上实行省级（自治区、直辖市）统筹，省级社会保险经办机构调剂使用基金，但是在实际执行中，只有北京、天津、吉林、黑龙江、上海、福建、重庆、云南、陕西、甘肃、青海、宁夏、新疆等省区实现了养老保险的省级统筹，其余地区实行市县两级统筹。由于各省市实行的养老保险制度不统一，劳动者跨统筹地区转移、接续养老保险缴费记录十分困难。这就给劳动力的跨省、跨区域流动造成很大的障碍，限制了劳动力资源的合理流动。

2. 养老保险制度改革政策不稳定。目前，政府进行的养老保险制度改革，使退休人员不知道自己是按照什么计算方法领取养老金的，也不知道自己领取的养老金将按照何种机制进行调整；使正在工作的职工无法预知自己未来的养老金收入，职工对于未来收入不稳定的预期增强；同时，在养老保险制度改革中，由于有些法规的不稳定，造成了政策执行的不稳定。

3. 养老保险资金的缺口难以测算。目前，在养老保险缴费一部分社会统筹、一部分基金积累的条件下，养老保险资金收支不平衡的缺口难以测算，这对各省、自治区、直辖市财政预算的影响比较大。养老金出现入不敷出的局面时，通常由省级财政部门来弥补，但是，未来各省财政部门到底需要拿出多少资金弥补这一缺口，难以测算，也加大了各省财政预算管理工作的难度。

4. 做实个人账户引发诸多管理问题。随着个人账户的做实，个人账户管理的问题主要有以下几个方面。

(1) 个人账户的管理机构过多。目前，我国个人账户的管理机构涉及人力资源和社会保障、财政、地税、银行、审计、工会等多个部门，这些部门间的工作协调难度比较大，造成机构重叠，办事效率低下。

(2) 个人账户并未真正做实。在做实个人账户的试点中，各省大多采取针对不同参保人，实行不同做实方案的政策。例如，辽宁省规定，2001年以后的个人缴费全部划入个人账户，而2001年以前的个人缴费并未划入，这就造成个人账户资金一部分实账，一部分空账，加大了个人账户管理的难度。

(3) 人为地设置个人账户转移的壁垒。为了增加养老保险基金的结余，减少养老金的支出，减轻本地区养老保险的财政负担，各地区纷纷出台政策，人为地设置个人账户转移壁垒，阻碍了劳动力跨统筹地区合理流动，加大了个人账户管理的难度。

案例分析

案例1：某企业要破产，职工发现，已经有3～4年没有缴纳养老保险费了，应该怎么办？

我国《破产法》规定，破产企业所欠的养老保险费为第一清偿顺序，在资产变现收入中优先予以清偿。破产企业历年欠缴的养老保险费，属于职工缴费的部分由职工个人补足；属于企业缴费的部分由企业资产变现收入偿还，其不足部分应该由同级财政出资解决。但是，在企业破产实践中，这些规定并没有得到很好地执行，主要有以下几方面的原因。

（1）有些破产企业地处偏远山区，土地使用权转让不出去，生产设备因超期服役，其资产大多无法变现；

（2）一些企业实行假破产，破产是为了甩掉包袱；

（3）人民法院判决执行不力，许多问题久拖不决。

针对上述原因，国家应该加强对破产企业申请的审查，其主要包括以下几个方面。

（1）未清偿拖欠职工工资、拖欠养老保险缴费的企业不得申请破产。实行重组的企业，应该将被重组企业的资产、债权和债务全盘继承。要遏制企业欠缴养老保险费的问题，必须依据《劳动法》《社会保险费征缴暂行条例》等法律法规，加大执法力度，严格依法清欠。

（2）严格执行养老保险滞纳金制度，对拖欠养老保险缴费的企业要加收滞纳金，这样可以督促企业及时、足额缴纳养老保险费。

（3）劳动行政管理部门和税收征管部门要加大执法检查力度，对有缴费能力依然欠缴养老保险费的企业依法进行惩处；对恶意欠费、拒不缴费（补缴）的企业，要向人民法院申请强制执行。对暂时无缴费能力的企业，对法院裁定确实不足以清偿或完全无资产清偿养老保险费的企业，要按规定全额核销或部分核销。对于按规定核销的资产，同级财政资金必须补足到位，确保养老保险基金及时、如数入库。

案例 2：如何规范养老保险费的征缴工作？

广东东莞职工李某原在河南省某市工作，一直缴纳养老保险费。后来，李某到广东工作，在广东缴纳养老保险费。李某想把在河南的缴费转到广东，但是河南省有关人员回答说，什么时候转养老保险缴费记录就得缴费到什么时候。河南省有关管理部门的做法对不对？

这是我国养老保险省级统筹、政策不统一的结果。针对这一问题，2001 年 12 月 22 日，劳动和社会保障部发布的《关于完善城镇职工基本养老保险政策有关问题的通知》规定，参加城镇企业职工养老保险的人员，不论因何种原因变动工作单位，包括通过公司制改造、股份制改造、出售、拍卖、租赁等方式转制以后的企业和职工，以及跨统筹地区流动人员都应按规定继续参加养老保险，并按时足额缴费，社会保险经办机构应为其妥善管理、续接养老保险关系,做好各项服务工作。为了解决一些因为工作原因流动到非户籍地的参保人员的养老保险接续问题,2002年5月30日劳动和社会保障部在给上海市劳动和社会保障局的《关于对户籍不在参保地的人员办理退休手续有关问题的复函》中进一步规定,缴费职工因为工作变动,在不同地区参保的,不论户籍在何地,其在最后工作地的个人实际缴费年限,与在其他地区工作的实际缴费年限以及符合国家规定的视同缴费年限,应该合并计算,并相应地作为其享受基本养老金的依据。

从以上规定来看,河南省养老保险经办机构的工作人员有义务为李某做好养老保险缴费记录的转移和续接等服务工作。

案例3:李某,原为国家机关公务员,工龄16年。2013年12月,在精减人员中,李某自愿下岗、自谋职业,李某的养老保险问题如何解决?

目前,我国企业单位和国家机关、事业单位原来实行两套不同的基本养老保险制度,这也成了国家机关、事业单位工作人员与企业单位职工流动的障碍。目前,企业职工需要按缴费工资的8%缴纳基本养老保险费,企业需按缴费工资的20%左右缴纳基本养老保险费。其中,企业缴纳的3%和职工缴费的全部纳入个人账户。从2006年1月1日起,企业缴费的3%将不再纳入职工个人账户。同企业职工相比,机关事业单位工作人员不缴纳基本养老保险费,没有个人账户,这就造成了劳动力流动的制度障碍。对此,2001年劳动部发布的《关于职工在机关事业单位与企业之间流动时社会保险关系处理意见的通知》规定,职工在机关、事业单位和企业单位之间流动,要转移各项社会保险关系,并执行调入单位的社会保险制度。

职工自机关事业单位进入企业工作之月起,参加企业职工的基本养老保险,单位和个人按规定缴纳基本养老保险费,建立基本养老保险个人账户。原有的工作年限视同缴费年限,连续计算,退休时按企业的办法计发基本养老金。其中,公务员或者参照公务员制度管理的工作人员,在进入企业并按规定参加企业职工基本养老保险后,根据职工本人在机关(或单位)工作的年限给予一次性补贴,由其原单位通过当地社会保险经办机构转入本人的基本养老保险个人账户,所需资金由同级财政安排。原单位给予职工补贴的标准为:本人离开机关上年度月平均基本工资×在机关工作年限×3%×12个月①。

职工由企业进入机关、事业单位工作的,从进入之月起,执行机关事业单位的退休养老保险制度,其原有的连续工龄与进入机关事业单位后的工作年限合并计算,退

---

① 自2006年1月1日以后用人单位的缴费将不再纳入基本养老保险个人账户。

休时按机关事业单位的办法计发养老金。

　　公务员进入企业工作后,再次转入机关事业单位工作的,原给予的一次性补贴的本金和利息要上缴同级财政,其个人账户管理、退休后养老金计发等,比照由企业进入机关事业单位工作职工的相关政策办理。

　　案例4:李某,2008年在国外已经取得了永久居住权,2016年回国工作,其在国内工作的有关社会保险问题应该如何办理?

　　凡是同国内用人单位建立劳动关系的取得国外永久居住身份的人员,应该按规定参加用人单位所在地的社会保险,缴纳社会保险费,并享受相应的待遇。这些人员同国内用人单位解除劳动关系并离境时,社会保险经办机构应当终止其社会保险关系,并根据职工申请,对参加基本养老保险,且不符合领取基本养老金条件的,将其基本养老保险个人账户的储存额一次性支付给本人;参加基本医疗保险的,将其个人账户结余部分一次性退给本人;参加失业保险的,单位和个人此前缴纳的失业保险费不予退还。

　　案例5:李某,北京市某出版社编辑。1986年7月参加工作,2009年8月该出版社从事业单位转制为企业。李某不知道,自己退休后该如何领取养老金?

　　李某退休后将按照城镇企业职工养老保险的相关规定领取养老金。

　　自出版社转制为企业起,李某及其所在单位应当按照城镇企业职工养老保险的相关规定缴纳养老保险费,并为李某建立养老保险个人账户。

　　1994年8月23日,《北京市劳动局关于在全市城镇企业中实行〈北京市城镇企业职工计发基本养老金暂行办法〉的通知》规定,1992年10月1日,职工个人缴纳基本养老保险费以前按政府有关规定计算的连续工龄视同为职工个人缴费年限。

　　自1986年7月参加工作,到2009年8月,李某及其所在单位虽未缴纳养老保险费,但是视同缴纳养老保险费。同时,同级财政应当向李某的个人账户内划拨自1992年10月至2005年12月相当于李某工资总额3%的资金。这是因为,自我国城镇企业职工养老保险改革至2005年12月,用人单位缴费中有相当于职工个人工资总额3%的资金划入个人账户。从2006年1月1日起,用人单位的养老保险缴费不再划入职工个人账户。

　　未来,李某退休获得的养老金有三个或四个部分组成:(1)基础养老金。基础养老金=(退休上一年当地在职职工月平均工资+个人指数化月平均缴费工资)÷2×缴纳年限×1%。(2)过渡性养老金。李某属于养老保险制度改革前已经参加工作、改革后退休的"中人",因此,还可以获得过渡性养老金。过渡性养老金补偿的依据是1986年7月至1992年10月1日李某的工作年限。(3)个人账户养老金。个人账户养老金＝个人账户本息额/计发月数,计发月数参见表6-8。(4)非统筹项目费。这部分费用有些单位支付,有些单位不支付,国家没有明确规定,这部分费用主要包括住房补贴、副食补贴、洗理费、交通补贴等非统筹项目费。

1. 简述养老保险制度的特点。

2. 简述建立养老保险制度的原则。

3. 简述职工缴费工资的构成。

4. 简述养老金给付的条件。

5. 简述现收现付制下影响养老金给付水平的因素。

6. 简述基金积累制下影响养老金给付水平的因素。

7. 简述养老金指数化管理的方式。

8. 简述养老保险基金投资的原则。

9. 简述养老保险基金投资的模式。

10. 简述养老保险基金投资运营监管的原则。

11. 简述养老保险基金投资运营监管的目标。

12. 简述养老保险基金投资运营监管的内容。

13. 简述补充养老保险的征税模式。

14. 简述确定受益型和确定供款型补充养老保险运营机制的不同。

医疗保险制度

第 **七** 章

疾病的侵袭一直伴随着人类的发展,疾病带来的恐惧如同魔鬼的咒语一样令人不寒而栗。医疗社会保险制度是人类面对疾病的痛苦抉择,是提高公民健康水平的重要制度安排。1883 年 5 月 31 日,德国宰相俾斯麦主持颁布的世界上第一部《疾病社会保险法》,标志着医疗社会保险制度的诞生,标志着人类对于患病劳动者或公民的保障有了法律依据,是人文关怀思想的体现。

第一节 基本医疗保险制度的特点和模式

一、基本医疗保险制度的概念

广义的基本医疗保险制度是指政府、用人单位对劳动者(或公民)因为疾病、非因工受伤和生育等原因需要去医疗机构进行预防、诊断、检查和治疗时,提供必要的医疗费用和医疗服务的制度。狭义的基本医疗保险制度是指政府、用人单位对劳动者(或公民)由于疾病、非因工负伤引起的医疗费用给予保障的制度。例如,我国基本医疗保险制度采取狭义基本医疗保险的概念。劳动者因工受伤属于工伤保险制度的范畴,为女性劳动者因生育而暂时丧失劳动能力提供保障的制度属于生育保险制度的范畴。

基本医疗保险以劳动者(或公民)的身体健康和疾病治疗为特定的保障内容,对整个社会再生产来说,劳动者(或公民)医疗费用的开支属于"劳动能力的生产费用或再生产费用",实行基本医疗保险制度的目的是保证劳动者(或公民)治愈后可以继续从事生产劳动,因此,基本医疗保险的支付形式有别于其他社会保险制度。也就是说,当劳动者(或公民)收入减少或贫困时,社会保险给予现金给付;而当劳动者(或公民)预防、治疗疾病时,需要的是基本医疗保险和医疗服务。基本医疗保险制度可以有效地帮助患病的劳动者从"因病致贫"或"因贫致病""贫病交加"的困境中解脱出来。

对于基本医疗保险制度的概念可以从以下几方面进行理解:(1)基本医疗保险资金必须确保用于劳动者(或公民)的基本医疗消费,不能挪作他用。只有劳动者(或公民)患病、生育或者受伤时,才有资格享受基本医疗保险待遇。(2)劳动者(或公民)患病就医、接受治疗服务的机会均等,不会因为个人地位、身份的不同而有所差异。(3)医疗卫生机构提供的医疗保障标准,只能根据患者的病情来确定,不受患者经济地位、工资待遇、工龄长短的限制和影响。(4)基本医疗保险提供的疾病津贴与劳动者工龄的长短、患病时间的长短、患病前的工资水平相联系。劳动者享受医疗卫生服务的公平性和获得疾病津贴的差异性体现了基本医疗保险制度的公平和效率。

二、基本医疗保险制度的特点

疾病风险的特征与医疗保健供给和需求的特殊性,使基本医疗保险与其他社会保险项目相比,具有明显的特点,主要表现在以下几个方面。

(一)基本医疗保险的管理具有复杂性

基本医疗保险是人类为了防范、规避疾病这一风险因素设立的社会保险项目,主要保障劳动者患病时,能够得到医疗、药物等就医服务。基本医疗保险制度是社会保障体系中涉及面比较广、关系复杂、作用频率高、管理难度比较大的一项社会保险制度。

(二)基本医疗保险费用的支出具有不可预知性

人的一生中,患上或大或小的疾病是不可避免的。人与人之间存在着个体差异,加上生活环境的不同,人们难以预知疾病发生的状况。即使面对相同的致病因素,因个体抵御疾病的能力不同,人们也很难对疾病发生的时间、类型、严重程度做出准确的预测。疾病发生的随机性、经常性和不可预知性,决定了基本医疗保险费用的支出具有随机性和不可预知性。同时,由于人们对医疗卫生服务的需求是无限的,容易造成医疗费用的过快增长。随着生活水平的提高,人们更加希望享受到高层次、高质量的医疗服务。同时,由于大多数国家的基本医疗保险制度按病情进行经济补偿,患者(特别是重病患者)出于急于治愈的心理,容易提出过高的医疗卫生服务要求,容易造成患者对医疗服务的过度消费,致使基本医疗保险费用支出的上涨,难以进行有效控制。

(三)基本医疗保险是风险转移和经济补偿的保险

基本医疗保险把个体承担的疾病风险转移给用人单位或政府,或由其他缴费人员分摊经济损失,并给予患有疾病的成员一定程度经济补偿的制度。尽管一个人的健康是不能用金钱计算的,因而无法预知每个人享用基本医疗保险的费用支出,但是,人们为治愈病情而发生的医疗费用却可以用货币衡量,可以作为转移风险和进行经济补偿的依据。补偿性医疗保险的特点是根据患者的实际支出进行补偿,但是,补偿的额度不能超过实际花费的医疗费用。

(四)基本医疗保险的实施涉及三方关系人

基本医疗保险制度实施的三方关系人是社会保险经办机构、参保人和医疗卫生服务提供方。在社会保险其他项目中,各项目的实施仅涉及社会保险经办机构和被保险人两个关系人。即使社会经办保险机构委托第三方如银行、基金管理公司代理投资,这些机构也只能按规定投资运营,不会直接影响到社会保险的给付标准。基本医疗保险则不同,基本医疗保险给付的实施必须有医疗方或医药方的共同参与。医疗机构提供的是技术性很强的服务,仅仅依靠社会保险经办机构无法提供患者所需要的服务,为此必须设立各种医疗机构和医药供应点,对需要治病的劳动者(或公民)提供相应的医疗服务。正因如此,医疗机构或医药供应点提供的服务直接影响基本医疗保险费用支出的多少。

(五)基本医疗保险与其他社会保险项目具有交叉性

基本医疗保险是社会保险体系中独立的子系统,但是,基本医疗保险又与其他社会保险项目系统相互交叉。养老保险、工伤保险、生育保险、长期照护保险和失业保险等都需要基本医疗保险的帮助。例如,失业者除了需要获得失业期间的收入补偿外,还需要得到医疗卫生服务;退休人员除了需要获得定期的养老金给付外,还需要医疗服务和老年保健服务;生育保险、工伤保险本身就是以医疗服务为基础的,其自身就包括医疗服务的内容(见图 7-1)。

图 7-1　基本医疗保险和其他社会保险项目之间关系示意图

三、基本医疗保险制度的管理模式

最早的基本医疗保险立法始于 1883 年德国俾斯麦政府颁布的《疾病社会保险法》。"二战"后，西方国家的基本医疗保险制度迅速发展，形成了各具特色的基本医疗保险制度。由于经济发展水平、社会制度不同，各国实行的基本医疗保险制度也不同。世界各国的基本医疗保险模式虽然各有利弊，但是都进行着程度不同的医疗保险制度改革。概括起来主要有以下四种。

（一）国家保障型基本医疗保险管理模式

国家保障型基本医疗保险管理模式是指政府直接举办基本医疗保险事业，通过税收形式筹集基本医疗保险资金，并采用国家财政预算的形式将基本医疗保险资金分配给医疗机构，由医疗机构向本国公民提供免费或低收费的服务。这种管理模式主要存在于西方福利国家（如英国、瑞典等国）和东欧等国家，中国的公费医疗也实行这种管理模式。

这种管理模式是社会保险经办机构或医疗卫生管理部门将医疗费直接支付给提供服务的医疗机构和其他服务提供者，患者本人同提供服务的医生和医院之间不发生经济关系。第一种情况是政府或社会保险管理机构自己建立医疗设施，如诊疗所、医院等，直接向患者提供医疗服务。在这种情况下，国家直接投资，医生及其他医务工作者均享受国家统一规定的工资待遇，劳动者（或公民）求诊、住院仅支付较低比例的医疗费用。第二种情况是社会保险经办机构与提供医疗服务的单位签订合同，合同条款中对医疗机构提供服务的项目、类别、人数以及服务后的报酬、医疗费用标准、支付方法等做出了规定，这种管理模式的特点主要有以下几个方面。

1. 医疗社会保险资金绝大部分来源于财政。医疗社会保险费用大多来源于财政，政府可以根据资金投入量来控制医疗费用总量。医疗资金通过全额预算拨给政府举办的医疗机构，或者运用合同的方式购买民办医疗机构、私人医生的医疗服务。卫生行政管理部门直接参与医疗服务的计划、管理和分配。

2. 医疗服务具有国家垄断性。医疗行业是技术性很强的行业，作为提供医疗服务的医疗机构，其提供的技术和医疗服务具有专业性和垄断性的特点。相对于医生而言，患者处于无知、被动的状态。在治疗的过程中，患者对医生所提供的医疗服务缺乏判断的能力，不能对治疗费用讨价还价，这就容易产生提供过度医疗服务的道德风险。例如，医生利用处方权和信息优势，开大处方，要求患者做不必要的检查，延长患者住院的时间，诱导患者进行过度的医疗消费。

3. 提供低收费的医疗服务。医疗机构向全体人民提供低收费的医疗服务,体现了医疗社会保险制度的公平性和福利性。例如,英国公民接受医疗保健服务所需要的费用全部由政府负担,病人每次取药只需交付处方费。公民有下列情况之一者,可以不付处方费:(1) 16 岁以下的孩童;(2) 孕妇和喂奶的母亲;(3) 退休养老的人员;(4) 接受社会救助的人员等。

4. 医疗卫生资源的配置具有较高的计划性。在福利国家,医疗卫生资源的配置是计划性的,市场机制基本不起作用。按计划配置医疗卫生资源,往往导致资源配置的低效率。为了解决政府设立的医疗卫生机构供不应求、服务质量下降的问题,政府不得不允许私人医疗机构开业,打破政府提供医疗服务独家垄断的局面。

这种政府计划配置医疗资源的优点是,政府可以最大限度地保护劳动者的健康,着眼于治病救人、救死扶伤的社会效益,符合医疗社会保险制度福利性特点。这种管理模式的突出问题是,医疗保障水平高、财政支出压力大、经费不足,对于经济发展的制约作用比较大。公民的医疗费用完全由政府包办下来,医疗机构的运营缺乏活力,医疗卫生资源的配置效率低下,难以满足国民不断增长的医疗需求。由于供需双方缺乏费用意识,使得政府财政不堪重负。

(二)投保资助型政府医疗保险管理模式

投保资助型基本医疗保险是政府通过立法的形式强制实施,要求用人单位、员工按照一定的比例缴纳基本医疗保险费,用于支付劳动者(也包括其抚养的直系亲属)医疗费用的基本医疗保险制度。目前,实行投保资助型基本医疗医疗保险制度的国家或地区有:德国、日本、法国、韩国和我国的台湾省,我国城镇职工的医疗保险也属于这种管理模式。这种管理模式具有以下几个方面的特点。

1. 基本医疗保险资金主要来源于用人单位、个人缴纳的医疗保险费。一般来说,基本医疗保险的费用由用人单位、个人各承担 50%,国家一般不给予直接补贴,国家的负担相对较轻。

2. 基本医疗保险资金的使用具有互济互助的功能。医疗社会保险资金由社会保险经办机构统一筹集、管理和使用,以政府立法的形式强制推行,可以发挥社会成员互济互助的功能。这种模式的特点是将健康者的一部分缴费向患病者转移。

3. 个人自付一定比例的医疗费用。实行投保资助型基本医疗保险制度的国家,大多要求个人自付 10%~30% 的医疗费,患者在生病期间损失的工资,可以通过领取病假补贴来弥补,其给付水平要根据患者的工资和缴费期限确定。

4. 投保资助型基本医疗保险大多采用现收现付制。现收现付的基本医疗保险根据"以支定收、收支平衡"的原则确定基本医疗保险的缴费和支付,不存在医疗保险基金的积累。这种基本医疗保险资金的付费方式主要有两种：一是医院直接向病人提供医疗服务，不需要病人缴费；二是先由患者按其所得到的服务，向医生、药店或医院付费（由患者预先垫付医疗所需的一切费用），然后按比例向社会保险经办机构报销，社会保险经办机构偿还患者所缴医疗费用的一部分或全部。

这种管理模式的优点是医疗保险资金实行社会统筹，可以充分发挥互济互助、风险分担的功能。社会保险经办机构和医疗机构可以建立起约束供求双方行为的契约关系，促使医疗机构提高医疗服务质量；个人自付一定比例的医疗费用，可以增强个人节约医疗费用的意识，约束医疗机构提供过度的医疗服务。但是，这种管理模式对控制医疗服务提供者的垄断性作用较小。

（三）储蓄型医疗社会保险管理模式

储蓄型医疗社会保险管理模式是按照国家法律、法规的规定，强制个人或单位建立储蓄医疗保险基金，存入个人保健储蓄账户，逐年积累，用于支付基本医疗保险费用的制度。这种管理模式主要运用于基金积累制国家，如新加坡、马来西亚等国家。储蓄型医疗社会保险制度具有独特的优势。

1. 基本医疗保险费用从个人账户支付。患者用个人账户上的钱支付自己及其家庭成员的医疗费用，个人账户资金可以由个人缴费构成，也可以由个人和用人单位的缴费构成，计入个人账户的资金归参保人所有，这有利于提高个人的责任意识，激励人们审慎地利用医疗卫生服务。但是，为了解决少数大病或慢性病患者的问题，新加坡还实行了保健双全计划，保健双全计划是对保健储蓄计划的补充。重病住院的医疗费用，先按保健储蓄计划支付一定金额后，剩余部分再按保健双全计划从统筹基金中支付80%，这部分资金的使用具有互济互助的功能。

2. 保健储蓄账户的使用不存在社会成员的转移分配。强制储蓄型医疗保险模式要求每个人都要为自己终身的医疗保健需求建立储蓄账户，每代人都要解决自身的医疗保健需求，避免下一代人的医疗保险缴费转移给上一代使用。

3. 政府负担基本医疗保险费用的资金比较少。储蓄型医疗保险制度强调以个人责任为基础，职工的医疗费用由个人保健储蓄账户付款，强调个人的责任。政府只负担无力支付医疗费用者的医疗救助费用，减轻了政府的负担。

这种基本医疗保险管理模式的缺点有两方面：一是个人保健储蓄账户发挥的作用比较大；二是个人保健储蓄账户积累的资金面临着贬值的风险，有可能在将来不够应付个人医疗费用的支付。

（四）商业医疗保险管理模式

商业医疗保险管理模式是由商业保险公司承办、以营利为目的的医疗保险形式。

商业医疗保险的筹资不是强制性的,而是由投保人自愿选择的,并愿意交纳相应的保险费,也称为自愿保险。商业医疗保险的卖方是以营利为目的的保险公司;买方既可以是企业、民间团体,也可以是政府或个人。例如,美国是实施商业医疗保险的典型国家。美国政府举办的基本医疗保险只负担特殊人群[①],绝大多数在职职工的医疗保险由商业保险公司提供保障。营利性的商业保险公司可以依据收取保险费的不同,提供不同形式的医疗保险服务,并对费用昂贵的医疗项目单独设立险种。商业医疗保险的特征主要有以下几个方面。

1. 用人单位或者个人自愿投保商业医疗保险。用人单位或个人自愿投保商业医疗保险,共同分担由疾病、意外事故所造成的经济损失,即商业医疗保险管理模式。商业医疗保险对被保险人因医疗所发生的医疗费用按照保险合同的约定给付相应的保险金。

2. 保险人和被保险人之间的权利和义务依据保险合同确定。保险人与投保人签订保险合同,建立契约关系,双方当事人必须履行合同约定的权利和义务。投保人有按照合同约定缴纳保险费的义务,有获得医疗保险保障的权利。

3. 商业医疗保险是一种特殊的商品。商业医疗保险作为一种特殊的商品,其供求关系由市场调节,商业保险公司根据社会群体的不同需求开展业务。商业医疗保险公司以形式灵活、多样的保险产品满足社会成员对医疗保险的需求。

4. 保险公司的经营实行市场化运营。除了一些非营利性的保险组织外,大多数的商业保险公司是以营利为目的的,是按照市场机制的要求开展经营活动的,保险公司按照市场化运营有利于提高医疗保险资金的运营效率。

这种商业医疗保险管理模式的优点是,医疗保险消费者的自由选择会迫使提供商业医疗保险产品的公司在价格和服务质量上进行竞争,提供低价质优的服务,也迫使医疗服务的提供者降低医疗成本,控制医疗保险费用支出。商业医疗保险管理模式的不足主要有以下几个方面:一是低收入者由于难以支付高昂的医疗保险费用,因而无法享受医疗保险提供的服务,其公平性较差;二是医疗消费主要通过市场调节,往往出现市场失灵;三是医疗服务供需双方处于信息不对称状态,医疗服务供给方往往利用技术优势诱导患者的需求,容易造成医疗费用支出的失控;四是商业保险公司主要以营利为目的,对被保险人的身体条件要求得十分严格,体弱多病者和老年人往往被排除在外,致使一些人得不到医疗保险的保障。

[①] 美国的特殊人群主要指老人、低收入者、残疾人、印第安人和阿拉斯加州的少数民族。美国在职职工是不能享受基本医疗保险待遇的,只能通过补充医疗保险提供保障,美国大多数用人单位是通过投保商业保险对在职职工提供医疗保障的。

第二节　基本医疗保险基金的筹集和管理

基本医疗保险基金是政府为实施基本医疗保险制度而建立的专项基金,是对制度覆盖范围内的职工发生疾病时给予基本医疗保障的经济基础。及时、足额地筹集基本医疗保险基金,是基本医疗保险制度顺利运行的条件。

一、基本医疗保险基金的筹集

基本医疗保险基金的筹集不仅取决于制度的保障程度,而且还取决于参加基本医疗保险制度群体的数量和经济状况。确定基本医疗保险基金筹集的原则、对象和方式,对于及时、足额筹集基本医疗保险基金是非常必要的。

(一)基本医疗保险基金筹集的原则

1. 以支定收、收支平衡、略有结余的原则。基本医疗保险基金筹集的目的是医疗社会保险的使用,基本医疗保险的缴费应该能够满足医疗保障的需要,而不以盈利为目的。例如,目前我国基本医疗保险制度的社会统筹部分实行现收现付制,个人账户部分实行基金积累制。我国基本医疗保险基金的滚存结余大多来自个人医疗账户,医疗保险社会统筹滚存结余所占的比重较小。

2. 保障基本医疗需求的原则。医疗社会保险提供的保障是基本医疗保障,保障患者的基本医疗需求。基本医疗保险提供的保障水平不能过高,否则,就会造成医疗支付费用的过快上涨,造成基本医疗保险缴费率的上涨,给用人单位、国家和个人带来较重的经济负担。

3. 统一费率的原则。基本医疗保险基金在统筹地区内统一管理,统一调剂,统一使用,以保障制度覆盖范围内群体的医疗保险费用支出。对此,基本医疗保险基金的筹集必须统一费率,这不仅有利于平衡企业的负担,促进企业间公平竞争,而且有利于发挥基本医疗保险的互助互济功能。

(二)基本医疗保险基金的筹资渠道

基本医疗保险基金的筹集主要来自于政府、用人单位和个人。这三种筹资渠道的不同组合,会形成不同的资金筹集模式。例如,我国基本医疗保险基金的筹资渠道主要有以下几个方面。

1. 财政拨款。财政拨款主要是指政府根据医疗社会保险制度的有关规定,为政府机关、文化、教育、科研、卫生等事业单位的工作人员筹集资金。例如,我国一些机关事业单位工作人员的医疗费主要由财政预算内拨款解决,在"公费医疗经费"中列支。目前,我国城镇居民基本医疗保险、新型农村合作医疗资金的一部分来源于财政拨款。

2. 用人单位缴费。用人单位根据本单位职工工资总额的一定比例,为本单位职工缴纳医疗社会保险费。目前,我国城镇企业职工基本医疗保险的缴费主体是用人单位。

3. 个人缴费。国家机关、事业单位工作人员和企业职工(或公民)是基本医疗保险制度的受益人,个人有义务缴纳一部分医疗社会保险费。目前,我国城镇企业职工基本医疗保险、城乡居民基本医疗保险均要求个人缴(或交)纳基本医疗保险费。

4. 社会保险经办机构罚没的滞纳金。对于没有按照基本医疗保险管理机构的有关规定,按时缴纳基本医疗保险费的用人单位和个人,管理机构有权对其进行处罚,罚没的滞纳金应该纳入基本医疗保险基金管理。

5. 基本医疗保险缴费的利息收入。基本医疗保险基金除了支付即期医疗费以外,还有一小部分结余,这部分结余会形成一定的利息收入,这部分利息收入也是基本医疗保险基金的收入。《北京市基本医疗保险规定》规定,基本医疗保险基金当年筹集的部分,按银行活期存款计息;上年结转的基金本息,按 3 个月期整存整取储蓄存款利率计息;存入社会保险基金财政专户的沉淀基金,比照 3 年期零存整取储蓄存款利率计息,并不低于该档次利率水平。政府管理部门规定的这种计息方式不利于资金的管理。在医疗保险基金专户储存的情况下,随着医疗保险资金支付的增加,银行难以确定支付的资金从哪部分资金中支付,就会造成银行计息的困难。

6. 其他方面。如社会团体和个人对基本医疗保险基金的捐款等。

(三) 基本医疗保险的缴费基数和缴费比例

1. 缴费基数。缴费基数直接影响基本医疗保险基金的筹集。缴费基数大,缴纳的医疗保险费就多;反之,缴纳的医疗保险费就少。一般来说,医疗社会保险的缴费基数是职工工资,没有工作单位的居民则缴纳固定金额的保险费。由于世界各国国情不同,医疗社会保险的缴费基数和比例也是不同的。例如,我国企业职工基本医疗保险缴费的基数是按照个人、用人单位两项确定的。职工个人以本人上年度月平均工资作为缴费基数,用人单位以在职职工上年度月平均工资总额作为缴费基数。职工工资高于当地上年度月平均工资 300% 的,以当地职工上年度月平均工资 300% 为缴费基数。个体工商户、私营企业职工等非工薪收入者,可以按当地上年度社会平均工资作为缴费工资基数。用人单位以全部职工缴费工资总额作为医疗社会保险缴费的基数。无法确定职工本人上年度月平均工资的,以上年度当地职工月平均工资作为缴费工资基数。

2. 缴费比例。缴费比例也直接影响基本医疗保险基金的筹集。缴费比例高,则筹集的资金就多;反之,筹集的资金就少。一般来说,医疗社会保险的缴费由用人单位、个人承担。个人缴费比例是指社会保险行政部门或者税务部门按照职工个人工资确定缴费(或纳税)的比例。用人单位缴费比例是指社会保险行政部门或者税务部门按照用人单位职工工资总额确定缴费(或纳税)的比例。例如,我国医疗社会保险改革初期,要求个人缴纳工资总额的 2%,用人单位缴纳职工工资总额的 6%。

二、基本医疗保险个人账户的建立

基本医疗保险个人账户制度是基本医疗保险管理制度方面的独创,个人账户是个人缴纳基本医疗保险费的自我约束和储蓄积累的机制。建立职工个人账户可以促使职工年轻时为年老时积累,可以缓解职工个人患重病、大病以及缓解人口老龄化带来的医疗费用支出增加的压力。

个人账户资金可以来源于职工个人缴费,也可以来源于用人单位缴费。例如,我国职工戒备森严医疗保险个人账户的资金主要来源于两部分:一是职工个人缴纳的基本医疗保险费,缴费率为职工工资的 2%;二是用人单位缴纳的基本医疗保险费的一部分,通常用人单位缴费的 30% 左右划入职工个人账户。此外,利息收入和依法纳入个人账户的其他资金也是职工个人账户资金的来源。退休人员个人不缴费,但也要为其建立个人账户。退休人员个人账户的资金全部由用人单位缴费部分解决,且计入退休人员个人账户的金额不得低于在职职工个人账户的金额。例如,《北京市基本医疗保险规定》规定,个人账户存储额每年参照银行同期居民活期存款利息计息,个人账户的本金和利息归个人所有,只能用于基本医疗保险,但可以结转使用和继承。职工或退休人员死亡时,其个人账户存储额划入其继承人的医疗保险个人账户,继承人未参加基本医疗保险的,个人账户存储额可以一次性支付给继承人;没有继承人的,个人账户存储额纳入基本医疗保险统筹基金。参加基本医疗保险的人员,在参保的区(县)内流动时,只转移基本医疗保险关系,不转移个人账户存储额;参保人员在跨区(县)或者跨统筹地区流动时,转移基本医疗保险关系的同时,也要转移个人账户存储额。

三、基本医疗保险社会统筹基金的建立

全社会范围内统一使用的医疗保险资金形成社会统筹基金。例如,我国基本医疗保险统筹基金主要来源于用人单位缴纳的一部分基本医疗保险费。用人单位缴费划入社会统筹的比例大约为70%。此外,基本医疗保险统筹基金的来源还包括社会统筹资金的利息收入、上级补助收入、下级上缴收入、财政补贴和其他收入。

四、基本医疗保险基金的管理

基本医疗保险基金是以法定或者约定的方式,由参加基本医疗保险的用人单位和个人缴纳的医疗保险费汇集而成的货币资金,是由社会保险经办机构管理、用于偿付个人因疾病而花费医疗费用的货币资金。基本医疗保险基金的管理是指基本医疗保险基金从筹集到支付的管理,它涉及多方经济利益关系的调整和平衡。下面介绍我国基本医疗保险基金的管理中需要注意的问题。

1. 基本医疗保险基金应当分账核算。例如,我国《社会保险费征缴条例》规定,社会保险费实行"三费合征",由税务机关或社会保险经办机构对三项社会保险费集中、统一征收。我国《社会保险基金财务制度》规定,社会保险基金必须按社会保险项目分别建立账册,专款专用、自求平衡,不得相互挪用和挤占。

2. 基本医疗保险基金管理与医疗行政管理要分开。医疗保险行政管理主要是制定有关的政策、法规和工作程序,并对医疗社会保险事业进行规划、调控、监督等方面的活动。基本医疗保险业务则由社会经办机构负责,主要包括基金的筹集、管理、给付等方面的管理。社会保险经办机构作为政府授权的非营利性事业单位,受政府委托,根据政府颁布的有关法规,依法独立行使职能,负责医疗社会保险工作的正常运行。社会保险经办机构要建立健全基金的预决算制度、财务会计制度和内部审计制度,保证基本医疗保险基金筹集、管理、支付等环节有序地运行。

3. 严格执行国家有关基本医疗保险基金支出范围和标准的规定。地区、部门、单位必须严格执行国家有关基本医疗保险基金支出范围和标准的规定,任何地区、部门、单位和个人不得以任何名义擅自扩大开支的范围、增加开支的项目和提高支付的标准。

4. 社会统筹资金和个人账户基金分开管理。社会统筹资金和个人账户基金严格界定各自的支付范围和责任,根据当地基本医疗保险基金的筹资水平、当地经济状

况等,科学、合理地确定统筹基金的起付标准和最高支付限额。基本医疗保险的社会统筹基金和个人账户基金各自平衡,不得相互挤占。社会统筹基金按照"以支定收、收支平衡、略有结余"的原则,加强支付管理,既要保障职工的基本医疗需求,又要量入为出,合理地使用基本医疗保险统筹基金。个人账户的全部资金(本金和利息)归职工个人所有,可以转结和继承,不得提取现金或者挪作他用。

第三节 基本医疗保险制度的保障项目和费用分担方式

基本医疗保险制度不仅保障疾病给人带来的直接经济损失(如医疗费用),而且补偿间接损失,还为公民提供疾病预防、健康维护等方面的公共医疗卫生服务。

一般来说,疾病的风险度越高,带来的经济损失也越大,由此,人们对医疗保险的需求也越多。可见,基本医疗保险的给付与疾病风险的损失程度和发生的频率密切相关。

一、基本医疗保险制度的保障项目

符合基本医疗保险给付受益资格条件的劳动者,就可以享受基本医疗保险待遇。一般来说,劳动者享受基本医疗保险制度的保障没有合格期的限制①。基本医疗保险提供的保障由以下几个项目构成。

(一)医疗卫生服务

基本医疗保险提供的医疗卫生服务十分复杂,一般包括门诊、住院所需要的一切检查、治疗、药品、手术等服务项目,有些国家还包括就医路费。这些服务的特点是,依据病情进行诊治,直至病人治愈,医疗卫生服务主要分为以下几项。

1. 医疗诊疗服务。医疗诊疗服务一般包括住院服务、全科医师服务、专科医师服务、治疗性服务、医疗技术服务(如 X 光、化验等)、视力检查和配镜、救护车服务、护理服务、康复服务等。例如,我国基本医疗保险提供的诊疗服务是基本医疗服务,提供临床诊疗必需、安全有效、费用适宜的诊疗项目。这些诊疗服务由物价管理部门制定收费标准,一般由定点医院提供服务范围内的诊疗项目。

---

① 目前,我国一些统筹地区设置的基本医疗保险给付的资格条件有合格期限制。例如,男性职工缴费满 25 年,女性职工缴费满 20 年,其退休后才能获得城镇职工医疗保险制度的保障。笔者认为,这种限制条件的规定过于苛刻。

（1）基本医疗保险不予支付费用的诊疗服务项目。基本医疗保险不予支付费用的诊疗项目主要是一些非临床诊疗必需、效果不确定的诊疗项目以及属于特需医疗服务的诊疗项目。基本医疗保险支付部分费用的诊疗项目，主要是一些临床诊疗必需、效果确定但容易滥用或费用昂贵的诊疗项目。排除基本医疗保险不予支付费用和支付部分费用的诊疗项目，就是基本医疗保险准予支付费用的诊疗项目。

基本医疗保险不予支付费用的诊疗项目有以下五类：①特殊服务类。特殊服务类主要包括挂号费、院外会诊费、病历工本费、出诊费、检查治疗加急费、点名手术附加费、优质优价费、自请特别护士等特需医疗服务费。②非疾病治疗项目类。各种美容、健美项目以及非功能性整容、矫形手术等；各种减肥、增胖、增高项目；各种健康体检；各种预防、保健性的诊疗项目；各种医疗咨询、医疗鉴定。③诊疗设备和医用材料类。应用正电子发射断层扫描装置（PET）、电子束CT、眼科准分子激光治疗仪等大型医疗设备进行的检查、治疗项目；眼镜、义齿、义眼、义肢、助听器等康复器具；各种自用的保健、按摩、检查和治疗器械；各省物价部门规定不可单独收费的一次性医用材料，如输液器等。④治疗项目类。各类器官或组织移植的器官源或组织源；除肾脏、心脏瓣膜、角膜、皮肤、血管、骨、骨髓移植以外的其他器官或组织移植；近视眼矫形术；气功疗法、音乐疗法、保健性的营养疗法、磁疗等辅助性治疗项目。⑤其他。各种不育（孕）症、性功能障碍的诊疗项目；各种科研性、临床验证性的诊疗项目。

（2）基本医疗保险支付部分费用的诊疗服务项目。基本医疗保险支付部分费用的诊疗项目包括以下三类：①诊疗设备和医用材料类。应用X-射线计算机体层摄影装置（CT）、立体定向放射装置（X-刀、γ-刀、心脏及血管造影机）、X线机（含数字剪影设备）、核磁共振成像装置（MRI）、单光子发射电子计算机扫描装置（SPECT）、彩色多普勒仪、医疗直线加速器等大型医疗设备进行的检查、治疗项目；体外震波碎石与高压氧治疗；心脏起搏器、人工关节、人工晶体、血管支架等体内置换的人工器官、体内置放材料；各省物价部门规定的可单独收费的一次性医用材料。②治疗项目类。血液透析、腹膜透析；肾脏、心脏瓣膜、角膜、皮肤、血管、骨、骨髓移植；心脏激光打孔、抗肿瘤细胞免疫疗法和快中子治疗项目。③其他。各省劳动保障部门规定的价格昂贵的医疗仪器与设备的检查、治疗项目和医用材料。

（3）基本医疗保险给予报销的项目。基本医疗保险支付费用的诊疗项目是一些临床必需、效果确定的诊疗项目。除了不予支付医疗费用和部分支付医疗费用的诊疗技术服务项目以外，其他诊疗项目均纳入基本医疗保险支付的范围。

2. 预防保健服务。预防保健服务主要包括牙科保健，妇女产前、产中、产后保健，计划免疫，健康体检，精神卫生等。例如，牙科保健主要包括牙科检查、牙齿修复术。精神卫生主要包括心理咨询、治疗和监护等。在国外,预防保健服务属于医疗社会保险保障的范围。我国预防保健大多不属于基本医疗保险保障的范围。我国《关于城镇职工基本医疗保险诊疗项目管理的意见》规定,非疾病治疗项目基本医疗保险不予支付费用。例如,参保人员发生的心理咨询费用,基本医疗保险不予支付。

3. 医疗药品费用。医疗药品费用主要包括药品费和医生处方费,社会保险管理部门对患者发生的医疗药品费用分别从总量、种类和费用发生原因上加以控制。

(1) 药费总量控制。总量控制是指在诊疗、药品费用的总额度上加以控制。例如,我国基本医疗保险统筹基金支付起付标准以上和最高支付限额以下的部分医疗费用。起付线原则上控制在当地职工年平均工资的 10% 左右,最高支付限额原则上控制在当地职工年平均工资的 6 倍左右。起付标准以下的医疗费用,从个人账户中支付或由个人自付。起付标准以上、最高支付限额以下的医疗费用主要从统筹基金中支付,个人也要负担一定的比例。超过最高支付限额的医疗费用,可以通过商业医疗保险、补充医疗保险等途径解决。

(2) 药品种类控制。药品种类控制是指从患者消费药品的种类上加以控制,防止医疗保险费用的过度支付。例如,我国《城镇职工基本医疗保险用药范围管理暂行办法规定》,纳入《药品目录》的药品,应该是临床必需、安全有效、价格合理、使用方便、市场能够保证供应的药品,并具备下列条件之一:①《中华人民共和国药典》(现行版)收载的药品;②符合国家药品监督管理部门颁发标准的药品;③国家药品监督管理部门批准正式进口的药品。以下药品不能纳入基本医疗保险的用药范围:①主要起营养滋补作用的药品;②部分可以入药的动物及动物脏器、干果或者水果类;③用中药材和中药饮片泡制的酒制剂;④各类药品中的果味制剂、口服泡腾剂;⑤血液制品、蛋白类制品(特殊适应症与急救、抢救除外);⑥劳动和社会保障部规定基本医疗保险基金不予支付的其他药品。纳入《药品目录》中的药品,有下列情况之一的,从基本医疗保险用药范围或国家和地方的《药品目录》中删除:①药品监督管理局撤销批准文号的药品;②药品监督管理局吊销《进口药品注册证》的药品;③药品监督管理局禁止生产、销售和使用的药品;④经主管部门调查证实,在生产、销售过程中有违法行为的;⑤在评审过程中有弄虚作假行为的。

《药品目录》内的药品分为甲类目录和乙类目录两种。甲类药品目录是临床治疗必需、使用广泛、疗效肯定、同类药品中价格合理的药品,是纳入基本医疗保险给付范围,并按基本医疗保险给付标准支付费用的药物。甲类药品目录由中央政府统一制定,各地区政府不得调整。乙类药品目录是可供临床治疗选择使用,疗效肯定、使用相对广泛、价格比较合理的药品。乙类药品的价格比甲类药品的价格略高,是基本医疗保险支付部分费用的药品。乙类药品目录由国家制定，各省、自治区、直辖市可以根据当地经济发展水平、医疗需求和用药习惯，适当地进行调整，增加和减少的药品品种数量之和不得超过国家制定的乙类药品目录药品总数的15％。国家《药品目录》原则上每两年调整一次，各省、自治区、直辖市《药品目录》也要进行相应的调整。

国家《药品目录》的新药增补工作每年进行一次，各地不得自行进行新药增补。增补进入国家乙类药品目录的药品，各省、自治区、直辖市可以根据实际情况，确定是否纳入各省、自治区、直辖市乙类药品目录。参加基本医疗保险的劳动者使用《药品目录》中的药品，所发生的费用按以下原则支付。使用甲类目录药品所发生的费用，按基本医疗保险的规定支付；使用乙类目录药品所发生的费用，先由个人自付一定的比例，再按基本医疗保险的规定支付；使用中药饮片所发生的费用，除了基本医疗保险基金不予支付的药品外，均按基本医疗保险的规定支付。个人自付的具体比例，由统筹地区规定，报省、自治区、直辖市劳动保障行政部门备案。

（3）药费发生原因控制。医疗保险管理部门对消费医疗费用发生的原因进行控制，可以减少医疗保险基金的支出。例如，《北京市基本医疗保险规定》规定，基本医疗保险基金不予支付下列医疗费用：①在非定点医疗机构就诊的，但急诊除外；②在非定点零售药店购药的；③因交通事故、医疗事故或者其他责任事故造成伤害的；④因本人吸毒、打架斗殴或者因其他违法行为造成伤害的；⑤因自杀、自残、酗酒等原因进行治疗的；⑥在国外或者香港、澳门特别行政区以及台湾地区治疗的；⑦按照国家和本市医疗保险的有关规定应当由个人自付的。

4.医疗生活设施。医疗生活设施是指与医疗技术活动非直接相关的辅助性医疗设施，如就诊环境、病房条件等。例如，我国基本医疗设施以综合医院普通病房的平均床位费为标准，此标准及其以下的床位费用纳入基本医疗保险基金支付的范围，超出该床位标准的差额部分，基本医疗保险基金不予支付。专科医院的床位费标准比照综合医院平均床位费标准适当调整。超过标准的费用，职工个人自费。例如，基本医疗保险规定，住院床位费每天只能报销固定的金额，参保病人可以住在标准内的病房，也可以住在超标准的病房，超过规定标准以上的费用个人自付。

（二）疾病津贴

疾病津贴是劳动者（或公民）因患病致使劳动收入中断而暂时失去生活来源时，从政府或企业获得保障其基本生活的现金补偿，疾病津贴是基本医疗保险待遇的重要组成部分。例如，我国劳动者患病的疾病津贴是由用人单位支付的，基本医疗保险基金不支付疾病津贴。

1.疾病津贴给付水平。确定疾病津贴的给付水平，需要研究疾病发病率（或患病率),这是确定基本医疗保险费用支出的重要依据。患病率是指某一时期职工患病的人数占职工总数的比率。患病率可以用总量患病率和个体患病率两项指标表示。

$$总量患病率=\frac{某时期各种疾病的病例总数}{某时期平均职工人数}\times100\%$$

$$个体患病率=\frac{某时期某种疾病的病例总数}{某时期平均职工人数}\times100\%$$

无论总量指标还是个体指标,通常以健康检查和专门的医学检查为依据,患病率不仅是研究慢性病、职业病发生情况的常用指标,而且也是确定医疗费用支付、疾病津贴给付水平的重要指标。一般来说,患病率高,疾病津贴的给付水平就低;反之,疾病津贴的给付水平就高。

2. 疾病津贴的给付方式。疾病津贴的给付主要有两种方式:一是均等给付制,即按照统一的标准给付,而不考虑患者工资水平的高低。这种给付方式在爱尔兰等少数国家实行。二是薪资比例制,即以劳动者患病之前的工资水平为标准,按一定的比例计发。这种给付方式的特点如下:一是在劳动者患病初期,给付的比例往往很高,大多规定为工资的100%;二是随着给付时间的延长,给付比例会逐渐地降低;三是给付比例往往与工龄长短有关,与劳动贡献挂钩。例如,苏联规定,工龄不满3年的职工按工资的50%给付;工龄为3~5年的职工按工资的60%给付;工龄为5~8年的职工按工资的80%给付;工龄为8年以上的职工按工资的100%给付。

3. 疾病津贴给付的等待期和给付期。疾病津贴给付大多有等待期和给付期两方面的规定。在大多数国家,劳动者(或公民)因病失去劳动能力3天以上才能领取疾病津贴。这样规定的理由是,大多数人易患短期疾病,这种病对人的收入造成的损失不大。所以,许多国家规定了疾病津贴给付的等待期,以减少疾病津贴支付。国际劳工组织建议等待期不超过3天。疾病津贴也不能无限制地给付。国际劳工组织1952年通过的《社会保障公约》建议,每次患病的疾病津贴给付最长为26周;如果给付期满后,仍未痊愈,则由医疗救助提供相应的保障。目前,我国疾病津贴的给付期为6个月,超过6个月者由社会救助制度提供保障。我国政府规定,工人、职员因为疾病或者非因工负伤停止工作连续医疗期间在6个月以内者,应由企业行政方面或者资方按下列标准支付给病伤职工假期工资:本企业工龄不满2年者,为本人工资的60%;已满2年不满4年者,为本人工资的70%;已满4年不满6年者,为本人工资的80%;已满6年不满8年者,为本人工资的90%;已满8年及8年以上者,为本人工资的100%。工人、职员由于疾病或者非因工负伤停止工作连续医疗超过6个月者,企业行政方面或者资方停发病伤假期工资,改由救助发给疾病或非因工负伤救济费,其标准如下:本企业工龄不满1年者,为本人工资的40%;已满1年不满3年者,为本人工资的 50％；3 年及 3 年以上者，为本人工资的 60％。[①]

4. 被扶养家属的基本医疗保险。在实行基本医疗保险制度的国家，除了向劳动者提供医疗服务外，通常还向劳动者所扶养的家属（一般为直系亲属）提供优惠的医疗服务和现金补贴。劳动者患病以后，依赖其生活的配偶和未成年子女也会受到影响。为了保证他们的基本生活，除了向患者给付疾病津贴以外，还向患病者供养的直系亲属给付一定金额的现金补助。家属补助给付通常低于疾病津贴。

（三）疾病医疗期

疾病医疗期俗称病假，是基本医疗保险提供保障的一个项目，是指劳动者因患病或非因工负伤，需要停止工作、治疗休息的时限，疾病医疗期也是用人单位不得同职工解除或者终止劳动合同的时限。疾病医疗期是劳动者恢复体力、调整身体机能必需的休养期限，其疾病津贴、疾病救济费和医疗保险待遇按照有关规定执行。例如，我国的疾病医疗期是根据劳动者本人实际工作年限和在本单位工作年限确定的。劳动部于 1994 年公布的《企业职工患病或非因工负伤医疗期规定》的规定如下：(1)实际工作年限 10 年以下的，在本单位工作年限 5 年以下的为 3 个月，5 年以上的为 6 个月。(2)实际工作年限 10 年以上的，在本单位工作年限 5 年以下的为 6 个月，5 年以上 10 年以下的为 9 个月。(3)实际工作年限 10 年以上 15 年以下的为 12 个月。(4)实际工作年限 15 年以上 20 年以下的为 18 个月。(5)实际工作年限 20 年以上的为 24 个月。职工医疗期 3 个月的按 6 个月内累计病休时间计算；6 个月的按12 个月内累计病休时间计算；9 个月的按 15 个月内累计病休时间计算；12 个月的按 18 个月内累计病休时间计算；18 个月的按 24 个月内累计病休时间计算；24 个月的按 30 个月内累计病休时间计算。

职工患病超过疾病津贴给付期的，改由社会救助制度提供保障，职工的疾病医疗期通常比疾病津贴给付期长。疾病医疗期终结或病情比较稳定的情况下，需要进行劳动能力鉴定。例如，我国《企业职工患病或非因工负伤医疗期的规定》规定，职工因病或非因工负伤医疗期终结确定为残废，被鉴定为 1～4 级完全丧失劳动能力者，应当退出劳动岗位，终止劳动关系，办理退职、退休手续，享受退休、退职待遇。被鉴定为 5～10 级伤残尚能工作者，医疗期内不得解除劳动合同。退职人员获得的非因工残废救济费，其金额按下列规定执行：饮食起居需人扶助者，非因工残废救济费为本人工资的 50％；饮食起居不需人扶助者，非因工残废救济费为本人工资的 40％，直至

---

① 《中华人民共和国劳动保险条例实施细则修正草案》(1953 年 1 月 26 日公布)，载《社会保障现行法规选编》(1949—2000)，北京，中国劳动社会保障出版社，2000。

恢复劳动能力或死亡为止。

（四）死亡待遇

职工因病治疗无效死亡的，享受死亡待遇。死亡待遇包括丧葬补助费和直系亲属救济费两部分。例如，根据《中华人民共和国劳动保险条例》和《中华人民共和国劳动保险条例细则修正草案》的规定，工人、职员因病或非因工负伤死亡时，退职养老后死亡时或非因工残废完全丧失劳动力退职死亡时，从劳动保险基金项下付给丧葬补助费，其数额为 2 个月的该用人单位全部工人与职员平均工资；其供养直系亲属，付给供养直系亲属救济费，其数额为死者本人工资 6 个月到 12 个月；其供养直系亲属 1 人者，付给的救济费为 6 个月死者本人工资；2 人者，付给的救济费为 9 个月死者本人工资；3 人或 3 人以上者，付给的救济费为 12 个月死者本人工资。

二、基本医疗保险费的结算方式

基本医疗保险费用采用的结算方式，直接影响着医疗机构的医疗行为和社会保险经办机构的管理行为。基本医疗保险结算办法是指社会保险经办机构采用一定的费用支付方式、支付标准、监督管理措施向定点医院、定点药店支付费用或参加基本医疗保险的人群向定点医院、定点药店购买必需药品和医疗服务的办法。目前，世界各国结算方式存在着较大的差异，概括起来主要有以下几种：按服务项目付费、总额预算包干、按人头付费、按病种付费等。这几种结算方式大体可以分为两类：一类是医疗费用发生以后，社会保险经办机构向医疗机构付费，即后付制；另一类是医疗费用发生以前，社会保险经办机构向医疗机构付费，即预付制，下面逐一介绍这几种费用结算方式。

（一）按服务项目付费

按服务项目付费是运用最传统、最广泛的一种费用结算方式。这种结算方式主要有两种形式：一是社会保险经办机构依据定点医疗机构或医生定期上报医疗服务的记录，按每一个服务项目（如诊断、治疗、化疗、药品、麻醉、护理等）向医院支付医疗费用。福利国家的医疗保险大多采用这种付费方式，采取这种结算方式的特点是服务质量好，但是医疗费用控制和管理比较难。二是患者根据定点医疗机构或定点药店提供的服务，向医院、医生支付医疗服务费用，费用发生后向社会保险经办机构或者代办机构领取医疗费用的支付形式。目前，我国医疗保险门诊看病大多采用这种付费方式，这种付费方式的优点是实际操作方便，适用范围较广；缺点是由于医院的收入同提供医疗服务的项目密切相关，医院有提供过度服务的动力，医疗费用难以控制。社会保险经办机构为了控制医疗费用的过度支出，必然要规范医疗机构的行为，但是，监管、审查和行政管理的成本比较高。这种付费方式也是导致医疗费用过快增长的原因之一。

（二）按人头付费

按人头付费是指由社会保险经办机构根据医院接受的患者人数，定期向医院或医生（个人）支付一笔固定的费用。在此期间，医疗方负责提供合同规定的一切医疗服务，不再另行收费。按人头付费是一定时期一定人数的医疗费用包干制。医疗服务提供方服务的患者越多，其收入就越多；反之，其收入就越少。这种费用结算方式有利于鼓励医疗机构和医生以较低的医疗费用为更多的人提供服务，鼓励医疗资源流向疾病的预防服务。例如，荷兰的医疗社会保险就采取按人头付费的方式。医疗社会保险费缴纳到全国性的基金会，基金会下设若干个医疗保险经办机构。基金会按每个医疗保险经办机构登记的人数和患病风险计算人头费，支付给各个医疗保险经办机构。这种付费方式的优点是可以节省医疗费，可以抑制医疗费用的过度增长。这种付费方式的缺点是，可能会出现医疗服务供给方为节省医疗费用而减少服务或者降低服务质量的问题。

（三）总额预算付费

总额预算付费是指由社会保险经办机构与医院协商确定年度医疗费用的预算总额，作为社会保险经办机构支付给医生或医院的医疗费用。这种结算方式的特点是，医院必须为前来就诊的所有患者提供合同规定的服务，但医院的收入不能随服务量的增加而增加。如果医院提供的全部医疗服务费用超过了年度医疗费总预算，社会保险经办机构不再追加费用，亏损部分由医院自负。这种付费方式的优点是，社会保险经办机构可以很好地控制医疗费用，但是必须合理地确定医疗费年度预算，考虑的因素有医疗规模、服务质量、服务数量、设备设施等情况，以及服务地区人口的密度、患病率、人口死亡率、通货膨胀率等。总额预算付费通常一年协商调整一次。例如，德国目前就采取总额预算付费抑制医疗费用的过快增长。德国年度医疗费用金额由疾病保险基金联合会（保险人联合会）与保险医师联合会谈判，依照上一年度医疗费用总额、物价指数、被保险人数和人口年龄等因素，协商年度医疗费用总额，由保险医师联合会承担全部医疗服务责任。1998年，法国政府将公立医院的医疗费用总额确定为6 500亿法郎，这笔费用通过层层签订合同、层层承包的方式分派给每个医院和医生，并由"国家医疗服务质量监察中心"监督医疗服务质量。对于医疗费用开支在预算范围内的单位，给予奖励；超过约定浮动范围的医院，倒扣费用。

（四）按单元付费

按单元付费是指按照预先确定的住院日费用标准支付住院病人医疗费用的结算方式，按预定的每一费用标准支付门诊病人的费用。医院通常会将医疗卫生服务过程按照某一参数划分为相同的部分，每一部分称为服务单元。例如，一个门诊病人、一个住院床位或者一个住院日等，社会保险经办机构或者个人按照服务单元规定的费用标准向医疗服务方支付费用。这种付费方式的特点是对同一医院所有病人的每日住院或每次门诊费用支付是相同的，每个病人每日或每次接受治疗的实际情况同医疗费用无关。

$$总费用＝平均服务单元费用×服务单元量$$
$$门诊总费用＝平均门诊费用×门诊次数$$
$$病人住院一次总费用＝平均住院日费用标准×住院天数$$

这种结算方式能够鼓励医院或医生降低每个住院日或者每次门诊的成本，但是，不利于缩短平均住院日和减少门诊次数。

（五）按病种付费

按病种付费是根据国际疾病分类法，将住院病人的疾病分为若干组，每组又根据疾病的轻重及有无合并症、并发症分为若干等级，对每一组的不同级别分别制定价格，按这种价格对该组某级疾病治疗的全过程进行一次性支付。简单地说，就是按住院病人的病种进行定额付费。例如，美国 DRG 系统（疾病诊断相关分组）按照标准化的诊疗体系将所有疾病分成 486 种。当医院确诊患者所患疾病是 486 种中哪一种疾病后，社会保险经办机构或者保险公司按照这个治疗费标准付费。这种付费方式的特点是，社会保险经办机构支付每位住院病人的费用只与诊断的病情有关，而与服务的质量和每一个病人的实际治疗费用无关。这种结算方式的优点是，将竞争机制引入定点医院的管理，这可以激励医院为获得利润而主动降低成本，缩短平均住院日，有利于控制医疗费用的过快上涨。这种付费方式的缺点是当诊断的界限不明时，容易诱使医生将患者病情的诊断升级，以获得较多的服务费用；容易诱导病人住院手术。这种结算方式现已得到许多国家的关注。

三、基本医疗保险费用结算方式比较

以上五种基本医疗保险费用结算方式的效应，可以通过费用控制、服务质量和管理几个方面的比较得到说明（见表 7-1）。

表 7-1　基本医疗保险费用结算方式的效应比较

结 算 方 式	费 用 控 制	服 务 质 量	管　　理
按服务项目付费	很差	很好	非常难管理
按人头付费	非常好	较好	非常容易管理
总额预算付费	非常好	较好	容易管理
定额付费	较好	差	很容易管理
按病种付费	好	较好	难管理

通过上述五种费用结算方式的对比可知,我国目前实行的按服务项目付费的结算方式,并不是很有效率的结算方式。中国基本医疗保险费结算方式的改革是基本医疗保险制度改革的一项重要内容。基本医疗保险费结算方式的改革不仅影响我国基本医疗保险的健康发展,而且还影响着补充医疗保险、商业医疗保险的稳健发展。

四、基本医疗保险费用的分担方式

基本医疗保险费用分担方式是指参加基本医疗保险的个人,按一定的额度或比例分担医疗保险费用的制度安排。实行基本医疗保险费用分担制度是为了防止个人接受过度的医疗服务,并控制医疗费用的过快上涨。目前,世界各国大多采用了基本医疗保险费用分担的制度,只是分担的方式有所不同。

(一)定额自付

定额自付是指参加基本医疗保险的个人每得到一次门诊或住院服务,都自付一定金额或比例的医疗费用,这种分担方式适用于按人头付费和定额付费结算医疗费用的国家。例如,日本基本医疗保险管理机构按规定的额度支付给医院或医生的费用中,其中一部分是个人按定额自付的。又如,我国居民到医院看病支付的挂号费(普通号、专家号),就属于定额自付。这种定额自付的优点是比较容易管理,缺点是诱导医生增加治疗次数。

(二)扣除保险

扣除保险是指参加基本医疗保险的个人在就医时,先支付固定额度的医疗费用,超过固定额度以外的医疗费用全部或部分由社会保险经办机构承担。扣除保险自付医疗费用的额度又称为起付线。例如,我国基本医疗保险就采用了扣除保险的分担方式。《国务院关于建立城镇职工医疗保险制度的决定》规定,社会统筹基金的起付标准确定为当地职工上年度年平均工资的 10% 左右。实行这种扣除的方式可以减少大量的小额支付费用处理和管理的成本,有利于节约基本医疗保险费用的支出,预防个人过度使用医疗服务的浪费行为。

（三）比例自付

比例自付是指参加基本医疗保险的个人按照政府有关管理部门规定的比例自付医疗费用的分担方式。这就是说，社会保险经办机构在向医疗机构结算医疗费用的同时，基本医疗保险参保人也要自付一定比例的医疗费用。例如，法国基本医疗保险规定，个人需要负担的比率平均为 1/3 左右。此外，我国基本医疗保险社会统筹部分也要求个人自付基本医疗费用的 10％～30％；享受特殊检查、特殊治疗和特殊用药等服务的参保人提高自付的比例。这种分担方式的优点是能够促使参保人寻求价格较低的医疗服务，提高参保人节约医疗费用的意识。

（四）限额保险

限额保险是指医疗保险行政管理部门根据国家政策设立最高支付限额，超过这一限额的医疗费用由病人自己负担。这个最高支付限额也称基本医疗保险支付的"封顶线"。例如，国务院于 2009 年 3 月 18 日公布的《医疗卫生体制改革近期重点实施方案(2009—2011 年)》规定，将城镇职工医保、城镇居民医保最高支付限额分别提高到当地职工年平均工资和居民可支配收入的 6 倍左右，新型农村合作医疗最高支付限额提高到当地农民人均纯收入的 6 倍以上。这种分担方式的优点是体现了基本医疗保险保障基本医疗的原则，但是限额保险需要补充医疗保险或医疗救助等制度安排来保障重大疾病患者的医疗费支付，限额医疗保险更迫切地需要社会保障制度的衔接和完善。如果补充医疗保险或者医疗救助不能够有效地衔接，就会造成患者承担过重的医疗费用问题。

第四节　补充医疗保险制度

基本医疗保险、补充医疗保险和商业医疗保险是医疗保障体系的三个支柱。尽管基本医疗保险与补充医疗保险在发挥作用、保障水平、运营机制和经营目标等方面有所不同，但是其设立的目的都是分摊风险、保障患者的身体健康。

一、补充医疗保险的概念和特点

补充医疗保险是指职工以工会或者用人单位为依托自愿或者被强制参加基本医疗保险以外的医疗保险。补充医疗保险是根据权利和义务统一的原则，依据特殊人群的需要而设立的,是对基本医疗保险的补充保险。补充医疗保险主要有以下几方面的特点。

(一)补充医疗保险是基本医疗保险的补充

补充医疗保险产生、发展的重要原因是基本医疗保险提供的保障不能满足个人的医疗需求,也就是说,在基本医疗保险还留有一部分市场份额未提供保障时,才会有补充医疗保险存在和发展的可能,才需要补充医疗保险来弥补基本医疗保险提供保障的不足。

(二)补充医疗保险属于较高层次的保障

从制度设计上看,基本医疗保险提供基本的医疗保障,提供基本的医疗、检查和药品,保障的水平比较低。补充医疗保险提供的是较高层次的医疗保障,保障的水平比较高,保障基本医疗保险不提供保障部分的医疗费用(见图 7-2)。例如,《北京市企业补充医疗保险暂行办法》规定,补充医疗保险费支付职工和退休人员在定点医疗机构和零售药店发生的下列费用:(1)个人账户不足时的医疗费用;(2)基本医疗保险统筹基金支付之余应由个人支付的医疗费用;(3)大额医疗费用互助资金支付之余应由个人支付的医疗费用。补充医疗保险资金由用人单位管理。

图 7-2　各类医疗保险保障的范围和水平示意图

(三)补充医疗保险的经营具有营利性

基本医疗保险的管理单位是政府的行政或事业单位,如人力资源和社会保障部、社会保险经办机构,其经营管理基本医疗保险的目的是实现社会效益;补充医疗保险的经营则不同,其经营的主体是社会保险经办机构、用人单位或保险公司。例如,保险公司经营补充医疗保险的目的是获取利润,是实现经济效益。

(四)补充医疗保险的经营具有竞争性

基本医疗保险的经营目标是实现社会效益,社会保险经办机构的管理具有非竞争性;而补充医疗保险的经营目标是实现经济效益,各经营机构的经营具有竞争性。

二、补充医疗保险的经办方式

补充医疗保险的经营机构是追求经济利益的保险公司、工会、互助保险公司、私营医疗保险公司等,但是,在我国补充医疗保险的发展实践中,存在社会保险机构也经营补充医疗保险的情况。当前,我国补充医疗保险的经营机构主要有以下四种。

(一) 社会保险经办机构经办补充医疗保险

国家公务员的补充医疗保险是由社会保险经办机构经办的。《国务院关于建立城镇职工基本医疗保险制度的决定》提出:"国家公务员在参加基本医疗保险的基础上,享受医疗补助政策。"2000 年 4 月 29 日,劳动和社会保障部、财政部出台的《关于实行国家公务员医疗补助的意见》对国家公务员医疗补助政策的原则、范围、经费来源、经费的使用、经办机构等问题作出了相应的规定。政府建立公务员医疗补助的目的是解决基本医疗保险不予支付的大额医疗费用和个人账户用完后个人自付部分的医疗费用。补充医疗保险的经费将全部由国家财政拨付。

1. 医疗补助的原则。补助水平要与当地经济发展水平和财政负担能力相适应,保证国家公务员原有医疗待遇水平不降低,并随着经济发展有所提高。

2. 医疗补助的范围。医疗补助的范围有:符合《国家公务员暂行条例》和《国家公务员制度实施方案》规定的国家行政机关工作人员和退休人员;经中共中央组织部、自治区、直辖市党委批准列入参照国家公务员制度管理的党群机关、人大、政协机关,各民主党派和工商联机关以及列入参照国家公务员管理的其他单位机关工作人员和退休人员;审判机关、检察机关的工作人员和退休人员。

3. 医疗补助的经费来源。按照现行财政管理体制,医疗补助费由同级财政列入当年财政预算,具体筹资标准应根据原公费医疗支出、基本医疗保险的筹资水平和财政承受能力等情况合理确定。医疗补助经费要专款专用、单独建账、单独管理,与基本医疗保险基金分开核算。

4. 医疗补助经费的使用。医疗补助经费主要用于基本医疗保险统筹基金最高支付限额以上,符合基本医疗保险用药、诊疗范围和医疗服务标准的医疗费用补助;在基本医疗保险支付范围内,个人自付超过一定数额的医疗费用补助;中央和省级人民政府规定享受医疗照顾的人员,在就诊、住院时按规定补助医疗费用。补助经费的具体使用办法和补助标准,由各地按照收支平衡的原则做出规定。

5. 省级以上(含省级)机关公务员医疗补助的管理层次由各省、自治区、直辖市人民政府确定。省级以下(含省级)机关公务员医疗补助和离休人员、老红军的医疗保障以及医疗照顾人员的医疗补助等具体实施办法,由劳动保障部和财政部门根据国家有关规定会同有关部门制定,报省级人民政府批准后执行,具体管理工作由劳动保障部门负责。

6. 社会保险经办机构负责医疗补助的经办工作,要严格执行有关规章制度并建立健全各项内部管理制度和审计制度。劳动保障部门要加强对社会保险经办机构的考核与监督管理;财政部门要制定医疗补助经费的财务和会计管理制度,并加强财政专户管理,监督检查补助经费的分配和使用;审计部门要加强医疗补助经费的审计。

(二) 社会保险经办机构经办补充医疗保险

目前,我国一些地区的医疗社会保险经办机构经办着企业补充医疗保险业务。例如,2001 年 2 月,北京市政府以政府令的形式颁布的《北京市基本医疗保险规定》规定,大额互助保险为补充医疗保险,用人单位缴纳基本工资总额的 1%,个人无论在职还是退休每月缴费 3 元,该保险费用主要支付大额门诊费用。北京地区补充医疗保险实行社会统筹管理,用人单位缴费 4% 以内的部分列入产品成本,并将补充医疗保险纳入社会保险经办机构管理。在大额互助保险上,我国医疗保险市场上存在着社会保险经办机构和商业保险公司在不同政策、不同运营机制下经营大额互助保险的问题,容易引发市场的混乱和不公平竞争。

(三) 社会保险经办机构委托商业保险公司经办补充医疗保险

目前,我国一些地区的商业保险公司经办补充医疗保险。例如,1997 年 10 月,厦门市社会保险经办机构——职工医疗保险管理中心,为本市职工集体向商业保险公司投保,在全国率先推出了由商业保险公司经办企业补充医疗保险计划,被保险人为基本医疗保险参保人员。[①] 每年 7 月 1 日,职工医疗保险管理中心从每位参保人员的个人医疗账户中提取 18 元,从社会统筹医疗保险基金中提取 6 元,缴纳到承保职工补充医疗保险的保险公司——中国太平洋保险公司厦门分公司,保险公司对被保险人发生的保险责任范围内的医疗费用予以赔偿。

(四) 工会经办职工互助保险

中华全国总工会所属的"中国职工保险互助会",是以职工互助的形式经营保险业务的组织。职工互助补充保险是由工会组织经办,职工自愿参加,资金以职工个人筹集为主,行政资助为辅,职工互助保险是职工内部互济互助性质的一种保险。职工互助保险是在基本医疗保险之外,开展与职工生、老、病、死、伤、残、意外灾害、伤害等

---

① 参保人员包括厦门市参加基本医疗保险的人员和外来从业人员参加住院医疗保险连续满 5 年以上的人员。

特殊困难有关的保险活动,工会经办补充医疗保险是一种特殊的管理方式。同商业保险公司不同,中国职工保险互助会不是一个金融机构,不以营利为目的。职工互助保险的优势是,依靠各级工会组织的力量办理业务,可以最大限度地降低成本;互助会不以营利为目的,在经济上能够最大限度地保障会员的利益。所有企事业、机关单位的工会会员均可以以团体形式加入职工保险互助会,参加保险互助计划。职工互助保险的资金主要来源于工会会员的个人缴费,各级行政部门给予适当的补助。在承保方式上,通常要求以单位团体的形式参加保险,有的地方保险互助会要求参加者的数量占单位职工总数的80%。职工医疗互助保险是职工互助医疗保险的一个部分,是国家基本医疗保险之外,在职工发生疾病、非因工负伤等特殊困难时,主要依靠职工的力量,给予职工经济帮助的保险。这种经办方式的缺点是,资金运营缺乏透明度,缺乏有效的监督机制,容易造成财务管理的混乱。

三、补充医疗保险保障的范围

补充医疗保险作为医疗保障体系的重要组成部分,在医疗保障体系中发挥着重要作用。补充医疗保险保障的范围是基本医疗保险未覆盖或者无法提供保障的领域,补充医疗保险是对基本医疗保险的补充和衔接。例如,我国补充医疗保险正以自己特有的方式为消费者提供全方位的医疗保障服务,力争实现基本医疗保险与商业医疗保险的有效衔接。补充医疗保险保障的范围主要有以下几个方面。

(一)基本医疗保险"起付线"以下部分的保障

2002年8月,太平洋寿险公司推出了国内第一种分红型的健康险——太平盛世康健一生重大疾病保险,客户不仅可以享受高保障,而且还能够分享保险公司的经营成果,客户获得的红利可以用于基本医疗保险"起付线"以下部分医疗费用的报销。

(二)基本医疗保险"封顶线"以上部分的保障

1997年,中国太平洋保险公司厦门分公司率先在全国推出了职工补充医疗保险计划,承保厦门市企业职工基本医疗保险封顶线以上的大额医疗费用支出,满足了职工较高层次的医疗保障需求。职工发生的超过社会统筹基金支付最高限额45 000元以上的医疗费用,由保险公司赔付90%,个人自付医疗费用的10%。商业保险公司为被保险人每人每年度赔付的补充医疗保险费用的最高限额为15万元。例如,需要肾移植手术、移植后需要长期服用抗排异药物的;癌症手术后,需要做放疗、化疗治疗人员等的大额医疗费用保险公司予以赔付。保险公司推出的这种不计参保人员年龄、身体状况而设计的补充医疗保险,突破了商业医疗保险亚健康和非健康体不予承保的做法,突破了商业医疗保险对退休人员不予承保的做法,满足了医疗社会保险制度覆盖内职工较高层次的医疗保险需求,是商业医疗保险与社会医疗保险在业务上相互补充、相互衔接的突破。又如,女职工安康互助保险是中华全国总工会推出的一项重大疾病保险计划,其保障的对象是 18 周岁至 60 周岁的中国职工保险互助会会员中,尚未发现乳腺癌、卵巢癌、宫体癌、宫颈癌的女职工;投保办法采取团体会员制,由职工所在单位工会统一办理;保险期限为 3 年;保险费每人为 36 元(一份),保险金额为 10 000 元。被保险人可以投保一份或多份,但是最高保险金额为 30 000 元;保险责任是被保险人自团体会员申请单生效之日起 150 天后,经市、区级以上医院确诊,患有上述四种癌症中的任何一种或多种疾病的职工,可以向中国职工保险互助会申请全额给付保险金。

(三)基本医疗保险个人自付部分的保障

基本医疗保险住院费用中,个人自付费用的部分,商业医疗保险也给予保障,可以报销 90%。例如,按照杭州市基本医疗保险的规定,在职职工住院费用达到 2 000 元,个人需要支付 200 元。但是,如果每年花 74 元购买一份"世纪泰康社会保险统筹补充团体医疗保险",可以报销自付部分中的 180 元。基本医疗保险中,门诊医疗费用通常由个人账户支付。个人账户不足支付的部分,可以由补充医疗保险提供保障。

(四)基本医疗保险未提供保障的社会群体

基本医疗保险未提供保障的社会群体也是补充医疗保险提供保障的范围。2001年 11 月,太平洋寿险公司在江苏省江阴市进行了农村医疗保险试点,由政府、农村集体组织和个人按一定比例出资,保险公司采取定点医院、信息网络、医疗专员相配套的综合管理模式。该试点实行一年多来,参保人数超过 70 万人,参保率达到该市农村人口的 85%,保费收入 2 100 万元,保险公司首年实现了保本微利的经营目标。2002 年 9 月,中国太平洋人寿保险股份有限公司在国内保险市场上首次推出《太平洋城镇职工门(急)诊补充团体医疗保险条款》和《太平洋城镇职工住院补充团体保险条款》,主要承保三资企业、乡镇企业、私营企业、个体劳动者等医疗社会保险未覆盖的社会群体。

(五)基本医疗保险不提供保障的部分

疾病引起的营养费、交通费、误工费和护理费等是基本医疗保险不提供保障的部分,但这部分损失费用的支出可以通过投保综合保险计划获得保障。例如,住院补贴、因疾病引起的营养费、交通费和误工费等方面的额外支出,泰康保险公司推出的一些险种也给予保障。

第五节　中国医疗保险制度的建立和改革

中国医疗保险制度改革的目标是消除传统基本医疗保险制度的弊端,建立有效的医疗保险制度体系,使劳动者享受优质的医疗服务。

一、中国传统医疗保险发展的概况

(一)中国传统职工医疗保险制度的建立和保障

中国传统职工医疗社会保险制度是 20 世纪 50 年代初建立起来的,实行公费医疗(机关事业单位人员)和劳保医疗(企业职工)两种制度,这种医疗社会保险制度对保护职工的健康起了积极的作用。但是,随着经济体制的转变,传统基本医疗保险制度的弊端也日益暴露出来。

1. 劳保医疗制度的建立和发展。1951 年 2 月 26 日,政务院发布的《中华人民共和国劳动保险条例》和 1953 年颁布的《中华人民共和国劳动保险条例实施细则修正草案》的规定,享受劳保医疗的对象主要是国营企业的职工及其供养的直系亲属,县以上城镇集体所有制职工可以参照执行。由于国家、企业包揽得过多,出现了药品浪费等情况。1966 年,劳动部和全国总工会颁发了《关于改进企业职工劳保医疗制度几个问题的通知》,对劳保医疗保障的范围有所调整,调整的指导思想是适当增加职工个人的责任,防止"泡病号""小病大养"等问题,抑制医疗费用的过度支出。规定挂号费、出诊费、营养滋补品费由职工个人负担。劳保医疗的经费来源,1953 年以前全部由企业行政部门负担,1953 年改为根据行业性质分别按工资总额的 5%～7%提取;1969 年按工资总额的 11%提取职工福利基金,主要用于医疗卫生费和福利费开支。

2. 公费医疗制度的建立和发展。1952 年 6 月 27 日,政务院发布的《关于全国各级人民政府、党派、团体及所属事业单位的国家工作人员实行公费医疗预防的指示》规定,公费医疗实施的范围是,全国各级人民政府、党派、工青妇等团体、各种工作队以及文化、教育、卫生、经济建设等事业单位的国家工作人员和革命残废军人,标志着我国公费医疗制度开始建立。1952 年 8 月 30 日,卫生部发布的《国家工作人员公费医疗预防实施办法》对公费医疗的保障范围、经费来源、经费使用和管理做出了具体规定。国家机关及其全额预算管理单位公费医疗的经费来源于各级财政拨款,各级财政按规定的年人均定额支付。公费医疗经费实行统筹支付,使用时可以根据情况重点支付。

1966 年以来,公费医疗费用连年增长,加重了政府的经济负担。为了控制公费医疗经费的使用,在原有制度的基础上,采取了一些限制措施。1980 年,政府将公费医疗经费从卫生事业费中划去,单列一项。公费医疗经费采取专款专用、单位统一使用的原则,不准将公费医疗经费平分、直接发给个人,也不得由个人自行购药等。享受公费医疗的职员,必须在指定的医疗机构就诊、住院。1984 年 4 月 28 日,卫生部、财政部发布的《进一步加强公费医疗管理的通知》规定,公费医疗保险制度的改革势在必行,从此,我国公费医疗保险改革的尝试也开始了。传统劳保医疗和公费医疗制度保障的项目和标准是相同的,主要包括以下几个方面。

（1）职工患病（含非因工负伤）到本单位医疗机构或者指定的医疗机构就医时,除挂号费、营养滋补药品费、住院伙食费外,检查费、手术费、住院费、非自费药费均由单位负责。

（2）实行公费医疗的国家机关、事业单位工作人员经批准到外地就医的路费,可以向单位申请报销。

（3）实行劳保医疗的企业职工供养的直系亲属到本单位医疗机构或者指定的医疗机构看病时,手术费、非自费药实行半费,挂号费、检查费、化验费等均由个人负担。

（4）劳动模范等有特殊贡献的职工在病伤医疗时,其就医的路费和住院伙食费有所照顾。

（5）职工离休、退休、退职后,享有与在职职工同样的劳保医疗或公费医疗待遇。

3. 农村合作医疗制度的建立和发展。我国农村合作医疗起源于 20 世纪 40 年代陕甘宁边区的医疗合作。当时,农民用"凑份子"的办法解决看病困难的问题。20 世纪 50 年代,农村合作化运动中,农民采取社员、群众缴"保健费"和生产合作社公益补助相结合的办法,组建了农业社保健站。社员每人每年缴几角钱,看病只交药费,不交挂号费、出诊费、换药费等,从而建立了合作医疗制度。人民公社化后,合作医疗发展很快。各地的做法是,在生产大队建立合作医疗保健站,保健站的医生是从农村选拔的,并经过卫生部门培训为赤脚医生。医生的劳动费用、报酬由集体经济组织支付,治疗费用由农民和集体经济组织共同负担。1978 年,第五届全国人民代表大会第一次会议通过的《中华人民共和国宪法》把"合作医疗"列入进去。1979 年,卫生部、农业部、财政部等部委发布的《农村合作医疗章程（试行草案）》对合作医疗制度的发展进行规范。1980 年,全国农村约有 80％的行政村（生产大队）实行了合作医疗制度。合作医疗、保健站和"赤脚医生"成为解决广大农村缺医少药问题的三大法宝。合作医疗对农村爱国卫生运动、计划生育、儿童免疫、传染病和地方病的控制发挥了积极作用。我国农村合作医疗的实施,被世界卫生组织誉为发展中国家解决医疗卫生问题的唯一范例,并向发展中国家大力推荐。20 世纪 80 年代以来,随着家庭联产承包责任制的兴起,农村集体经济组织的作用削弱,农村合作医疗受到严重的打击。截止到 1989 年底,参加农村合作医疗的行政村占全国行政村的 4.8%,这一时期实施的合作医疗制度被称为第一次农村合作医疗制度。

(二)传统医疗保险制度发展的成就

实行几十年的传统医疗社会保险制度取得了巨大的成就,是旧中国医疗制度无法比拟的,其主要表现在以下几个方面。

1. 国民健康素质普遍提高。传统医疗保险制度提供了全民预防保健服务和全民疾病医疗保障,使国民的身体素质得到了普遍、显著性的提高。被称为"东亚病夫"的中国人,已经成为健康、黄皮肤的中国人。一些国际机构评价我国的医疗保险制度为发展中国家医疗卫生工作的典范。

2. 人口死亡率大幅度降低。自中华人民共和国成立以来,除了 1960 年外,中国人口死亡率已经由 1949 年的 20‰下降为 1995 年的 6.57‰,下降了 13.43‰。人口死亡率的大幅度降低,是中国实行普遍的医疗保险制度的结果。

3. 人口平均寿命①延长。平均寿命是反映人群死亡和健康水平的综合性指标。我国医疗保险制度的普遍实施,使整个社会人口平均寿命大幅度地提高。中国人口的平均寿命已经从新中国成立前的 34 岁,提高到 1957 年的 57 岁,1981 年的 67.9岁,1996 年的 70.8 岁,2005 年的 71.4 岁。

4. 地方病、传染病得到有效控制。天花已经被消灭,鼠疫、霍乱、麻疹、麻风病、伤寒、流行性乙型脑炎等烈性传染病已经基本得到控制,结核病的预防也有了长足进步。血吸虫病等地方病也得到了有效控制。地方病、传染病的有效控制,提高了我国公民的健康水平。

5. 医疗卫生事业迅猛发展。随着中国医疗保险制度的建立,不仅在城镇建立了以大型、中型综合医院和专科医院为骨干的政府系统医疗网和企业、事业单位所属卫生院,而且在农村、乡镇建立了乡级医院或卫生院,更在广大乡村建立了医疗卫生网点。

(三)传统医疗保险制度存在的问题

随着经济体制改革的不断深入,传统医疗保险制度存在的问题越来越突出,传统医疗保险制度存在的问题主要表现在以下几个方面。

---

① 平均寿命是指同时出生的一代人到全部死亡为止,每个人可能存活的平均年龄。

1. 医疗费用的增长速度过快。传统医疗社会保险制度规定,职工就医费用由国家财政和企事业单位负责,个人基本不缴费,职工缺乏节约医疗费用的意识,医疗费用增长的速度比较快。1978 年全国公费劳保医疗费用总支出为 87.69 亿元,占 GDP 的 2.4%;1992 年达到了 660.16 亿元,占 GDP 的 2.5%。据有关部门统计,1980—1989 年,全国公费医疗费用支出的年平均增长率为 21.3%,远远超过了 GDP 的增长速度。

2. 医疗经费不足。劳保医疗的医疗经费按行业规定的比例从工资中提取,1988 年规定为工资总额的 5.5%,而实际支出却达到了工资总额的 8%。医疗费用支出的过快增加,严重影响了用人单位的经济效益,多渠道地筹集医疗保险经费势在必行。

3. 医疗保险制度的社会化管理程度低。医疗保险制度改革以前,我国公费医疗劳保医疗制度覆盖约 10% 的人口,却用去了 43.5% 的医疗卫生资源。特别是劳保医疗基本上由企业自我保障,企业间由于年龄、岗位、工作环境、效益不同,负担的医疗社会保险费存在着较大的差异。许多危重病患者、离退休人员的医疗费用却无法得到保障,影响了职工或退休人员的生活。

4. 缺乏强有力的医疗保险管理机构统一管理。破产企业职工、离退休人员的基本医疗得不到保障,又缺乏强有力的执行机构,致使一些企业有钱吃喝,就是没钱报销职工或者退休人员的医疗费。在这种情况下,建立强有力的医疗社会保险制度,实行医疗保险资金的社会统筹和社会化发放势在必行。

二、中国医疗保险制度改革的探索

20 世纪 80 年代,我国一些地方开始探索实施退休人员医疗保险费用社会统筹和职工大病医疗统筹,大部分地区已经实行了医疗费用和个人利益挂钩的管理办法,部分地区还试行了医疗保险费用定额管理的制度。我国劳保医疗制度的改革大致可以分为以下三个阶段。

(一)中国医疗保险制度的初步改革(1988—1993 年)

1988 年,我国政府提出了医疗社会保险制度改革的方向是逐步建立医疗保险费用由政府、单位、个人三方合理负担的职工医疗保险制度。1989 年 3 月,国务院发布的《国家体改委 1989 年经济体制改革要点》决定,在丹东、四平、黄石、株洲四个城市进行医疗保险制度改革的试点。这一阶段医疗保险制度的试点改革主要从以下几个方面进行。

1. 实行职工负担部分医疗费用的制度。各地的做法大多是,门诊费采用定额包干的办法或者门诊、住院时个人自付一定比例医疗费的制度,个人自负比例为医疗费的 10%～20%,1989 年这一办法在全国范围内逐步推广。到 1993 年末,全国公费医疗的单位和 80%以上实行劳保医疗的单位,实行了医疗费用由用人单位负担和个人自负相结合的管理办法。

2. 改革公费医疗管理制度。1989 年 8 月 9 日,卫生部、财政部颁发了《公费医疗管理办法》,对公费医疗享受的范围、经费开支、医疗管理、机构职责、监督检查、考核办法等方面作出了明确的规定。多数省市采取了将公费医疗费用包给医院的管理办法。

3. 部分省市开展了退休人员医疗费用的社会统筹。1989 年以后,实行退休人员医疗费用社会统筹的市县逐年增加,此时的医疗保险存在的问题有:社会统筹覆盖面比较窄,医疗保险基金的收缴率比较低,互济互助和共同抵御风险的能力还不强。

4. 试行职工大病医疗费用的社会统筹。大病统筹最早从丹东、四平、黄石、株洲等城市开始实行,以后逐步在部分地区推广。职工大病医疗费用的社会统筹解决了患者巨额医疗费用的经济补偿问题。

(二)中国基本医疗保险制度改革的探索阶段(1993—1998 年)

从 1993 年起,我国医疗保险探索建立社会统筹和个人账户相结合的管理制度。1993 年 11 月 14 日,党的十四届三中全会通过的《关于建立社会主义市场经济体制若干问题的决定》确定了医疗保险制度改革的方向。《决定》规定,城镇职工养老和医疗保险缴费由单位和个人共同负担,实行社会统筹和个人账户相结合的制度。1994 年,国家体改委、财政部、劳动部、卫生部联合发布了《关于职工医疗制度改革的试点意见》,经国务院批准,在江苏省镇江市、江西省九江市进行医疗保险制度改革的试点。1996 年 5 月,国务院办公厅转发的《关于职工医疗保障制度改革扩大试点的意见》将试点扩大到 40 个城市。与此同时,深圳、海南、青岛、塘沽等地也按照统账结合的原则,探索出三种不同的医疗社会保险模式。

1. 三段通道模式(或两江模式)。改革的目标是建立社会统筹与个人账户相结合的医疗保险制度。职工医疗保险费用由用人单位和职工个人共同缴纳。单位缴费一般不超过职工工资总额的 10%,所缴费用的 50%计入职工个人账户,50%计入社会统筹基金。职工个人缴费从工资的 1%起步,缴费全部计入职工个人医疗账户。镇江、九江模式又称为"三段通道式",医疗费用分三段付费:(1)账户段,即职工就医先由个人账户支付医疗费;(2)自付段,即职工个人医疗账户资金不足支付医疗费用时,由职工现金支付,全年最高自付额为本人工资的 5%;(3)共付段,全年医疗费超过个人账户结余基金加上个人工资 5%的部分,由社会统筹基金与本人共同支付。医疗费用越高,个人自付的比例越低。

两江模式暴露出的问题有:(1)社会统筹超支,透支个人账户基金,影响医疗社会保险资金的收支平衡。(2)三段通道模式管理复杂,容易产生"一账多用"的问题。如许多人共用一个账户,用完个人账户和个人工资的5%以后,就可以享受社会统筹基金,从而节省其他人个人账户上积累的资金。

2. 板块模式。在建立医疗保险统筹基金和个人账户基金的基础上,个人账户资金与社会统筹资金独立运营。个人账户资金主要用于支付门诊医疗费用,个人账户资金用完以后,在门诊就医时的医疗费用由个人自付。社会统筹资金主要用于支付住院医疗费用,并规定若干不需要住院的慢性病种可以从社会统筹基金中支付一定比例的费用。

这种管理模式的优点是,个人账户与社会统筹基金分开管理,独立运营,各负其责,杜绝了一账多用的问题,对个人医疗消费的制约作用比较强。这种管理模式的缺点是,容易出现小病大养、门诊挤住院的问题。

3. 三金模式。三金模式主要是指建立个人账户基金、企业调剂基金和社会统筹基金。(1)个人账户基金。职工就医时,先使用个人账户基金,用于支付基本的医疗费支出;个人账户资金不够用时,再按上年度个人平均工资的5%支付医药费用,职工的个人账户由企业管理。(2)企业调剂基金。职工个人账户资金不够用时,由企业调剂基金和个人按比例分担。企业调剂基金为职工上年度个人平均工资的5%。(3)社会统筹基金。职工的医疗费用开支达到社会统筹"起付线"以上的部分,由社会统筹基金和职工按比例分担。社会统筹基金主要用于保障患重病或慢性病职工的基本医疗费用。

这种模式的优点有:用人单位参与管理,有利于调动用人单位参与管理的积极性;这种模式的缺点有:增加了用人单位的管理成本,加重了用人单位的事务性负担;同时,由于医疗保险基金实行分散化管理,互济互助的功能较弱。

(三)中国医疗社会保险制度改革的全面推进阶段(1998 年底至今)

1998 年底,国务院在总结统账结合经验的基础上,颁发了《关于建立城镇职工基本医疗保险制度的决定》(以下简称《决定》),中国医疗社会保险制度改革进入了在全国范围内全面推进的发展阶段。2000 年 4 月 29 日,劳动和社会保障部、财政部联合发布的《关于实行国家公务员医疗补助的意见》对国家公务员医疗补助的原则、范围、经费来源、经费的使用、经办机构等问题作出了规定。2001 年 9 月 29 日,劳动和社会保障部、中共中央金融工作委员会和中共中央企业工作委员会联合下发的《关于中央直属企事业单位按属地管理原则参加统筹地区基本医疗保险有关问题的通知》规定,中央直属企事业单位原则上应在 2001 年底前全部参加基本医疗保险,将原来享受公费医疗的职工,纳入到基本医疗保险的范围,实现了基本医疗保险制度的统一。2002年 8 月 12 日,劳动和社会保障部发布的《关于加强城镇职工基本医疗保险个人账户管理的通知》,规范了城镇职工基本医疗保险个人账户的管理,严格控制资金的支出和使用方向。2002 年 4 月 5 日,劳动和社会保障部颁布《职工非因工伤残或因病丧失劳动能力程度鉴定标准》,规范了职工非因工伤残或因病丧失劳动能力的鉴定工作,从而使非因工伤残或因病提前退休、退职和医疗期审批等行政管理有了明确的依据。2003 年,劳动和社会保障部于 2003 年 4 月 7 日发布的《关于进一步做好扩大城镇职工基本医疗保险覆盖范围工作的通知》和于 2003 年 5 月 26 日发布的《关于城镇灵活就业人员参加基本医疗保险的指导意见》,扩大了基本医疗保险制度的覆盖范围。2004 年 5 月 28 日,劳动和社会保障部颁布的《关于推进混合所有制企业和非公有制经济组织从业人员参加医疗保险的意见》,将非公有制经济组织的从业人员纳入到了医疗保险的覆盖中来。2005 年 7 月 30 日,国务院发展研究中心发表的一份研究报告指出:"目前中国的医疗卫生改革基本上是不成功的。"这份报告的发表,犹如一石激起千重浪,引起了社会各界的广泛关注,也引起了政府管理层的高度重视。2007 年 7月 10 日,国务院颁布《关于开展城镇居民基本医疗保险试点的指导意见》,标志着我国医疗卫生保障制度向全民医疗保障的奋斗目标迈出了重要的一步。为了实现建立覆盖城乡全体居民医疗保障体系的目标,国务院决定,从 2007 年起在全国范围内开展城镇居民基本医疗保险试点,2008 年扩大试点,2009 年试点城市达到 80% 以上,2010 年在全国全面推广,逐步覆盖城镇全体非从业人员。2009 年 3 月 18 日,国务院颁布的《医疗卫生体制改革近期重点实施方案(2009—2011 年)》指出,加快推进医疗卫生保障制度的建设,促进基本公共卫生服务逐步均等化。2010 年 1 月 28 日,人力资源和社会保障部发布的《关于实行基本医疗保险定点医疗机构分级管理的意见》规定,凡人力资源社会保障部负责管理的基本医疗保险,都应逐步实行对定点医疗机构的分级管理制度。工作目标是,建立基本医疗保险对医疗服务的监督评价体系,形成对定点医疗机构有效的激励约束机制,促进医疗服务质量的提高,控制医疗费用不合理增长,保证参保人员得到合理的医疗服务。定点医疗机构分级管理是对定点医疗机构按不同类别和级别分别确定评价内容和指标,并纳入履行医疗服务协议的考核,依据考核情况,将定点医疗机构分为 4 个等级(AAA 级、AA 级、A 级、无级别),并实施相应的管理措施。2010 年 10 月 28 日,第十一届全国人民代表大会常务委员会第十七次会议通过的《社会保险法》规定:基本医疗的覆盖范围既包括城镇所有用人单位及其职工,也包括无雇工的个体工商户、未在用人单位参加职工医疗保险的非全日制从业人员以及其他灵活就业人员。2012年12月4日,人力资源和社会保障部、财政部、卫生部联合发布的《关于开展基本医疗保险付费总额控制的意见》指出,结合基金收支预算管理加强总额控制,并以此为基础,结合门诊统筹的开展探索按人头付费,结合住院、门诊大病的保障探索按病种付费。2016年12月19日,人力资源和社会保障部发布的《关于进一步加强基本医疗保险异地就医监管的通知》规定,完善和落实异地就医管理制度及经办流程;大力推进异地就医直接结算,进一步加强医疗机构协议管理,加快健全异地协作协查机制,加大各方联动打击医保违法违规行为的力度。下面以《决定》为例,说明我国现行基本医疗保险制度的规定。

1.改革的主要任务。医疗社会保险改革的主要任务是,适应市场经济的要求,根据财政、用人单位和个人的承受能力,建立保障职工基本医疗需求的医疗社会保险制度。

2.改革的基本思路和措施。确定的改革基本思路是低水平、广覆盖、双方负担、统账结合。具体来说,主要包括以下几个方面。

(1)低水平。医疗社会保险只能满足参保人的基本医疗需求,其范围通常由政府有关管理部门明确规定可以报销的基本用药、基本检查、基本医疗处理、基本医疗服务等项目,其价格由政府管理部门确定。目前,我国一些地方已经积累了丰富的经验,基本上形成了一些基本用药、基本检查和基本治疗的目录等,作为基本医疗保险的给付范围。随着医疗社会保险保障群体疾病状况的变化以及医疗手段的改进,这些医疗社会保险目录需要不断地改进、完善。

(2)广覆盖。广覆盖是指基本医疗保险制度应该覆盖城镇所有用人单位。不论是行政单位、事业单位,不论是国有企业、集体企业,还是私人企业、合资企业或独资企业,应该将这些用人单位的职工都纳入到医疗社会保险制度中来,基本医疗保险实行属地管理。

(3)双方负担。双方负担是指改变过去基本医疗保险费全部由国家和用人单位包揽的状况,实行基本医疗保险费用由用人单位和个人共同负担的原则。用人单位的缴费率应该控制在职工工资总额的6%左右,职工的缴费率一般为本人工资的2%。用人单位缴费一般按大约30%的比例划入个人账户,剩余部分划入社会统筹。个人账户资金可以转结和继承,但是不得提取现金或者挪作他用。职工本人上年度月平均工资低于上年度本市职工月平均工资60%的,以上年度本市职工月平均工资的60%为缴费工资的基数,缴纳基本医疗保险费;职工本人上年度月平均工资高于上年度本市职工月平均工资300%以上的部分,不作为缴费工资基数;无法确定职工本人上年度月平均工资的,以上年度本市职工月平均工资为缴费工资基数,缴纳基本医疗保险费。随着经济的发展,用人单位和职工缴费率可作相应的调整。

(4)统账结合。统账结合是指分别建立医疗保险社会统筹和个人账户基金,不得相互挤占。社会统筹基金主要用来支付住院医疗费用,个人账户资金主要用来支付门诊医疗费用。例如,《北京市基本医疗保险规定》规定,个人账户资金用来支付下列医疗费用:①门诊、急诊的医疗费用;②到定点零售药店购药的费用;③基本医疗保险统筹基金以下的医疗费用;④超过基本医疗保险统筹基金起付标准、按照比例应由个人负担的费用。个人账户资金不足支付部分由本人自付。基本医疗保险统筹基金支付下列医疗费用:①住院治疗的医疗费用;②急诊抢救留观并收入医院治疗的,其住院前留观 7 日内的医疗费用;③恶性肿瘤放射治疗、化学治疗、肾透析、肾移植后服抗异药物的门诊医疗费用。[①] 这不仅有利于医疗卫生资源的优化配置,杜绝各种浪费现象的发生;而且有利于减轻用人单位的负担。

3. 健全基本医疗保险基金的管理。基本医疗保险基金的管理关系到整个基本医疗保险制度的正常运转和职工的切身利益,对此,必须做好以下几方面的工作。

(1)基本医疗保险基金纳入财政专户管理,专款专用,不得挤占挪用。

(2)基本医疗保险社会统筹基金要做到以支定收,收支平衡。

(3)社会保险经办机构的事业经费不能从医疗保险基金中提取,由各地财政预算解决。

(4)建立健全社会保险经办机构预决算制度、财务会计制度和审计制度。

(5)统筹地区要设立由政府有关部门代表、用人单位代表、医疗机构代表、工会代表和有关专家参加的基本医疗保险基金监督组织,加强社会监督。

4. 加快医疗、医药体制改革,强化医疗服务管理。医疗和医药管理体制的改革与医疗社会保险制度改革密切相关。加强医疗服务的管理,也是有效控制医疗费用开支的重要环节。根据《决定》,需要做好以下几方面的工作。

(1)加强对提供基本医疗服务的医疗机构和药店实行定点管理,规范医疗行为,防止小病大治,诱导患者进行过度的医疗消费;防止小病不治,延误患者病情。

(2)建立医疗服务和药品流通的竞争机制,促进医疗机构之间开展公平竞争,降低医疗成本,提高医疗服务的质量。

(3)实行医药分开、分别管理的制度,从制度上防止医生利用处方权,开高价药。

(4)大力发展社区卫生服务,降低医疗服务的成本。

---

① 目前,我国基本医疗保险以市级统筹为主,因此以北京的基本医疗保险制度为例,说明基本医疗保险社会统筹基金和个人账户的用途。

三、中国城乡居民基本医疗保险制度的建立和发展

（一）中国农村合作医疗制度的改革与探索

1. 中国农村合作医疗制度的改革（1991—2002 年）。20 世纪 90 年代，中国为恢复和重建合作医疗保险，进行了艰难的改革和探索。1991 年 1 月 17 日，国务院批转的卫生部、农业部、人事部、国家教委、国家计委《关于改革和加强农村医疗卫生工作的请示》指出，要稳步推进合作医疗保健制度，为实现人人享有医疗保障提供社会保障。1993 年，中共中央发布的《关于建立社会主义市场经济体制若干问题的决定》提出，要发展和完善农村合作医疗制度。1994 年，农村合作医疗制度开始试点并推广实施。1997 年，《中共中央、国务院关于卫生改革与发展的决定》指出，农村卫生工作对农村工作具有关键性的作用，并提出要积极、稳妥地发展和完善合作医疗制度，这是农村合作医疗制度的改革阶段，被称为第二次农村合作医疗制度。中国农村合作医疗制度的改革措施主要有以下几个方面。

（1）改革目标是建立人人享有健康的制度，政府希望有尽可能多的人参加农村合作医疗保险制度。

（2）农村合作医疗以自愿参加为原则，保险费的筹集以个人缴费为主。

（3）政府不提供资金上的支持。尽管政府积极推进农村合作医疗保险的发展，但是，这次医疗保险制度改革的措施未能得到很好地实施。1998 年，国家第二次卫生服务调查结果显示，全国农村居民中得到某种程度医疗保障的人口只有 12.56%，其中农村合作医疗保障的比重仅为 6.5%，农村合作医疗改革未能得到很好地推行。

2. 中国新型农村合作医疗制度重构的探索（2002 年至今）。2002 年 10 月 29 日，中共中央和国务院发布的《关于进一步加强农村卫生工作的决定》指出，到 2010 年，使农民人人都能够享受初级卫生保健；今后 8 年的时间内，在全国农村基本建立起适应社会主义经济体制要求和农村经济社会发展水平的农村卫生服务体制和农村合作医疗制度。2003 年 1 月 23 日，国务院办公厅转发了卫生部、财政部和农业部发布的《关于建立新型农村合作医疗制度的意见》要求，从 2003 年起，各省、自治区、直辖市至少要选择两到三个县（市）先行试点，取得经验后逐步推广；到 2010 年，实现在全国建立基本覆盖农村居民的新型合作医疗制度的目标，减轻农民因疾病带来的经济负担。2006 年 1 月 10 日，卫生部、国家发展改革委员会、民政部、财政部、农业部、国家食品药品监督管理局、国家中医药管理局联合发布的《关于加快推进新型农村合作医疗试点工作的通知》提出，到 2008 年，在全国农村基本建立新型合作医疗制度的目

标。2009年3月17日，中共中央、国务院颁布的《关于深化医药卫生体制改革的意见》规定，到2011年，基本医疗保障制度全面覆盖城乡居民；到2020年，覆盖城乡居民的基本医疗卫生制度基本建立。新型农村合作医疗制度是指由政府组织、引导、制定，农民自愿参加，个人、集体和政府多方筹资，以大病统筹为主的农民医疗互助共济制度。新型农村合作医疗制度具有以下几个方面的特点。

1. 实行个人缴费、集体扶持和政府资助相结合的筹资机制。从2003年起，农民每人每年的缴费标准不应低于10元，地方财政对参加新型合作医疗的农民补助每人每年不应低于人均10元。2009年3月18日，国务院发布的《医疗卫生体制改革近期重点实施方案（2009—2011年）》规定，2010年，各级财政对新型农村合作医疗的补助标准提高到每人每年120元，并适当提高个人缴费标准，具体缴费标准由省级人民政府制定。

2. 实行大病统筹的医疗保险制度。新型农村合作医疗保险主要保障参保人员由于患病而发生的大额医疗费用或住院费用，切实解决了农民面临的患病风险。

3. 实行县（市）级统筹。新型合作医疗制度通常采取以县（市）为单位的统筹级别。这一统筹制度，改变了传统农村合作医疗"村办村管""村办乡管""乡村联办"等较低层次的统筹管理体制。县（市）级统筹对规范管理制度、扩大统筹范围、提高抵御风险的能力具有重要的指导意义。

4. 新型合作医疗制度的再分配功能大大增强。新型合作医疗制度在实行县（市）级统筹的基础上，允许一些不具备县级统筹条件的地区先进行乡一级统筹，逐步向县级统筹过渡，这有利于提高医疗保险资金的使用效率，使新型合作医疗制度的再分配功能大大增强。

（二）中国城镇居民基本医疗保险制度的建立

2006年10月11日，第十六届中央委员会第六次全体会议通过的《中共中央关于构建社会主义和谐社会若干重大问题的决定》提出，建立以大病统筹为主的城镇居民医疗保险。2007年7月10日，国务院颁布的《国务院关于开展城镇居民基本医疗保险试点的指导意见》指出，为实现基本建立覆盖城乡全体居民的医疗保险体系的目标，国务院决定，从今年起开展城镇居民基本医疗保险试点。截至2010年底，参加城镇居民基本医疗保险的人数为19 528万人。

1. 城镇居民基本医疗保险试点的目标和原则。

（1）试点目标。2007年在有条件的省份选择2个至3个城市启动试点，2008年扩大试点，争取2009年试点城市达到80%以上，2010年在全国全面推开，逐步覆盖全体非从业居民，逐步建立以大病统筹为主的城镇居民基本医疗保险制度。

(2) 试点原则。实行城镇居民基本医疗保险的原则主要有以下几个方面：①合理确定筹资水平和保障标准。试点工作要坚持低水平起步，根据经济发展水平和各方面承受能力，合理确定筹资水平和保障标准，重点保障城镇非从业居民的大病医疗需求，逐步提高医疗保障水平。②坚持自愿原则。充分尊重群众意愿，坚持自愿参加城镇居民基本医疗保险的原则。③明确责任的原则。明确中央和地方政府的责任，中央确定基本原则和主要政策，地方制订具体办法，对参保居民实行属地管理。④坚持统筹协调原则。城镇居民基本医疗保险应当坚持统筹协调的原则，做好各类医疗保障制度之间基本政策、标准和管理措施的衔接。

2. 城镇居民基本医疗保险的参保范围和筹资水平。

(1) 参保范围。尚未纳入城镇职工基本医疗保险制度覆盖范围的中小学阶段的学生（包括职业高中、中专、技校学生）、少年儿童和其他非从业城镇居民都可以自愿参加城镇居民基本医疗保险。

(2) 筹资水平。试点城市应当根据当地的经济发展水平以及成年人和未成年人等不同人群的基本医疗消费需求，并考虑当地居民家庭和财政的负担能力，合理地确定筹资水平，探索建立筹资水平、缴费年限和待遇水平相联系的机制。

(3) 缴费和补助。城镇居民基本医疗保险以家庭缴费为主，政府给予适当补助。参保居民按规定缴纳基本医疗保险费，享受相应的医疗保险待遇，有条件的用人单位可以对职工家属参保缴费给予补助。国家对个人缴费和单位补助资金制定税收鼓励政策。财政补助的具体方案由财政部门会同劳动保障、民政等部门研究确定，补助经费要纳入各级政府的财政预算。

(4) 费用支付。城镇居民基本医疗保险基金主要用于参保居民的住院和门诊大病医疗支出，有条件的地区可以逐步试行门诊医疗费用统筹。城镇居民基本医疗保险基金的使用要坚持以支定收、收支平衡、略有结余的原则。要合理地制定城镇居民基本医疗保险基金起付标准、支付比例和最高支付限额，完善支付办法，合理地控制医疗费用。探索适合城镇非困难从业居民经济承受能力的医疗服务和费用支付办法，减轻他们的医疗费用负担。城镇居民基本医疗保险基金用于支付规定范围内的医疗费用，其他费用可以通过补充医疗保险、商业健康保险、医疗救助和社会慈善捐助等方式解决。

3. 城镇居民基本医疗保险的管理和服务。

(1) 组织管理。要探索建立、健全由政府机构、参保居民、社会团体、医疗服务机构等方面代表参加的医疗保险社会监督组织，加强对城镇居民基本医疗保险管理、服务、运行的监督。建立医疗保险专业技术标准组织和专家咨询组织，完善医疗保险服务管理专业技术标准和业务规范。

（2）基金管理。要将城镇居民基本医疗保险基金纳入社会保障基金财政专户统一管理，单独列账。试点城市要按照社会保险基金管理等方面的有关规定，严格执行财务制度，加强对基本医疗保险基金的管理和监督。探索建立健全基金的风险防范和调剂机制，确保基金安全。

（3）服务管理。对城镇居民基本医疗保险的服务管理，原则上参照城镇职工基本医疗保险的有关规定执行，具体办法由试点城市劳动保障部门会同发展改革委员会、财政、卫生等部门制定。社会保险经办机构要简化审批手续，方便居民参保和报销医疗费用；明确医疗费用结算办法，按照相关规定与医疗机构及时结算。

（4）充分发挥城市社区服务组织等部门的作用。大力发展社区卫生服务，将符合条件的社区卫生服务机构纳入医疗保险定点范围；对参保居民到社会卫生服务机构就医发生的医疗费用，要适当提高医疗保险基金的支付比例，以方便参保居民就医。

（三）城镇居民基本医疗保险与新型农村合作医疗制度的整合

2016年1月3日，国务院发布的《关于整合城乡居民基本医疗保险制度的意见》指出，整合城镇居民基本医疗保险和新型农村合作医疗两项制度，建立统一的城乡居民基本医疗保险制度。城乡居民基本医疗保险制度覆盖除职工基本医疗保险应参保人员以外的其他所有城乡居民。农民工和灵活就业人员可以依法参加职工基本医疗保险，如有困难，可按照当地规定参加城乡居民基本医疗保险。这是推进医药卫生体制改革、实现城乡居民公平享有基本医疗保险权益，促进社会公平正义，增进人民福祉的重大举措。

四、中国医疗保险制度改革的问题

（一）城镇职工基本医疗保险制度改革的问题

城镇职工基本医疗保险制度的改革和探索对于增强职工的自我保护意识，完善职工基本医疗保险的社会化管理具有积极的意义，同时有力地遏制了医疗保险费用的过快增长。但是，应该看到，我国基本医疗保险管理体制依然存在许多问题，不仅旧制度的弊端依然存在，而且由于改革措施不力，还衍生出许多新问题，主要有以下几个方面。

1. 基本医疗保险制度改革缺乏相关管理机构的配合。中国基本医疗保险制度改革由于缺乏药品流通管理部门、医疗机构管理部门的积极配合，导致医疗保险制度改革疲于应付药品、医疗费用的不断上涨,医疗保险资金实现收支平衡的压力比较大。在医疗机构追求利润最大化目标的驱使下,参保人员承受着高昂的医药费负担(见表7-2)。

表7-2 1999—2013年我国医疗卫生费用及其构成

年份\项目	1999	2000	2001	2002	2003	2004	2005	2006
卫生总费用(亿元)	4 178.6	4 586.6	5 025.9	5 790.0	6 584.1	7 590.3	8 659.9	9 843.3
财政预算卫生支出	640.9	709.5	800.6	908.5	1 116.9	1 293.6	1 552.5	1 778.9
社会保险卫生支出	1 064.6	1 171.9	1 211.4	1 539.4	1 788.5	2 225.4	2 586.4	3 210.8
居民个人卫生支出	2 473.1	2 705.2	3 013.9	3 342.1	3 678.7	4 071.4	4 521.0	4 853.6
卫生总费用构成(%)	100.0	100.0	100.0	100.0	100.0	100.0	100.0	100.0
财政预算卫生支出	15.8	15.5	15.9	15.7	17.0	17.0	17.9	18.1
社会保险卫生支出	28.3	25.5	24.1	26.6	27.2	29.3	29.9	32.6
居民个人卫生支出	55.9	59.0	60.0	57.7	55.8	53.6	52.2	49.3

年份\项目	2007	2008	2009	2010	2011	2012	2013	平均费用构成(%)
卫生总费用(亿元)	11 574.0	14 535.4	17 541.9	19 980.4	24 345.9	28 119.0	31 669.0	
财政预算卫生支出	2 581.6	3 593.9	4 816.3	5 732.5	7 464.1	8 432.0	9 545.8	
社会保险卫生支出	3 893.7	5 065.6	6 154.5	7 196.6	8 416.5	10 030.7	11 393.6	
居民个人卫生支出	5 098.7	5 875.9	6 571.2	7 051.3	8 465.3	9 656.3	10 729.4	
卫生总费用构成(%)	100.0	100.0	100.0	100.0	100.0	100.0	100.0	100.0
财政预算卫生支出	22.3	24.7	27.4	28.7	30.6	30.0	30.1	21.8
社会保险卫生支出	33.6	34.9	35.1	36.0	34.6	35.7	36.0	31.3
居民个人卫生支出	44.1	40.4	37.5	35.3	34.8	34.3	33.9	46.9

资料来源 《中国统计年鉴(2014)》,北京,中国统计出版社,2014。

从表7-2可以看出,1999—2013年,我国卫生总费用支出中,个人负担卫生费用的比重一直很高,占卫生总费用支出的大部分。相反,政府预算支出、社会保险支出占卫生总费用支出的比重却不高,二者之和不足卫生总费用支出的50%。

2. 医疗保险给付无法满足基本医疗保障的需求。我国医疗保险制度提供的保障,不仅不能满足劳动者的基本医疗需求,不能满足城镇居民的基本医疗需求,更不能满足农村居民的基本医疗保障需求。例如,大多数参保人员的门诊费用都由个人承担,住院治疗的起付线比较高,封顶线比较低,导致参保人员承担过高的医疗费用,许多参保人员因病致贫。

3. 基本医疗保险制度设计比较复杂,管理难度大,管理成本高。我国基本医疗保险对于起付线和封顶线的制度设计,导致参保人员跨统筹地区、跨省看病的难度比较大。同时,医疗保险管理机构监控病人跨统筹地区就医、治病的管理成本也比较高。

4. 医疗保险对参保人员受益条件的要求越来越苛刻。我国一些地区在制定城镇职工基本医疗保险制度时规定,劳动者必须履行较长的医疗保险缴费年限(男缴费满25年,女缴费满20年),其退休后才能获得城镇职工基本医疗保险制度的保障;如果达不到这一规定,其退休时只能一次性结清个人账户积累的资金,不能获得基本医疗保险制度的保障。一些地方政府设置的缴费年限合格期显然过长,条件过于苛刻,有悖于医疗保险制度改革"低水平、广覆盖"的目标,这对于未达到基本医疗保险受益条件的个人是不公平的。

(二)中国新型农村合作医疗制度发展存在的问题

自2003年新型农村合作医疗制度改革试点以来,首批启动的试点县(市、区)有304个,截至2005年6月底,全国已有641个县(市、区)开展了实行新型农村合作医疗的试点工作,1.63亿农民参加了新型农村合作医疗保险;截至2010年底,新型农村合作医疗制度基本覆盖了农村居民,新型农村合作医疗制度取得了积极的成果。但是也存在着一些问题,主要表现在以下几个方面。

1. 新型农村合作医疗制度的保障水平比较低。新型农村合作医疗制度主要补偿大额医疗费用支出或住院费用支出,但是,由于新型农村合作医疗制度的保障水平比较低,不仅不能满足农民的基本医疗需求,而且不能满足农民大病治疗的需求;由于新型农村合作医疗的补偿率比较低,造成新型农村合作医疗基金的累计结余比较多。

2. 新型农村合作医疗制度的资金筹集比较困难。由于各地区的经济发展不平衡,一些地方政府在解决新型农村合作医疗的资金问题上,缺乏长远的规划,致使新型农村合作医疗的资金筹集比较困难,新型农村合作医疗的可持续发展面临的问题比较多。

3. 农民参加新型农村合作医疗制度的比率比较低。虽然发展新型农村合作医疗的目的是分散农民的医疗风险,增强农民的抗风险能力,但是由于农民的收入比较低,医疗保障水平比较低,农民的参保积极性比较低,农民参加新型农村合作医疗保险的比率比较低。

4. 新型农村合作医疗保险的管理很不规范,运营费用比较高。目前,我国新型农村合作医疗制度的发展方兴未艾,但是新型农村合作医疗制度的管理却很不规范,制度的运营成本比较高,加上我国医疗卫生管理体制改革滞后,新制度发展面临的困难比较多。

（三）中国城镇居民基本医疗保险存在的问题

目前,我国城镇居民基本医疗保险存在的问题主要有以下几个方面。

1. 城镇居民界定模糊。由于对城镇居民的界定模糊,造成边缘群体容易被遗漏,影响了基本医疗保险覆盖范围的扩大。

2. 城镇居民基本医疗保险与城镇职工基本医疗保险、新型农村合作医疗保险之间缺乏有效的转移、接续办法。城镇居民基本医疗保险难以适应劳动力城乡之间频繁流动的要求,容易造成参保人医疗保障权益的流失。

3. 城镇居民基本医疗保险抗风险能力比较弱。城镇居民基本医疗保险的覆盖对象存在老、幼、病、残者较多,低收入者和无收入者多,而参保人数却相对较少等问题,制度的抗风险能力弱。

4. 社区卫生服务功能弱化。城乡居民难以获得集疾病预防、医疗、保健、康复教育等综合性医疗卫生服务,只能到二、三级医院就诊,造成城镇居民基本医疗保险资金不合理流动。

5. 逆选择的风险比较高。由于城镇居民基本医疗保险是自愿参加的,容易发生参保人没病不参保、有病才参保的逆选择行为,不利于城镇居民基本医疗保险的健康发展。

五、中国医疗保险制度改革的展望

今后中国医疗社会保险管理体制改革的方向,大致有以下几个方面。

（一）改革以药养医的管理体制

以药养医的管理制度允许医院从售药收入中获得 15% 的药品批发和零售的差价,以补充政府对医院投资的不足。这就促使一些医疗机构追求业务收入,大量经销贵重药、进口药、高档营养滋补品,甚至经销非医药商品。不少医药单位为了增加销售收入,采取给进药人员提取手续费、发奖金、实物和回扣等手段,刺激采购人员购进非治疗性商品。为了追求利润,一些医疗机构采取给医生下达定额的方式,要求医生完成一定金额的卖药、检查费收入或者介绍一定数量的患者住院,这不仅损害了患者的利益,而且也影响了医疗保险制度的长期、健康发展。实行医药分开的管理方式,是中国医疗保险制度改革的发展方向。

（二）改革医疗卫生体制,实现医政分离的管理制度

改革我国医疗卫生管理体制,划分为营利性医疗机构和非营利性医疗机构。政

府有关管理部门应逐步开放医疗卫生市场,鼓励社会力量办医院,扩大基本医疗保险定点医院、定点药店的范围,打破行业垄断,形成公平、有序的市场竞争环境。只有健全医疗卫生市场的竞争机制,医疗社会保险的协议管理才能不断地降低成本,才能遏制医疗费用的过快上涨。

(三)医疗服务机构日趋多元化

随着经济的发展和政府财政转移支付的增强,我国的医疗卫生服务体系将发生以下几个方面的变化:①中外合资、合作医疗机构的比重将会上升,医疗卫生市场的竞争会很激烈。②医疗技术的更新将会加快,管理服务将逐步与国际市场接轨。③医疗卫生机构之间的竞争将会加剧,患者就医的成本将会大幅度地降低。④医疗服务质量将会提高,广大消费者将会享受到高质量的医疗服务。⑤医疗行业的竞争日趋规范,独家垄断的局面将会被打破,市场竞争主体将在国家法律、法规的监管下规范地竞争。⑥监管的难度将会加大。目前,我国医疗卫生市场以行政管理为主的监管体系将不再适应多元化医疗服务体系的需要,将代之以行政监管和市场监管相结合的管理方式。⑦医疗费用的使用结构显著变化。患者用药费用在医疗保险费用支出中的比重将下降,医疗服务的费用支出在医疗保险费用中的比重将会上升。

(四)加大对医疗卫生的财政投入

未来几年,政府会进一步增加对医疗卫生的财政投入,这些医疗卫生资金会向公共卫生、农村卫生和社区卫生倾斜,会向社会贫困阶层、低收入阶层倾斜,会向医疗救助制度倾斜。据国家有关管理部门介绍,2003—2007年全国财政卫生投入的增幅平均每年大多在20%以上,是国家所有重点支出项目中增幅最高的项目之一。加大对医疗卫生的财政投入,可以让公民分享到经济发展的成果,是切实解决民生问题的重要举措。

(五)构建全民医疗保障制度

目前,建立覆盖全民的医疗保障制度已经在我国一些地方开始试点。2007年7月,国务院发布的《国务院关于开展城镇居民基本医疗保险试点的指导意见》强调,目前没有医疗保障制度安排的是城镇非从业居民,为实现基本建立覆盖城乡全体居民医疗保障体系的目标,国务院决定,从2007年起开始实施城镇居民基本医疗保险的试点。在各地试点的基础上,通过出台法律法规的形式,逐步建立以覆盖城乡全体居民为目标,以保大病、保基本为重点的基本医疗保障制度。在此基础上,逐步形成以医疗救助和商业医疗保险为补充的多层次的医疗保障体系。

案例分析

案例 1：医院是否应该受到处罚？

2016 年 11 月，某报纸披露，某医院制定的《目标管理考核办法》规定，每个医生每日必须完成 1 万元的药品、检查费收入，要介绍 15 位病人住院。完成以上工作量才能拿到该月的奖金，否则就要扣工资。某医院的做法是否妥当？

医疗社会保险的原则是保障劳动者或公民在患病时，给予医疗保障，帮助患者恢复健康，而不是享受医疗社会保险的给付，医疗社会保险的给付水平不宜过高。某医院的上述规定，无疑会促使医生开大处方，多做不必要的检查，诱导患者小病大养，这容易引发医疗费的过快膨胀。这是典型的为了医院的利益，违反医疗社会保险制度的有关规定，损害国家、群众利益的行为。

从我国现行的医疗卫生管理体制看，医院属于国家财政拨款的事业单位。由于医院提供公共服务的资金与财政拨款之间的资金缺口比较大，为此，国家实行以药养医、医药合一的制度，允许医院按药品经销利润的 15%～20% 进行提成。用药利益和医院利益的一致性，促使一些医院在制度上要求医生为患者提供过度的医疗消费服务，滥用药、滥检查的现象时有发生。

目前，我国企事业单位医疗社会保险实行定点医院和定点药店的管理制度，这种管理制度造成了一些医院的就医者人满为患，门庭若市；另一些医院则冷冷清清，无人问津。对于一些就医者比较少的医院来说，只好定制度、下达指标，从制度上要求医生做出一些有违职业道德的事情。可见，定点医院管理实际上是将医疗卫生资源人为地条块分割，造成了医疗资源配置效率的低下。

案例 2：如何规范定点医院的管理？

某市劳动和社会保障局在检查某卫生院服务质量的过程中发现，某卫生院先后办理了 4 起参保人员挂病床、假住院的情况。

这是医疗机构违背国家医疗社会保险法规的典型案例。职工"挂床"住院的情况有许多种，需要根据具体情况加以分析。

1. 小病住院。根据我国医疗社会保险制度的规定，个人账户用于支付门诊费用，社会统筹基金用于支付住院费用。这种制度设计，会促使职工小病大养，小病住院。其目的是节省下个人账户里的钱，直接使用社会统筹基金，这是在钻制度设计上漏洞的空子。同时，医院为了创收，将不符合住院条件的参保人员收治入院，有损医院的信誉，应该降低医院的信誉等级。

2. 有病住院。参保人员病重住院，无可非议。但是，一些参保人员病好了，可以出院了，医生却以各种医学理由阻止患者出院。延长患者住院的时间，可以增加医院的利润；而医院利润的增加，又会给医生带来一定的收益，这是定点医院制度设计造成的。对于这一情况的发生，应该按照有关合同的约定对医院进行相应的处罚。

3. 没病住院。这是参保人员和医院合谋，侵害医疗社会保险基金的恶劣行为。对于欺骗的参保人员要给予处罚，对于欺骗的医院也要进行严惩。社会保险经办机构可以单方解除已经生效的合同，取消其定点医院的资格。

案例3：医保卡为何变成购物卡？

某市劳动和社会保障局在检查医药公司服务质量的过程中发现，某药店医保专柜出售给参保人员的药品中，有日常生活用品海飞丝洗发液、佳洁士牙膏和日用品"全无敌"。这家医保定点药店，严重违反了省市医保政策，违背了医疗保险管理中心与药店签订的相关协议，依法作出了罚款处罚的决定。

职工医疗保险个人账户的资金只能用于医疗费用的开支，必须专款专用，不能挪作他用。参保人员、定点药店的做法显然违背了医疗社会保险基金专款专用的原则。

一些地方在医疗保险制度设计上规定，个人账户用于小额、零用医疗费用，起付线以上的花费由医疗社会保险统筹基金支付。参保人员用医疗社会保险个人账户上的钱购买日常消费用品，是为了尽快用完个人账户的资金，进入医疗社会保险统筹基金。

尽管存在上述问题，定点药店销售生活日用品超出了其业务经营的范围，给参保人员违规制造了可乘之机。对此，工商管理部门应该处罚定点药店超越经营范围的销售行为；社会保险经办机构可以解除与定点药店的合同，并按有关违约的规定进行处罚；同时，降低药店的信用评级。

案例4：怎样规范我国药品的包装和名称？

2002年，阿根廷国会通过一项法律，规定医生在给病人开处方时，必须写明药品的通用名称，不能只写药品的商业名称。该项法规同时规定，在药品包装和说明书上，除了标示药品的商业名称外，还必须以同样大小的字体和同样显著的位置标明药品的通用名。在病人的要求下，医院、药店有义务提供含有同样药物成分、价格比较低廉的其他替代药品。

阿根廷政府的做法值得借鉴。目前，我国医药市场上药品的名称千奇百怪、花里胡哨。一些厂商不断变换药品名称的原因，是为了获得超额垄断利润。人们通常对自己熟悉药品的价格、用途、性能、规格、等级比较了解，这时药品供给方和需求方处于信息对称的状态。某一药品生产厂商，提高这一药品的价格，是不可能的，因为消费者可以选择其他厂商的药品购买。这也就决定了药品供给方无法通过信息的不对称获得额外的经济收益。如果厂商给人们熟知的药品换上一个好听的新名字或者洋文名字,且不标示药品的通用名称,药品的供需双方就会处于信息不对称的状态。消费者会错误地认为,这是用新技术生产出的新产品,这时药品的价格可能会远远地高于其生产成本。可见,不断追逐高额、垄断利润是药品名称不断翻新的内在动因。

药品名称的层出不穷,令医生和消费者大伤脑筋。我国有些药品的名称仅一字之差,其药理、药性存在很大的区别。医生稍不留神,就会开错药;患者稍微有点儿马虎,就会吃错药。面对这种情况,阿根廷政府的做法是,运用立法来规范药品的包装和名称,笔者认为,我国药品质量监督管理部门也应该出台相关的法律法规,规范药品的名称和药品的包装,严格审查所谓"新药",防止技术欺诈。厂商更改药品的名称必须经过有关主管部门同意;新开发、研制的药品,应该指出与同类药品的差异;根据药品的新技术贡献率确定药品的价格;对于随意涨价的厂商,应该予以严惩。只有加强药的管理,依法约束厂商的生产经营行为,消费者才能在政府监管中得到实惠。消费者从药品名称、包装上获得的信息多了,用药的自主权才会提高。药品厂商、医院药房、药店追求超额垄断利润的泡沫,才会在消费者的行为选择中破灭。

1. 简述医疗社会保险制度的特点。
2. 简述投保资助型医疗保险管理模式的特点。
3. 简述储蓄型医疗保险管理模式的特点。
4. 简述我国医疗社会保险基金的筹集渠道。
5. 简述医疗社会保险制度提供的保障。
6. 简述补充医疗保险制度的特点。
7. 简述我国补充医疗保险保障的范围。
8. 简述我国劳保医疗改革的过程。
9. 简述我国农村合作医疗改革的过程。
10. 简述我国新型农村合作医疗制度的特点。
11. 简述我国城镇职工基本医疗保险制度改革的问题。
12. 简述我国医疗社会保险制度的发展前景。
13. 简述我国城镇居民基本医疗保险制度发展的问题。

第 八 章

失业保险制度

失业是工业化发展的产物,是经济周期波动、结构性调整等带来的社会问题,是各国政府劳动力政策关注的焦点。失业保险制度是政府稳定经济、稳定社会的现实选择,是劳动力资源优化配置的重要内容之一。

第一节 失业与失业保险制度的类型

一、失业的概念

失业是与就业相对应的概念。按照国际劳工组织的定义,就业是劳动年龄内的人口从事的获得报酬或赚取利润的活动。与就业相对应的概念是失业,失业是指有劳动能力并愿意工作的劳动者找不到工作的经济现象,失业是劳动力资源的浪费。失业人员分为两类:一类是就业转失业的人员;另一类是新生劳动力中未实现就业的人员,失业保险仅保障就业转失业的人员,一般不保障未实现就业的人员。失业必须同时具备以下三个条件。

(一)具有劳动权利能力

只有具有劳动权利能力的个人,才有可能失业。劳动权利能力是指公民依法享有劳动权利和承担劳动义务的资格。失业不包括未达到法定最低劳动年龄和超过法定退休年龄的人,这些人不负有法定的劳动义务。例如,我国法定最低劳动年龄是16周岁,法定退休年龄男性为60周岁,女工人为50周岁,女干部为55周岁。56岁的女性找不到工作,不属于失业的范畴;14岁的童工被解雇,也不属于失业的范畴。体育、文艺和特种工艺单位按照国家规定履行审批手续后,可以招收未满16周岁的未成年人。

（二）具有劳动行为能力

劳动行为能力是指劳动年龄内的人口必须具有从事正常社会劳动的行为能力。如果法定劳动年龄内的人员,不具备相应的劳动行为能力,也不能视为失业。被送进收容机构的个人,不能纳入失业的范畴,例如,监狱犯人、看守所里被管制人员、精神病院里的病人和疗养院里的长期疗养者。由于疾病、工伤丧失劳动能力的个人,由于不具备劳动行为能力,也不能纳入失业的范畴。

（三）无工作收入

劳动力不能或者没有机会从事有报酬的工作或以盈利为目的的自营职业,没有工作收入或者工作收入中断是构成失业的另一个重要条件。

二、失业保险制度的概念和特点

失业保险制度是针对劳动者失业这一风险因素而设立的社会保险项目。失业保险制度是指劳动者由于非本人原因失去工作、中断收入时,由国家和社会依法保证其基本生活需要的一项社会保障制度。失业保险保证了失业者有足够的时间找到更符合其技术水平的工作,这在一定程度上提高了社会生产力水平,为经济结构调整提供了制度保证。失业保险制度的特点如下。

（一）失业保险的保障对象是失业劳动者

社会保险体系中,其他保险项目如医疗社会保险、养老保险、生育保险和工伤保险,主要保障暂时或永久丧失劳动能力的劳动者;而失业保险只对有劳动能力并有劳动意愿但无工作岗位的劳动力提供保障。也就是说,失业保险与其他社会保险的不同点在于保障没有丧失劳动能力的劳动者。因丧失劳动能力而失去工作机会的人口不包括在失业保险的保障范围之内。

（二）失业保险的保障项目具有多元化的特征

社会保险的其他保险项目主要是通过给付社会保险金保障丧失劳动能力者的基本生活和基本医疗需求,而失业保险除了保障失业者的基本生活之外,更重要的目的是通过转岗培训、再就业培训、职业介绍等帮助失业者尽快重新就业。因此,失业保险制度的保障项目主要包括失业预防、失业补救和失业保险三个方面。

（三）造成损失的原因不同

社会保险中,其他人身风险事故的形成如疾病、生育等,均属自然原因,主要是疏忽大意或无法预料的自然力打击所致,是以损害人的身体健康为代价的;而失业风险却是由于社会经济方面的原因导致的,如人口结构的变化、劳动力资源增长与经济增长的比例失调,产业结构调整以及就业政策的变化等,都会成为劳动者失业的原因。这与其他社会保险项目中风险的成因有明显的区别。

(四)失业保险资金只能实行现收现付制

如果说,基本养老保险、基本医疗保险资金可以实行部分基金积累制或完全基金积累制的话,失业保险资金只能实行现收现付制。这也就是说,当前筹集的失业保险资金主要着眼于解决现实的失业问题。

三、失业保险制度的类型

目前,世界各国实施的失业保险制度主要有以下几种。

(一)强制性失业保险制度

强制性失业保险制度是指政府通过立法强制实施的失业保险制度。在实行强制性失业保险制度的国家中,大多采用国家管理失业保险的方式。例如,英国就采取了国家管理失业保险的方式,由卫生部、人力资源和社会保障部负责失业保险基金和失业人员的档案管理,就业部下属的地方办事处和职业介绍所负责失业保险金的收缴、发放等事宜。采取这种管理模式的国家还有美国、中国等国家。目前,我国强制实施的失业保险制度已经实现了企业职工与事业单位职工的统一,是我国最早实现统一的社会保险制度。

(二)非强制性失业保险制度

这种类型的失业保险制度不是由政府管理,而是以工会为主建立失业保险基金,工会会员自愿参加,政府提供大量的补贴。例如,丹麦的失业保险由工会管理,失业保险资金的收缴和发放由工会负责管理,这种管理模式的运营条件是工会的民主基础比较好,工会在失业保险中承担主要工作,劳工和就业部只是监督失业保险法的执行情况。非强制性失业保险制度不仅减轻了用人单位的负担,而且更能反映劳动者的愿望。以瑞典为代表的北欧国家大多实行自愿失业保险制度,瑞典失业保险资金的来源主要有两个渠道:一是工人可以非强制性参加由工会建立的失业保险,一旦失业并且符合规定的条件即可获得失业保险金;二是未参加失业保险或参加时间不足一年的失业者,由政府给付数额和期限均低于失业保险金的救济金。

(三)强制性与非强制性失业保险并存的制度

一个国家内既存在政府强制建立的失业保险制度,也存在非强制性的失业保险,即实行强制性与非强制性失业保险并存的制度。例如,日本政府规定,强制性失业保险制度覆盖除了农业、林业、水产业之外的一切行业和所有规模的企事业单位,只有农业、林业、水产业暂时可以自愿参加,是强制性失业保险制度与非强制性失业保险制度并存的制度。

第二节　失业保险制度的保障项目

失业保险制度提供的保障项目除了失业保险金的补偿外,还包括失业预防、职业培训、失业补救三项保障,下面逐一介绍失业保险制度的各保障项目。

一、失业预防制度

为了保护劳动者的权益,防止用人单位随意解雇,许多国家的政府制定了相应的法律法规,约束用人单位的解雇行为。例如,规定解雇劳动者必须有正当理由,必须事先通知被解雇者本人;必须征得政府有关部门的同意或工人代表的同意;必须支付一定金额的经济补偿金。用人单位解雇员工由单项解雇和集体解雇两类组成,二者在解雇原因、解雇规模以及由此造成的后果方面存在比较大的差别,各国立法分别予以规定。

(一)单项解雇

单项解雇是指针对单个劳动者实行的解雇行为。按照解雇的原因可以分为过失解雇和无过失解雇两种,前者是指员工因为犯罪、严重渎职被解雇;后者是指因为员工能力欠佳,与用人单位的职业素质要求不相适应而被解雇。如果劳动者本人有过失行为,用人单位可以立即实施解雇,并且不需要支付经济补偿金;如果劳动者本人无过失行为,用人单位不能随意解雇劳动者;如果用人单位确实需要解雇劳动者,就必须通过适当的法律程序,事先通知劳动者本人和给予最低限度的经济补偿金。被解雇劳动者获得经济补偿金的多少取决于就业时间的长短、工资水平和年龄。欧洲、日本等国家的解雇程序严格而复杂,美国解雇工人则无立法约束,只受劳动合同和集体协议的约束。例如,我国《劳动法》规定,劳动者有下列情形之一的,用人单位不得解除劳动合同:

(1)患职业病或因工负伤并被确认丧失或者部分丧失劳动能力的;

(2)患病或者负伤,在规定的医疗期内的;

（3）女职工在孕期、产期、哺乳期内的；

（4）法律、行政法规规定的其他情形。

劳动者有上述情形之一的，即使劳动合同期限届满，仍有权依照原劳动合同的规定，享受社会保险待遇。同时，我国《违反和解除劳动合同的经济补偿办法》规定，用人单位与职工依法解除劳动合同必须提前30天通知本人；必须给予被解雇职工一定的经济补偿金，职工在本单位工作每满一年可以获得1个月的经济补偿金，最高不得超过12个月。用人单位不得以女职工怀孕为由辞退或解雇女职工。经济补偿金是用人单位对劳动者就业损失应当承担的义务，是国家法律法规要求用人单位必须给付的。

（二）集体解雇

集体解雇的规模和造成的后果往往超过单项解雇，因此，除了美国以外的其他发达国家，都对集体解雇有不同程度的法律约束。其中，欧洲的约束最严格、解雇程序最复杂，必须事先通知政府有关管理部门和被解雇者，必须给予最低限度的经济补偿。日本政府制定了一系列解雇的条件，如有充分的解雇理由，用人单位已经采取多种补救措施，但是仍然无能为力，履行复杂的解雇程序后，提前30天通知被解雇者等。如果用人单位的解雇行为不合理或未经过有关管理部门同意，法院将会宣布解雇无效。

二、职业教育和培训制度

职业教育和培训是促进劳动力就业的一条重要途径，具有开发人力资源、培养适合经济发展需要的劳动力、确保经济稳步增长的功能，因而受到世界各国的广泛关注。最近10年，美国政府拨款资助的再就业培训计划每年约有100万名失业人员接受培训，1997—1998年，克林顿在预算计划中说明，约有70%的失业者在接受再就业培训后找到了工作。

职业教育和培训分为三个层次：职前训练、在职培训和失业培训。这三个层次的功能各异，贯穿于劳动者整个职业生涯的各个阶段。

（一）职前训练

职前训练是对尚未进入职业领域的求职者进行的初始培训，目的是进行就业意识培训和就业指导，帮助其掌握某种基本的职业技能。例如，我国就业前培训主要采取学徒培训、就业培训中心培训和学校培训等形式。我国政府规定，从事特殊工种和操作的职工，必须进行岗前培训。

（二）在职培训

在职培训是对在岗员工进行的与其工作岗位相关的能力和素质训练,使其适应变化的工作环境对技术的要求。在职培训也称职业教育,是对用人单位内部劳动者进行的提高技能的教育。例如,我国在职培训基本上采取两种方式:一是在岗业余培训;二是离岗专业培训。在岗业余培训是指职工基本不脱离工作岗位,在坚持正常工作的情况下进行的培训,这是实现用人单位全员培训的基本形式。这种培训形式可以使用人单位在既不缺员又不增人的情况下,获得提高劳动质量的效果。在岗业余培训一般采用岗位训练、短期培训班、系列讲座、各类培训中心及电大、函大和高等教育自学考试等形式。离岗专业培训是指职工带薪脱产,进入学校或专业研究机构,从事系统的理论学习和技能训练。这种培训形式投资较大,通常实行择优培训,对培训对象有较严格的条件限制,其优点是受培训者能受到正规、系统的教育,获得更好的培训效果。离岗培训单位通常有各类职工中学和职业大学、大专院校、科研机构等培训形式。

（三）失业培训

失业培训是对失业者进行有针对性的专业技术训练,使其获得一技之长后,重新获得就业的机会。这类培训可以在用人单位内部进行,也可以在再就业培训中心进行。失业培训是目前我国下岗、失业人员实现再就业的重要方式之一。

三、失业补救制度

一项完善的失业保险制度,除了预防失业以外,还应当建立失业补救的保障项目,为失业者创造新的就业机会和就业岗位,失业补救措施主要有以下几个方面。

（一）鼓励失业者创办企业

政府可以采取发放津贴、小额补助、低息贷款或税收优惠等政策措施,鼓励失业者创办小企业,创造就业岗位,减轻政府的负担。例如,法国失业者兴办或接管企业或从事其他不靠工资谋生的正当职业,一定时期内有权获得政府的补助,补助金额按失业者的类别和失业时间确定。这样,不仅为他人创造了就业机会,还可以增加补助。我国政府在鼓励失业者创办企业方面提供以下优惠措施:(1)给予税收优惠。国务院办公厅于 2002 年颁布的《关于下岗失业人员从事个体经营有关收费优惠政策的通知》规定,凡下岗失业人员从事个体经营的,除国家限制的行业(包括建筑业、娱乐业以及广告业、桑拿、按摩、网吧、氧吧等)外,自工商部门批准经营之日起 3 年内可以免缴登记类、证照类和管理类的各项行政事业性收费。(2)给予安排适当的经营场所。2002年11月25日,劳动和社会保障部发布的《关于贯彻落实〈中共中央国务院关于进一步做好下岗失业人员再就业工作的通知〉若干问题的意见》规定,各地城市规划、建设和管理部门要从本地实际出发,在城市规划建设、建立商贸市场时,要为下岗失业人员再就业适当安排经营场所。(3)给予贷款方面的优惠。2002年12月24日,中国人民银行、财政部等联合发布的《关于印发〈下岗失业人员小额担保贷款管理办法〉的通知》规定,凡年龄在60岁以内、身体健康、诚实信用、具有一定劳动技能的下岗失业人员、自谋职业、自主创业或合伙经营与组织起来就业的,其自筹资金不足部分,在贷款担保机构承诺担保的前提下,可以持劳动保障部门核发的《再就业优惠证》向商业银行或其分支机构申请小额担保贷款。

(二)进行职业培训

职业培训是为适应经济和社会发展的需要,对要求就业和在职的劳动者进行以培养和提高素质为目的的教育与训练。大力发展用人单位内外的职业培训机构,安排职工参加职业培训,可以培养产业结构和就业结构调整所需要的合格劳动者。

(三)建立就业信息服务组织和服务网络

目前,许多国家都建立专门机构,负责就业信息的搜集、整理,实行全国联网的就业信息管理,并设立失业申请登记制度和用人单位职位空缺登记制度,以促进劳动力市场的有序流动。就业信息服务组织负责信息的搜集、整理和发布,供需要者查询。以英国为例,英国的人力资源管理委员会在全国设有1 000多个职业辅导中心,辅导中心设有电脑终端机,与人力资源管理委员会的主机、其他社区行政部门的终端机联网。辅导中心免费提供各种辅导手册,解答疑问,并通过终端机提供各种服务。求职者的个人资料存入电脑后,辅导中心每月两次自动提供劳动市场的就业信息、求职机会和申请就业的办法。

(四)发展多种形式的就业

引导失业者从事社区服务,向劳动力紧缺的地区流动等。组织失业者从事社区服务是创造就业岗位的重要方式,既可以使失业者获得临时工作和收入,又可以使地方建设事业获得收益。例如,意大利从事家庭服务的工人约占全部劳动力的4%。法国政府规定,如果一个家庭雇佣一个帮工,其支出的50%由政府补贴,以支持家庭劳动市场的开发。

第三节 失业保险制度的给付

失业保险制度给付的目的是维护失业劳动者维持基本生活的尊严,鼓励劳动者提升职业技能,促进重新就业。失业保险覆盖面的大小、给付资格条件和给付时间的规定,都会影响到失业保险金的给付水平,下面分别介绍这些影响因素。

一、失业保险制度的覆盖范围

失业保险制度是为那些遭遇失业风险、收入暂时中断的失业者提供收入保障的制度,是社会稳定的安全阀。从理论上讲,它的覆盖范围应该包括社会经济活动中的所有劳动力,因为在社会经济活动中,每一位劳动者都有可能成为失业者。但是现实的情况是,一些国家在建立失业保险制度的初期,覆盖范围仅限于那些具有一定规模、稳定性较强的企业、行政事业单位,而将规模很小、稳定性不强、人员流动性比较大的用人单位的劳动者排除在失业保险的范围之外。例如,英国规定,周收入平均在17.5英镑以下的雇工,不在失业保险的保障范围内。美国政府也规定,每季工作时间少于20周且收入低于1 500美元以下的临时工、每季收入少于1 500美元的家庭雇工、雇工在10人以下且每季工资不足2万美元的小企业雇员、雇工4人以下且每年工作时间少于20周的非营利性机构的雇员,不在失业保险制度覆盖的范围内。

二、失业保险给付资格的规定

失业的劳动者领取失业保险金必须符合下列四个条件,且这四个方面缺一不可。

(一)失业者必须是非自愿失业

只有失业的原因是非自愿的,才有资格领取失业保险金。非自愿失业的类型主要有摩擦性失业、季节性失业、技术性失业、结构性失业和周期性失业。凡自愿离职而无充分理由者、因个人过失而被解雇者、拒绝担任工作者,都属于自愿失业,自愿失业者没有资格获得失业保险金的给付。例如,瑞典政府规定,参与罢工或者劳资纠纷而失业者,不能领取失业保险金。德国政府规定,因为个人违反劳动合同而被解雇者,不能领取失业保险金。我国《失业保险条例》规定,非本人意愿中断就业的,才有资格领取失业保险金。2010年10月10日,人力资源和社会保障部发布的《失业保险申领发放办法》规定,非因本人意愿中断就业的是指下列人员：(1)终止劳动合同的；(2)被用人单位解除劳动合同的；(3)被用人单位开除、除名和辞退的；(4)根据《中华人民共和国劳动法》第三十二条第二项、第三项①与用人单位解除劳动合同的；(5)法律、行政法规另有规定的。

（二）处于法定劳动年龄并具备劳动能力

未达到法定劳动年龄者,即使有过就业的经历,也没有权利享受失业保险待遇；超过法定劳动年龄的人员,也不能享有失业保险给付的权利。如果在法定劳动年龄内,不具有相应的劳动行为能力,也不能领取失业保险金。

（三）有就业意愿

失业人员愿意再就业者,才能领取失业保险金。为了审核失业者的就业愿望,各国政府大多做出以下规定：(1)失业者必须在规定的期限内到居住地的居民委员会或者社会保险经办机构进行登记,并要求重新工作。(2)失业期间定期与居民委员会或者社会保险经办机构联系,报告个人的情况,以便有关管理部门能够及时掌握失业者的就业意愿和就业信息。(3)愿意接受职业训练和合理的工作安置。当失业者因为特殊的原因而不接受职业介绍所介绍的职业时,不能视为拒绝接受再就业。例如,我国政府规定,有下列情形之一者,不能视为拒绝再就业,仍然可以领取失业保险金：一是涉及改行,而未考虑失业者本人的能力、专长、业务经验或重新培训的可能；二是搬迁到没有合适住房地点的工作；三是新工作单位所处地点离家太远,很不方便；四是新的工作岗位是劳资纠纷空缺出来的,如果接受下来,容易引起不必要的误会；五是对劳动者家庭产生不利影响的工作。

（四）依照法律法规履行规定的义务

享受失业保险待遇的失业者,必须履行法律法规规定的缴纳保险费义务,或者工龄达到政府规定的最低年限,才有资格领取失业保险金。失业保险合格期条件分为四类：①就业期限条件。例如,法国政府规定,失业者在最近8个月内至少工作4个月。②缴费期限条件。失业者缴纳失业保险费必须达到规定的期限,才有资格领取失业保险金。例如,爱尔兰政府规定,失业者必须缴纳失业保险费26周；初次申请失业保险金者,在24个月内必须缴费52周。我国政府规定,享受失业保险待遇的失业者所在单位或者本人已经按照规定缴纳失业保险费满1年。③投保年数与缴纳保险费期限条件。例如,意大利政府规定,被保险人必须投保2年,并在最近2年内缴纳

---

① 《劳动法》第三十二条第二项规定,用人单位以暴力、威胁或者非法限制人身自由的手段强迫劳动的；第三项规定,用人单位未按照劳动合同约定支付劳动报酬或者提供劳动条件的。

保险费 52 周。④居住期限条件。如澳大利亚政府规定,失业前必须已居住国内满
1 年。

三、失业保险的给付

(一)失业保险的给付水平

1. 失业率和失业保险给付水平相互影响。失业保险给付水平越低,给付时间越短,非自愿失业的人数越少,失业率越低;相反,非自愿失业的人数越多,失业率就越高。事实也是如此,以英国、瑞典、丹麦等国家为代表的福利国家,由于这些国家给予失业人员的失业保险金比较多,其失业率就高。根据有关资料显示,英国、瑞典、丹麦的失业率明显地高于失业保险给付水平较低的日本、德国、新加坡等国家。据统计,英国失业者领取的失业金和各项津贴加在一起,同在职者的工资水平相差无几,致使很多人宁愿失业也不愿工作或从事比较艰苦的劳动。

2. 失业保险金的高低关系到劳动者工作时间和闲暇时间的选择。如果闲暇成本和缺勤成本过低,会诱导劳动者选择失业或休闲,从而影响劳动力的供给,进而对经济增长产生负面的影响。失业保险给付水平的确定,应当依据以下原则:(1)坚持适度性的原则。确定失业保险项目和给付水平应当从一国的经济发展水平出发,确定适度的失业保险金给付水平,不可盲目地追求多项目、高保障水平。(2)确保失业者及其供养直系亲属的基本生活需要的原则。劳动者失业后,失业保险金是其主要的生活来源,失业者及其家属的基本生活需求决定着失业保险金的给付水平。(3)坚持失业保险金给付水平不应高于失业者原有的工资水平的原则。为了有利于促进失业者尽快重新就业,避免出现失业保险中的逆选择行为,失业保险金的给付标准必须低于职工在职时的工资水平。(4)坚持参考当地物价指数和当地最低工资标准的原则。失业保险金的给付水平要设计在一定的期限内给付,超出期限者,则属于社会救助保障的范围。1988 年,国际劳工大会在第 75 届会议公布的《促进就业和失业保护公约》的报告中指出,失业津贴的给付以缴费职工缴纳的失业保险费或以失业前的工资为依据时,其给付额应确定在职工失业前工资水平的 50% 以上;失业津贴给付不以缴费职工缴纳的失业保险费或失业前的工资为依据时,应不少于法定最低工资或一位普通工人工资的 50%。例如,我国《失业保险条例》规定,失业保险金的标准,按照低于当地最低工资标准、高于城市居民最低生活保障标准的水平,由省、自治区、直辖市人民政府确定。

（二）失业保险给付的等待期

失业保险给付的等待期是指劳动者失业后不是立即给付失业保险金，而是有一个等待期。等待期的长短取决于各国所实行的就业政策以及失业保险基金积累的规模和财政状况。20世纪50年代，西方工业化国家规定，失业保险金给付的等待期为7天。到了20世纪七十至九十年代，工业化国家大多存在着等待期缩短的趋势，例如，瑞典的等待期为5天，英国的等待期为3天，瑞士的等待期为2天。目前，许多国家已经在立法中取消了失业保险给付的等待期。我国失业保险法规规定，劳动者领取失业保险的等待期是0～15天。我国《社会保险法》规定，用人单位应当及时为失业人员出具终止或者解除劳动关系的证明，并将失业人员的名单自终止或者解除劳动关系之日15日内告知社会保险经办机构。失业人员凭失业登记证明和个人身份证明，到社会保险经办机构办理领取失业保险金的手续。失业保险金领取自办理失业登记之日起计算。

（三）失业保险的封锁期

一定时期内，由于失业者自身的过失，导致社会保险经办机构拒绝发放失业保险金，就是失业保险的封锁期。通常，在以下几种情况下失业人员进入给付的封锁期：一是因为违反劳动合同的约定而被解雇；二是无正当理由自己解除劳动关系；三是为了达到被用人单位解雇的目的而明知故犯，导致被用人单位解雇；四是拒绝接受职业介绍所介绍的合适工作；五是无正当理由而中断了职业介绍所为其安排的职业培训；六是由于重大失误被用人单位开除。例如，德国的《就业促进法》规定，失业保险的封锁期最少为6周，最长为12周。如果失业者进入给付的封锁期，其享受失业保险的期限就要缩短。

（四）失业保险金的给付期

一般来说，失业是发生在一定期限内的。失业保险不像养老保险那样，可以无限期地给付，而是根据失业者平均失业的时间确定一个给付的期限，失业保险金的给付是一项短期给付。国际劳工组织综合各国失业的情况和工人生活的状况规定，失业保险金给付的上限为156个工作日，下限为78个工作日。例如，美国多数州政府规定，给付期为26～36周；日本失业保险的给付期为90～100天；瑞典失业保险的给付期为300天。又如，我国失业保险金给付期限的具体规定是，失业人员失业前所在单位或本人按照规定累计缴费时间满1年不足5年者，领取失业保险金的期限最长为12个月；累计缴费时间满5年不足10年者，领取失业保险金的期限最长为18个月；累计缴费时间10年以上者，领取失业保险金的期限最长为24个月。职工重新就业，再次失业的,缴费时间重新计算。再次失业,领取失业保险金的期限可以与前次失业应领取而尚未领取失业保险金的期限合并计算,但是领取失业保险金的最长期限合计不得超过 24 个月。

（五）失业保险金给付的方法

由于世界各国失业保险制度和法规不同,失业保险金的计算方法也存在着较大差异,归纳起来主要有以下几个方面。

1. 均一制给付。均一制给付是指政府对符合条件的失业人员,一律按相同的金额给付失业保险金,而不与失业人员个人失业前的工资相联系。均一制给付主要有四种形式:

（1）符合受益资格条件的失业人员,可以获得下列标准的等额给付。例如,英国政府规定,单身者每周可以获得 28.45 英镑的给付,受供养的妻子每周可以获得 17.55 英镑的给付。

（2）符合条件的失业者,可以获得救济金的一定比例的给付。例如,根据我国于 1993 年 4 月公布的《国有企业职工待业保险的规定》的规定,失业保险金由原来按本人工资的一定比例计发改为按社会救济金的 120%～150%给付。

（3）按社会平均工资的一定比例计发。即以最近一段时间内全社会平均工资水平为基数,乘以一定的比例等额发放给失业者。在这种计发方式中,失业保险金的多少取决于社会平均工资水平和计发比例。例如,加拿大政府规定,失业保险金按社会平均工资的 60%给付;美国政府规定,失业保险金为社会平均工资的 50%。

（4）按社会最低工资标准的一定比例计发。例如,波兰政府规定,失业保险金按最低工资标准 95%的比例计发。

2. 薪资比例制。薪资比例制是指失业保险金按个人失业前工资的一定比例计发。实行这种给付方法的国家通常给予低工资者确定的比例高些,给予高工资者确定的比例低些。例如,日本政府规定,失业保险金按个人失业前工资水平的 60%～80%计发。又如,德国政府规定,失业保险金为本人失业前工资的 53%。

3. 混合给付制。混合给付制是指失业保险金采取薪资比例制和均一制相结合的方式计发。失业保险金由两部分组成,一部分按劳动者失业前工资的一定比例给付;另一部分则按均一制给付。例如,1979 年法国政府规定,失业者领取的失业保险金为失业前工资的 42%,再加上每天 22 法郎固定金额的给付。

（六）失业保险待遇的终止

一般来说,失业人员按照规定领取失业保险金的期限已满,社会保险经办机构将停止发放失业保险金。这是因为,失业人员享受失业保险待遇必须符合一定的受益资格条件，一旦领取失业保险金的人员失去了继续享受失业保险待遇的条件，社会保险经办机构就应该停止发放失业保险金。例如，根据我国《失业保险条例》的规定，失业人员在领取失业保险金期间有下列情形之一的，停止领取失业保险金，并同时停止享受其他失业保险待遇，其主要有以下几个方面。

1. 重新就业。失业人员就业是其获得生活来源的根本出路，失业人员转为就业人员，不属于失业保险的保障范围，应该停止享受失业保险待遇。

2. 应征服兵役。根据国家有关规定，18 周岁以上并符合其他条件的我国公民，可以参加人民解放军或武装警察部队。失业人员在享受失业保险待遇期间，符合条件的，可以应征服兵役。服役后，不再具有失业人员身份，不能继续享受失业保险待遇。

3. 移居境外。根据国际通行惯例，移居国土以外（境外）的人员，不属于本国失业保险的范围。我国公民在享受失业保险待遇期间移居境外的，已经超出失业保险的地域管辖的范围，应当停止给付失业保险待遇。

4. 享受基本养老保险待遇。享受养老保险待遇的人员不属于失业保险保障范围。根据失业保险的有关规定，失业人员失业前参加基本养老保险并按规定缴费的，在其享受失业保险待遇期间，养老保险关系暂时中断，其缴费年限和个人账户可以存续，待重新就业后，应当接续养老保险关系。失业人员达到退休年龄时，可以从享受失业保险过渡到享受养老保险，按其缴费年限享受失业保险待遇，其基本生活由养老保险予以保障。在这种情况下，应当停止其享受失业保险待遇。

5. 被判刑收监执行或者被劳动教养。失业人员在享受失业保险待遇期间，触犯刑律构成犯罪的，或违反有关行政法规给予行政处罚的，应根据对其处罚的结果确定是否停止其享受失业保险待遇。对于被判刑收监执行或者被劳动教养的，不存在基本生活问题，应停止其享受失业保险待遇；对于判处缓刑或者其他行政处罚的，应当继续支付失业保险待遇。

6. 无正当理由，拒不接受当地人民政府指定的部门或者机构介绍的工作。失业人员失业以后，可以根据自己的意愿在当地人民政府指定的部门或者机构范围内选择就业服务机构。失业人员无正当理由拒绝介绍的工作，应停止发放失业保险金。失业人员对社会保险经办机构违反规定擅自停止失业保险待遇的，有权向劳动保障行政部门申请行政复议；对复议决定不服的，可以依照《行政复议法》第 5 条的规定，向人民法院提起诉讼。但是，法律规定行政复议决定为最终裁决的除外。

7. 法律、行政法规规定的其他情形。如果其他法律、行政法规对终止领取失业保险金的情形做出了规定，也可以终止给付失业保险金。

四、失业保险的其他相关待遇

失业人员除了获得失业保险金外,还享有其他相关保障待遇。我国《社会保险法》第 48 条规定,失业人员在领取失业保险金期间参加职工基本医疗保险,享受基本医疗保险待遇。失业人员应当缴纳的基本医疗保险费从失业保险基金中支付,个人不缴纳基本医疗保险费。第 49 条规定,失业人员在领取失业保险金期间死亡的,参照地对在职职工死亡的规定,向其遗属发给一次性丧葬补助金和抚恤金,所需资金从失业保险基金中支付。个人死亡同时符合领取基本养老保险补助金、工伤保险丧葬补助金和失业保险补助金条件的,其遗属只能选择领取其中的一项。《失业保险条例》规定,失业人员符合城镇居民最低生活保障条件的,按照规定享受城市居民最低生活保障待遇。

第四节　中国失业保险制度的建立和改革

为了配合国有企业转变经营机制和企业劳动用工制度的改革,我国失业保险制度是从 1986 年开始建立的。[①] 经过 20 多年的发展,我国失业保险制度逐步发展成熟,但是还存在着许多问题,有待于进一步改革、完善。

一、中国失业保险制度的建立和发展

我国失业保险制度从无到有,从不规范到相对规范,经历了十几年的发展,起到了社会政治经济发展安全网和减震器的作用,其大致经历了以下三个发展阶段。

(一) 失业保险制度建立阶段(1986 年 7 月—1993 年 4 月)

1986 年 7 月,国务院发布的《国营企业职工待业保险暂行规定》(以下简称《暂行规定》)首次从制度建设的角度明确了对国有企业职工实行待业保险制度的决定,标志着失业保险制度的建立。《暂行规定》规定了实行职工待业保险的范围、条件和给付标准。待业保险的范围包括:(1)根据《企业破产法》宣布破产企业的职工;(2)濒临

---

① 中华人民共和国成立初期,没有建立失业保险制度。这是因为,传统观点认为,失业是资本主义制度的产物,社会主义社会不可能存在,也不应该存在失业。

破产边缘的企业被迫整顿而精简的职工;(3)企业终止、解除劳动合同的工人;(4)企业辞掉的职工。

1989年,劳动部发布的《国营企业职工待业保险基金管理办法》规定,企业要按照全部职工标准工资的1%缴纳待业保险费,职工个人不缴纳待业保险费。1990年治理整顿期间,为了妥善解决关停企业的职工生活问题,劳动部发布了《关于使用职工待业保险基金解决部分职工生活问题的通知》;1991年劳动部和国务院发布了《关于对关停企业被精简职工实行待业保险的通知》。

(二) 失业保险制度调整阶段(1993 年 4 月—1999 年 1 月)

1993年4月,国务院发布《国有企业职工待业保险规定》和《国有企业富余职工安置规定》,对国有企业职工的待业保险制度作了部分调整:(1)扩大了待业保险的覆盖范围。在1986年《暂行规定》保障4类人员的基础上,增加了3类人员,即按照国家规定被撤销、解散企业的职工;按照国家有关规定停产整顿企业精简的职工;依照法律法规或者按照省、自治区、直辖市人民政府的规定享受待业保险的其他人员。(2)改变了待业保险金的计算办法。待业保险金由原来按本人工资的一定比例发放,改为按照社会救济金的120%～150%给付。(3)增加了待业保险与再就业服务相结合的内容,授权省级人民政府可以从失业保险基金中支付失业救济金和促进再就业工程需要支付的其他费用。(4)调整待业保险基金的缴费基数。缴纳待业保险金的基数工资由企业的标准工资总额改为工资总额。1998年5月,党中央、国务院发布的《中共中央、国务院关于切实做好国有企业下岗职工基本生活保障和再就业工作的通知》(以下简称《通知》)要求,凡是有下岗职工的国有企业,都要建立下岗再就业服务中心,下岗职工不多的企业,也可以由有关科室代管。由此,国有企业普遍建立了再就业服务中心,保障下岗职工的基本生活。

(三) 失业保险制度走向完善阶段(1999 年至今)

1999年1月22日,国务院颁布《失业保险条例》,标志着我国失业保险制度逐步走向完善。《失业保险条例》(以下简称《条例》)同1986年的《国营企业职工待业保险暂行规定》和1993年的《国有企业职工待业保险规定》相比,主要有以下几个方面的变化。

(1) 将"待业保险"改为"失业保险",表明我国政府已经开始接受市场经济条件下存在失业这一客观事实。

(2) 扩大了失业保险的覆盖范围。不仅国有企业事业单位职工的失业保险问题得到了有效的解决,而且也较好地解决了非国有企业职工有风险无保障的问题,对于促进劳动力合理流动,调整和改善劳动力结构具有积极的作用。

（3）调整了享受失业保险的条件。《条例》规定，凡是非自愿失业者，办理了失业登记并有求职要求，按规定履行缴费义务的人员，均可申请享受失业保险待遇。

（4）调整了失业保险金的给付期限和计发办法。

（5）调整了失业保险缴费的负担方式。《条例》规定，个人必须履行缴费义务。失业保险缴费由原来的国家、企业负担，改为由国家、企业事业单位、职工个人三方共同负担。

（6）在失业保险制度与社会救济制度的衔接方面作出了规定，促进了社会保障制度的完善。

（7）失业保险基金开支项目中增加了职工培训补贴和职业介绍补贴，对促进再就业起到了积极的作用。

1999 年 3 月 5 日，朱镕基总理在第九届全国人民代表大会第二次会议上所作的《政府工作报告》中，首次提出了"三条保障线"，即国有企业下岗职工基本生活保障、失业保险和城镇居民最低生活保障。2001 年 1 月 1 日，劳动和社会保障部又颁布《失业保险金申领、发放办法》，这一法规的出台，规范了失业保险金申领、发放的管理，可以防止失业保险基金的流失。2002 年，中共中央、国务院发布的《关于进一步做好下岗职工再就业工作的通知》规定，企业不再设立新的再就业中心，用 3 年左右的时间实现下岗和失业的并轨。下岗和失业的并轨，规范了失业保险的管理。2002 年 11 月25 日，劳动和社会保障部发布的《关于贯彻落实〈中共中央国务院关于进一步做好下岗失业人员再就业工作的通知〉若干问题的意见》规定，各地城市规划、建设和管理部门要从本地实际出发，在城市规划建设、建设商贸市场时，要为下岗失业人员再就业适当安排经营场所。2002 年 12 月 24 日，中国人民银行、财政部、国家经贸委、劳动和社会保障部联合发布的《关于印发〈下岗失业人员小额担保贷款管理办法〉的通知》规定，凡年龄在 60 岁以内、身体健康、诚实信用、具有一定劳动技能的下岗失业人员，自谋职业、自主创业或合伙经营与组织起来就业的，其自筹资金不足部分，在贷款担保机构承诺担保的前提下，可以持劳动保障部门核发的"再就业优惠证"向商业银行或其分支机构申请小额担保贷款。2007 年 2 月 14 日，国务院第 169 次常务会议通过的《残疾人就业条例》规定，县级以上人民政府应当将残疾人就业纳入国民经济和社会发展规划，并制定优惠政策和具体扶持保护措施，为残疾人就业创造条件。2007 年 8月 30 日，第十届全国人民代表大会常务委员会第二十九次会议通过的《中华人民共和国就业促进法》依法确立了劳动者平等就业和自主择业的权利，依法确定了地方各级人民政府和有关部门的职责，将促进就业与经济发展、和谐社会建设联系起来。2008 年 6 月，人力资源和社会保障部发布的《关于开展建立失业动态重点监测报告制度试点工作的通知》规定,在吉林、江苏、浙江、福建、河南、广东6省的18个城市开展建立失业动态重点监测报告试点工作。2009年11月,人力资源和社会保障部发布的《关于做好失业动态监测工作有关问题的通知》决定,在全国建立失业动态监测制度,进一步完善了失业调控的管理工作。2010年10月22日,财政部、国家税务总局联合发布的《关于支持和促进就业有关税收政策的通知》规定了持有"就业失业登记证"的税收优惠政策,以及对招用持有"就业失业登记证"人员的企业的税收优惠政策。2015年4月27日,国务院发布的《关于进一步做好新形势下就业创业工作的意见》指出,深入实施就业优化战略,积极推进创业劳动就业,统筹推进高校毕业生等重点群体就业,加强就业、创业服务和职业培训等工作。

二、中国失业保险制度发展存在的问题

我国失业保险制度自1986年实施以来,在政治、经济、社会生活等方面发挥了积极的作用,但是同预期的效果相比,还存在着一定的差距,还有待于进一步改革和完善,主要表现在以下几个方面。

(一)征缴失业保险费的力度不强

1999年1月颁布的《失业保险条例》规定,城镇企业和事业单位及其职工,都要参加失业保险。但是,由于《失业保险条例》仅仅是一项行政法规,不是有关失业保险的法律,影响了失业保险实施的效果。目前,我国仍有一些企业及其职工没有参加失业保险,有些企业因为经济效益不好暂时无力缴费,有些企业则是故意拖欠失业保险缴费,还有一些事业单位不能正常缴费等,这都严重影响了失业保险费的足额征缴。目前,《失业保险条例》的适用范围仅覆盖城镇企业,并未扩充到乡镇企业、城市农民工。大量农村劳动力流向城镇,势必加大城镇的就业压力,致使城镇失业率上升,进而影响失业保险作用的发挥。

(二)失业保险资金的使用有待于进一步规范

目前,失业保险资金支付、使用存在的问题比较多,例如,一些地区挪用失业保险资金解救困难企业,一些地方的社会保险经办机构从失业保险资金中提取过高的管理费用;由于对享受失业保险资格审查程序的不规范,致使一部分人既有工资,又领取失业保险金等,所有这些问题都有待于政府有关部门加强管理,进一步规范失业保险资金的使用。

(三)社会保险经办机构的经费没有完全落实

按照《条例》规定,经办失业保险业务的社会保险经办机构所需要的经费列入预

算,由各级财政划拨。但是,这一规定在执行过程中,由于各级财政实行分级管理,再加上一些地区财政困难,社会保险经办机构的经费并没有得到落实。

(四)失业保险统筹层次较低

目前,我国失业保险的统筹层次虽有所提高,即已从县级统筹提高到地市级统筹,但是失业保险的统筹层次还是比较低的。这是因为,如果某一地区出现大量失业人口,就难以调拨其他地区的资金来缓解失业问题,无法使失业保险基金发挥应有的作用。

(五)失业保险制度的建设有待于进一步深化

我国失业保险的管理需要多个部门的相互配合,其中,劳动保障行政部门主要负责宏观调控,贯彻实施社会保险法律、法规,指导社会保险经办机构的工作,对资金的筹集和发放进行检查;社会保险经办机构则具体承办失业人员登记、核实失业保险待遇等工作。同时,财政部门和审计部门依法对失业保险基金的收支、管理情况进行监督,在基金入不敷出的情况下进行财政补贴。各个部门之间的职能相互补充、相互配合,才能有效地使用和管理基金。但是,由于失业保险管理部门的配合、协调不够,造成失业保险作用的发挥有限。同时,我国失业保险同失业预防、职业培训和失业补救的衔接还不十分紧密,不利于失业者的培训和再就业。

三、解决中国失业保险存在问题的对策

(一)扩大失业保险的适用范围

失业保险制度不仅要保障城镇企事业单位和行政单位的职工,而且还要保障乡镇企业的职工、进城打工的农民工,更要保障跨区域流动的劳动力。只有进一步扩大失业保险的适用范围,才能使失业保险制度保障更多的失业劳动者,缓解失业对社会政治和经济带来的冲击。

(二)规范失业保险基金的使用和管理

目前,我国失业保险基金实行用人单位、个人、政府共同负担的形式,政府主要弥补失业保险基金入不敷出的缺口。参加失业保险的单位缴纳本单位职工工资的 2%,职工个人缴纳本人工资的 1%,这一要求体现了失业保险制度权利和义务对等的原则。失业保险基金形成后,政府监管部门应该制定《失业保险基金管理条例》《失业保险统计、审计条例》及其他相关条例,防止失业保险基金被违法挪用、挤占、贪污、截留等,体现取之于民、用之于民的原则。

(三)落实失业保险管理经费

各级财政部门应该依法确定失业保险管理经费预算,以保障社会保险经办机构能够及时、足额地获得管理经费,以保证失业保险管理工作的顺利进行。

(四)提高失业保险的统筹层次

在条件成熟的条件下,有必要进一步提高失业保险的统筹层次,即由目前失业保险基金的地市级统筹逐步过渡到省级统筹,调剂资金的余缺,提高失业保险基金的使用效率。

(五)建立同失业预防、职业培训和失业补救制度相衔接的失业保险制度

失业保险只是缓解失业的暂时性手段。只有积极创造就业机会,才能改善就业环境,提高劳动者素质,从根本上解决失业的问题。对此,应该加强对失业者的就业服务,将社会保险与职业培训紧密地结合起来,促进失业人员尽快地就业。

案例分析

案例 1:企业被吊销营业执照,职工的失业保险怎么办?

肖某、孙某等 5 人于 20 世纪 70 年代就业于某国有企业;80 年代末,调入该企业下属的一家独立核算的服务公司工作;90 年代,该服务公司业务经营开始走下坡路,管理也越来越松懈。2000 年,该公司因连年不参加工商年检,被工商部门吊销了营业执照。肖某、孙某等 5 人随即失业,却无法领取到失业保险金。

造成肖某、孙某等人无法领取失业保险金的主要原因是,企业被吊销营业执照前职工失业保险问题没有得到妥善地解决,使职工失去了为其办理失业保险关系的依托,职工成了一群"没娘的孩子"。我国《失业保险条例》第 17 条规定,工龄或者累计缴纳失业保险费的时间为 10 年以上者,领取失业保险金的期限最长为 24 个月。根据第 18 条的规定,失业保险金的给付标准,按照低于当地平均工资标准、高于城市最低生活保障标准的水平,由省、自治区、直辖市人民政府确定。由此,肖某、孙某等 5 人可以领取 2 年的失业保险金。

《失业保险金申领发放办法》第 5 条规定,职工失业前其所在单位,应将失业人员名单自终止或解除劳动合同之日起 7 日内向失业保险经办机构备案,并按要求提供终止或解除劳动合同的证明、参加失业保险情况的材料证明等。本案中的企业,在未为职工办理这一系列手续之前,就被工商部门吊销了营业执照,职工失去为社会保险经办机构提供材料的依托,职工的失业保险待遇也就没有了着落。针对这种情况,建议工商管理部门的行动与劳动保障管理部门协调一致。工商部门在吊销企业营业执

照之前,应该留出时间通报给劳动保障管理部门,使企业解散之前,先将职工的养老保险、失业保险等手续办理齐全。企业在被通知吊销营业执照之后,应尽快召开职工大会,依照程序,抓紧做好解散企业职工的善后处理工作,引导职工尽快另谋职业,理顺社会保险关系。

案例 2:如何扩大失业人员再就业的服务领域?

46 岁的徐某失业后,在一家事业单位当上了保安。该单位每月给他发工资、缴纳社会保险费。

失业人员的再就业是失业保险制度的重要方面。在我国国有企业职工失业、下岗不断增多的情况下,引导失业人员再就业,不仅可以解决失业人员的生活问题,而且还可以减轻失业保险制度的负担。目前,可以引导失业人员从事社区服务,拓展家庭就业服务领域。这些就业服务领域主要包括以下几个方面。

1. 保安。保安是当前发展起来的、急需人员的行业,是失业人员再就业的重要行业。

2. 物业管理。物业管理是一个新兴行业。随着物业管理工作的规范和发展,会吸引更多的人员加入到物业管理的行业,物业管理也就成了失业人员再就业的新兴行业。

3. 送货上门服务。鼓励失业人员从事送奶、送水、送气等送货上门服务业务,可以安置部分失业人员。

4. 保险。在各商业保险公司竞争激烈、需要大量保险营销人员的情况下,招用失业人员从事保险营销工作,可以解决失业人员的再就业问题。

5. 家政服务。通过职业介绍,为大龄女性失业人员介绍从事保姆等家政服务。通过开办专门的家庭服务技能培训,可以解决失业人员的生活和再就业问题。社区服务业有许多新领域需要去开发;即使已经开发出来的就业领域,仍有相当大的发展空间。随着时代的发展,社区服务业不仅是一个就业增长点,而且也是一个新的经济增长点。

案例 3:获得经济补偿金后,是否可以领取失业保险金?

李某,某企业职工。1978 年 5 月参加工作,2000 年 8 月,李某同单位解除劳动关系,并获得买断工龄补贴 4 万多元。李某的工龄已被买断,是否可以领取失业保险金?

李某可以领取失业保险金。

所谓买断工龄是指职工对企业改制中解除劳动关系者支付经济补偿金的通俗说法。我国《违反和解除劳动合同的经济补偿办法》规定,经劳动合同当事人协商一致,由用人单位解除劳动合同的,用人单位应根据劳动者在本单位工作的年限,每满一年发给相当于1个月工资的经济补偿金,最多不超过12个月。工作时间不满一年的,按一年的标准发给经济补偿金。1999年3月27日,劳动和社会保障部发布的《关于贯彻两个条例扩大社会保障覆盖范围加强基金征缴工作的通知》规定,下岗职工不论以何种形式实现再就业,都要按规定继续参加社会保险,原来的缴费年限和视同缴费年限连读计算。

根据《关于贯彻执行〈中华人民共和国劳动法〉若干问题的意见》规定,劳动合同解除后,用人单位对符合规定的劳动者应支付经济补偿金,不能因为劳动者领取了失业保险金而拒付或克扣经济补偿金,社会保险经办机构也不得以劳动者领取了经济补偿金为由,停发或减发失业保险金。

复 习 思 考 题

1. 简述社会保险经办机构认定失业的条件。
2. 简述失业保险制度的特点。
3. 简述失业保险制度提供保障的内容。
4. 简述我国失业保险金给付期限的规定。
5. 简述我国失业保险规定的终止给付的情形。
6. 简述失业者领取失业保险金的条件。
7. 简述中国失业保险制度的建立和发展。
8. 简述中国失业保险制度存在的问题。
9. 简述解决中国失业保险制度存在问题的对策。

第九章 工伤保险制度

工业革命创造了人类历史上前所未有的物质文明,但也给人类带来了亘古未有的伤害。机器对人类的劳动能力、生命财产造成的损害远比战争更加残酷,工伤保险制度是人类面对职业伤害的理性选择。1884年,德国政府颁布的《工伤事故保险法》,标志着世界上第一部工伤保险立法的诞生,也标志着因职业伤害引起的劳资争议和冲突的解决有了明确的法律依据。

第一节 工伤保险制度的建立

一、职业伤害与工伤保险制度的特点

(一)职业伤害及其危害

职业伤害简称工伤,是指劳动者在工作岗位从事与生产劳动有关的活动中,发生的人身伤害事故、急性中毒事故。即使劳动者不在工作岗位,由于用人单位设施不安全、劳动条件恶劣而引起的人身伤害事故,也属于职业伤害。职业伤害包括工伤事故和职业病造成的伤害。职业伤害使劳动者身体器官或者生理功能受到损伤,引起劳动能力丧失,严重者经过治疗休养仍然不能完全复原,以致身体或智力功能部分或者全部丧失甚至死亡,其结果就会造成劳动者中断、减少或者失去工薪收入。

(二)工伤保险制度的概念

工伤保险制度是指劳动者在生产经营活动或在某些规定的情况下,遭受意外事故,造成伤残、职业病、死亡等伤害,为劳动者提供医疗救治和康复服务,保证劳动者及其家属生活的社会保险制度。

伤残是伤和残的简称。伤是指劳动者在生产工作或日常生活中发生不测事故,

致使身体组织器官或生理功能遭受损伤,经过治疗休养可以恢复劳动能力。残或者伤残是指人体遭受的损伤比较严重,虽然经过治疗休养仍然不能完全复原,致使肢体功能留有轻度残疾或者部分、完全丧失劳动能力。伤残分为因工伤残和非因工伤残,本节主要探讨因工伤残。

职业病是指劳动者在职业活动中,因接触粉尘、放射性物质和其他有毒、有害物质等因素而引起的疾病。职业病的特点有:

（1）经过较长的时间发病,属于缓发性疾病;

（2）大多表现为体内器官生理功能的损伤(如放射性白血病);

（3）很少有痊愈的可能,属于不可逆的损伤。

（三）工伤保险制度的特点

1. 工伤保险的立法最完善。工伤保险制度是世界上较早出现的一项社会保险制度,工伤保险制度保障的是因工致残者的合法权益,因此,有关工伤保险的立法最完善、最普遍。目前,实施社会保障制度的国家大多有工伤保险方面的规定。

2. 工作是确定工伤的依据。工伤事故与职工是否从事工作、从事工作的时间、地点有关;职业病同从事工作的性质、接触的物质有关,确定工伤保险的认定范围和法定职业病病种是工伤保险制度提供保障的依据。

3. 工伤保险是待遇优厚、保障项目完备的制度。社会化大生产条件下,生产劳动的危害性大,事故发生的频率高,有些工伤事故的发生是不可避免的。工伤保险制度是维持社会再生产和劳动力再生产的必不可少的一项保障制度。因此,工伤保险制度是社会保险待遇给付中最优厚、保障项目最完备的制度。

4. 工伤保险的目标是保障工伤职工生活水平不降低。工伤保险制度保障的目标是,保障劳动者原有的工资水平不会因为工伤而降低,保证伤残职工原有的生活水平。工伤职工的生活费给付要随着在职职工工资的增长而不断地提高,这使工伤保险制度提供的保障区别于养老保险、医疗社会保险等制度。

二、工伤保险制度建立的原则

在世界各国的立法中,有关工伤保险制度的实施主要遵循以下原则。

（一）不追究责任补偿原则

不追究责任补偿原则是指在发生工伤事故时,无论事故责任是否在于劳动者本人,均应无条件地给予受伤者一定程度的经济补偿。也就是说,即使劳动者本人在事故中负有一定的责任,也不能追究责任,应该无条件地给予受伤者工伤保险待遇。无责任补偿原则是国际上普遍实行的原则,切实保障了劳动者的合法权益。

在工业化初期,工人受到职业伤害的损失大多由自己承担。一些国家的民事法典明确规定,工人受到职业伤害后应得到赔偿,但是赔偿的前提条件是,工人在法庭上必须有足够的证据证明自己受到的伤害是由于雇主或他人的过失造成的。一般来说,职工要找到雇主或他人过失的证据很困难,因为风险事故往往瞬间发生。由于无法获得确凿的证据,工人只能独自承担受伤的后果,职工因为伤残而陷入经济贫困的事情时有发生。

19 世纪八九十年代,一些国家才逐步确定了无责任补偿原则。根据这个原则,凡是利用机器从事生产活动的企业或组织,都有可能对雇员造成职业伤害,尽管有时劳动者受到的伤害是自己的过失造成的,但是也并非本人自愿。人与机器相比,总是处于相对弱势的地位,受到伤害有时是难以避免的。企业的机器设备、劳动保护条件、劳动卫生状况等都直接关系到劳动者的安全。安全、卫生条件差的工作环境,容易引发职业疾病。因此,无论何种原因造成的职业伤害,雇主都要承担相应的赔偿责任。雇主支付职业伤害赔偿金是一项日常开支,如同设备维修保养一样,是企业应负的一部分管理责任。国家通过立法强制要求雇主对工伤人员提供一定的经济补偿金,这种工伤保险形式又称为雇主责任制。有些国家规定,由雇主提供赔偿金,如英国、意大利、西班牙等国家;有些国家由雇主协会提供赔偿金,如德国、奥地利等国家;还有一些国家的雇主向商业保险公司投保,将赔偿金通过缴纳保险费的方式转嫁给保险公司。雇主责任保险的缺陷有以下几个方面。

1. 工伤事故的争议较多。受害者向雇主提出索赔的要求同雇主向雇员提供的经济补偿存在比较大的差距。由于劳资双方对伤残事实的确认标准不同,提出的要求也不同,结果导致劳资双方很难达成一致的意见,引发的劳动争议较多。

2. 企业负担较重。发生重大伤亡事故时,需要雇主支付大量的补偿金,用人单位的经营会受到很大影响。一些小企业,往往因为难以支付巨额的赔偿费用而破产,企业由工伤事故而引发的经营风险也比较大。

3. 企业的补偿难以满足伤残职工及其家属的生活。企业为了自身的经济利益,总是尽量压低赔偿金,雇主支付的赔偿金一般要低于受害人的真实需求,不能满足受伤职工养老、医疗、生活等方面的需要。

4. 商业保险无法承担风险较高行业的投保需要。商业保险公司出于营利的目的,一方面尽量压低保险金的支付标准;另一方面千方百计地将职业危险性较高的企业排除在外,无法满足受害者及其家属、遗属的生活要求。这时的工伤管理亟待由雇主责任制过渡到社会化的工伤保险制度,也正因如此,国家举办的工伤保险制度才逐步发展起来。

5. 工伤保险制度的实施有利于保护企业和劳动者的权益。国家举办的工伤保险制度的实施，不仅保障了劳动者及其家属的合法权益，也保障了用人单位的生产、经营和发展。对于劳动者来说，工伤保险保障了劳动者获得医疗救治、经济补偿和职业康复的权利；保障了劳动者及其遗属的生活需要，防止其陷入贫困；解除了劳动者及其家属的后顾之忧。对于用人单位来说，工伤保险制度保障了工伤人员的生活需求，减少了劳动争议事件的发生；减少了用人单位因工伤事故带来的损失；促进了用人单位安全生产，减少了工伤事故的发生。

（二）风险分担、互助互济原则

分担风险、互济互助是指政府依据立法，强制征收工伤保险费，建立工伤保险统筹资金，运用大数法则进行测算，确定用人单位的缴费义务，形成工伤保险基金，通过互助互济的方式分担风险。社会保险经办机构在地区、行业、用人单位和个人之间调剂使用工伤保险基金。这一原则可以缓解部分用人单位、行业因工伤事故而带来过重的经济负担，可以及时、公正地保障工伤人员享受应有的待遇，可以减少社会矛盾，有利于用人单位生产的顺利进行。

（三）区分因工负伤和非因工负伤的原则

职业伤害与职工的工作性质、职业特点有很大的关系，工伤保险的给付待遇也比较高，享受工伤保险的条件也比较宽。只要属于工伤保险范围内的事故，不受年龄、性别、缴费期限的限制，而因病或非因工伤亡与劳动者是否工作没有关系，基本医疗保险中疾病津贴的给付条件要受到劳动者年龄和个人缴费期限的限制，基本医疗保险待遇要比工伤保险低得多。因此，在发生伤残事故时，必须严格区分工伤和非因工负伤。

（四）补偿、预防和康复相结合的原则

工伤保险的根本任务是预防、减少和消除工伤事故的发生，保障劳动者的生命和财产安全，促进经济发展。可见，工伤补偿是工伤保险的途径，医疗康复和职业康复是工伤保险的目标，工伤预防是工伤保险实施的前提，将工伤补偿与预防、康复有机地结合，是工伤保险的重要原则。也就是说，一旦发生工伤事故，除了进行工伤补偿外，还需要做好工伤事故的预防和康复工作。目前，世界各国都把加强安全生产、加强劳动保护、减少工伤事故的发生、事故发生后的及时治疗和劳动者早日康复，重新回到工作岗位等作为一项重要的工作内容。

（五）一次性补偿与长期补偿相结合的原则

工伤事故发生后,社会保险经办机构对因工伤事故部分丧失劳动能力或者完全丧失劳动能力或者因工死亡的劳动者及其遗属应当支付一次性补偿金,作为劳动者因遭遇工伤事故导致工资收入中断的生活费用补偿。但是,一次性补偿无法对受伤者及其遗属未来的生活给予足够的保障,需要给予长期的补偿。因此,工伤保险除了一次性支付补偿金以外,还对受伤人员或其供养的家属提供长期补偿,直到供养的条件消失为止。

第二节　工伤保险资金的筹集和管理

工伤保险资金的筹集是为了实施工伤保险制度而从各用人单位聚集的资金;工伤保险资金的管理可以确保工伤事故发生时,能够给予工伤职工及其家属一定程度的经济补偿。

一、工伤保险资金筹集的原则

工伤保险资金以大数法则为依据,通过广泛地筹措资金,使可能发生在少数人或者少数单位、地区的风险事故,转由多数人或多数单位、地区共同分担,使资金可以在人员、用人单位或地区之间调剂使用。这样,一旦发生工伤事故,社会保险经办机构才能及时、足额地给付工伤保险金、支付医疗费等。一般来说,工伤保险资金的筹集遵循以下原则。

（一）以支定收、收支平衡、留有适当储备的原则

工伤保险资金的筹集依据工伤保险制度的给付确定,但是,由于工伤保险事故的发生,具有较强的突发性、偶然性,是难以预测的,所以,在工伤保险资金的使用上应当坚持以支定收、收支平衡、略有结余的原则,以防突发性、重大工伤事故发生后对工伤保险资金的需要。

（二）实行个人不缴费的原则

工伤保险费通常由用人单位按照政府规定的缴费率缴纳,劳动者个人不缴纳任何费用,这是工伤保险与养老保险、失业保险、医疗社会保险、生育保险的不同之处。个人不缴费的原因是,劳动者在为用人单位创造财富、为社会作出贡献的同时,付出了自己的健康和生命,受伤者恢复体力的费用不应当由劳动者自己承担,而应当由用

人单位全额承担。

（三）确定合理缴费率的原则

建立工伤保险制度需要考虑影响工伤保险资金供需双方的因素。首先，需要考虑保障伤残人员及其家属的基本生活需要，如医疗服务费、手术治疗费、短期生活费、长期抚恤费以及遗属抚恤费等；其次，需要考虑确定的费率标准是否可行，既要体现社会公平，对于具有不同风险度的用人单位征收不同的工伤保险缴费率，还要考虑用人单位和政府的经济承受能力，不应该出现用人单位因缴纳工伤保险费而被迫提高产品价格、市场竞争力下降等问题。总之，工伤保险的筹资水平要合理，要根据用人单位和财政的承受能力适度补偿。

二、工伤保险缴费率的确定

工伤保险缴费率是指社会保险费的征收机构向用人单位征收的工伤保险费与职工工资总额的比率。目前，世界各国工伤保险费率确定的方式主要有以下几种。

（一）统一费率制

统一费率制是指根据统筹共济、共担风险的原则，对所有的用人单位采取统一的提取比例。统一费率制的确定方法是将统筹范围内的预计费用支出同用人单位的工资总额进行比较，就可以得出总的工伤保险缴费率。目前，实行统一费率制的国家主要有以色列、埃及等国家。

（二）差别费率制

差别费率制是指社会保险经办机构在确定工伤保险费率时，根据不同行业、产业职业危害程度的类别和发生工伤事故和职业病的频率，确定不同比例的工伤保险费率。差别费率是国际上通行的办法，差别费率制使每个行业、产业工伤事故发生的频率同工伤保险费率相联系，使工伤保险的缴费更加公平、合法。目前，实行差别费率的国家主要有德国、美国、日本、中国等国家。例如，我国《工伤保险条例》规定，国家根据不同行业的工伤风险程度确定行业的差别费率，并根据工伤保险费使用、工伤发生率等情况在每个行业内确定若干个费率档次。行业差别费率及行业内费率档次由国务院劳动保障行政部门会同国务院财政部门、卫生行政部门、安全生产监督管理部门制定，报国务院批准后公布施行。劳动和社会保障部于2003年10月29日发布的《关于工伤保险费率问题的通知》规定，根据不同行业的工伤风险程度，参照《国民经济行业分类》，将行业划分为三个类别：一类为风险较低的行业；二类为风险中等的行业;三类为风险较高的行业。三类行业分别实行三种不同的工伤保险缴费率。统筹地区社会保险经办机构要根据用人单位的工商登记和主要生产经营业务等情况,分别确定用人单位的行业风险类别(见表 9-1)。各省、自治区、直辖市工伤保险平均缴费率原则上要控制在职工工资总额的 1.0%左右。在这一总体水平下,各统筹地区三类行业的基准费率要分别控制在用人单位职工工资总额的 0.5%左右、1.0%左右和2.0%左右。各统筹地区劳动和社会保障部门要会同财政、卫生、安全监管部门,按照以支定收、收支平衡的原则,根据工伤保险费使用、工伤发生率、职业病危害程度等情况,提出分类行业基准费率的具体标准,报统筹地区人民政府批准后实施。基准费率的具体标准可以定期调整。

表 9-1　我国工伤保险行业风险类别划分和费率

风险等级	风险性质	行 业 名 称	费率(%)
一类	风险较低	银行业,证券业,保险业,其他金融活动业,居民服务业,其他服务业,租赁业,商务服务业,住宿业,餐饮业,批发业,零售业,仓储业,邮政业,电信和其他传输服务业等。	0.5
二类	风险中等	房地产业,体育、娱乐业,水利管理业,环境管理业,公共设施管理业,农副食品加工业,食品制造业,饮料制造业,烟草制品业,纺织业,纺织服装、鞋、帽制造业,皮革,毛皮,羽绒及其制品业等。	1.0
三类	风险较高	石油加工、炼焦及核心燃料加工业,化学原料及化学制品制造业。黑色金属冶炼及压延加工业,有色金属冶炼及压延加工业,石油和天然气开采业,黑色金属矿采选业,金属矿采选业,非金属矿采选业。	2.0

(三)浮动费率制

浮动费率制是指社会保险经办机构在确定行业缴纳的工伤保险费率以后,根据每一个用人单位在一定时期内(上一年度)安全生产的实际情况,在评估用人单位事故风险的基础上,适当提高或降低下一年度工伤保险的缴费率。对于那些安全生产管理好的用人单位,社会保险经办机构可以将用人单位应缴的工伤保险费率降低;对于那些安全生产管理差、发生工伤事故比较多的用人单位,可以提高工伤保险的缴费率。浮动费率制也是国际上通行的一种方法,采用浮动费率制的调节方式可以起到促进用人单位预防工伤事故、加强劳动保护、改善劳动卫生条件的作用。例如,根据我国劳动和社会保障部颁布的《关于工伤保险费率问题的通知》的规定,用人单位属于一类行业的,按行业基准费率缴费,不实行费率浮动。用人单位属于二、三类行业的,费率实行浮动。用人单位的初次缴费费率,按行业基准费率确定,以后由统筹地区社会保险经办机构根据用人单位工伤保险费使用、工伤发生率、职业病危害程度等因素确定,工伤保险费率1～3年浮动1次。在行业基准费率的基础上,可以上下各浮动两档：上浮第一档为本行业基准费率的 120%，上浮第二档为本行业基准费率的 150%，下浮第一档为本行业基准费率的 80%，下浮第二档为本行业基准费率的 50%。费率浮动的具体办法由各统筹地区劳动保障行政部门会同财政、卫生和安全监管部门制定。

三、工伤保险资金的管理

工伤保险资金的管理是工伤保险的重要内容。例如，我国工伤保险目前采取地级或者县级统筹，工伤保险资金的筹集、管理和支付办法等由当地劳动保障行政部门会同财政部门拟定，报请同级人民政府批准后执行。

社会保险经办机构为工伤保险筹集的资金只能用于给付工伤保险待遇、劳动能力鉴定以及法律、法规规定的用于工伤保险的其他费用支出，任何单位或者个人不得将工伤保险资金用于投资运营、兴建或者改建办公场所、发放奖金或者挪作其他用途。

工伤保险资金应当留有一定比例的储备金，用于统筹地区发生重大事故的工伤保险待遇的支付；储备金不足以支付的，由统筹地区的人民政府垫付。储备金占工伤保险资金总额的具体比例和储备金的使用办法，由省、自治区、直辖市人民政府规定。

工伤保险资金的使用要接受上级社会保险资金监督委员会的监督，要接受财政、审计部门的监督。各级社会保险经办机构要建立、健全内部财务制度，实行收支两条线管理，保证资金的专款专用，安全有效地运营工伤保险资金。任何单位和个人不得挤占、挪用，也不得用于平衡预算。

第三节　工伤保险待遇的给付

一、工伤认定

工伤认定是职工享受工伤保险待遇的前提条件，也是区分因工负伤与非因工负伤的依据。职工负伤、致残、死亡或者患病是因工造成的，还是非因工造成的，对这一事实的确认，就是工伤认定。

工伤认定是指法律法规规定的机构对特定伤害是否属于工伤范围的确认。通常国家要设立专门的认定机构，或者由劳动保障行政管理部门对劳动者是否属于工伤进行认定。

（一）工伤认定的程序

工伤认定的程序是指国家法律法规规定的确认因工负伤必须履行的一般步骤。例如,我国工伤认定的程序主要经过以下几个步骤。

1. 报告和申请。用人单位应当自工伤事故发生之日或者职业病被确诊之日起,30 日内向统筹地区社会保险行政部门提交工伤报告。工伤职工或者近亲属应当自工伤事故发生之日或者职业病被确诊之日起,30 日内向统筹地区社会保险行政部门提出认定工伤的申请。如遇有特殊情况,经报社会保险行政部门同意,申请认定的时限可以适当延长。工伤职工本人或者近亲属没有可能提出申请的,可以由用人单位工会组织代表工伤职工提出工伤认定的申请。用人单位未按前面的规定提出工伤认定申请的,工伤职工或者其近亲属、工会组织在事故伤害发生之日或者被诊断、鉴定为职业病之日起 1 年内,可以直接向用人单位所在地的统筹地区社会保险行政部门提出工伤认定的申请。

2. 工伤认定。申请工伤认定应当提交以下材料:(1)工伤认定申请表;(2)与用人单位存在劳动关系(包括事实劳动关系)的证明材料;(3)医疗诊断证明或者职业病诊断证明书(或者职业病诊断鉴定书)。工伤认定申请人提供材料不完整的,社会保险行政部门应当一次性书面告知工伤认定申请人需要补正的全部材料。申请人按照书面告知要求补正材料后,社会保险行政部门应当受理。社会保险行政管理部门接到用人单位的工伤报告或者职工的工伤认定申请后,应当进行调查取证,在 60 日内作出是否认定为工伤的决定,并书面通知申请工伤认定的职工或者近亲属和该职工所在单位。社会保险行政部门对受理的事实清楚、权利义务明确的工伤认定申请,应当在 15 日内作出工伤认定的决定。作出工伤认定决定需要以司法机关或者行政主管部门的结论为依据的,在司法机关或者有关行政主管部门尚未作出结论期间,作出工伤认定决定的时限中止。

职业病诊断和诊断争议的鉴定,依照我国《职业病防治法》的有关规定执行。对依法取得职业病诊断证明书或者职业病诊断鉴定书的,社会保险行政部门不再进行调查核实。职工或者其直系亲属认为是工伤,用人单位不认为是工伤的,由用人单位承担举证责任。工伤认定的决定应当以书面形式通知用人单位。对于确属工伤事故造成伤害的职工,社会保险行政部门应当出具《工伤认定书》。

3. 意外事故中因工死亡的认定。职工因工外出期间或者抢险救灾中失踪的,其亲属或者用人单位应当向所在地公安部门、社会保险行政部门报告。社会保险行政部门应当根据人民法院宣告死亡的结论认定为因工死亡。

(二)工伤事故认定的范围

工伤事故的发生必须同工作(或职业活动)的时间和地点相关。1921年,国际劳工大会通过的《关于工人(包括农民工人)赔偿的公约》中,将工伤定义为"由于工作直接或间接引起的事故"。从这一定义来看,最初的工伤概念中不包括职业病。随着时间的推移,世界各国逐渐将职业病纳入了工伤保险保障的范围内。1952年公布的《社会保障(最低标准)公约》(第102号)规定,工伤事故的范围是"因受雇发生的事故或者规定的疾病",这就把职业病纳入了工伤保险的范畴。1964年,第48届国际劳工大会通过的《工伤事故和职业病津贴公约》指出:"实施工伤保险的目的,是在受雇人员发生不测事故时,提供医疗护理及现金津贴,进行职业康复,为残废者安排适当的职业,采取措施防止工伤事故和职业病。"

工伤事故认定的范围从最初的仅包括工作上的意外事故,扩展到上下班途中发生的意外事故。根据《1964年工伤事故津贴建议书》的要求,把下列事故列为工伤事故。

(1) 不论其原因,只要是在作业时间内,在作业地点或附近或在作业场所外的任何地点因工作而发生的事故。

(2) 在工作前后的一段合理的时间内,从事与工作有关的诸如运输、清理、备料、安全、储存、收拾工具和衣服等预备和收尾性工作时发生的事故。

(3) 在直通作业地点的路上发生的事故;在直通雇员通常用餐地点的路上发生的事故;在直通雇员接受报酬的地点或路上发生的事故。

例如,我国于2010年12月24日修订的《工伤保险条例》(以下简称《条例》)规定了认定工伤的几种情形:

(1) 在工作时间和工作场所内,因工作原因受到事故伤害的;

(2) 工作时间前后在工作场所内,从事与工作有关的预备性或者收尾性工作受到事故伤害的;

(3) 在工作时间和工作场所内,因履行工作职责受到暴力等意外伤害的;

(4) 患职业病的;

(5) 因工外出期间,由于工作原因受到伤害或者发生事故下落不明的;

(6) 在上下班途中,受到非本人主要责任的交通事故或者城市轨道交通、客运轮渡、火车事故伤害的;

(7) 法律、行政法规规定的应当认定为工伤的其他情形。

职工有下列情形之一的,视同为工伤:

(1) 在工作时间和工作岗位,突发疾病死亡或者在48小时之内经抢救无效死亡的；

(2) 在抢险救灾等维护国家利益、公共利益活动中受到伤害的；

(3) 职工原在军队服役，因战、因公负伤致残，已取得《革命伤残军人证》，到用人单位后旧伤复发的。

职工有前款第(1)项、第(2)项情形的，按照《条例》的有关规定，享受工伤保险待遇；职工有前款第(3)项情形的，按照该《条例》的有关规定，享受除一次性伤残补助金以外的工伤保险待遇。职工有下列情形之一的，不得认定为工伤或者视同工伤：

(1) 故意犯罪的；

(2) 醉酒或吸毒的；

(3) 自残或者自杀的。

(三) 职业病的认定范围

1. 职业病的认定是社会保险行政部门会同卫生行政部门认定的。例如，根据第十一届全国人民代表大会常务委员会第二十四次会议于 2011 年 12 月 31 日通过的《关于修订〈中华人民共和国职业病防治法〉的决定》的规定，职业病的诊断，应当综合分析下列因素：

(1) 病人职业史；

(2) 职业病危害接触史和现场危害调查与评价；

(3) 临床表现以及辅助检查结果。

没有证据否定职业病危害因素与病人临床表现之间有必然联系的，在排除其他致病因素后，应该诊断为职业病。承担职业病诊断的医疗卫生机构应当具备下列条件：①持有《医疗机构执业许可证》；②具有与开展职业病诊断相适应的医疗卫生技术人员；③具有与开展职业病诊断相适应的仪器、设备；④具有健全的职业病诊断质量管理制度。在进行职业病诊断时，应该组织 3 名以上取得职业病诊断资格的执业医师集体诊断。职业病诊断证明书应当由参与诊断的医师共同签署，并经承担职业病诊断的医疗卫生机构审核盖章。

2. 工伤保险保障的是法定职业病。法定职业病是指政府根据经济发展的状况、科技水平以及医疗技术等因素以立法形式确定的疾病。通常法定职业病将职业病病种限定在一定的范围之内。1925 年国际劳工会议同意将三种疾病(铅中毒、汞中毒和炭疽病感染)列入工伤保险的范畴，但是，当时并未明确定义职业病这一概念，各国政府对职业病的重视程度也不够。1952 年通过的《社会保障(最低标准)公约》规定，工伤事故的保障范围是"因受雇发生的事故或者规定的疾病"，首次提出职业病应该纳入工伤保险的范围。1964 年通过的《职业伤害赔偿公约》将 15 种疾病列入了职业病;1980 年第 66 届国际劳工大会又将法定职业病增加到 29 种。目前,世界上已经证实的职业病有一百多种。例如,我国卫生部于 2002 年出台的《职业病目录》,列举的职业病种类为十类 115 种。随着科学技术的进步、医疗卫生水平的提高、劳动能力鉴定水平的改进,法定职业病列举的种类也会有所增加。目前,我国法定职业病的范围主要有以下几个方面。

(1) 尘肺,共 13 种,主要包括矽肺、煤工尘肺、石墨尘肺、炭黑尘肺等。

(2) 职业性放射性疾病,共 11 种,主要包括外照射性放射病、内照射放射病、放射性皮肤病、放射性肿瘤等。

(3) 职业中毒,共 56 种,主要包括铅、汞、锰金属及其化合物中毒。

(4) 物理因素所致职业病,共 5 种,包括中暑、减压病、高原病、航空病和手臂振动病。

(5) 生物因素所致职业病,共 3 种,包括炭疽、森林脑炎和布氏杆菌病。

(6) 职业性皮肤病,共 8 种,主要包括接触性皮炎、电光性皮炎、痤疮、溃疡等。

(7) 职业性眼病,共 3 种,包括化学性眼部灼伤、电光性眼病、职业性白内障。

(8) 职业性耳、鼻、喉口腔疾病,共 3 种,包括噪音聋、铬鼻病和牙酸蚀病。

(9) 职业性肿瘤,共 8 种,石棉所致肺癌间皮瘤、苯所致白血病、氯甲醚所致肺癌等。

(10) 其他职业病,共 5 种,包括金属烟热、职业性哮喘、职业性变态反应性肺泡炎、棉尘病和煤矿井下工人滑囊炎。在国家规定的法定职业病范围内,各地区、各部门需要增补的职业病,应该报卫生部批准。目前,我国已将 SARS、禽流感列为法定职业病。

二、劳动能力鉴定

劳动能力鉴定是工伤保险管理工作的重要环节。劳动能力鉴定是对工伤职工受伤程度的评价,劳动能力鉴定的结论是用人单位安排职工生活、工作的重要依据,是对工伤人员伤残程度和劳动能力障碍程度的综合评定。

(一)劳动能力鉴定和鉴定的结论

劳动能力是指人工作的能力,是人们在一定的时间内能够维持和完成一定作业强度劳动或者工作任务的能力。通常劳动能力分为以下三类。

(1) 一般劳动能力。一般劳动能力是人们能完成一般性普通劳动的能力,如日常生活、家务劳动等方面的能力。

（2）职业劳动能力。职业劳动能力主要是指从事各种职业性工作的能力，这种职业劳动能力是个人在社会中所从事的作为主要生活来源工作的能力，如厨师、司机、电焊工、电工等方面的能力。

（3）专业职业能力。专业职业能力是指从事专门的较高学问或技能的工作能力。专业职业能力需要经过一定的技能训练后才能胜任，一般人可能无法完成这项劳动，如演奏乐器等。

劳动能力鉴定又称医务劳动鉴定，是指由法定机构对劳动者在职业活动中因工负伤或患职业病后，根据工伤保险法规的规定对工伤职工劳动功能障碍程度（伤残程度）和生活自理障碍程度做出的技术性鉴定结论。对于伤残人员劳动功能障碍程度的鉴定，需要以科学的方法，在合理的时间内作出科学的结论。劳动能力鉴定一般需要委托有条件的医疗机构或者聘请具有鉴定资格的医生组成的专家组进行鉴定。职工负伤后，对其劳动能力进行鉴定的作用主要有以下几个方面。

1. 劳动能力鉴定是给予工伤人员休假期、医疗期、医疗护理的依据。例如，我国工伤保险制度规定，工伤人员在工伤医疗期内治愈或者伤情处于相对稳定，或者医疗期满仍然不能工作的，应该进行劳动能力鉴定，评定伤残等级并定期复查伤残的状况。

2. 劳动能力鉴定提供的结论是评定是否丧失劳动能力和退休、退职的依据。职工非因工负伤退休、退职，受到年龄和工作年限的限制；而职工因工负伤退职，则不受年龄和工作年限的限制。

3. 劳动能力鉴定所提供的结论是调整工作岗位和恢复工作的依据。劳动能力丧失程度的不同，产生的结果也不同：

（1）劳动者不能再从事任何工作，需要退出生产过程；

（2）劳动者不能再从事原本适合他的工作岗位或者职业，可以调换工作岗位；

（3）劳动者可以恢复适合他的工作岗位或者职业。劳动能力鉴定是用人单位安排工伤职工工作的重要依据。

4. 确定职工因工丧失劳动能力的程度，可以为受伤人员享受合法的保障提供依据。受伤人员得到的物质保障，是依据工伤人员的劳动能力鉴定结论给付的。

5. 劳动能力鉴定对职工是否被认定为工伤和职业病提供了政策依据，不仅有利于社会保险行政部门加强对伤残职工的管理，而且有利于保护工伤人员的合法权益。

（二）劳动能力鉴定的条件

工伤职工在什么情况下应当进行劳动能力鉴定，各国政府都有明确的规定，即在发生工伤事故、疾病后，经过治疗伤情相对稳定后，职工存在残疾、影响劳动能力的情况,应当进行劳动能力鉴定。进行劳动能力鉴定的条件,主要有以下两方面。

1. 经过治疗伤情相对稳定。如果发生疾病或者工伤事故初期,就进行劳动能力鉴定是不科学的。这是因为疾病或者工伤事故发生的初期,职工的病情并不稳定,无法确定劳动能力障碍的程度,病情在不稳定的情况下作出的鉴定结论往往是不准确的。

2. 存在残疾、影响劳动能力。对于发生工伤后,职工并无残疾,也不影响劳动能力的情况则不需要进行劳动能力鉴定。存在残疾、影响劳动能力,是进行劳动能力鉴定的前提条件。

(三)劳动能力鉴定的程序

劳动能力鉴定结论的得出,需要经过以下程序。

1. 申请劳动能力鉴定。例如,我国政府规定,用人单位、工伤职工或者其近亲属向设区的市级劳动能力鉴定委员会提出劳动能力鉴定的申请。提出劳动能力鉴定申请的途径主要有以下几个方面。

(1) 用人单位向设区的市级劳动能力鉴定委员会提出申请。用人单位需要提供由社会保险行政部门作出的职工工伤认定的决定以及职工医疗的有关资料。这些资料包括职工个人情况、工伤事故发生或者患职业病情况的资料、医疗卫生机构诊断资料等。

(2) 职工本人直接向设区的市级劳动能力鉴定委员会提出。职工个人应该提供工伤认定决定和工伤医疗的有关资料。

(3) 近亲属代表工伤职工向设区的市级劳动能力鉴定委员会提出申请。工伤职工本人由于伤残或者其他原因,无法亲自提出申请的,其近亲属也可以代其向设区的市级劳动能力鉴定委员会提出申请,并且提交工伤认定决定、职工工伤医疗的有关资料。收到申请的劳动能力鉴定委员会应当审查申请人是否提供了工伤认定的决定和职工工伤医疗的有关资料。对于没有按照规定提供医疗资料的,可以要求申请人补正相关的资料。

2. 组成劳动能力鉴定专家组。劳动能力鉴定委员会从建立的医疗卫生专家库中随机抽取3名或者5名相关专家组成专家组。抽取专家的过程应当公开、公正,不允许"暗箱操作"。对于专家组组成的要求主要有以下两个方面:(1)专家组成员必须是单数。例如,我国《工伤保险条例》规定,劳动能力鉴定的专家组应该有3名或5名,对于鉴定的难易程度以及其他因素综合考虑。(2)专家组成员必须具备以下条件:①具有医疗卫生高级专业技术任职资格;②掌握劳动能力鉴定的相关知识;③具有良好的职业道德。

3. 专家组提出鉴定意见。专家组的鉴定意见应当对工伤职工的失能程度做出客观的评价,即确定职工伤残的状况,写出定性、定量的诊断意见,但不出具最后的鉴定结论。劳动能力鉴定委员会办公室的工作人员及劳动能力鉴定专家,有下列情形之一的,用人单位及被鉴定人有权以口头或书面的方式申请回避:(1)鉴定委员会成员或专家是用人单位法定代表人或主要负责人,被鉴定人的近亲属;(2)与被鉴定人及用人单位有利害关系的;(3)与被鉴定人及用人单位有其他关系,可能影响鉴定结论的。劳动能力鉴定委员会办公室工作人员的回避由劳动能力鉴定委员会主任作出;劳动能力鉴定专家回避由劳动能力鉴定委员会办公室负责人作出。

4. 做出工伤职工劳动能力鉴定结论。劳动能力鉴定委员会根据专家组的鉴定意见,做出工伤人员劳动能力障碍情况的鉴定结论,并将鉴定结论通知职工所在的单位和本人。例如,我国《工伤保险条例》规定,设区的市级劳动能力鉴定委员会应当自收到劳动能力鉴定申请之日起 60 日内做出劳动能力鉴定结论;必要时,做出劳动能力鉴定结论的期限可以延长 30 日。劳动能力鉴定结论应当及时送达申请鉴定的单位和个人。

5. 重新鉴定。重新鉴定包括定期复查鉴定和处理争议的复查鉴定。定期复查鉴定主要是指在国家规定的医疗期满时进行的鉴定。有些由于伤残未愈不能进行鉴定者,有些职工的伤残情况会随着时间的推移而加重,应该按照国家有关规定,进行重新鉴定。劳动争议处理的复查鉴定主要是指工伤职工及其近亲属对劳动能力鉴定委员会做出的鉴定结论不服,可以在收到鉴定结论 15 日内向上一级劳动能力鉴定委员会申请重新鉴定。上一级劳动能力鉴定委员会将根据工伤人员的情况,做出最终的鉴定结论。申请鉴定的单位或者个人对劳动能力鉴定结论不服的,不能通过行政复议或行政诉讼程序来处理。

(四)劳动能力鉴定的标准

伤残等级是工伤保险给付的依据,评残标准是劳动能力丧失程度鉴定的标准。劳动者伤残的原因不同,劳动能力鉴定的评残标准也是不同的。例如,我国劳动能力鉴定标准由国务院社会保险行政部门会同卫生行政部门等部门制定。《劳动能力鉴定——职工工伤和职业病致残等级》是针对职工因工负伤或患职业病后,在工伤医疗期内治愈或伤情处于相对稳定的状态,以及医疗期满仍不能工作的,通过医学检查对职工伤残丧失劳动能力的程度和护理依赖程度进行的等级鉴定。《职工疾病和非因工致残程度鉴定》的标准主要适用于职工因病或非因工负伤、致残需要办理提前退休、退职或离岗退养、终止或解除劳动合同关系,以及确定给付医疗补助等问题时,对伤病残障程度进行的鉴定。

具体到世界各国,工伤保险的评残标准也并不统一。日本工伤保险的工伤残疾表共有 4 个等级,分为眼、耳、口、神经系统等 10 个部位。英国则把残疾程度按 $1\%\sim100\%$ 排列,分为 55 个等级。该国政府规定,双目失明、完全耳聋为 100% 残疾,失去一只眼睛为 40% 残疾。例如,我国工伤职工按照器官损伤、功能障碍、医疗依赖、护理依赖和心理障碍五方面的分级标准,进行综合评定。

1. 器官损伤。器官损伤是外伤或疾病直接作用于肌体组织器官,导致人体器官的损伤,器官损伤与功能障碍的程度密切相关。例如,由于工伤事故造成职工一侧肾摘除,被摘除的一侧肾会引起肌体功能障碍。

2. 功能障碍。职工外伤或疾病后,肌体器官损伤或缺失,导致肌体组织不能发挥正常的作用,出现肌体功能的障碍。功能障碍的程度与器官受损的部位和严重程度有关。一般来说,对于功能障碍的判定,应该以伤病职工合同期满或者医疗期满或者医疗期内医疗终结时,所作的医疗检查结果为依据,根据相关的判定标准逐一确定。

3. 医疗依赖。医疗依赖是指伤病职工因伤、病致残或者经过一段时间的治疗后,医疗期满仍然不能脱离治疗。通常医疗依赖分为以下两种。

(1) 特殊医疗依赖。特殊医疗依赖是指职工伤病致残程度严重,于医疗期满时仍然需要这种特殊的医疗。如果脱离对这种特殊医疗的依赖,伤病者会因生活不能自理或部分不能自理,无法或者难以生活,甚至可能发生死亡。

(2) 一般医疗依赖。一般医疗依赖是指职工致残程度较重,于医疗期满时仍然不能完全脱离一般性治疗(不含理疗等一般性的康复治疗),或者间歇进行一般治疗,但生活能够自理。

4. 自理障碍。自理障碍是指伤病职工在医疗期满或医疗终结时,仍然遗留严重的残情,生活不能自理,需要依赖他人的护理。根据伤残职工生活自理的程度,可以确定护理依赖的级别。生活自理程度鉴定主要依据下列五项:进食(完全不能自主进食,需要依赖他人帮助);翻身(不能自主翻身);大、小便(不能自主行动,排大小便需要他人帮助);穿衣、洗漱(不能自己穿衣、洗漱,完全依赖他人帮助);自主行动。自理障碍依据程度不同,可以分为以下三级。

(1) 完全生活自理障碍。完全生活自理障碍是指生活不能自理,上述五项都需要护理。

(2) 大部分生活自理障碍。大部分生活自理障碍是指生活大部分不能自理,上述五项中有三项或四项需要护理。

(3) 部分生活自理障碍。部分生活自理障碍是指部分生活不能自理,上述五项中有一项或两项需要护理。

5. 心理障碍。一些特殊的残情在器官缺损或功能障碍的情况下虽不造成医疗依赖,但会引起心理障碍或者降低伤残者的生活质量。心理障碍是指工伤事故使工作人员存在心理障碍。在评定伤残等级时,应当适当地考虑心理伤害的后果。

依据器官损伤、功能障碍、医疗依赖、护理依赖和心理障碍五项标准,我国工伤保险将伤残程度划分为 10 个等级(见表 9-2),530 个条目。根据条目划分原则以及工伤致残程度,综合考虑各门类间的平衡,将残情级别分为一至十级。从一级到十级由重到轻的顺序排列,最严重的工伤是第一级,最轻的工伤是第十级。其中,一级至四级工伤为生活完全不能自理;五级至六级工伤为生活大部分不能自理;七级至十级工伤为生活部分不能自理。

表 9-2　我国职工工伤与职业病致残程度分级表①

类别	级别综合判定依据
一级	器官缺失或功能完全丧失,其他器官不能代偿,存在特殊医疗依赖,或完全或大部分或部分生活自理障碍
二级	器官严重缺损或畸形,有严重功能障碍或并发症,存在特殊医疗依赖,或大部分或部分生活自理障碍
三级	器官严重缺损或畸形,有严重功能障碍或并发症,存在特殊医疗依赖,或部分生活自理障碍
四级	器官严重缺损或畸形,有严重功能障碍或并发症,存在特殊医疗依赖,或部分生活自理障碍或无生活自理障碍
五级	器官大部分缺损或明显畸形,有较重功能障碍或并发症,存在一般医疗依赖,无生活自理障碍
六级	器官大部分缺损或明显畸形,有中等功能障碍或并发症,存在一般医疗依赖,无生活自理障碍
七级	器官大部分缺损或畸形,有轻度功能障碍或并发症,存在一般医疗依赖,无生活自理障碍
八级	器官部分缺损,形态异常,轻度功能障碍,存在一般医疗依赖,无生活自理障碍
九级	器官部分缺损,形态异常,轻度功能障碍,无医疗依赖或者存在一般医疗依赖,无生活自理障碍
十级	器官部分缺损,形态异常,无功能障碍,无医疗依赖或者存在一般医疗依赖,无生活自理障碍

(五)劳动能力鉴定的结论

按照劳动能力丧失持续的时间,可以分为暂时丧失劳动能力和永久丧失劳动能

---

① 《劳动能力鉴定职工工伤与职业病致残等级(GB/T 16180—2014)》。

力。暂时丧失劳动能力是指损伤或疾病致使肌体功能障碍,经过一段时间的治疗、痊愈后,劳动能力可以恢复。暂时丧失劳动能力不在劳动能力鉴定的范围内。永久丧失劳动能力是指损伤或疾病造成劳动者劳动能力下降或丧失,经过相当长一段时间的治疗后,仍然不能恢复或者仅能部分恢复劳动能力。例如,我国《工伤保险条例》对于永久丧失劳动能力的工伤职工,按照劳动功能障碍程度或者生活自理障碍程度划分为十级,按照生活自理程度分为生活完全不能自理、生活大部分不能自理和生活部分不能自理。

三、工伤保险待遇的给付

工伤保险待遇的给付包括实物给付和现金给付两种。实物给付包括对伤病人员的医疗服务、伤残康复及事故预防等措施,如建筑企业发给职工的安全帽、用人单位为受伤职工聘请护工护理、公安部门发给武警的防弹背心等,都属于实物给付。现金给付包括暂时丧失劳动能力津贴、永久丧失劳动能力津贴、遗属津贴等。

（一）工伤保险给付水平的确定

工伤保险给付水平的确定应该以不给受伤人员及其家属带来过重的经济损失为目的,也应该使工伤人员不至于由于工伤事故而降低原有的生活水平。如果说,养老保险、医疗社会保险的给付是以基本保障为给付原则的话,那么,工伤保险的保障原则是保障工伤人员原有的生活水平。基于以上原则,确定工伤保险的给付水平应该考虑以下因素。

1. 工伤人员原有的工资水平。工伤人员原有工资水平是确定工伤保险现金给付的依据。工伤人员由于退出生产过程会造成的收入水平的降低,应该由工伤保险不断地进行适当的调整,这样可以保障职工不至于因为工伤、职业病而降低原有的生活水平。

2. 工伤人员供养的家属。工伤人员的子女、配偶、父母等直系亲属的生活,是依靠工伤人员供养的。工伤事故发生后,工伤保险的给付水平应该能够维持其未成年子女的生活,维持其配偶的生活,维持其父母的生活,直到其子女成年、配偶死亡或者改嫁、父母死亡为止。

3. 用人单位、社会保险经办机构的负担能力。用人单位和社会保险经办机构能够负担的工伤保险给付是有限度的,工伤保险的给付水平应该考虑用人单位和社会保险经办机构的负担能力。只有在用人单位、社会保险经办机构能够负担的限度内确定的工伤保险给付水平,才是适度的。

（二）工伤保险医疗期的待遇给付

工伤医疗期的待遇给付是一项综合性给付，不仅包括治疗伤情的医疗给付，而且还包括治愈伤情期间的生活费、路费和停工留薪给付。

纵观世界各国的工伤保险制度，其工伤医疗给付可以由医疗机构直接提供，也可以由社会保险经办机构间接提供。工伤保险的医疗期给付主要包括以下几个方面。

1. 医疗费用给付。医疗费用给付是劳动者因工受伤、受到职业病伤害、旧伤复发、存在医疗依赖时，由社会保险经办机构提供门诊、住院服务的费用等。例如，我国职工工伤的医疗费、住院伙食补助费由工伤保险基金支付，停工留薪待遇等由用人单位给付，主要包括以下几个方面。

（1）治疗工伤的费用。为保障职工的医疗救治，职工治疗工伤与职业病所需的挂号费、住院费、医疗费、药费符合工伤保险诊疗目录、工伤保险药品目录、工伤保险住院服务标准的，从工伤保险基金中支付，个人不负担上述费用。工伤保险诊疗目录、工伤保险药品目录、工伤保险住院服务标准，由劳动保障行政部门会同卫生行政部门、药品监督管理部门规定。工伤人员到签订服务协议的医疗机构进行康复性治疗的费用，从工伤保险基金中支付。工伤人员治疗非工伤范围的疾病，其医疗费用按照医疗社会保险制度的有关规定执行。

（2）住院生活费。工伤人员住院治疗期间的伙食补助费，由工伤保险基金支付；经医疗机构出具证明，报社会保险经办机构同意，工伤职工到统筹地区以外的医院就医的，其所需交通费、食宿费由工伤保险基金支付。

（3）职工患职业病治疗、住院的费用按工伤职工待遇办理。职工患职业病由当地职业病防治机构或卫生部门指定的医疗机构进行诊断和定期复查，需要转院治疗的，要按规定办理批准手续。对于职业病诊断、治疗和复查所需要的费用，按工伤保险的有关规定处理。

（4）护理费用。在治疗伤势期间，工伤人员生活不能自理需要护理的，可以向用人单位提出要求，由用人单位解决护理问题或费用问题。我国《工伤保险条例》规定，停工留薪期内，生活不能自理的工伤人员，在停工留薪期内需要护理的，其护理费用由所在单位负责。

2. 停工留薪期。停工留薪期是指职工因工负伤或者患职业病停止工作接受治疗和享受停工留薪待遇的期限。停工留薪期满是指职工因工负伤或者患职业病及其合并症，经过一段时间治疗后治愈；或者虽然遗留一定的自觉症状，但是客观检查无阳性体征；或者虽有症状和病理改变（阳性体征），但是不需要医疗处理或者目前医疗技术无法从根本上改善其主要体征时，虽已达到或者未达到完全或者部分丧失劳动能力,均确认为终结医疗的时间。目前,绝大多数国家规定,工伤保险的医疗期为26周,最长不超过52周。同时,停工留薪期满后如需继续治疗的,可以延期。停工留薪期给付停工留薪待遇的目的是保证职工在接受治疗期间的生活,停工留薪期生活费给付的期限一般根据伤势的轻重程度确定。例如,我国《工伤保险条例》规定,职工因工作遭受事故伤害或者患职业病需要暂停工作接受工伤医疗的,在停工留薪期内,原工资福利待遇不变,由所在单位按月支付。停工留薪期一般不超过12个月。伤情严重或者情况特殊的,经设区的市级劳动能力鉴定委员会确认,可以适当延长,但是延长不得超过12个月。工伤人员评定伤残等级后,停发原待遇,按照规定享受工伤保险的伤残待遇。工伤人员在停工留薪期满后仍需治疗的,继续享受工伤医疗待遇。职工因工外出期间,发生事故或者在抢险救灾中下落不明的,从事故发生当月起3个月内,照发工资;从第4个月起,停发工资。

非因工负伤的疾病医疗期与工伤停工留薪期的主要区别有:(1)适用范围不同。前者适用于患病或非因工负伤的劳动者;后者适用于工伤、职业病及其合并症的劳动者。(2)确定的依据不同。前者依据伤病劳动者的工作年限并参照病情的实际需要确定,属于行政管理的范畴;后者只依据工伤者的病情确定,与其工作年限的长短无关,即工伤者只要受伤部位、程度相同,可以享受的停工留薪期就相同,停工留薪期属于临床治疗需要的范畴,同疾病医疗期的作用是不同的。(3)计算方法不同。前者按劳动者的实际工作年限、本单位的工作年限和病情治疗的需要确定医疗期后,在一定的周期内累计;后者从工伤第一天起计算,按一般临床治疗需要确定医疗期限。(4)终结医疗时的病情状态不同。后者终结医疗时,有三种状态,只要达到以下三种状态之一,即可视为工伤医疗期满:一是治愈;二是有症状无阳性体征;三是有症状、有体征,但是不需要处理或者目前的医疗技术无法从根本上改善其主要体征。前者医疗期满,则不考虑是否符合上述病情状态,只考虑患者是否达到国家规定的疾病医疗期。

3. 停工留薪待遇。停工留薪待遇是工伤职工住院治疗期间为维持个人和家庭生活而获得的给付,停工留薪待遇的给付需要考虑以下因素。

(1)停工留薪待遇给付的等待期。在工伤保险制度不完备的时候,各国政府一般规定,劳动者必须经过一段时间的等待期,才能获得现金给付,规定的期限通常为3~7天。1952年国际劳工大会规定,等待期不能超过3天。1964年国际劳工大会修改了公约,要求各国从工伤事故发生的第一天起就必须支付停工留薪待遇,不需要任何等待期。目前,大多数国家都接受了这一规定。

(2)停工留薪待遇给付。工伤人员在停工留薪期内用人单位停发工资,改为按月发给停工留薪待遇。停工留薪待遇月给付标准相当于职工受伤前 12 个月内的月平均工资。工伤保险法规规定停工留薪期是为了确定停工留薪待遇的发放期限,而并非限期终止治疗;如果超过停工留薪期仍需治疗的,仍然可以继续治疗,并报销相关的医疗费。

(三) 工伤保险的伤残抚恤待遇

工伤保险待遇不仅包括工伤医疗待遇、停工留薪待遇,而且还包括伤残抚恤待遇、康复待遇等。

工伤人员停工留薪期满或者评定伤残等级后,停止停工留薪待遇,改为享受伤残待遇。伤残待遇分为一次性补偿和定期补偿。一次性补偿是因为发生工伤事故给予职工的经济补偿;定期补偿是对完全丧失劳动能力或者大部分丧失劳动能力,需要退出生产过程者给予的经济补偿。下面以我国于 2010 年 12 月 20 日修订的《工伤保险条例》为例,说明伤残给付的待遇。

1. 给付伤残补助金。被鉴定为 1~4 级工伤的伤残人员,应当保留劳动关系,退出生产、工作岗位,由工伤保险基金按月发给职工本人工资 90%～75% 的伤残津贴①,伤残津贴实际支付的金额低于当地最低工资标准的,由工伤保险基金补足差额,并发给相当于 27～21 个月工资的一次性伤残补助金;工伤人员达到退休年龄并办理退休手续后,停发伤残津贴,享受基本养老保险待遇,基本养老保险待遇低于伤残津贴的,由工伤保险基金补足差额。职工因工致残被鉴定为 1～4 级伤残的,由用人单位和职工以伤残津贴为基数,缴纳基本医疗保险费。被鉴定为 5～6 级的伤残职工,从工伤保险基金按伤残等级支付一次性伤残补助金。5 级伤残为 18 个月的职工本人工资,6级伤残为 16 个月的职工本人工资。被鉴定为 5～6 级的伤残人员保留与用人单位的劳动关系,由用人单位安排适当的工作。用人单位难以安排工作的,应当按月发给相当于职工本人工资 70%、60% 的伤残津贴;伤残津贴实际支付的金额低于当地最低工资标准的,由用人单位补足差额(见表 9-3)。5～6 级工伤人员经本人提出,可以与用人单位解除或者终止劳动关系,由用人单位支付一次性工伤医疗补助金和伤残就业补助金,具体标准由省、自治区、直辖市人民政府规定。被鉴定为 7～10 级伤残的,可以享受以下待遇:7 级伤残从工伤保险基金中一次性支付伤残补助金为 13 个月的职工本人工资,8 级伤残为 11 个月的职工本人工资,9 级伤残为 9 个月的职工本人工资,10 级伤残为 7 个月的职工本人工资。劳动合同期满终止,或者职工本人提出解除

---

① 职工本人工资是指工伤人员因工作遭受事故伤害或者患职业病前 12 个月平均月缴费工资。职工本人工资高于统筹地区职工月平均工资 300% 的,按照统筹地区职工月平均工资的 300% 计算;职工本人工资低于统筹地区职工月平均工资 60% 的,按照统筹地区职工月平均工资的 60% 计算。

劳动合同的,由用人单位支付一次性工伤医疗补助金和一次性伤残就业补助金,具体标准由省、自治区、直辖市人民政府规定。

2. 给付伤残护理费用。工伤人员经过评残,确定需要护理的人员,按月发给生活护理费。生活护理费按照生活完全不能自理、生活大部分不能自理或者生活部分不能自理三个等级支付,其标准为统筹地区上年度职工月平均工资的50%、40%或者30%。

3. 工伤医疗补助金和伤残就业补助金。工伤医疗补助金和伤残就业补助金是工伤人员与用人单位解除或者终止劳动关系的一次性经济补偿。例如,根据我国政府于2010年修订的《工伤保险条例》的规定,伤残达到五至六级的工伤人员,本人提出与用人单位解除或终止劳动关系时,以及伤残达到七至十级的工伤人员,劳动合同期满终止或工伤人员本人提出解除劳动合同时,由工伤保险基金支付一次性工伤医疗补助金,由用人单位支付一次性伤残就业补助金待遇。具体给付办法由省、自治区、直辖市人民政府根据本地区的具体情况规定。

4. 伤残补贴。因伤残造成职工本人工资或伤残津贴、供养亲属抚恤金、生活护理费降低时,由统筹地区劳动保障行政部门根据当地职工月平均工资和生活费用指数变化等情况适时地调整,这部分给付称为伤残补贴。具体调整办法由省、自治区、直辖市人民政府制定。

5. 安置费用。伤残人员需要易地安家的,发给相当于本省、自治区、直辖市上年度在职职工6个月月平均工资的安家补助费。

6. 工伤康复待遇。工伤康复既包括医疗康复、职业康复以及康复辅助器具配置等,也包括工伤康复政策、康复标准和工伤康复等管理工作。工伤人员因日常生活或者就业的需要,经劳动能力鉴定委员会确认,必须安装假肢、义眼、矫形器、镶牙和配置代步车等辅助器具的,按国内普及型标准费用从工伤保险基金中支付,这项待遇是以帮助职工恢复和提高身体机能为目的的,不能变相发给现金。

(四)工伤保险的死亡抚恤待遇

死亡抚恤待遇主要包括死者丧葬费、供养亲属抚恤金和一次性工亡补助金。丧葬费通常是一次性给付的,遗属给付一般按死亡职工月平均工资的一定比例计算,其给付额最高不得超过死亡职工的月平均工资。根据国际劳工组织的规定,遗孀给付大约为死亡职工本人工资的30%~50%,子女给付为死亡职工本人工资的15%~20%,总的限额不超过死亡职工本人工资75%。例如,丹麦规定,对因工伤失去供养人的配偶除领取一次性赔偿费外,还按死者月平均工资的30%按月支付生活费,给付期限最长不超过10年。死者生前供养的子女,如父母一方在世,每一个子女有权领取死者生前工资 10％的津贴。失去双亲的孤儿,发给死者原有工资的 20％,年满 18 岁时停发;如果继续上学,可以延长到 21 岁。遗属和孤儿抚恤金的总额不得超过原工资的 70％,孤儿抚恤金最多给付 40％。又如,我国死亡给付主要有以下几方面的规定(见表 9-3)。

1. 丧葬费。职工是因事故或职业中毒在发生伤害时抢救无效死亡的,因事故伤害或者患职业病在医疗期内还未进行伤残等级鉴定死亡的,以及被鉴定为 1～4 级伤残死亡的,都应当按照因工死亡给付其近亲属丧葬费。丧葬补助金按照统筹地区上年度职工月平均工资 6 个月的标准一次性计发。

表 9-3　我国因工伤残与死亡待遇计发表

伤害程度	补偿类别		定期补偿伤残津贴	一次性伤残补助金
伤残	生活完全不能自理	1 级	本人工资的 90％	27 个月的本人工资
		2 级	本人工资的 85％	25 个月的本人工资
		3 级	本人工资的 80％	23 个月的本人工资
		4 级	本人工资的 75％	21 个月的本人工资
	生活大部分不能自理	5 级	本人工资的 70％	18 个月的本人工资
		6 级	本人工资的 60％	16 个月的本人工资
	生活部分不能自理	7 级		13 个月的本人工资
		8 级		11 个月的本人工资
		9 级		9 个月的本人工资
		10 级		7 个月的本人工资
	护理费	生活完全不能自理	50％的统筹地区上年度在职职工月平均工资	
		生活大部分不能自理	40％的统筹地区上年度在职职工月平均工资	
		生活部分不能自理	30％的统筹地区上年度在职职工月平均工资	
死亡	丧葬补助金	6 个月的统筹地区上年度在职职工月平均工资		
	遗属一次性抚恤金	上一年度全国城镇居民人均可支配收入的 20 倍		
	遗属定期抚恤金	按职工本人月平均工资的一定比例计发,配偶每月为 40％,其他供养亲属每月为 30％;供养亲属为孤寡老人和孤儿的,在上述标准基础上增发 10％		

2. 供养亲属抚恤金。供养亲属抚恤金按照职工本人工资的一定比例发给由因工死亡职工生前提供主要生活来源、无劳动能力的亲属,标准为配偶每月为 40％的职工本人生前工资,其他供养亲属每人每月为 30％的职工本人生前工资,孤寡老人或者孤儿每人每月在上述标准的基础上增发为 10％的职工本人生前工资。核定的各供养

亲属的抚恤金之和不应高于因工死亡职工生前的工资。供养亲属抚恤金待遇属于长期待遇,为了保证供养亲属的基本生活需要,我国政府规定各统筹地区要根据当地职工的平均工资和生活费用变化的情况适时地进行调整。工亡职工供养的亲属有下列情形之一的,停止享受抚恤金待遇:一是年满18周岁且未完全丧失劳动能力的;二是就业或参军的;三是工亡职工配偶再婚的;四是被他人或组织收养的;五是死亡的。1~4级伤残职工停工留薪期满后死亡的,其近亲属可以享受供养亲属抚恤金待遇。

3. 工亡补助金。工亡补助金是对职工因工死亡的经济补偿,工亡补助金是一次性给付的,标准为上一年度全国城镇居民人均可支配收入的20倍。职工因工外出期间发生事故或者在抢险救灾中下落不明的,从事故发生当月起3个月内照发工资,从第4个月起停发工资,由工伤保险基金向其供养的亲属按月支付供养亲属抚恤金。如果生活有困难的,可以预支一次性工亡补助金的50%。职工被人民法院宣告死亡的,按照职工因工死亡的规定处理。

(五)工伤保险待遇给付的终止

工伤保险待遇给付的终止是指工伤人员失去享受工伤保险待遇的条件,没有资格享受工伤保险待遇。例如,我国《工伤保险条例》规定,工伤人员有下列情形之一的,停止享受工伤保险待遇:(1)丧失享受待遇条件的;(2)拒不接受劳动能力鉴定的;(3)拒绝接受治疗的。

1. 丧失享受待遇的条件。如果工伤人员在享受工伤保险待遇期间,其伤情发生了变化,不再具备享受工伤保险待遇的条件,如劳动能力得以完全恢复而不需要工伤保险制度提供保障时,就应当停发工伤保险待遇。

2. 拒不接受劳动能力鉴定。劳动能力丧失程度的差别,可能会使劳动者不能从事原本适合的工作,甚至造成劳动者不能从事任何工作,而对工伤人员丧失劳动能力程度的判断,必须通过劳动能力鉴定部门的鉴定来确定。如果工伤人员无正当理由,拒不接受劳动能力鉴定,一方面工伤保险待遇无法确定;另一方面也表明工伤人员并不愿意接受工伤保险制度提供的帮助,对此,就不应享受工伤保险待遇。

3. 拒绝治疗。提供医疗救治,帮助工伤人员恢复劳动能力、重返社会是工伤保险制度的目的。职工遭受工伤事故或者患职业病后,有享受工伤医疗待遇的权利,也有积极配合医疗救治的义务。如果无正当理由,拒绝接受治疗,不仅对劳动能力的恢复没有帮助,而且还可能贻误治疗时机,因此,拒绝接受治疗的职工不得享受工伤保险待遇。

第四节　工伤事故的报告制度

　　工伤事故发生后,需要有关管理部门根据国家有关规定科学地统计,及时报告有关工伤事故发生的情况,便于政府有关管理部门掌握、了解工伤事故发生的情况。工伤事故的报告通常从以下几个方面展开。

一、工伤事故类型

　　工伤事故发生后,需要根据工伤事故发生的情况确定工伤事故的类型,并填充报表,同时还要填报引发工伤事故的主要原因。

　　1. 根据事故造成损失的程度划分,工伤事故可以分为轻伤事故、重伤事故、死亡事故和重大死亡事故、特大伤亡事故、急性中毒事故。这种划分,便于管理单位比较直观地确定工伤事故造成的损失。

　　(1) 轻伤事故。轻伤是指造成职工肢体伤残或某些器官功能性或器质性轻度损伤,表现为劳动能力轻度或者暂时受到伤害。一般来说,受伤职工歇工在一个工作日以上,低于 105 日的失能伤害为轻伤,轻伤事故是指引起轻伤的事故,一般来说,轻伤事故不会造成职工的残疾,引起的损失也比较小。

　　(2) 重伤事故。重伤是指造成职工肢体残缺或视觉、听觉等器官受到严重损伤,能够引起人体长期存在功能障碍或劳动能力有重大损失的伤害。重伤事故是指引起重伤的事故,一般来说,重伤事故会造成职工的残疾,引起的损失比较大。

　　(3) 死亡事故。死亡事故是指一次事故中死亡 1~2 人的事故,一般来说,死亡事故引起的损失比较大。

　　(4) 重大死亡事故。重大死亡事故是指一次事故中死亡 3 人以上(含 3 人)的事故,一般来说,重大死亡事故造成的损失比较严重。

　　(5) 特大伤亡事故。特大伤亡事故是指一次事故中死亡 10 人以上(含 10 人)的事故。

　　(6) 急性中毒事故。急性中毒事故是指生产性毒物一次或短期内通过人的呼吸道、皮肤或消化道大量进入体内,使人体在短时间内发生病变,导致职工立即中断工作,并进行急救或死亡的事故。急性中毒的特点是发病快,不超过一个工作日。有的中毒事故具有一定的潜伏期,可以在下班后数小时发病。

　　2. 根据引发事故的原因划分,工伤事故可以分为许多种类。例如,根据国家标准局颁布的《企业职工伤亡事故分类标准》，将工伤事故划分为以下 20 种类型：①物体打击；②车辆伤害；③机械伤害；④起重伤害；⑤触电；⑥淹溺；⑦灼烫；⑧火灾；⑨高处坠落；⑩坍塌；⑪冒顶片帮；⑫透水；⑬放炮；⑭火药爆炸；⑮瓦斯爆炸；⑯锅炉爆炸；⑰容器爆炸；⑱其他爆炸；⑲中毒和窒息；⑳其他伤害。

二、伤害分析

（一）受伤部位

受伤部位是指工伤事故伤害人身体的部位，统计、报告受伤部位，分析受伤部位，可以比较全面地了解工伤人员的伤情，可以揭示出生产过程中的风险因素和管理缺陷。例如，根据我国《企业职工伤亡事故分类标准》的划分，分为脑、面颌部、眼部、鼻、耳、口、颈部、胸部、腹部、腰部、脊柱、上肢、腕及手、下肢、踝及脚这 15 个部分。

（二）受伤性质

确定工伤事故的性质，应该以受伤者当时的身体状况为主，结合治愈后可能产生的后遗障碍全面地分析确定。如果身体多处受伤，按最严重的伤害确定受伤性质；无法确定时，应确定为多伤害。例如，根据我国《企业职工伤亡事故分类标准》可以将受伤性质分为：电伤，挫伤、轧伤、压伤，倒塌压埋伤，辐射损伤，割伤、擦伤、刺伤，骨折，化学性灼伤，撕脱伤，扭伤，切断伤，冻伤，烧伤，烫伤，中暑，冲击，生物致伤，多伤害，中毒。

（三）受伤原因分析

职工工伤的原因可以从两个方面分析：(1)起因物分析。分析导致工伤事故发生的物质性因素，即分析导致工伤事故发生的物体、物质称为起因物。例如，根据我国《企业职工伤亡事故分类标准》可以将起因物分为以下 27 种：锅炉，压力容器，电器设备，起重机械，泵、发电机，企业车辆，船舶，动力传送机械，放射性物质及设备，非动力手工具，电动手工具，其他机械，建筑物及构筑物，化学品，煤，石油制品，水，可燃性气体，金属矿物，非金属矿物，粉尘，梯，木材，工作面，环境，动物，其他。(2)致害物分析。分析导致工伤事故发生的直接因素，即指直接引起伤害及中毒的物体和物质。根据 1986 年 5 月 31 日国家标准局颁布的《企业职工伤亡事故分类标准》可以将致害物分为：煤、石油产品，木材，水，放射性物质，电气设备，梯，空气，工作面（人站立面），矿石，黏土、砂、石，锅炉，压力容器，大气压力，化学品，机械，金属件，起重机械，噪声，蒸汽，手工具（非动力），电动手工具，动物，企业车辆，船舶。

（四）伤害方式分析

伤害方式是指致害物与人体发生接触的方式。例如,根据我国《企业职工伤害事故分类标准》的规定,伤害方式分为以下 15 种:碰撞,撞击(落下物、飞来物),坠落,跌倒,坍塌,淹溺,灼烫,火灾,辐射,爆炸,中毒,触电,接触,掩埋,倾覆。

（五）工作环境分析

工作环境分析是指导致工伤事故发生的物质环境。如果由于工作环境引发工伤事故,则称为不安全状态。分析发生工伤事故的工作环境,可以督促有关单位改善职工工作的环境,遵守国家安全生产的有关规定,防止或减少生产事故,提高用人单位安全管理的水平,保障职工的生命和财产安全。例如,《企业职工伤害事故分类标准》规定,不安全状态有以下四种:防护、保险、信号等装置缺乏或有缺陷;设备、设施、工具、附件有缺陷;个人防护用品工具——防护服、手套、护目镜及面罩、呼吸器官护具、听力护具、安全带、安全帽、安全鞋等缺乏或有缺陷;生产(施工)场地环境不良等。

（六）操作规范分析

操作规范分析是指分析导致事故的人为错误,如果由于人为的错误引发工伤事故,则称为不安全行为。分析不安全行为,可以督促用人单位强化安全生产操作程序的培训和监督,防止或减少影响生产安全的事故。例如,根据《企业职工伤害事故分类标准》的规定,不安全行为可以归纳为以下 13 类:操作错误,忽视安全,忽视警告;造成安全装置失效;使用不安全设备;手代替工具操作;物体(指成品、半成品、材料、工具、切屑或生产用品等)存放不当;冒险进入危险场所;攀、坐不安全位置(如平台护栏、汽车挡板、吊车吊钩);在起吊物下作业、停留;机器运转时从事加油、修理、检查、调整、焊接、清扫等工作;有分散注意力的行为;在必须使用个人防护用品、用具的作业或场合中,忽视其使用;不安全装束;对易燃、易爆等危险物的使用错误。

三、工伤事故的主要统计指标

统计工伤事故发生的状况,可以了解某一时期内、某一地区发生工伤事故的状况,督促有关单位强化对职工安全卫生的管理,减少工伤事故的发生。工伤事故的统计指标主要有以下几种。

（一）伤害率

伤害率是指在某时期内,每百万工时的工作时间,事故造成伤害的人数。

$$伤害率 = \frac{伤害人数}{实际总工时}$$

其中,伤害人数指轻伤、重伤、死亡人数之和。

某一地区、某一时期内,如果伤害率过高,就需要改进生产、工作条件,减少或者避免工伤事故的发生,减少工伤事故造成的危害。反之,则说明用人单位安全卫生生产管理得比较好。

(二) 死亡率

死亡率是指某时期内平均每千名职工中,因工伤事故造成职工死亡的人数。

$$死亡率 = \frac{死亡人数}{平均职工人数} \times 1\,000‰$$

死亡率表示工伤事故对职工造成伤害的程度,如果某一地区、某一时期内,死亡率过高,就需要停工进行生产、工作环境的整改,直到达到国家规定的安全标准为止。

(三) 重伤率

重伤率是指某时期内平均千名职工因工伤事故造成职工重伤的人数。

$$重伤率 = \frac{重伤人数}{平均职工人数} \times 1\,000‰$$

重伤率是表示工伤事故对职工伤害程度的统计,是考察工伤事故的重要参考指标。

(四) 伤害严重率

伤害严重率表示某时期内事故造成的总损失工作日占总工作时间的比率。

$$伤害严重率 = \frac{总损失工作日}{实际总工时}$$

一般来说,死亡或永久性失能伤害的损失工作日是6 000日,对于永久性部分失能伤害则按损失部位的不同确定,各部位伤害累计数值超过6 000日者,仍然按6 000日计算。

(五) 伤害平均严重率

伤害平均严重率是指某一时期内每人次受伤害的平均损失日。

$$伤害平均严重率 = \frac{总损失工作日/实际总工时}{伤害人数}$$

四、工伤事故的损失和统计

工伤事故造成的损失主要有两部分:一是直接损失;二是间接损失。统计工伤事故造成的损失,是劳动保障行政管理部门需要掌握的情况,也是国家安全生产监督管理部门需要长期监测的内容。只有如此,才能督促用人单位加强风险管理,科学、有序地组织生产经营活动。

(一)直接损失

直接损失是指工伤事故直接造成的有形物质的损失,直接损失又称为实质性损失。一般来说,工伤事故造成的直接损失主要包括以下几个方面。

(1) 职工被伤害的工作损失价值。人体被伤害工作损失价值的计算方法为:人体被伤害的工作损失价值＝被伤害者损失工作日×用人单位全年人均日净产值。

(2) 保险福利费。保险福利费主要包括一次性抚恤费和长期抚恤费、救济费、医疗费、丧葬费等。

(3) 固定资产损失。固定资产损失主要包括厂房、设备等损失的价值。

(4) 物质损失。物质损失主要包括原材料、成品和半成品损失的价值。

(5) 善后处理费用,包括善后处理所花费的差旅费、交通费、接待费等。

例如,我国政府于 1986 年颁布的《企业职工伤害事故经济损失统计标准》(GB 6721—86)规定,伤亡事故的直接经济损失的统计范围包括以下几个方面。

(1) 人身伤亡后所支出的费用,包括医疗费用(含护理费用)、丧葬及抚恤费用、补助及救济费用、歇工工资;

(2) 善后处理费用,包括处理事故的事务性费用、现场抢救费用、清理现场费用、事故罚款和赔偿费用等;

(3) 财产损失费用,包括固定资产损失价值和流动资产损失价值。固定资产损失价值可以分情况计算:报废的固定资产损失价值的计算方法是以固定资产净值减去残值;损坏的固定资产价值的计算方法是以修复费用来计算。流动资产损失价值也可以分情况计算:原材料、燃料、辅助材料等损失价值的计算方法是账面价值减去残值;成品、半成品、在制品等损失价值的计算方法是用企业实际成本减去残值。

(二)间接损失

间接损失是指由工伤事故引起的收入损失和费用增加等。例如,根据我国政府颁布的《企业职工伤亡事故经济损失统计标准》规定,伤亡事故的间接经济损失的统计范围包括:停产、减产损失价值,工作损失价值,资源损失价值,处理环境污染的费用,补充新职工的培训费用,其他损失费用。工作损失价值的计算如下:

$$V_w = D_L \cdot \frac{M}{S \cdot D}$$

式中,V_w——工作损失价值,单位:万元。

D_L——一起事故的总损失工作日,死亡一名职工按照 6 000 个工作日计算,单位：日。

M——用人单位上年税利,单位:万元。

S——用人单位上年平均职工人数,单位:人。

D——用人单位上年法定工作日数,单位:日。

第五节　中国工伤保险制度的建立和改革

一、中国工伤保险制度的建立和改革

(一) 中国工伤保险制度的初步建立

我国工伤保险制度是 20 世纪 50 年代初建立的。1951 年政务院颁布了《中华人民共和国劳动保险条例》,制定了包括工伤保险在内的一系列劳动保障措施。1953 年又发布了《中华人民共和国劳动保险实施细则修正草案》,从而初步建立了我国企业职工工伤保险制度。我国企业职工工伤社会保险制度的实施,对保障职工的合法权益,减轻职工的后顾之忧,促进生产的发展起了积极作用。1956 年,国务院发布劳动保护三大规程,即《工厂安全卫生规程》《建筑安装工程技术规程》《工人职员伤亡事故报告规程》。1963 年,国务院发布《关于加强企业生产中安全工作的几项规定》、《防止矿尘危害工作管理办法》,进一步加强了安全生产的管理。但是,1969 年我国职工工伤保险制度的社会化管理被取消,演变成了国有企业的企业保险制度。

(二) 中国工伤保险制度的改革

20 世纪 80 年代,我国政府开始进行工伤保险制度的改革。随着我国经济体制改革的推进,迫切要求建立国家统一筹集资金、覆盖范围广泛、分散用人单位风险、评残标准规范的工伤保险制度。1982 年,国务院发布《矿山安全条例》《矿山安全监察条例》和《锅炉压力容器安全监察暂行条例》等,这些条例的实施,规范了用人单位的用工行为,强调了规范生产、安全生产、防止风险事故发生的重要作用。1989 年,财政部、民政部发布的《关于全民所有制事业单位工作人员因公负伤致残抚恤问题的通知》规定,全民所有制事业单位工作人员因公负伤致残,参照《革命伤残军人评定伤残等级的条件》执行,其因公致残的抚恤待遇由省、自治区、直辖市人民政府根据各地区的具体情况确定。显然,这是政府针对行政事业单位职工工伤保险无法可依而采取的应对性措施。1990 年 12 月,党的第十三届中央委员会第七次全体会议通过的《中共中央关于制定国民经济和社会发展十年规划和"八五"计划纲要》明确提出"改革医疗保险和工伤保险制度"。1991年4月9日,第七届全国人大常委会第四次会议批准的《中华人民共和国国民经济和社会发展十年规划和"八五"计划纲要》提出"努力改革医疗保险和工伤保险制度"。1992年全国人大常委会颁布的《矿山安全法》制定了矿山安全生产的规章和安全卫生标准。1993年,党的第十四届三中全会通过的《中共中央关于建立社会主义市场经济体制若干问题的决议》提出"普遍建立企业工伤保险制度"。1994年7月5日,第八届全国人大常委会八次会议通过的《中华人民共和国劳动法》规定:"国家发展社会保险事业,建立社会保险制度,设立社会保险基金,使劳动者在年老、患病、工伤、失业、生育等情况下获得帮助和补偿。"[①]1996年,国家技术监督局批准的《职工工伤与职业病致残程度鉴定》(GB/T 16180—1996)从1996年10月1日开始实施,该标准规定了职工工伤与职业病致残程度鉴定的原则和标准,适用于因工负伤和因职业病致残程度的鉴定。1996年8月12日,劳动部发布的《企业职工工伤保险试行办法》(以下简称《试行办法》)从1996年10月1日开始实施。《试行办法》第一次将工伤保险制度作为独立的制度加以确定并实施。同时,《试行办法》对旧工伤保险制度进行了一次全面的改革,强调工伤保险制度改革的思路是将工伤补偿、工伤预防和工伤康复结合起来的制度,明确了工伤保险制度的主要框架和保障标准,是一部能够反映现实需要的重要法规,是工伤保险制度改革成果的重要体现。

（三）中国工伤保险制度的发展

随着我国经济体制改革的推进,私营企业、乡镇企业、外商投资企业、中外合资企业大量涌现,这些企业大多属于卫生条件不合格,安全管理较差,劳动保护缺乏的企业,发生工伤事故的概率比较高。一旦发生工伤事故,职工及其家属的合法权益得不到保护。面对这一形势,2001年10月,全国人大常委会通过并颁布的《职业病防治法》从2002年5月1日起实施。2002年6月,全国人大常委会通过的《安全生产法》于2002年11月1日起施行。2003年4月16日,国务院第五次常务委员会发布的《工伤保险条例》从2004年1月1日起开始实施。《工伤保险条例》进一步规范了《试行办法》,是工伤保险制度改革的进一步发展。2003年9月18日,劳动和社会保障部公布的《非法用工单位伤亡人员一次性赔偿办法》规定,非法用工单位伤亡人员是指在无营业执照或者未经依法登记、备案的单位以及被依法吊销营业执照或者撤销登记备案的单位受到事故伤害或者患职业病的职工,或者用人单位使用童工造成的伤残、死亡童工。职工或童工受到事故伤害或患职业病,在劳动能力鉴定之前,进行治

---

① 《中华人民共和国劳动法》(1994年7月5日),载《社会保障现行法规选编》(1949—2000),37页,北京,中国劳动社会保障出版社,2000。

疗期间的生活费、医疗费、护理费、住院期间的伙食补助费及所需的交通费等，按照《工伤保险条例》规定的标准和范围，全部由伤残职工或童工所在单位支付。一次性赔偿金数额在受到伤害或职业病职工或童工死亡或经劳动能力鉴定后确定。一级伤残为赔偿基数①的 16 倍，二级伤残为赔偿基数的 14 倍，三级伤残为赔偿基数的 12 倍，四级伤残为赔偿基数的 10 倍，五级伤残为赔偿基数的 8 倍，六级伤残为赔偿基数的 6 倍，七级伤残为赔偿基数的 4 倍，八级伤残为赔偿基数的 3 倍，九级伤残为赔偿基数的 2 倍，十级伤残为赔偿基数的 1 倍。受到事故伤害或患职业病造成死亡的，按赔偿基数的 20 倍支付一次性赔偿金。这些规定有效地规范了非法用工单位的行为，保护了非法用工单位伤亡人员的合法权益。2004 年 12 月，民政部下发的《关于国家机关工作人员、人民警察伤亡抚恤有关问题的通知》规定，国家机关工作人员、人民警察因战因公负伤致残，按照现行规定的审批权限及评残办法予以评残。其伤残性质的认定、伤残等级标准、伤残抚恤金标准、补办评残手续和伤残抚恤关系转移等，参照《军人抚恤优待条例》和《伤残抚恤管理暂行办法》的有关规定办理。国家机关工作人员和人民警察牺牲批准为烈士的条件，参照《革命烈士褒扬条例》执行。这一文件的发布，使国家机关、事业单位工作人员工伤的评定、抚恤等有了法律依据。2005 年 3 月，国务院办公厅下发的《国家安全生产监督管理总局主要职责内设机构和人员编制规定》规定，安全管理部门对作业场所职业卫生有监督检查的职能。2006 年 11 月 2 日，劳动和社会保障部、卫生部发布的《劳动能力鉴定——职工工伤与职业病致残等级分级》(2007 年 5 月 1 日开始实施)，将工伤人员致残标准由过去的 470 条增加到 572 条，使职工工伤致残等级的评价、鉴定更加细致，这使劳动能力鉴定有了新的依据。2010 年 12 月 31 日，人力资源和社会保障公布修订的《非法用工单位伤亡人员一次性赔偿办法》规定，职工或童工受到事故伤害或者患职业病，在劳动能力鉴定之前进行治疗期间的生活费按照统筹地区上年度职工月平均工资标准确定，医疗费、护理费、住院期间的伙食补贴费及所需的交通费等费用按照《工伤保险条例》规定的标准和范围确定的，并全部由伤残职工或童工所在单位支付。伤亡职工死亡的，按上一年度全国城镇居民人均可支配收入的 20 倍支付一次性赔偿金，并按照上一年度全国城镇居民人均可支配收入的 10 倍一次性支付丧葬补助等其他赔偿金。2010 年 12 月 20 日，国务院发布《国务院关于修改〈工伤保险条例〉的决定》，对工伤认定的范围、劳动能力鉴定等做出了明确的规定，进一步提高了工伤保险待遇的给付标准。2011 年 12 月 31 日，第十一届全国人大常委会第二十四次会议通过的《关于修订的〈中华人民

---

① 赔偿基数是指用人单位所在的工伤保险统筹地区上年度职工年平均工资。

共和国职业病防治法〉的决定》,强化了用人单位的举证责任,给予劳动者更细致的法律保护。2012 年 6 月 29 日,国家安全生产监督管理局、卫生部、人力资源和社会保障部、中国全国总工会联合发布的《防暑降温措施管理办法》规定,劳动者因高温作业或者高温天气作业引起中暑,经诊断为职业病的,享受工伤保险待遇。2013 年 2 月 19日,卫生部发布的修订的《职业病诊断与鉴定管理办法》规定了职业病诊断应当具备的资格条件、职业病诊断程序等。2014 年 2 月 20 日,人力资源和社会保障部、国家卫生计划生育委员会联合发布的《工伤职工劳动能力鉴定管理办法》对劳动能力鉴定委员会的职责、鉴定程序、监督管理等做出了明确的规定。2016 年 2 月 16 日,人力资源和社会保障部、民政部、国家卫生和计划生育委员会联合发布的《工伤保险辅助器具配置管理办法》规定,人力资源社会保障行政部门负责工伤保险辅助器具配置的监督管理工作。民政、卫生、计生等行政部门在各自职责范围内负责工伤保险辅助器具配置的有关监督管理工作。社会保险经办机构负责对申请承担工伤保险辅助器具配置服务的辅助器具装配机构和医疗机构进行协议管理,并按照规定核付配置费用。

二、中国工伤保险制度改革的成果

近几年,我国工伤保险制度改革取得了丰硕的成果,以法律法规的形式确定了劳动者的合法权益,其主要体现在以下几个方面。

(一) 扩大了工伤保险的认定范围

工伤认定是职工享受工伤保险待遇的前提条件。如果职工负伤、致残、死亡或者患病,是因工造成的,就认定为工伤;如果职工负伤、致残、死亡或者患病与工作无关,就不能认定为工伤。《工伤保险条例》进一步细化了工伤、职业病认定的情形,扩大了工伤认定的范围。1996 年颁布的《试行办法》规定,职工在上下班必经的路线上,发生由本人负次要责任的交通事故,认定为工伤;2003 年颁布的《工伤保险条例》则规定,在上下班途中,受到机动车事故伤害的,就认定为工伤;2011 年 1 月 1 日实施的修订后的《工伤保险条例》规定,在上下班途中,受到非本人主要责任的交通事故或者城市轨道交通、客运轮渡、火车事故伤害的,认定为工伤。可见,修订后的《工伤保险条例》比《试行办法》对于工伤认定的范围不仅扩大了,而且更加强调个人承担非主要责任。

(二) 完善了劳动能力鉴定和评残标准

劳动能力鉴定和评残标准是职工享受工伤保险待遇的依据和对伤残职工进行妥善安置的基础性工作。2014 年颁布的《劳动能力鉴定——职工工伤与职业病致残等级分级》(GB/T 16180—2014),将过去粗略划分的完全丧失劳动能力、大部分丧失劳动能力和部分丧失劳动能力进一步细化,按照器官损伤、功能障碍、医疗依赖、护理依赖程度和心理障碍五个方面,适当考虑了由于伤残引起的心理因素影响,对伤残程度进行综合评定,细分为 10 个伤残等级,572 条,并确定了分级原则。

(三)规定了劳动能力鉴定程序和申请时限

《试行办法》规定了劳动能力鉴定委员会和鉴定工作的程序,县、地(市)、省级劳动能力鉴定委员会由当地劳动卫生等行政部门和工会组织的主管人员组成,劳动能力鉴定委员会的办公室设在同级劳动保障行政部门内,负责劳动能力鉴定的日常工作。同《试行办法》相比,《工伤保险条例》进一步规定了劳动能力鉴定委员会由当地劳动卫生等行政部门、工会组织的主管人员、人事行政部门、经办机构代表和用人单位代表组成。劳动能力鉴定的医疗卫生专业技术人员必须具备以下条件:(1)具有医疗卫生高级专业技术职务任职资格;(2)掌握劳动能力鉴定的相关知识;(3)具有良好的职业品德。《试行办法》规定,职工申请工伤认定的时限是 15 天,必要时可以延长至 30 天。《工伤保险条例》规定,职工申请工伤认定的时限是 30 天,必要时可以适当延长。修订后的《工伤保险条例》规定,用人单位未按规定提出工伤认定申请的,工伤职工或者其近亲属、工会组织在事故伤害发生之日或者被诊断、鉴定为职业病之日起 1 年内,可以直接向用人单位所在地统筹地区社会保险行政部门提出工伤认定申请。延长职工申请工伤认定的时限,可以更有效地依法维护工伤职工的权益。

(四)提高工伤保险给付水平

我国工伤保险支付的项目主要包括工伤医疗待遇、医疗期间的停工留薪待遇、伤残抚恤待遇、康复待遇、丧葬费和遗属抚恤费等,工伤保险待遇的给付进一步提高,不仅有助于工伤人员恢复健康,而且有助于减轻工伤人员家属的后顾之忧。修订后的《工伤保险条例》提高了伤残补偿标准,职工工亡待遇标准由原来的 48~60 个月本人工资提高到上一年度全国城镇居民人均可支配收入的 20 倍,进一步提高了工亡职工的待遇给付标准。

(五)合并了工伤保险制度

长期以来,我国公务员和事业单位职工发生"工伤"事故后,其工伤认定、待遇给付一直处于无法可依的状态。2010 年修订的《工伤保险条例》规定,公务员和参照公务员管理的事业单位、社会团体的工作人员因遭受事故伤害或者患职业病的,由所在单位支付费用,具体办法由国务院社会保险行政部门会同国务院财政部门规定。这一规定,整合了行政事业单位与企业职工的工伤保险制度,行政事业单位职工在遭遇工伤事故时可以获得平等的保护。

三、中国工伤保险制度改革中存在的问题

《工伤保险条例》的实施,对于保障工伤职工的合法权益具有积极的作用。但是,工伤保险制度的建设还有待于进一步法制化、规范化和社会化,存在的问题主要有以下几个方面。

(一) 工伤保险的社会统筹有待于进一步加强

目前,我国工伤保险的覆盖范围还比较狭窄,其覆盖率较其他社会保险项目偏低,仅为50.1%。许多乡镇企业、三资企业、私营企业及其职工并没有纳入到工伤保险的社会化统筹范围中来。此外,我国工伤保险制度的统筹层次还比较低,多数地区实行工伤保险的地市级统筹,不利于工伤保险基金在各市之间调剂余缺,工伤保险基金的利用效率比较低,不利于资金的优化配置。

(二) 工伤评残制度有待于进一步完善

目前,我国制定的评残制度存在的问题比较多,主要表现在以下几个方面:(1)劳动能力鉴定不规范。我国各级劳动能力鉴定委员会对于伤残人员劳动能力的鉴定还很不严格、不规范,主观随意性比较大,不仅影响劳动能力鉴定的公正性、客观性,而且还影响了劳动能力鉴定委员会的声誉。(2)某些伤残程度分级不明确。我国于2006年公布的《劳动能力鉴定——职工工伤与职业病致残等级》,对于伤残程度的分级比较粗糙、不细致,致使对某些工伤人员的伤残评级不合理,影响了伤残职工的生活。(3)难以具体操作和管理。我国工伤保险仅将伤残确定为10个等级,使有关鉴定操作缺乏具体的依据,造成工伤评残制度存在一系列问题,工伤评残鉴定标准有待进一步细化。

(三) 申请工伤认定困难

修订后的《工伤保险条例》规定,申请工伤认定需要提交工伤认定申请表,与用人单位存在劳动关系的证明材料和医疗诊断证明或职业病诊断证明书三项。申请材料不完整的,社会保险行政部门不予受理。但是,有些用人单位为了逃避法律责任,故意不同劳动者签订劳动合同或者收回一切可以证明劳动关系的证据,导致劳动者难以收集到与用人单位存在劳动关系的证据。为了证明工伤人员同用人单位存在劳动关系,劳动者又要申请劳动争议仲裁、劳动争议诉讼,等到被确定存在劳动关系后,再申请工伤认定,由此,增加了工伤人员申请工伤认定的难度,影响了工伤保险的信誉。

(四)工伤赔偿和民事赔偿的协调问题有待于进一步规范

工伤赔偿和民事赔偿的协调问题一直是工伤保险立法和实践中争议较大的问题。1996年颁布的《试行办法》规定,由交通事故引起的工伤,应当首先按照《道路交通事故处理办法》及有关规定处理,工伤保险待遇按照以下规定执行:交通事故肇事方已支付医疗费、丧葬费、护理费、误工工资的,用人单位或社会保险经办机构不再支付相应的待遇;交通事故已经赔偿的死亡补偿费、残疾生活补助费,用人单位或社会保险经办机构不再支付。2010年公布的修订的《工伤保险条例》对此问题依然未作出明确的规定,这种回避让工伤人员和社会保险行政部门感到无所适从。对此,我国工伤保险制度有待对这一问题做出明确的规定。

(五)工伤事故的预防制度有待进一步完善

工伤保险给付的目的是保障工伤职工获得必要的经济补偿,保障工伤职工及其家属的生活。但是,国家在实行工伤保险的同时,更应该加强对工伤事故预防的管理,使引发风险事故的风险因素能够得到及早的识别和纠正,这既可以防止风险事故对财产和人身造成的重大损害,又可以降低工伤保险基金的支付。目前,我国进城务工和在乡镇企业就业的农民工总数已经超过2.5亿人,他们大多数分布在采掘、建筑和加工制造等行业[1]。在乡镇企业中,83%的企业存在不同程度的职业危害,30%的工人接触有害物质,60%的企业没有为从业人员配齐必需的防护用品。[2] 在这种情况下,完善相关法律、法规,加大监管的力度,建立工伤预防的制度化管理机制势在必行。

四、中国工伤保险制度未来的发展方向

(一)工伤保险的覆盖范围进一步扩大

目前,《工伤保险条例》已经从立法上覆盖了所有用人单位,不仅覆盖合法用工单位,而且覆盖非法用工单位。保障人员也从正式职工扩大到所有与用人单位建立劳动关系的职工。从世界范围看,工伤保险制度的覆盖范围也呈现出逐步扩大的态势。例如,德国工伤保险制度自建立以来保障的范围也是逐步扩大的,保障人员不仅包括企业的所有雇员、农业产业的雇员、公职人员、学徒、家庭手工业者、大中小学生和幼儿园儿童等群体,而且还保障因上下班途中被狗咬伤的职工。今后,我国工伤保险制

---

[1] 国家统计局:《2011年我国农民工调查监测报告》,国家统计局网站,2012年4月27日。

[2] 《我国农民工劳动安全与现状》,《中国安全生产报》,2006年8月31日第三版。

度也应顺应社会发展的要求,将保障范围逐步扩大到所有受雇劳动者。

（二）更科学地界定工伤认定的含义

修订后的《工伤保险条例》在工伤的认定上虽然有了突破性的进步,但是,在立法上仍然停留在逐一列举的方式上,基本排除了概括式的规定。这一立法方式的优点是,明白清楚,易于掌握;缺陷是容易忽略对工伤含义本质的认识,且不能涵盖现实中出现的所有情况,导致立法落后于现实。借鉴其他国家在认定工伤方面的经验,认定工伤应该从工伤的本质含义出发,强调认定工伤的主要条件应该考虑职工是否是因为工作而受伤。例如,德国政府规定,工伤事故认定的前提条件是,导致事故发生的行为与用人单位的工作有着内在的关系,至于时间或地点仅是次要的条件。因此,今后立法上应该采取概括式的方式加以确认,从而保证所有由于工作而受到伤害的职工都能够获得应有的保障。

（三）简化工伤认定程序

针对工伤认定程序上存在的问题,有必要设计工伤认定的简易程序,让工伤人员尽快获得赔付。针对劳动合同签订等环节存在的困难,建议赋予工伤认定部门直接认定劳动关系的权力,以便于工伤人员治疗和康复。

（四）理顺工伤赔偿和民事赔偿的关系

从世界各国对于工伤赔偿与民事赔偿问题的规定看,有以下四种基本类型。

（1）以工伤保险取代民事赔偿;

（2）由职工选择工伤赔偿或民事赔偿;

（3）既可以获得工伤保险的赔偿,又可以获得民事赔偿;

（4）以工伤保险赔偿补充民事赔偿。

这一问题引申出的是对劳动法、民法和社会保障法区别与联系的认识。工伤保险权利和民事权利是公民依法享有并受宪法保护的两种不同的重要权利,法律法规是对宪法规定的具体化,任何一部法律法规都无权限制或剥夺职工的任何一项权利。2002年,我国颁布的两部重要法律《中华人民共和国职业病防治法》与《中华人民共和国安全生产法》均对这一问题表明了态度,即可以兼得。《工伤保险条例》作为行政法规应对此做出明确的规定。可以预见,未来我国有关工伤保险的法律法规会对这一问题做出比较明确的规定,从法律法规上体现国家对劳动者权益的维护。

（五）完善工伤事故预防制度

国家有关管理部门应当出台更细致的法律法规,要求用人单位制定有关规章、制度和措施,提高工伤事故预防的管理。政府有关管理部门应当加强监管,做到常检查、早发现、早治理,将可能发生的工伤事故消灭在萌芽状态。

案例分析

案例1:在工作现场犯病,是否可以认定为工伤?

王某,患有高血压多年。2016年1月,王某在工作现场犯病,经住院治疗后出院。王某是否可以认定为工伤?

案例分析:王某不能认定为工伤。

我国政府于2010年修订的《工伤保险条例》规定,职工有下列情形之一的,视同工伤。

1. 在工作时间和工作岗位,突发疾病死亡或者在48小时之内经抢救无效死亡的。

2. 在抢险救灾等维护国家利益、公共利益活动中受到伤害的。

3. 职工原在军队服役,因战、因公负伤致残,已取得革命伤残军人证,到用人单位后旧伤复发的。

本案中,王某在工作现场突发疾病、治愈不符合工伤认定的条件,不能认定为工伤,其住院期间支付的基本医疗保险保障范围内医疗费用可以由医疗社会保险报销部分费用。

案例2:获得民事赔偿后,是否可以享受工伤保险待遇?

王某是某公司员工。2015年3月4日,王某同往常一样下班,走在回家的路上。突然,一辆超速行驶的汽车,驶入人行道,撞倒了正在走路的王某,并轧断其左腿。经医院抢救、治疗后,王某的左腿截肢、残疾。经当地交通事故管理部门调查,认定肇事司机负全部责任,王某对事故的发生没有任何责任。经过交通管理部门的调解,肇事司机向王某赔偿医疗费50 000元、护理费1 200元、残疾用具费4 000元、误工工资1 500元、残疾生活补助费18 000元。

我国政府于2010年修订的《工伤保险条例》规定,职工在上下班途中,发生交通事故的,可以认定为工伤。本案中,王某在这起交通事故中负伤,应该认定为工伤。经过劳动能力鉴定委员会鉴定,确定为六级伤残。王某被认定为工伤以后,向社会保险经办机构请求给付工伤津贴。但是,社会保险经办机构认为,交通事故肇事者已经向王某支付了医疗费、护理费、残疾用具费、误工工资、残疾生活补助费等,社会保险经办机构就不再另外给付相应的待遇。请问社会保险经办机构不发给王某一次性伤残补助金的做法是否正确?

本案中,王某在上下班途中,遭遇交通事故负伤,已被当地社会保险行政部门认定为工伤,应该享受工伤保险待遇。本案的关键在于,工伤人员在获得肇事司机的民事赔偿后,是否可以享受工伤保险待遇。1996年颁布的《企业职工工伤保险试行办法》规定,因交通事故引起的工伤,工伤人员在获得民事赔偿后,企业或工伤保险经办机构不再补偿。但是,王某受伤的事情发生在2005年3月。此时,《工伤保险条例》已经施行,《企业职工工伤保险试行办法》已经废止。《工伤保险条例》并没有明确规定工伤职工获得民事赔偿后,是否还可以享受工伤保险待遇的问题。正是由于《工伤保险条例》对这一问题没有做出规定,导致各统筹地区处理这一问题的结果大相径庭,有些地区的工伤人员可以兼得,有些地区的工伤人员不能兼得。这不仅造成了不同地区工伤人员享受工伤保险待遇的差异,而且影响了《工伤保险条例》实施的效果。

案例3:工伤认定申请有时间限制吗?

蔡上海,某企业职工。2015年3月,蔡上海在工作中受伤,住院治疗1个多月后,出院。2015年5月,蔡上海继续上班了。2016年3月,蔡上海旧伤复发,住院。2016年5月,蔡上海所在的企业向社会保险行政部门提交申请,请求认定蔡上海为工伤。蔡上海是否可以认定为工伤?

社会保险行政部门不会认定蔡上海为工伤。

我国政府于2010年修订的《工伤保险条例》规定,职工发生事故伤害或者按照《职业病防治法》被诊断、鉴定为职业病,其所在单位应当自事故伤害之日或者被诊断、鉴定为职业病之日起30日内,向统筹地区社会保险行政部门提出工伤认定的申请。遇有特殊情况,经报社会保险行政部门同意,申请时限可以适当延长。用人单位未在规定的时限内提交工伤认定申请,在此期间发生的符合《工伤保险条例》规定的工伤待遇等有关费用由用人单位负担。用人单位未按规定提出工伤认定申请的,工伤职工或者近亲属、工会组织在事故发生之日起或者被诊断、鉴定为职业病之日起1年内,可以直接向用人单位所在统筹地区社会保险行政部门提出工伤认定的申请。

本案中,蔡上海2015年3月发生工伤事故,2016年5月申请工伤认定,已经超过了工伤认定的时限,不能认定为工伤。蔡上海的损失应当由用人单位承担。

复习思考题

1. 简述工伤保险制度的特点。
2. 简述工伤保险制度建立的原则。
3. 简述工伤保险资金筹集的原则。
4. 简述工伤保险缴费的类型。
5. 简述工伤认定的程序。

6. 简述我国工伤认定的范围。

7. 简述劳动能力鉴定的作用。

8. 简述劳动能力鉴定的标准。

9. 简述劳动能力鉴定的程序。

10. 简述劳动能力鉴定的结果。

11. 简述工伤保险医疗给付的待遇。

12. 简述我国工伤保险伤残给付的待遇。

13. 简述我国工伤保险死亡给付的待遇。

14. 简述工伤事故的类型。

15. 简述我国工伤保险制度的建立和改革。

16. 简述我国工伤保险制度改革存在的问题。

第 **十** 章

生育保险制度

世界各国实施的社会保险制度,大多将妇女生育保险纳入了医疗社会保险制度的范畴。中国生育保险作为独立的制度,体现了政府对女性职工合法权益的保护,体现了男女平等就业的社会经济政策。建立单独的生育保险制度,有利于专门筹集生育保险资金,也有利于我国计划生育政策的实施。

第一节 生育保险制度的特点和保障原则

生育保险制度是针对女性劳动者生育风险而设置的社会保险项目。在我国目前的经济条件下,生育保险制度并未为所有生育妇女提供生育保险的保障。

一、生育保险制度的概念和特点

生育保险制度是指政府和用人单位为怀孕、分娩、哺乳和节育的劳动者(或妇女)提供医疗服务、生育津贴、产假和休假,以保障因生育、节育、抚养孩子而造成收入中断的女性劳动者(或妇女)及其子女基本生活的一项社会保险制度。生育保险制度保障了妇女生儿育女活动的正常进行,实现了人类自身的再生产,即种族的繁衍。同时,保障了妇女劳动者独立从事社会经济和政治活动的权利。

生育保险制度除了具有社会保险制度的一般特点外,还有一些特殊的特点,概括起来主要有以下几个方面。

1. 保障范围比较窄。生育保险制度的保障对象是已婚妇女劳动者及其所生育的子女和家庭,覆盖的范围有限。也就是说,只有达到结婚年龄的已婚女性劳动者,才有权享受生育保险待遇。例如,我国生育保险相关法规规定,尚未达到法定结婚年龄生育①、非婚生育或不符合国家生育计划而生育子女的妇女劳动者,无权享受生育保险待遇。尽管如此,这并不妨碍她们的子女及其配偶也享受一定的保障待遇。例如,我国有些地区或单位在妇女劳动者生育后,给予其配偶 15 天假期,假期工资照发。

2. 福利性。生育保险制度不仅保障了生育妇女身体健康的恢复和基本生活需要,而且通过生育保险给付保证了劳动力的扩大再生产。因此,生育保险的给付水平要比养老保险、失业保险的给付水平要高,具有鲜明的福利性。

3. 实行"产前与产后都享受"的原则。妇女在怀孕后,需要定期到医院监测孕妇和胎儿的状况,怀孕妇女到医院进行检查的时间算作劳动时间。同时,临产分娩前的一段时间,由于行动不便,已经不能工作或者不宜工作,分娩以后,需要休息一段时间,恢复身体健康和照顾婴儿,生育保险实行"产前与产后都享受"的原则。

4. 生育保险是一项短期保障。生育风险由人的特定生理活动引起的。在生育活动期间,妇女的劳动能力会暂时丧失,这种劳动能力的丧失是特定时期的暂时丧失,属于人的正常生理变化。这种变化既不像失业风险那样是由社会风险带来的,也不像工伤风险是由于不可抗拒的意外造成的。生育导致妇女劳动能力丧失的时间比较短、期限有限,因而生育保险提供的保障属于短期保障。

5. 生育保险制度与医疗社会保险密切相关。妇女生育之前的检查、生育过程的住院、手术等医疗服务、生育后的恢复等都与医疗保险有密切的关系,因此,许多国家将生育保险划入健康保险进行管理。我国政府为了贯彻实施计划生育政策,将生育保险单独设立为一项社会保险制度,同我国的国情、人口发展等密切相关。

二、生育保险制度建立的原则

生育保险制度在我国社会保险体系中占重要地位,是妇女恢复健康、稳定生活的重要制度保证。为了使生育保险健康、有序地发展,还要遵循强制性、社会性、互助性等原则。

1. 强制性原则。生育保险制度由政府强制实施依据法律、法规规定保险的项目和实施范围。劳动者或用人单位必须依法参加生育保险,依法缴纳生育保险费,并享受相应的生育保险待遇。国家制定相关的法律法规,为保护女性劳动者的合法权益提供了法律保障,做到有法可依;通过法律法规的强制力,保证生育保险制度的实施,制度覆盖范围内的所有用人单位和个人都必须依法参加。

---

① 我国《婚姻法》规定,女性不得早于 20 岁,男性不得早于22 岁。

2. 社会性原则。生育保险制度是社会保险的重要组成部分,其基金来源遵循"大数法则",集合社会力量,在较大的范围内筹集资金。通过扩大生育保险制度的覆盖范围,起到分散风险的作用。这不仅有助于将单个用人单位的负担转化为社会负担,解决部分用人单位不愿意使用女职工的歧视性问题;而且有助于用人单位的女职工在因生育而暂时丧失劳动能力时,依法享受生育保险待遇。

3. 互济性原则。通过用人单位缴纳生育保险费、建立生育保险基金,可以实行生育保险的社会统筹,实现社会成员的互助互济,把单个用人单位的负担转化为均衡的社会负担,为用人单位平等地参与市场竞争创造条件。对于女职工较多的用人单位以及破产、停产和半停产用人单位的女职工及其子女起到了保障作用。生育保险制度具有的互济互助的功能,不仅起到了维护妇女平等就业的权益,缓解妇女就业困难的作用,而且解除了用人单位的后顾之忧。

第二节　生育保险制度的保障

生育保险的保障主要包括生育保险的保障范围、享受生育保险的资格条件、生育保险待遇的给付等方面。

一、生育保险制度的保障范围

世界各国的政治、经济和社会发展状况不同,生育保险制度保障的范围也不同。在西方一些福利国家中,生育保险制度覆盖到每一位妇女,而在有些国家,生育保险制度的保障范围不仅包括妇女,而且也将男性公民纳入到生育保险的覆盖范围内。例如,男职工享受照护妇女的假期。一个国家生育保险保障范围的大小,主要与以下几个方面的因素有关。

1. 社会保险政策。一般来说,一个国家的社会保险政策目标比较高,保障水平比较高时,生育保险的保障范围就大;相反,生育保险保障的范围就比较狭窄。

2. 经济发展水平。一般来说,一个国家经济发展水平越高,生育保险保障的范围就越大;反之,保障的范围就越小。

3. 人口增长率。一个国家的人口出生率比较低,甚至接近或低于死亡率时,为了鼓励妇女生育,生育保险的覆盖范围就比较宽,保障的项目就比较多;相反,生育保险的覆盖范围就比较窄。目前,我国生育保险不保障违反计划生育政策生育的女职工,这是配合我国计划生育政策的措施。

二、享受生育保险待遇的资格条件

享受生育保险待遇同其他社会保险项目一样,需要具备一定的资格条件。但是,由于世界各国社会保障模式不同,生育保险的受益资格条件也不同,概括起来主要有五种类型。

1. 享受生育保险待遇者,必须事先定期、如数地缴纳生育保险费,且必须缴足法律法规规定的最低时间。一些国家规定,女职工至少应在分娩前的 6 个月缴纳生育保险费或在怀孕的 10 个月中有 6 个月缴纳生育保险费,或者在生育前 2 年中有 10 个月缴纳生育保险费。

2. 工作达到规定的期限,即被保险人必须在产前达到投保所规定的时间,或者从事工作若干期年,才有获得生育保险待遇的资格。如法国规定,产后可以得到 10 个月保障,且在这年之前 12 个月的头 3 个月内受雇 200 小时,或者缴纳 6 个月的保险费,才有资格享受生育保险待遇。

3. 只对居住年限有一定的要求。例如,卢森堡规定,受益人必须在该国居住 12 个月,夫妻两人必须在该国居住 3 年,才能享受生育保险待遇。

4. 只要具有公民资格,就可以享受生育保险待遇。例如,澳大利亚、新西兰等国规定,只要具有国家公民资格,均可以享受生育保险待遇。

5. 不要求个人投保,只对女性劳动者实行生育保险。在实行社会保险统筹的国家中,一些国家仅对用人单位的女职工提供生育保险。1994 年 12 月 14 日,我国劳动部颁布的《企业职工生育保险试行办法》规定,用人单位向社会保险经办机构缴纳不超过本单位工资总额 1‰ 的生育保险费。国家则采取税前列支的办法来间接资助,可见,我国城镇女职工的生育保险费仍然由用人单位负担。国家机关、事业单位女职工的生育保险费用则由财政单独承担,用人单位和个人不需要缴费。

三、生育保险待遇的给付

生育保险待遇属于短期性给付,主要包括生育假期、医疗保健服务、生育津贴、子女补助、特殊照顾五方面的待遇。

1. 生育假期或休假。生育假期是指妇女在怀孕、生育、分娩时,应该休息的期限。生育假期不仅包括生育休假、怀孕假期和产后照顾婴儿的假期,而且还包括流产和节育妇女休息的假期。产假的主要作用是使女职工在生育期间能够适当地休息,增进、保护产妇身体健康,逐步恢复工作能力及其料理个人生活的能力,并使婴儿受到母亲的精心照顾和哺育。女职工生育假期过长或者过短,都不适宜,生育假期过长,会给用人单位带来经济上的困难;生育假期过短,则不利于产妇和新生儿的健康。

按照国际劳工组织1952年通过的《生育保护公约》建议,生育假期至少为12周(84天),并且建议延长至14周。2000年,国际劳工组织通过的《生育保护公约》规定,生育假期为14周,并规定产前和产后都应该有假期。目前,绝大多数国家都接受了国际劳工组织的建议。

1995年1月1日实施的《中华人民共和国劳动法》规定:"女职工生育享受不少于90天的产假。"我国政府于2012年4月28日公布的《女职工劳动保护特别规定》规定,女职工生育享受98天产假,其中产前可以休假15天;难产的,增加产假15天;生育多胞胎的,每多生育1个婴儿,增加产假15天。女职工怀孕未满4个月流产的,享受15天产假;怀孕满4个月流产的,享受42天产假。

2. 生育津贴。生育津贴是指妇女因生育、节育而离开工作岗位、不再从事有报酬的工作时,因用人单位停止给付工资而造成收入中断,由生育保险定期支付现金的一项生育保险待遇,生育津贴又叫生育现金补贴。生育津贴是对生育妇女的经济补偿,这种经济补偿应该足以维持产妇和产儿的身体健康,因而生育保险是社会保险项目中给付水平较高的项目,大多数国家确定为原工资的100%,但是,也有一些国家低于这一标准。1952年,国际劳工组织通过《生育保护公约》,建议生育津贴为原工资的2/3,目前绝大多数国家超过了这一标准。我国《企业职工生育保险试行法》规定,产假期间的生育津贴按用人单位职工上年度月平均工资发放,由生育保险基金支付。在没有实行生育保险社会统筹的地区,生育津贴由女职工所在单位支付。按照计划生育政策怀孕,经过医生开具证明,女职工保胎休息的时间按疾病待遇的规定办理;保胎休息和病假超过6个月后,领取疾病救济费;女职工按计划生育时,可以从生育之日起停发疾病救济费,改为产假工资,并享受其他生育待遇。产假期满后,仍然需要休息的,从产假期满之日起,继续发给疾病救济费。保胎休息的女职工,产假期满后,需病休的,其病假期间应与生育前的病假和保胎休息的时间合并计算。

3. 哺乳时间。生育妇女在哺乳新生儿期间,妇女应有权为此而中断其工作,中断工作时间应当算作工作时间,并应当给予报酬。国际劳工组织第3号公约规定,妇女每天可以因为哺乳新生儿中断工作半小时两次。例如,我国《女职工劳动保护特别规定》,有不满一周岁婴儿的女职工,其所在单位应当在每天的劳动时间内给予1小时哺乳时间(含人工喂养)。多胞胎生育的,每多哺乳一个婴儿,每天哺乳时间增加1小时。

4. 医疗保健服务。医疗保健费是指为妇女生育提供医疗帮助,服务项目主要包括检查费用、接生费用、手术费用、住院费以及与生育直接相关的其他医疗费用。女职工生育的检查费、接生费、住院费和药费由生育保险基金支付,也可以由基本医疗保险基金支付。例如,我国生育保险法规规定,怀孕妇女在劳动时间进行产前检查时,应按出勤对待。此外,女职工实施节育手术引起的并发症,经计划生育主管部门和劳动鉴定委员会鉴定确定是由节育手术引起的,其医疗费用全部予以报销,工资按照生育保险的有关规定支付。

5. 子女补助费。在许多国家,生育妇女除了享有生育津贴外,往往还给予新出生的婴儿一定金额的补助。例如,我国的独生子女费,是国家给予只生育一个子女家庭的补偿。各类生育保险补助,从一定程度上讲,带有一定的社会福利性质。但是,由于子女补助费往往同生育保险给付交织在一起,被视为生育保险待遇之一。子女补助分为一次性补助和固定补助。一次性补助是政府管理部门对每个符合人口政策要求出生的子女给予一次性补助;固定补助通常都会延续到子女成年。我国政府规定,独生子女费发放到 14 岁,这是一项较长期的固定补助。

四、生育女职工的劳动保护

为了维护生育女职工的合法权益,国家制定一系列针对妇女怀孕、哺乳的劳动保护措施,减轻和解决女职工在劳动和工作中由于生理变化而造成的特殊困难,以达到保护女职工和新生儿身体健康的作用。例如,我国《女职工劳动保护特别规定》《女职工禁忌劳动范围的规定》中规定了以下几项。

1. 女职工在月经期间,不得从事高空、低温、冷水和国家规定的第三级体力劳动强度的劳动。

2. 不得安排怀孕、哺乳的女职工从事国家规定的第三级及其以上体力劳动强度的劳动和孕期禁忌从事的劳动。体力劳动强度是以劳动强度指数衡量的,劳动强度指数是依据劳动工种的平均劳动时间率和平均能量代谢率确定的。劳动强度指数越大,体力劳动强度越大;反之,体力劳动强度就越小。例如,我国国家标准《体力劳动强度分级》(GB 3869—1997)规定,劳动强度指数小于 15,体力劳动强度为第 I 级;大于 15 小于 20 为第 II 级;大于 20 小于 25 为第 III 级;大于 25 为第 IV 级。例如,纺织行业的挡车女工长期站立行走工作,容易发生流产和其他意外,应该调整到劳动强度较低的工作岗位。

3. 不得安排怀孕、哺乳的女职工从事有害有毒工种。正在从事有害有毒工种的怀孕女职工,应当调离原工作环境。我国《女职工禁忌劳动范围的规定》规定,女职工在哺乳期禁忌从事的劳动主要有以下两个方面。

(1)作业场所空气中有毒物质或锰、氟、溴、甲醇、有机磷化合物、有机氯化合物的浓度超过国家卫生标准的行业;

(2)《体力劳动强度分级》标准中第三级体力劳动强度及其以上的作业。

4. 不得安排怀孕女职工在正常劳动日以外延长劳动时间,以保证怀孕女职工有充足的休息时间。

5. 不能胜任原劳动的孕期女职工,应当根据医务部门的证明,予以减轻其劳动量或安排其他工作。

6. 怀孕7个月以上的女职工,不得安排夜班劳动①。在劳动时间内,应当安排女职工一定的休息时间,以防止孕妇早产。

7. 允许怀孕女职工在劳动时间内进行产前检查。检查时间按出勤对待,并相应地减少生产定额,以保证其产前检查的时间。

8. 不得在女职工怀孕期、产期、哺乳期间降低女职工工资或者解除劳动合同。国际劳工组织公约规定,用人单位在妇女产假缺勤期间,提出解雇生育妇女的,属于违法行为。我国政府于1992年4月发布的《中华人民共和国妇女权益保障法》规定,"妇女在经期、孕期、产期和哺乳期都应该受到特殊保护","任何单位不得以结婚、怀孕、产假、哺乳等为由,辞退女职工或单方解除劳动合同"。我国《劳动法》规定,女职工在孕期、产期、哺乳期内的,用人单位不得解除劳动合同。

第三节 中国生育保险制度的建立和改革

一、中国生育保险制度的建立

我国生育保险制度是20世纪50年代初期建立的。1951年2月,政务院颁布的《中华人民共和国劳动保险条例》,将生育保险作为一项措施进行规范。1953年1月,劳动部制定了《中华人民共和国劳动保险条例实施细则修正草案》,详细规定了有关生育保险的内容。1955年国务院颁发的《关于女工作人员生产假期规定的通知》,对行政机关事业单位女职工生育保险做出了补充说明。

新中国生育保险制度的建立,降低了婴儿和产孕妇死亡率。婴儿死亡率是某地

---

① 夜班劳动是指当日22点至次日6点时间从事劳动或工作。

某年内未满一岁的婴儿死亡人数与同年活产婴儿数的比例。有资料表明,1949年中华人民共和国成立以前,婴儿死亡率高达200‰,1975年这一指标下降到47‰,1981年下降为34.7‰,2005年下降为21.5‰。婴儿死亡率的降低不仅反映了婴儿健康水平的提高,而且也反映了妇女产前产后的健康状况。孕产妇死亡率是指某地某年内每出生1 000名活产婴儿孕产妇死亡人数。孕产妇死亡通常指妇女在妊娠期、分娩期及分娩后42天内的死亡。据有关资料统计,中华人民共和国成立前,我国孕产妇死亡率为15‰;新中国成立后,党和政府重视发展妇幼保健事业,积极推广科学,采用新法接生,孕产妇死亡率迅速下降为0.619‰。2004年,我国孕产妇死亡率为0.483‰。孕产妇死亡率的下降,反映了怀孕妇女健康状况的提高。

二、中国生育保险制度的改革

1986年,卫生部、劳动人事部、全国总工会、全国妇联印发了《女职工保健工作暂行规定(试行草案)》,开始了我国生育保险制度的改革。1988年7月26日,江苏省南通市人民政府颁布《南通市全民、大集体企业女职工生育保险基金统筹暂行办法》,率先揭开了女职工生育保险社会统筹改革的序幕。此后,许多地方政府纷纷颁布地方性法规,进行生育保险制度的社会化改革试点。1993年4月20日,国务院颁布的《国有企业富余职工安置规定》规定,孕期或者哺乳期的女职工,经本人申请,企业可以给予不超过2年的假期;放假期间发给生活费。女职工生活费按原工资标准的60%由企业发给。假期内含产假的,产假期间按照国家规定发给工资。截至1994年,全国已有18个省的300多个市县进行了女职工生育保险制度的社会化改革试点。

在生育保险制度社会化改革试点的基础上,劳动部于1994年12月14日颁布了《企业职工生育保险试行办法》(以下简称《试行办法》),并规定从1995年1月1日起实施。《试行办法》规范了生育保险的相关规定,标志着我国生育保险制度的发展进入了一个新阶段,也为全国生育保险的社会统筹改革提供了政策依据。《试行办法》规定,用人单位不再承担女职工生育期间的具体责任,只需按规定向社会保险经办机构缴纳不超过工资总额1%的生育保险费,社会保险经办机构对生育保险的资金进行统一管理,女职工生育期间的生育津贴与生育费用由社会保险经办机构按需从统筹的基金划拨给女职工所在的单位,女职工生育期间仍在本单位领取生育保险费。1995年11月,劳动部印发的《关于贯彻实施〈中国妇女发展纲要〉的通知》规定,适应企业改革的要求,积极建立生育保险基金,将生育保险由企业管理逐步转变为社会统筹管理,均衡企业负担,分散风险。生育保险改革既保障了妇女合法权益的需要,也是整个社会保障改革的重要组成部分。1996 年 1 月,劳动部颁布的《落实〈关于贯彻实施中国妇女发展纲要的通知〉的意见》,对各地生育保险社会统筹的进度提出了具体的要求。1996 年 12 月,劳动部和国家科委联合发布的《关于在全国社会发展综合实验区全面建立生育保险制度的通知》,对指导国家实验区开展生育保险社会统筹工作提供了指导思想。1997 年 10 月,劳动部发布的《关于印发〈生育保险覆盖计划〉的通知》对各地生育保险实行社会统筹进度列出了具体的时间表,并要求各地加大改革力度,扩大生育保险的覆盖范围。1998 年,国务院颁布的《国务院关于建立城镇职工基本医疗保险制度的决定》使我国医疗保险制度有了历史性的转变。为了做好政策衔接,由劳动保障部、国家计划生育委员会、财政部、卫生部于 1999 年 9 月联合发布的《关于妥善解决城镇职工计划生育手术费问题的通知》规定,在建立企业职工生育保险的地区,参保单位职工的计划生育手术费用由生育保险基金支付;没有建立生育保险的地区,在建立职工基本医疗保险制度时,可以将符合基本医疗保险有关规定的参保单位职工的计划生育手术费纳入基本医疗保险统筹基金支付。对没有参加生育保险和基本医疗保险的单位,职工计划生育手术费仍由原渠道解决。2001 年,国务院颁布的《中国妇女发展纲要(2001—2010 年)》指出,普遍建立生育保险制度,由此,生育保险制度在全国各地普遍建立起来了。2001 年 12 月 29 日,第九届全国人民代表大会常务委员会第 25 次会议通过的《人口与计划生育法》规定,国家稳定现行生育政策,鼓励公民晚婚晚育,提倡一对夫妻生育一个子女;符合法律、法规规定条件的,可以要求安排生育第二个子女。不符合第十八条规定[①]生育子女的公民,应当依法缴纳社会抚养费。2005 年,劳动和社会保障部确定 12 个城市作为生育保险与医疗保险协同推进的重点联系城市,以点带面,逐步推广。目前,大多数地区已经将生育保险纳入基本医疗保险管理,取得了较好的效果。2012 年 4 月 18 日,国务院第 200 次常务会议通过的《女职工劳动保护特别规定》规定,女职工生育享受 98 天的产假,其中产前可以休假 15 天,对女职工获得的劳动保护做出了更明确的规定。2015 年 12 月 27 日,第十二届全国人大常委会第十八次会议通过的《关于修订〈人口与计划生育法〉的决定》规定,国家提倡一对夫妻生育两个子女。符合法律、法规规定条件的,可以要求安排再生育子女。国家对实行计划生育的夫妻,按照规定给予奖励。

---

①　《人口与计划生育法》第 18 条规定,国家稳定现行生育政策,鼓励公民晚婚晚育,提倡一对夫妻生育一个子女;符合法律、法规规定条件的,可以安排生育第二个子女。具体办法由省、自治区、直辖市人民代表大会或者其常务委员会规定。

三、中国生育保险制度改革的成果

我国生育保险制度改革的成果，主要有以下几个方面。

1. 减轻了用人单位负担。生育保险待遇给付的社会化改革，将女职工的生育保险费用从用人单位中分离出来，由生育保险基金统一支付，减轻了用人单位的负担，尤其是减轻了女职工较多的用人单位的经济负担，有利于用人单位平等地参与市场竞争。

2. 维护了生育妇女的合法权利。生育行为既是个人行为，又是社会行为。在企业保险制度下，用人单位要为女职工生育活动承担责任和各种相关费用，这促使用人单位不愿意招用女职工。在裁减富余劳动力时，主要裁减女职工。生育保险的社会统筹保障了生育妇女享有同男子平等就业的权利和机会。

3. 推动了优生优育工作的开展。生育保险社会化管理后，用人单位只需按规定向社会保险经办机构缴纳不超过本单位工资总额1％的生育保险费，社会保险经办机构对生育保险基金进行统一管理。女职工生育期间的生育津贴、医疗保健和子女健康等费用均由生育保险基金支付。这避免了女性职工由于承担生育责任而造成其家庭生活水平的突然下降，解除了生育妇女的后顾之忧，促进了优生优育政策的落实。

四、中国生育保险制度改革存在的问题

自1995年《企业职工生育保险试行办法》实施以来，受到用人单位和女职工的普遍欢迎，但是还存在着许多问题。

1. 实施的范围比较窄，社会化程度比较低。目前，我国生育保险的保障范围比较狭窄，只保障已婚女性劳动者，并不像福利国家那样覆盖所有的生育妇女，也没有扩展到男性职工。计划生育问题，不仅是女性职工的问题，而且也是男性职工的问题，将生育女职工的配偶覆盖到生育保险的覆盖中来是十分必要的。例如，绝育手术对女职工身体带来的副作用越来越大，而对男职工进行绝育手术，不仅手术简单，而且副作用比较小，将男职工纳入生育保险的范围有利于计划生育政策的推广。

2. 社会统筹的层次比较低。我国生育保险社会统筹的层次还比较低，随着生育保险制度改革的推进，有必要从县（市）级统筹向省、市（地级市）级社会统筹过渡，提高社会统筹的层次，提高生育保险资金的利用效率。

3. 妇女权益的保护有待于法律规范。《试行办法》只是临时性的生育保险政策、

规范,有待于以法规的形式确定下来,规范用人单位的行为,规范职工的行为,以保障生育保险法规的有效实施。

案例分析

案例1:女职工休假、生育期间待遇如何给付?

女职工李某,怀孕后2个月去医院检查,医生建议李某休息。根据医生的建议,李某休息的时间已经超过6个月,请问李某休假、生育期间的待遇如何给付?

根据我国《企业职工生育保险试行办法》《女职工劳动保护规定》的有关规定,可以从以下几方面处理这一问题。

1. 女职工按计划生育政策怀孕,经过医生开具证明,需要保胎休息的,其保胎休息的假期,按照用人单位实行的医疗社会保险待遇的规定办理。

2. 保胎休息和病假超过6个月后,领取疾病救济费,按照我国计划生育的有关规定,可以从生育之日起停发疾病救济费,改为产假津贴,并享受其他生育保险待遇。产假期满后,仍需病休的,从产假期满之日起,继续发给疾病救济费。

3. 保胎休息的女职工,产假期满后仍然需要休假的,其产后休息的时间应当与生育前的病假和保胎休息的时间合并计算。

4. 不按国家计划生育政策怀孕的女职工,其保胎、病假休息和生育时,不能享受生育保险待遇。

案例2:王某为某外商投资企业的女职工,由于王某怀孕,企业要同王某解除劳动合同,企业是否可以同王某解除劳动合同?

外商投资企业在我国境内雇佣工人,适用于我国的相关法律法规。根据我国《劳动法》和《女职工劳动保护规定》的规定,企业不得同怀孕、产假和哺乳的女职工解除劳动合同。根据具体情形可以有以下几方面的考虑。

1. 怀孕、产假、哺乳期间的女职工,在合同规定的试用期内,被发现不符合录用条件的,可以辞退。但是,用人单位不得以女职工怀孕、休产假、哺乳为由,辞退女职工。

2. 女职工在怀孕、产期、哺乳期间违纪,可以按照有关规定和劳动合同的规定予以辞退的,可以辞退。

3. 实行计划生育的女职工,在怀孕、产假、哺乳期间,劳动合同虽然已经到期,仍然不能解除劳动合同,必须延续到哺乳期满,才能解除劳动合同。

案例3:女职工刘某,怀孕3个月流产,应该休息多长时间?

女职工流产休假按照1988年出台的《关于女职工生育待遇若干问题的通知》执

行,即女职工怀孕不满 4 个月流产时,应当根据医疗机构的意见,给予 15～30 天的产假;怀孕 4 个月以上流产者,给予 42 天产假,产假期间,工资照发。

本案的刘某,怀孕 3 个月流产,应该享受 15～30 天的产假。

案例 4:男职工的配偶是否享受生育保险待遇?

钱某,某商场男职工。钱某的妻子没有工作。钱某所在单位投保了生育保险。2006 年 1 月,钱某的妻子生小孩。2006 年 2 月,钱某向生育保险经办机构提出申请,请求享受生育保险待遇。但是,社会保险经办机构的工作人员则认为,钱某的妻子不能享受生育保险待遇。钱某不解,企业男职工的工资不是计入生育保险缴费工资了吗?

根据我国生育保险的规定,企业男职工工资也要计入用人单位的生育保险缴费工资基数。即使企业都是男职工,也要参加生育保险,这样可以避免企业在劳动用工方面歧视女性。这样,女职工的生育费用不再由用人单位承担,而是由社会保险经办机构统筹支付,这样可以减轻女职工多的用人单位的负担。

我国生育保险制度保障的范围是女职工,男职工及其无工作的配偶不能享受生育保险待遇。

复 习 思 考 题

1. 简述生育保险制度的特点。
2. 简述生育保险制度建立的原则。
3. 简述享受生育保险待遇资格条件的类型。
4. 简述生育保险制度提供的保障。
5. 简述女职工劳动保护的内容。
6. 简述我国生育保险制度改革的成果。
7. 简述我国生育保险制度改革存在的问题。

长期照护保险制度

随着社会文明的进步,解决残疾、失能、半失能人员的长期照护问题是社会文明的重要体现。但是,随着生理、心理机能的下降,老年人延长的寿命大多属于健康状况不良的寿命,这意味着老年人对长期照护服务的需求更加迫切。长期照护保险制度是世界各国政府为应对人口老龄化而建立的一项社会保险制度,长期照护保险制度已经逐步发展成为社会保险体系的重要组成部分。

第一节　长期照护保险制度的概念和特点

一、长期照护的概念

长期照护是指照护人员在较长的时期内(通常为 6 个月及其以上)持续地为丧失自主生活能力或者从未有过某种自主生活能力的人提供的日常护理、个人生活照料和精神慰藉等方面的服务。长期照护服务的对象通常有两类:(1)天生残疾,不具有自主生活能力的人员。(2)失能或者半失能的人员。残疾是指从未有过某种活动的能力。失能是指由于意外伤害或疾病引起身体或者精神损伤,导致自主生活能力或社交能力的丧失。自主生活能力或者社交能力完全丧失的人,称为失能人员。部分丧失自主生活能力或者社交能力的人,称为半失能人员。

世界卫生组织将生活照料服务从个人生活照料、家庭事务管理、协助性服务、技术性服务等方面做出了规定。其中,家庭事务管理主要包括房间清扫、做饭、购物等;协助性服务主要包括坐轮椅等辅助行动、安装扶手等安全性用品服务;技术性服务主要包括安全报警装置安装、服药提醒等技术服务。美国医疗保险协会将长期照护定义为:照护人员在一个较长时期内持续地为患有慢性疾病(包括早年性痴呆等认知障碍)或处于伤残状态下的人提供照顾和护理服务,主要包括健康医疗服务、居家服务、运送服务或心理护理和临终关怀等其他支持性服务。

二、长期照护保险制度的概念

长期照护保险制度也称长期护理保险制度,是指由于残疾、年老、疾病、意外事故等原因造成个人自主活动能力障碍、需要长期照护时,由政府提供日常生活照料、健康护理和精神问题等服务的制度安排。对于长期照护保险制度的概念,可以从三个方面理解。

1. 长期照护保险的责任主体是政府。家庭成员护理能力的弱化、护理服务价格的提高、商业护理保险产品价格的提高、妇女就业率的提高、人口预期寿命的延长等,导致家庭照料资源缺失,促使各国政府建立长期照护保险制度。1968 年 1 月 1 日,荷兰政府开始组织实施的《特殊医疗支付法案》标志着长期照护保险制度的建立。1988 年 4 月 1 日,以色列政府开始组织实施《社区长期照护保险法》,建立了长期照护保险制度。1995 年 1 月 1 日,德国政府开始实施《社会抚养保险法案》,政府主导在法定医疗保险的基础上建立长期护理保险制度。1998 年,卢森堡政府建立了长期照护保险制度。2000 年 4 月 1 日,日本开始实施《长期介护公共保险计划》,建立了长期介护保险制度。此后,欧洲经济合作与发展组织的其他一些国家,如英国、奥地利、瑞典等也建立了长期照护保险制度。从以上国家长期照护保险制度的建立可以看出,长期照护保险的实施以政府为责任主体。

2. 建立长期照护保险制度的目的是提高人的生存质量。政府建立长期照护保险制度的目的是提高残疾、失能、半失能人员的生存质量,支持受益人最大限度地独立。世界卫生组织认为,建立长期照护保险制度的目的是:保证那些不具备自主生活能力的人能够继续得到其个人喜欢的、较高的生活质量,以最大限度地获得独立、自主、参与和满足。

3. 长期照护保险制度的保障对象是残疾、失能、半失能的人员。世界各国政府建立社会保险的理念不同,长期照护保险制度的保障对象也不同。有些国家长期照护保险的保障对象是公民中残疾、失能、半失能的人员,有些国家长期照护保险的保障对象是老年人口中的失能、半失能的人员。例如,日本长期介护保险的保障对象是40 岁以上的公民中失能、半失能的人员。德国长期照护保险确定了"跟随医疗保险的原则",其保障对象是参加法定医疗保险的公民,主要保障中低收入人口中各年龄段残疾、失能、半失能的人员。目前,德国长期照护保险覆盖92％的公民,德国高收入者可以购买商业长期照护保险。

三、长期照护保险制度的特点

长期照护保险制度除了具有统一性、强制性、普惠性、保障基本生活的一般特点外，还具有专业性、标准化、持续性、全面性等特点，主要有以下四个方面。

1. 专业性。专业性是长期照护保险制度的显著特点。虽然提供长期照护的场所可以是家庭，也可以是专业性机构。例如，医院、护理院、养老院等。即使是以家庭为主要场所的长期照护服务，也需要由有组织和经过专门培训的居家照护服务员提供。这是因为，仅仅提供传统的非专业性的家庭照料，已经不能满足残疾、失能、半失能人员维持正常生活的需要。专业性的正规照料通常具有规定的服务标准，主要由公共部门、公益组织或者商业性组织规定照护服务的标准。非正规照料通常由家庭成员、亲属、朋友提供未接受过正规培训的照料。对于残疾、失能、半失能人员来说，提供的长期照护服务越规范，残疾、失能、半失能人员的生活质量越高，对长期照护服务质量的评价就越满意；反之，残疾、失能、半失能人员的生活质量就越低，对长期照护服务质量的评价就越不满意。

2. 标准化。标准化是指政府依法对长期照护申请人的受益资格评估、分级、护理等级和护理服务质量等作出明确的规定，将长期照护保险制度建设成为提供标准化、规范化长期照护服务的系统工程。

3. 持续性。长期照护服务的受益人通常患有在短期内难以治愈的疾病或者长期处于残疾、失能、半失能的状态，他们对照护服务的需求通常要持续很长一段时间。例如，老年人失能后通常需要持续很长一段时间的照护服务，通常需要照护 6～7 年，有时需要照护的时间更长。由此，也就决定了长期照护保险具有持续性的特点。

4. 全面性。长期照护所提供的服务已经超过了传统保健、护理的范围，已经扩展、延伸到日常生活的方方面面，涉及残疾、失能、半失能人员的饮食起居，家务管理、精神慰藉等服务，属于一体化的综合服务，具有全面性的特点。[①]

四、长期照护保险制度的保障功能

1. 减轻残疾、失能、半失能人员及其家庭成员的经济负担。对于已经退休的老人来说，长期照料的成本高，很多家庭难以承受沉重的经济负担。长期照护保险制度

---

① 裴晓梅、房莉杰：《老年长期照护导论》，北京，社会科学文献出版社，2010。

的实施,有助于减轻残疾、失能、半失能人员及其家庭的经济负担。

2. 满足残疾、失能、半失能人员的长期照护需求。随着人口老龄化的发展,残疾、失能、半失能人员的长期照护需求日益增强,满足残疾、失能、半失能人员的长期照护需求,可以减轻残疾、失能、半失能人员及其家属的心理负担。

3. 提高残疾、失能、半失能人员的生活质量。给予残疾、失能、半失能人员生活照料、日常护理和精神的慰藉,体现了社会的人文关怀。

第二节　长期照护保险资金的筹集和管理

长期照护保险资金的筹集是制度实施的基础,资金筹集通常需要法律法规的强力推动。

一、长期照护保险资金的筹集

长期照护保险资金的筹集主体主要有政府、用人单位和个人,这三个主体承担的责任不同,长期照护保险资金的筹集模式也不同。

(一)政府全额负担

长期照护保险资金的筹集全部由政府负担,主要来自财政拨款。政府通常采取购买服务的方式提供长期照护服务。例如,英国、瑞典、丹麦、挪威等欧洲福利国家就采用这种负担方式。政府全部承担长期照护保险责任,通常以稳定的税收来源为后盾,政府的财政负担比较重。

(二)用人单位和个人负担

长期照护保险资金主要来源于用人单位、个人的纳税(或缴费),其纳税(或缴费)的基础是个人的工资。这些国家大多颁布了相关的长期照护保险法律法规,以立法的方式实施社会化筹资。例如,德国、日本、韩国等国家就采取这种筹集方式。德国以工资总额的 1.7% 缴纳长期照护保险税,用人单位和个人各承担 50%。日本长期介护保险的缴费以 40~64 岁的个人工资为缴费基数,用人单位和个人均负担。

(三)个人全额负担

个人购买商业长期照护保险产品,也是长期照护保险筹资的一种方式。保险公司通常根据社会需求设计适应市场需求的长期照护保险产品,个人自愿投保商业长期照护保险。例如,美国商业保险公司于 1980 年推出长期照护商业保险产品。保险公司推出的长期照护保险得到了一定的认可,其占人身保险市场的份额约为 30%。1995 年,美国投保长期照护保险产品的人数为 340 万,个人自愿投保的模式在美国长期照护保险的发展中发挥着重要作用。[①] 在商业长期照护保险的发展中,美国政府出台相应的法律、法规对长期照护服务机构进行监管。例如,1987 年,美国政府发布的《护理改革法》界定了护理院提供不同服务的标准,并出台护理院居民的权利法案,保护入住居民的各项合法权利。又如,美国加州政府发布的《持续照料退休社区监管和财务披露法案》规定,经营者每年提交相关报告,报告其服务内容、财务稳定性、费用收取情况等。该州社区事务部会向所有符合规定的机构颁发认证证书,并不定期地对机构进行监管。这种筹资方式的缺点主要有以下几个方面。

1. 商业长期照护保险产品的价格较高。长期照护商业保险产品的价格比较高,其覆盖面窄,无法向全体公民提供长期照护服务。特别是低收入人群,由于没钱购买长期照护保险产品,很难获得长期照护保险的保障。

2. 商业长期照护保险的作用力度有限。已经购买长期照护保险的人进入专业照护机构后,其财产也会大幅度地减少,长期照护商业保险提供的保障有限。低收入[②]以外、未投保长期照护保险的人口难以获得长期照护保险的保障。

3. 商业长期照护保险的发展依赖于政府的监管。如果缺乏政府的有效监管,就会产生片面追求经济效益、损害照护对象利益等问题。

（四）用人单位、个人、政府和合作付费共同承担

多元化筹资也是长期照护保险筹资的一种方式。例如,荷兰政府发布的《特殊医疗支出法案》规定,长期照护保险资金主要来源于强制性保险费、合作付费和财政转移支付。强制性保险费是收入税的一个组成部分,约占个人工资的 10%,其中的大部分缴费由雇主承担。合作付费取决于服务类别和长期照护受益者的收入水平。以居家护理为例,受益者每年向居家护理服务机构支付相当于 55 欧元的注册费,这个机构会代替受益者支付相关的照护服务费用。20 世纪末,荷兰长期照护保险筹资的比例构成为:强制性保险费占 87.0%,合作付费占 12.5%,财政转移支付占 0.5%。[③]

（五）从医疗保险资金中划拨长期照护保险资金

一些国家的政府将长期照护保险与医疗保险制度合并在一起,统称健康保险制

---

① 裴晓梅,房莉杰. 老年长期照护导论. 北京:社会科学文献出版社,2010.

② 美国的医疗救助制度主要保障低收入人口,服务项目主要有:家庭护理、个人护理、健康服务、理财顾问等与老年人相关的服务项目。

③ 新华网. 荷兰的《特别医疗支出法案》.（2015-06-01）【2018-01-10】http://www.xinhuanet.com/gongyi/yanglao/2015-06/01/c_127865824_2.htm。

度,统一实施,不设置长期照护保险筹资渠道,而是依托于原有的健康保险制度。按照一定比例或标准从医疗保险资金中划拨资金,用于支付参保人的长期照护服务费用。在这种筹资方式下,健康保险的纳税(或缴费)率很高。法国就是采用这种筹资模式的国家。例如,法国医疗社会部管理事务的范围是,为残疾人、半失能、失能的老年人提供长期照护服务。目前,我国试点实施的长期护理保险制度中,有些地区就从医疗保险资金中划拨长期照护保险资金。

二、长期照护保险资金的收支平衡

(一)长期照护保险资金的运营大多实行现收现付制

现收现付制是指以当期人口缴纳的长期照护保险费支付当期需要长期照护人口的费用支出,并实现短期内财务收支的平衡。这种资金收付制度是在长期照护需求发生后用下一代人的纳税(或缴费)来弥补上一代人的费用支出。目前,世界各国的长期照护保险制度大多采取现收现付制。在现收现付制下,影响长期照护保险资金收支平衡的因素主要有以下几个方面。

1. 长期照护服务的需求。在一国公民中,因残疾、失能、半失能而需要长期照护的人口占总人口的比重越高,对长期照护保险资金的需求量就越大,纳税(或缴费)的比例就越高。反之,纳税(或缴费)的比例就越低。

2. 长期照护服务供给的价格。长期照护服务供给的价格越高,对资金的需求量也越大,参保人纳税(或缴费)的比例就越高。长期照护供给的价格通常与照护人员的工资、照护小时数、照护方式等有关。

(二)现收现付制长期照护保险资金收付方式的优势

1. 简单易行,短期内容易实现资金的收支平衡。采取这种资金管理制度,可以根据资金使用的实际情况随时调整资金的筹集,有利于减少长期照护保险制度实施的障碍,有利于提高制度实施的效率。

2. 具有较强的收入再分配功能和互助互济功能。长期照护保险资金支付制度体现了代际之间的代代相传,即"下一代人供养上一代人",年轻人的纳税(或缴费)转移支付给老年人使用。

3. 现收现付制资金收付方式没有基金的积累。现收现付制资金收付制度下通常没有基金的积累,其管理成本比较低,没有资金保值增值的压力。

(三)现收现付制长期照护保险资金支付方式的劣势

1. 现收现付制的实施要求有稳定的人口结构。人口结构变化等不确定性因素会影响长期照护保险资金的来源,影响资金来源的稳定性。

2. 现收现付制只注重短期的收支平衡,通常不作长远的规划。随着人口年龄结构的变化,特别是老龄人口占总人口的比重不断增加,代际赡养的成本也会增加,长期照护保险的缴费率需要经常调整,以维持资金收付的平衡。

3. 现收现付制需要稳定的财政资金来弥补资金缺口。现收现付制下,长期照护保险资金不足以支付时,通常由财政来弥补资金的缺口。

三、长期照护保险的给付方式

1. 长期照护服务。长期照护服务可以是公立专业机构提供的,也可以是私营照护机构提供的,还可以是家庭、社区组织提供的。

2. 现金补助。现金补助是政府或政府授权的机构直接向需要长期照护的人员发放的现金,以维持残疾、失能、半失能人员的基本生活。

3. 既有照护服务,又有现金补助。在得到现金补助的同时,残疾、失能、半失能人员还可以获得社区组织、政府提供的长期照护服务。这种给付方式比较灵活。

四、长期照护保险的管理模式

目前,世界许多国家已经建立了长期照护保险制度。各国经济发展状况、文化理念、政府承担责任的理念不同,长期照护保险制度的发展也不同。根据筹资方式、经营主体、长期照护保险资金来源的不同,可以将世界各国的长期照护保险管理模式分为国家保障型、社会保险型和商业保险型。

(一)国家保障型长期照护保险管理模式

国家保障型长期照护保险管理模式是指政府在长期照护保险制度的建立和发展中承担主要责任,政府通过财政转移支付的方式向公民或社会低收入者提供长期照护资金的帮助,服务的受益者支付较少的费用。国家保障型长期照护保险制度属于全民普及型社会保险制度。例如,丹麦、瑞典、挪威、英国等国家就实行这种长期照护保险管理模式。英国是世界上较早以立法形式建立长期照护保险制度的国家之一,其发展的各类长期照护机构也是英国政府建立福利国家的重要组成部分(见表 11-1)。国家保障型长期照护保险管理模式的特点主要有以下几个方面。

1. 政府承担主要责任。国家保障型长期照护保险管理模式下,由政府承担主要责任,财政转移支付资金是长期照护保险制度实施的主要资金来源,不需要个人承担长期照护保险缴费义务。中央政府建立的健康服务部门和地方政府建立的社会服务部门是照护服务的组织者、实施者,通常由公共医疗服务体系和社区照护共同提供服务。

2. 保障的范围比较宽。国家保障型长期照护保险提供保障的范围是全体公民。例如,瑞典的长期照护保险制度就为所有公民提供长期照护保障。

3. 保障的水平比较高。国家保障型长期照护保险提供"从摇篮到坟墓"的一切照护保障,其保障水平比较高。

4. 资金支付的压力比较大。近几年,国家保障型长期照护保险资金支付的压力比较大,政府针对长期照护保险的改革进一步加快。例如,强调照护服务的针对性,要求个人也承担一部分照护服务费用;强化病例的管理,严格审核受益者的资格条件;与私立机构签订合同,由公共资金购买私人服务等,以缓解资金支付的压力。

(二)社会保险型长期照护保险管理模式

社会保险型长期照护保险管理模式是指以用人单位、个人为主要筹资来源的长期照护保险制度。德国、日本、卢森堡、荷兰、以色列等国家实行这种长期照护保险管理模式。1994 年,德国政府颁布了《长期照护保险法》,1995 年 1 月 1 日正式实施,长期照护保险成为德国继养老保险、医疗保险、工伤保险、失业保险制度之后的"第五大支柱"。德国的长期照护保险依附于原有的医疗保险制度,采用全民性、强制性和公私混合给付的运营模式,其遵循"护理保险跟随医疗保险"的原则,以中低收入的公民为保险对象,提供普惠性的基本护理服务。公民无论是否年老,凡需要照护者均予以提供长期照护服务(见表 11-1)。社会保险型长期照护保险管理模式的特点主要有以下几个方面。

1. 用人单位和个人共同纳税(或缴费)。社会保险型长期照护保险资金主要来源于用人单位和个人纳税(或缴费),政府承担的责任比较轻。例如,德国的用人单位和个人各承担长期照护保险缴费的 50%。

2. 长期照护保险的给付具有多样性。德国长期照护保险实行实物给付、现金给付和混合给付并存的方式。德国长期照护服务分为在宅照护和专业机构照护两种。在宅照护分为在宅自行照护和在宅专业照护两种。在宅自行照护通常由失能或半失能人员的家庭成员照护,长期照护保险制度通常提供现金给付;在宅专业照护通常提供实物给付,由经过正规培训的人员为受益人提供卫生、饮食、行动、家务等方面的照护服务,服务供给方需要在医疗保险基金会的监督下同照护服务受益人签订合同。混合给付是指现金给付和实物给付在适当的情况下可以转换的给付方式。在受益人能够保证家庭成员足以承担长期照护责任的情况下,可以将没有使用完的实物给付转化为现金给付。

3. 长期照护服务的供给方引入市场化竞争机制。在长期照护保险发展的过程中,德国、日本引入了市场化竞争机制,对服务质量不达标的长期照护服务机构取消其提供照护服务的资格,对服务质量差的照护人员取消其从业资格。

4. 政府对长期照护服务的质量实施监管。监管照护机构提供服务的质量,可以提高长期照护需求人员的生存质量,可以规范照护服务机构的发展。例如,德国由政府、医疗保险基金会、机构照护供给方组成的长期照护联邦咨询委员会制定明确的服务评估标准和流程规范,每年对各机构提供的长期照护服务的质量进行评估,并将评估结果公之于众。

(三)商业保险型长期照护保险管理模式

美国是较早实行商业长期照护保险的国家,也是世界上少数几个广泛推行商业长期照护保险管理模式的国家。[①] 1980 年,美国出现了长期照护保险产品,长期照护保险的经营主体是商业保险公司,采用个人自愿投保的方式。1995 年,美国有 340 万人投保商业长期照护保险。随着护理种类的不断翻新,商业长期照护保险越来越受到美国社会各阶层的青睐(见表 11-1)。美国的长期照护保险产品具有以下特征。

1. 个人自愿支付保险费。从筹资方式看,长期照护保险的保费来源于投保人缴纳的长期照护保险费。在美国 18～99 岁的人口均可投保商业长期照护保险,被保险人的年龄范围比较广,缴费可以采取趸缴、10 年缴清、缴费至 65 岁退休以后等方式。保费的多寡与被保险人的年龄及投保人选择的最高给付额、给付期、等待期等因素相关。年龄越大、最高给付额越高、给付期越长、等待期越短,保费就越高。

2. 承保各年龄段的人群。商业保险公司承保各年龄段的人群,并提供客户需要的长期照护保障。

(1)保险公司承保的条件。保险人根据被保险人的陈述以及医生出具的健康状况证明来决定是否承保。承保期限按照被保险人在投保时的年龄和实际需要分为 40～79 岁、50～84 岁、55～79 岁等几个年龄段。

(2)保险公司承保的方式。商业长期照护保险的保单可以独立签发,也可以以终身寿险保单的批单形式签发,或者将丧失工作能力收入保险单转化为长期照护保险单,或者以随着账户余额的变动增加长期照护保险金额的方式承保。

(3)保险责任范围。承保被保险人在任何场所(除急诊治疗外)因接受各类照护

---

① 美国的法定健康保险制度仅支付老年人因病住院的照护费用和居家照护费用,不补偿不需要医疗帮助的长期照护费用。美国的医疗救助制度向低收入、患病者提供长期照护保障,医疗救助的资金主要来源于州政府的财政转移支付。

服务而发生的费用。这些护理服务包括:具有医疗性质的护理服务,如诊断、预防、康复,以及其他不具有治疗性质的家庭护理、成人日常护理。对这些护理服务在时间上的要求是至少持续12个月。就服务的时间来说,可以是全天候(24小时)特别护理,也可以是非全日制的一般照护。

3. 保险待遇给付。商业长期照护保险产品的待遇给付主要包括以下几个方面。

(1)保险待遇给付的期限。商业长期照护保险的给付期限为1年到终身不等,由被保险人自主选择。保险人在被保险人选择的某一给付期限内,承担给付保险金的责任。投保人通常选择2~4年的给付期,很少有人选择终身给付。

(2)最高给付额。保险公司通常仅规定每日给付限额,即保险人对被保险人每日照护费用的补偿不能超过规定的给付限额。但是,保险公司也可以同时规定整个给付期内最高给付限额和每日给付限额。这也就是说,当日给付额累计达到整个给付期的最高限额时,保险责任终止。如果保单规定在5年的给付期内最高支付限额为182 500美元,如果一年以365天计算,即同时限制每日的给付限额最多为100美元。

(3)给付方式。美国长期照护保险大多采取现金给付的方式直接对被保险人进行补偿。但是,随着"管理式医疗"的出现和迅速发展,美国长期照护保险的实物给付日益增多。

表 11-1 部分国家长期照护保险的管理模式对照表

内容	美国	以色列	日本	德国	荷兰	英国
类型	商业保险型	社会保险型	社会保险型	社会保险型	社会保险型	国家保障型
立法实施	《联邦健康保险可转移与说明责任法案》(1996年)	《长期照护保险法》(1968年)	《长期照护保险法》(2000年)	《长期照护保险法》(1994年)	《特殊医疗费用支出法》(1968年)	《老年法》(1965年)
强制性	自愿参加	强制参加	年满40岁的公民强制参加	强制参加	年满15岁公民强制参加	否
费用负担	个人	雇主、个人缴费,政府补贴	雇主、个人缴费,政府补贴,受益人负担	雇主与个人各负担一半,政府补助少	强制性保险费、个人缴费、政府补贴	税收,中央定额补助地方
资格认定	保险公司	政府	政府	医事委员会	国家评估中心	政府
给付对象	保险责任范围内需要照护者	女性60岁、男性65岁开始享受护理保险服务	40~65岁因疾病失能需要照护者	各年龄段残疾、失能、半失能人员	失能者(身体失能、心智失能和感官失能)	低收入失能者

资料来源:裴晓梅,房莉杰:《老年长期照护导论》,北京,社会科学文献出版社,2010。

第三节　长期照护保险制度与其他保障的关系

长期照护保险制度不是孤立存在的,同其他保障如社会保险制度、社会养老服务和商业长期照护保险有十分密切的关系。下面分别讲述这三方面的关系。

一、长期照护保险制度与其他社会保险制度的关系

长期照护保险制度是社会保险体系中重要的保障项目,在社会保险体系中发挥着重要的作用。同时,长期照护保险制度也同基本医疗保险制度、基本养老保险制度、工伤保险制度等其他社会保险项目有十分密切的关系。

（一）长期照护保险制度与基本医疗保险制度的关系

1. 长期照护保险制度与基本医疗保险制度的发展密切相关。长期照护保险制度在发展初期通常依附于基本医疗保险制度,并处于附属的地位,长期照护保险与基本医疗保险的发展密切相关。但是,随着长期照护保险制度的发展,各国政府逐步意识到,应当将基本生活照料、非治疗性护理、康复从基本医疗保险制度中分离出来,单独建立一项社会保险制度。这样,可以减轻因人口老龄化而造成的医疗费用支出不断增加的压力,可以减轻医疗机构的压力。

2. 长期照护保险制度的实施依靠基本医疗保险制度的支持。许多专家、学者建议,将长期照护保险制度纳入基本医疗保险制度统一管理。目前,也有一些国家将长期照护保险制度纳入法定医疗保险制度统一管理。例如,美国老年人的健康保险制度仅对因病需要照护发生的费用进行补偿,但是对长期照护受益人的资助力度有限。但是,也有专家学者认为,长期照护保险制度不同于基本医疗保险制度,长期照护保险制度不仅向残疾、失能、半失能人员提供医疗、保健等方面的服务,而且还提供日常生活照料、精神慰藉等方面的服务,属于全方位的长期照护服务,不宜纳入基本医疗保险制度中。

3. 长期照护保险和基本医疗保险的资金支付结构不同。残疾、失能、半失能人员的医疗费用支出只是较少的一部分,大部分费用支出用于生活照料和健康护理上。如果缺乏合适的长期照护服务供给,残疾、失能、半失能人员只能以疾病治疗的名义长期住在医院,并获得基本医疗保险的补偿。残疾、失能、半失能人员长期住院,并不是因为疾病治疗的需要,而是由于缺乏合适的照护机构和设施。为了降低基本医疗

保险资金的支出,节约医疗卫生资源,专门针对残疾、失能、半失能人员的长期照护保险制度建立起来了。

(二)长期照护保险制度与养老保险制度的关系

1. 长期照护保险制度与养老保险制度的联系。长期照护保险制度是养老保险制度的补充保障,解决残疾、失能、半失能老人养老金不足以支付护理费用的问题。残疾、失能、半失能老年人晚年生活的长期照护问题也是养老问题,长期照护保险制度和养老保险制度共同解决残疾、失能、半失能老年人晚年生活方面的问题。

2. 长期照护保险制度与养老保险制度的区别。长期照护保险制度与养老保险制度的区别主要有以下几个方面。

(1)保障对象不同。长期照护保险制度不仅保障失能或半失能的老年人,而且还保障0~16岁、16岁到法定退休年龄之间的残疾、失能、半失能人员。长期照护保险制度提供保障最多的人员是失能、半失能的老年人。养老保险制度仅保障已经退休、获得养老金待遇给付的老年人维持基本生活方面的需要。

(2)保障项目不同。长期照护保险制度向需要长期照护的人口提供生活照料、日常护理、医疗康复等综合照护服务,而养老保险制度仅向退休人员提供满足基本生活的养老金给付,未考虑失能、半失能老人的长期照护服务需求。

(3)保障水平不同。长期照护保险给付的现金补贴,可以用来支付失能、半失能老年人的日常生活开支,实现老有所养的目标。从这个角度来看,长期照护保险制度提供的现金补贴解决了失能、半失能老人养老金不足以支付长期照护费用的问题。养老保险制度仅支付养老金。只有当老人无儿无女、无家庭成员照顾时,政府才以社会救助的形式提供供养服务。长期照护保险制度不强调残疾、失能、半失能人员是否无儿无女、是否无家庭成员照料,只要是残疾、失能、半失能的老人,均提供长期照护保险的保障。

(三)长期照护保险制度与工伤保险制度的关系

1. 长期照护保险制度与工伤保险制度的联系。长期照护保险制度与工伤保险制度都需要长期照护的支持。例如,工伤保险待遇给付中,完全自主生活障碍或大部分自主生活障碍的人员需要长期照护服务的支持。长期照护保险制度也对残疾、失能、半失能人员提供长期照护服务的支持。

2. 长期照护保险制度与工伤保险制度的区别。长期照护保险制度与工伤保险制度的区别主要有以下几个方面。

(1)资金来源不同。工伤保险制度中,需要长期照护的完全生活自理障碍或大部分生活自理障碍人员是由于工作而受伤的,属于工伤人员。工伤人员的长期照护费用由工伤保险给付。因疾病或意外事故而残疾、失能、半失能人员的现金补贴主要来自长期照护保险制度。

（2）保障对象不同。工伤保险制度的保障对象大多是16岁到法定退休年龄之间因工负伤的人员，长期照护保险的保障对象通常是各年龄段内残疾、失能、半失能的人员。

（3）保障水平不同。工伤保险制度提供的保障水平比长期照护保险的保障水平高，工伤人员的长期照护费用通常不需要个人支付，而长期照护保险通常需要残疾、失能、半失能人员也支付部分长期照护费用，以弥补政府给付的不足。

二、长期照护保险制度与社会养老服务的关系

长期照护保险制度与社会养老服务有区别，也有联系。下面分别介绍。

（一）长期照护保险制度与社会养老服务的联系

1. 长期照护保险制度是社会养老服务的重要组成部分。当老年人处于失能、半失能状态时，个人可能会难以支付社会养老服务费用。在这种情况下，针对残疾、失能、半失能人员的长期照护保险提供的给付可以为社会养老服务提供补充保障。

2. 长期照护保险制度的实施需要借助社会养老服务体系。社会养老服务体系是针对家庭养老功能弱化、高龄老人和空巢老人增多等问题对老年人提供帮助的服务，由政府、社会组织、企业、志愿者为老年人提供各种生活服务。社会养老服务体系主要由居家养老、社区养老和专业机构养老三个部分组成。目前，我国已经初步形成了以居家养老为基础、社区养老为依托、专业机构养老为补充的社会养老服务体系。长期照护保险的实施依赖于居家养老、社区养老和专业机构养老服务的支持。

3. 长期照护服务的主体具有多元性。社会养老服务体系和长期照护保险制度一样，提供服务的供给方不仅有政府，也有营利性组织和非营利性组织。政府鼓励多元化主体提供长期照护服务，这有利于满足老年人的长期照护需求。

（二）长期照护保险制度与社会养老服务的区别

长期照护保险制度与社会养老服务的区别，主要表现有五个方面。

1. 举办主体不同。长期照护保险制度属于社会保险体系中的一个重要组成部分，政府作为责任主体，建立长期照护保险制度，发挥着积极的主导作用。社会养老服务的举办主体具有多样化的特征，既可以是政府，也可以是社区组织，还可以是私营企业。例如，为老年人提供服务的社区食堂的经营者可能是个人。

2. 服务项目不同。社会养老服务体系提供养老服务的项目主要包括医疗照料

服务、文化教育服务、优待维权服务、家务劳动、老年人再就业服务、心理慰藉服务、长期照护服务等;而长期照护服务的项目主要有日常生活照顾、医疗保健服务和心理慰藉等服务。

3. 保障对象不同。社会养老服务的给付对象是达到领取养老金年龄、有服务需求的老年人群体,社会养老服务为老年人提供基本生活服务和补贴;长期照护保险制度更具针对性,其给付对象主要是残疾、失能、半失能的人员。

4. 筹资渠道不同。社会养老服务资金主要来源于财政拨款、社会公益金以及个人付费;长期照护保险制度的资金主要来源于雇主、雇员的缴费,长期照护保险资金入不敷出时,由财政转移支付。

5. 待遇给付不同。政府举办的专业养老机构主要是为"三无"①老人、低收入老人、经济困难的残疾、失能或半失能老人提供无偿或低收费的养老服务。民办非营利性和营利性养老机构通常为中高收入阶层提供收费服务。长期照护保险制度通常根据残疾、失能、半失能人员的护理等级提供相应的照护服务,政府或政府授权的组织支付长期照护服务费用。

三、长期照护保险制度与商业长期照护保险的联系和区别

(一) 长期照护保险制度与商业长期照护保险的联系

目前,政府举办的长期照护保险制度和商业保险公司出售的商业长期照护保险产品,都是应对人口老龄化、分散人身风险的保障机制,都可以满足残疾、失能、半失能人员的长期照护需求。

(二) 长期照护保险制度与商业长期照护保险的区别

长期照护保险制度与商业长期照护保险的区别主要有五个方面。

1. 运营主体不同。长期照护保险制度是政府依法做出的制度安排,其运营主体是政府,而商业长期照护保险是保险公司提供的保险产品,因此,不能称为制度,其运营主体是商业保险公司,保险公司的经营受到政府的监管。

2. 权利义务不同。长期照护保险制度是政府为实现特定的社会政策目标,对特定群体给予一定补贴而建立的权利、义务不对称的社会保险制度。商业长期照护保险以契约为基础,保险人与被保险人同时享有保险合同赋予的权利和义务,权利和义务高度对称。

---

① "三无"是指无劳动能力、无生活来源、无赡养人和抚养人或者赡养人和抚养人无赡养能力和抚养能力。

3. 资金来源不同。长期照护保险制度通常具有风险分担、互济互助的功能，由政府、用人单位、个人筹集资金，享受长期照护保险制度保障的残疾、失能、半失能人员未必是制度的缴费人。例如，低收入人群可能并未缴纳长期照护保险费，但是其依然可以获得长期照护保险制度的保障。商业长期照护保险的保费全部由个人承担，以个人自愿交费为主。个人履行交费义务，才有资格获得相应的保障。老年人属于失能风险较高的人群，老年人退休后收入降低，往往难以购买价格昂贵的商业长期照护保险产品。

4. 保障对象不同。长期照护保险制度的保障范围可以是医疗保险的参保人，也可以扩大到全体公民，使其具有普惠的特征。商业长期照护保险只保障被保险人的相关利益，其保障对象具有有限性的特征。

5. 给付额度不同。长期照护保险制度的给付具有较强的灵活性。从国际经验来看，各国长期照护保险制度大多规定，护理费用的给付通常会随着物价指数（或工资指数）的变化进行调整。商业长期照护保险则严格按照保险合同事先约定的条件、保险金额予以补偿，具有较强的契约性。

第四节　长期照护保险的保障项目

如果要获得长期照护保险制度提供的保障，首先必须具备享受长期照护的受益资格条件。

一、长期照护资格的评定

（一）长期照护保险受益资格评定的依据

目前，国际上通常用日常生活活动能力（Activities of Daily Life，ADL）量化表来测量和甄别长期照护申请者的受益资格。日常生活活动能力量化表包括躯体生活自理能力量化表和工具性日常生活活动能力量化表[①]。躯体性生活自理能力是指自己穿衣、吃饭、洗澡、梳洗、上厕所、室内走动六项生活自理的能力。工具性日常生活活动能力是指自己乘车、购物、做家务、采购、驾车、打电话、理财、服药八项能力。这些指标测评概括起来主要有：（1）心理状态，主要包括认知能力、神志清醒程度、交流能

---

① 躯体生活自理量化表（Physical Self-Mainenance Scale，PSMS）和工具性日常生活活动能力量化表（Instrumental Activities of Daily Living Scale，IADLS）构成日常生活活动能力量化表。

力等。(2)生理状态,主要包括视力功能、尿失禁、带导尿管、摔伤、褥疮、康复潜力等。(3)情绪状态,如精神病治疗药物的使用等。(4)营养状况,主要包括进食方式(是否戴饲管、是否饲水)、口腔保健情况等。

(二)长期照护保险受益资格评估的程序

长期照护保险受益资格评估的程序主要有五个步骤。

1. 申请。所有公民,无论其年龄大小、经济状况,只要是残疾、非因工失能、半失能的人员,都可以申请获得长期照护保险的保障。申请长期照护保险保障的人必须是长期失能、半失能的人员,短期失能、半失能的人员不在长期照护保险制度保障的范围内。例如,根据奥地利政府颁布的《长期照护津贴法案》的规定,申请者是否在过去 6 个月的时间内需要生活照护,以及在过去 6 个月内每个月需要照护的时间超过 50 小时。

2. 受理。政府或政府授权的机构在审查申请者提交的材料是否合格后,应当做出受理或者不受理的决定。对于提交材料不合格的申请者,可以要求补正材料。

3. 评定。政府或政府授权的机构依据法律、法规规定的程序,对申请人进行失能等级评定。例如,德国的长期照护评估机构是保险联盟医疗评估机构(MDK)。失能等级评定通常在申请人家中进行。失能等级评定使用的是结构化的测评工具。

4. 评定结果告知。经过一段时间(通常为 30 天)后,评估机构会告知申请者评定的结果。

5. 评定结果的争议处理。失能等级评定结果通常是长期照护保险受益资格确定的依据。如果申请人对评定结果有异议,可以申请对评定结果进行行政复议。获得受益资格后,申请人就可以获得长期照护保险制度的保障。

(三)长期照护保险的失能等级评定结论

失能等级的评定结论是长期照护保险待遇给付的依据。依据个人需要照护服务需求的频繁程度,通常将残疾、失能、半失能人员划分为若干等级,并根据评定的等级提供相应的长期照护津贴或长期照护服务。例如,德国依据法律、法规的规定将申请者的失能程度划分为三类:基本失能、重度失能和极重度失能(见表 11-2)。依据失能等级评定结论,服务提供者或者组织机构向获得受益资格的人员提供相应的长期照护服务和现金补贴。

表 11-2　德国长期照护保险失能分级

失能分级	ADLS 和 IDLS 失能	ADLS 和 IADLS 照护频率	ADLS 和 IADLS 照护时间
基本失能	至少 2 项 ADLS 失能;IDLS 需要帮助	每天至少 1 次 ADLS 帮助,每周数次 IADLS 帮助	90 分钟,其中至少 45 分钟用于提供 ADLS 服务

续表

失能分级	ADLS 和 IDLS 失能	ADLS 和 IADLS 照护频率	ADLS 和 IADLS 照护时间
重度失能	至少 2 项 ADLS 失能；IDLS 需要帮助	每天至少 3 次 ADLS 帮助，每周数次 IADLS 帮助	3 小时，其中至少 2 小时用于提供 ADLS 服务
极重度失能	至少 2 项 ADLS 失能；IDLS 需要帮助	日夜 ADLS 帮助，每周数次 IADLS 帮助	5 小时，其中至少 5 小时用于提供 ADLS 服务

资料来源：裴晓梅，房莉杰：《老年长期照护导论》，北京：社会科学文献出版社，2010：18。

二、长期照护保险的保障项目

长期照护保险申请人获得受益资格后，受益人就可以获得长期照护保险制度的保障。长期照护保险受益人获得的待遇给付是由其失能程度决定的。长期照护保险提供的保障项目主要包括现金补贴和长期照护服务。

（一）现金补贴

长期照护保险提供的现金补贴主要提供给需要长期照护的受益人，现金补贴是依据受益人的失能等级发放的，失能等级越高，需要长期照护的时间就越长，获得的现金补贴就越多。反之，获得的现金补贴就越少。例如，德国《社会抚养保险法案》规定的月补贴额，如表 11-3 所示。

表 11-3　德国《社会抚养保险法案》规定的月补贴金额

单位：马克（或美元）

失能分级	居家照护	日间照护中心	机构照护
基本失能	400～750（或 200～375）	750（或 375）	2 000（或 1 000）
重度失能	800～1 800（或 400～1 400）	1 500（或 750）	2 500（或 1 250）
极重度失能	1 300～2 800（或 650～1 400）	2 100（或 1 050）	2 800（或 1 400）
特殊困难	最高为 3 750（或 1 875）	——	3 300（或 1 650）

资料来源：裴晓梅，房莉杰：《老年长期照护导论》，北京：社会科学文献出版社，2010。

（二）长期照护服务

长期照护服务主要包括基本生活照料、日常护理、紧急救援服务和精神慰藉等。

1. 基本生活照料。基本生活照料主要包括卫生清洁（头面部清洁、梳理，口腔清理，手足部清洁，沐浴，更衣等），饮食照料（营养膳食、协助进食或进水等），排泄照料（排泄护理、失禁护理、留置尿管的护理、人工肛门便袋护理等），卧位照料（整理床单位、床上使用便器、协助床上移动等），提供家务服务活动（衣物洗涤、修补，住宅清理、修缮等），安全护理，药物管理，病情观察，协助室外活动，生活自理能力训练等基本生活照料服务。

2. 日常护理。日常护理主要包括药物喂服、物理降温、注射、吸氧、造口护理、灌肠、导尿、膀胱灌洗、压疮伤口护理、石膏护理、抽血检验、生命体征检测等日常护理服务。

3. 紧急救援服务。紧急救援服务主要包括意外事件或紧急事件救援服务、救护车紧急救援服务等。

4. 精神慰藉。精神慰藉主要包括关注残疾、失能、半失能人员的心理需求，重视残疾、失能、半失能人员的自尊和情感需求，随时观察他们的情绪变化，给予心理安慰和精神支持。

三、长期照护保险制度的保障方式

目前，世界各国存在的保障方式主要包括以下三种：以家庭为平台的居家照护、以社区为平台的社区照护和以专门机构（包括各种养老机构、医疗机构、福利院）为平台的机构照护。

（一）居家照护

1. 居家照护的概念。居家照护是指政府以提供各种支持性服务的方式间接地帮助家庭承担起照护其家庭成员的责任。家庭成员通常承担着残疾、失能、半失能人员的日常生活照护。

2. 居家照护的特点。居家照护的特点主要有四个方面。

（1）居家照护的场所是家庭。在这种照护方式中，提供照护服务的场所是家庭。接受居家护理的残疾、失能、半失能人员除了接受家庭成员的照护之外，还可以在家中享受来自家庭成员之外的人员提供的护理服务。

（2）居家照护的成本比较低。居家照护中，家庭成员承担了部分照护责任，有利于减轻政府的财政负担，家庭照护的成本比专业机构照护的成本低。

（3）居家照护是长期照护保险制度中最主要的保障方式。目前，世界各国长期照护保险制度中，居家照护是最主要的保障方式。世界卫生组织于 2003 年发布的《长期照护中的关键政策问题》指出，可持续、适度、有效率的居家照护和其他照护服务必须成为一个国家医疗和社会服务体系的重要组成部分。

（4）居家照护弥补了传统家庭照料的不足。政府支持的专业化的居家照护在一定程度上弥补了家庭照料的不足，提高了家庭的照护能力，使居家照护的发展有了稳定的资金来源。

3. 居家照护的基本原则。居家照护的基本原则主要有以下几个方面。

（1）居家照护为主的原则。在长期照护保险的发展中，各国政府均提倡以居家照护为主，尊重居家照护人员，提高居家照护人员工作的积极性。

（2）协调发展的原则。居家照护不能孤立地存在，需要来自政府、地区、社区、非营利组织、志愿者、医疗卫生机构的长期支持。例如，家庭通常分布在某一社区内，居家照护需要融入社区照护及其他更高层次的照护服务体系中，以促进居家照护同其他照护方式的协调发展。

（3）以人为本的原则。提供服务的护理人员应当从残疾、失能、半失能人员的生理、心理、文化和精神需要出发，尊重他们的意愿和选择，为残疾、失能、半失能的人员提供方便、快捷、高质量、人性化的服务。

（4）社会化发展的原则。调动社会各方面的力量，无论是公立企业还是私立企业，都应当参与和支持居家护理服务的发展，为残疾、失能、半失能人员提供便捷、优质、多样化、全方位的照护服务。

4. 居家照护服务的项目。居家照护服务的项目具有全面性，主要包括日常生活居家服务、居家护理、送餐服务、紧急救援服务和住宅修缮服务等。例如，我国台湾地区老年人居家照护服务项目表较详细地介绍了居家照护的服务对象和服务项目（见表11-4），其居家照护服务项目全面、细致，较好地体现了居家照护服务的目标。当受益者需要提供照护服务时，可以直接联系居家服务支持中心，居家服务支持中心就会联系居家服务的提供者。此外，居家服务支持中心还会经常提供居家服务的专业培训，以提高护理人员的服务质量，促使老年人"居家安养"。

表 11-4　中国台湾地区居家照护服务项目表

服务类别	服务对象	服务项目
居家服务	日常生活需要他人协助的老年人或身心障碍者	家务及日常生活照顾 1. 衣服的洗涤、修补 2. 居家环境的改善 3. 家务助理 4. 文书服务 5. 餐饮服务 6. 陪同或代理生活必需品 7. 陪同就医或联络医疗机构 8. 友善探视 9. 电话问安
居家护理	1. 患慢性病需要长期照护的病人 2. 出院后需要继续护理的病人	注射、膀胱灌洗、更换拔除鼻胃管、更换气切管或内外管、抽血检验、灌肠、导尿、一般伤口护理、吸痰、蒸汽吸入、石膏护理等

续表

服务类别	服务对象	服务项目
送餐服务	失能或中低收入的独居老人	
紧急救援服务	65岁以上的老人因身心功能受损致日常生活需要他人协助或经评估符合申请规定者	1. 意外事件或紧急事件通报 2. 救护车紧急通报等
住宅修缮补助	中低收入的老年人	改善住宅供水、排水、放水、卧室、厨房、卫浴等设施设备及住宅安全辅助器具

资料来源：裴晓梅，房莉杰：《老年长期照护导论》，北京，社会科学文献出版社，2010。

（二）社区照护

1. 社区照护的概念。社区照护是指依托社区，公立或民间组织以及社区志愿者为生活在社区内的残疾、失能、半失能的人员提供相应的护理服务。社区照护服务通常泛指以社区为单位组织的、可以在社区内提供的照护服务。对于社区照护的概念，可以从三个方面理解。

（1）社区照护服务的对象是社区内的居民。社区照护的服务对象是社区内的居民，社区照护打破了职业、单位、户籍的界限，既保障有户籍人口，也保障非户籍常住人口，解决了残疾、失能、半失能人员的日常生活照护问题。

（2）社区照护的宗旨是提高居民的生存质量。社区照护以维护和促进残疾、失能、半失能人员的身体健康为中心，实现社区资源利用的最大化。社区照护不仅注重残疾、失能、半失能人员的护理，而且还重视对社区居民进行失能的预防性教育和健康状况的评估。

（3）社区照护的主要形式是服务。社区照护的主要形式是为居民提供所需求的服务，解决居民日常生活中的照护问题，切实满足社区居民日常生活的照护需要。社区照护不仅提供医疗服务，而且还提供日常生活等方面的照护服务。

2. 社区照护的特点。社区照护的特点主要有四个方面。

（1）社区照护具有方便、快捷的特点。社区照护是居家照护的补充服务方式，其提供的服务具有方便、快捷等特点，提高了居家照护的可及性。要实现残疾、失能、半失能人员就地养老，除了需要提供居家照护外，还需要将社区建设成适合老人居住，能够维系残疾、失能、半失能人员生活连续性，并持续提供安全感的场所。例如，在住宅设计、装修、改造时提供更多的坡道，在浴缸边安装结实的扶手、为低收入老年人的住房改造提供公共财政支持等服务，都需要社区服务的支持。

（2）社区照护提供的服务具有地域性。社区照护以社区为主体，呈现出板块分布的特征。社区照护与社区分布密切相连，受社区内资源、居民结构和文化传统等方面的影响,社区照护提供的服务具有较强的地域性。

(3) 社区照护的经营主体具有多样性。社区照护产生于19世纪20年代的美国、英国,是社会化发展的产物,其经营主体具有多样化的特点,主要包括政府、非营利组织、企事业单位、居民自发成立的组织、志愿者等。尽管社区照护的经营主体具有多样化的特点,但是,政府在资金上的扶持和政策上的引导不可或缺,非营利组织和居民是社区照护服务发展的重要力量。

(4) 社区照护提供的服务具有单一性。相对于专业机构照护来说,社区照护提供的服务通常为一般性服务,具有单一性,很难做到针对老年人的具体需要进行具体的长期照护服务安排。

3. 社区照护服务的项目。社区照护服务的项目主要有四个方面。

(1) 提出长期照护评估意见。目前,有些国家的长期照护评估由政府授权的独立机构来完成,有些国家的长期照护评估由社区服务中心来完成。通常,社区服务中心有对长期照护申请人的基本生理功能、情绪、精神状态、感官功能等提出评估意见的义务。

(2) 预防老年人失能。社区照护服务中心会给每位社区工作者分配20～30个老年人,评估老年人的健康状况,并做好评估记录。同时,社区工作者会通过组织活动等方式,引导老年人积极融入社区生活,预防失能。社区健康访问员负责对70岁以上的老人进行随机健康家访,关注老年人的实际需要,以降低老年人失能率和死亡率。

(3) 提供社区照护服务。社区照护服务主要包括四个方面:①生活照料服务。生活照料服务主要包括饮食起居的照顾、打扫卫生、代理购物等服务。生活照料又分为居家服务、家庭照顾、老年公寓照料服务、托老所照料服务等形式。②物质援助。物质援助主要包括提供食物、安全设施、日托中心、上门服务、减免税收等改善失能或半失能人员的生活措施。例如,政府购买个人服务或志愿者为失能老人送饭。又如,为了帮助失能老人在家自主地活动,安装楼梯、房间、浴室扶手等。③心理支持。心理支持主要包括治病、护理、传授健康保健知识等。例如,社区医生上门服务、健康咨询人员讲授预防疾病的知识等。④整体关怀。整体关怀主要包括改善生活环境、发动周围资源予以支持等。

(4) 提供辅助设备和器械。随着失能老人对辅助设备和器械需求的增加,需要在失能老人家中安装辅助设备和器械,这些器械需要在社区医生、护士的指导下使用。

（三）专业照护机构

1. 专业照护机构的概念和类型。专业机构照护是指经过注册的法人机构为残疾、失能、半失能的人员提供集中居住、全方位长期照护服务的机构。按照所有制性质划分，分为政府兴办的照护机构、私营的照护机构和公私合办的照护机构。按照营利性划分，分为营利性的照护机构和非营利性的照护机构。按照收费的高低划分，分为保障型照护机构、普通型照护机构和高端型照护机构。按照服务的客户群体划分，分为全龄化照护机构和专业化照护机构。全龄化照护机构是指为 0～100 岁全龄段群体服务的照护机构。专业化照护机构是指仅为 60～100 岁之间老年群体服务的照护机构。

2. 专业机构照护的特点。同居家照护、社区照护相比，专业机构照护具有以下特点。

（1）全面性。专业机构照护人员为残疾、失能、半失能人员提供全面的照护服务。例如，在护理之家的残疾、失能、半失能人员通常需要 24 小时的护理服务。护理之家的每个班工作都有注册护士在场。同时，由经过专业培训的照护人员为残疾、失能、半失能的人员提供全面的照护服务。

（2）专业性。专业照护机构提供的服务通常比较规范，具有专业性强的特点。

（3）补充性。专业照护机构在长期照护服务体系中发挥着补充服务的作用，是对居家照护、社区照护的补充。

（4）照护成本比较高。专业照护机构的管理费用比较高，政府或个人往往难以承受昂贵的长期照护费用。

3. 专业照护机构的组织构成。一个专业的照护机构通常有以下护理人员：(1)护理主管。护理主管负责管理整个照护机构的运营。(2)各部门总监。在护理主管下，通常设置七个护理总监，即护理总监、膳食服务总监、卫生服务总监、维修运营总监、社会服务总监、休闲保健总监和康复总监，这七个总监职位通常由相关专业人员担任。(3)部门助理。每个部门有不同级别的助理承担相应的责任。这些部门与其他部门协调合作，共同完成护理之家的各项工作。

4. 专业照护机构提供服务的项目。专业照护机构通常提供以下服务：①护理服务。②膳食服务。③卫生服务。④休闲保健服务。⑤康复服务。⑥精神慰藉服务。专业照护机构提供的照护服务同社区、居家照护提供的服务大致相同，不同之处在于专业照护机构提供的服务具有较强的专业性。

第五节　我国长期照护保险制度的试点和发展

一、我国长期照护保险制度的试点

我国在长期照护服务方面提供的保障可以追溯到 20 世纪 50 年代。1951 年 8 月,政务院发布的《关于城市救济福利工作报告》规定,城市救济的保障对象主要是无依无靠的城镇孤寡老人、孤儿或弃婴、残疾人等。在这些救助人员中,残疾、失能、半失能人员主要由社会救助提供现金补贴或长期照护服务。随着经济的发展,我国长期照护保险保障的对象也从"三无"老人扩展到所有需要照护并能够自己负担费用的老年人,主要包括三类人群:"三无"老人、本人或其家庭为国家做出过特殊贡献的老人、需要照护的老年人。

近年来,随着我国人口老龄化加快,随着家庭照护功能的弱化,随着人口预期寿命的延长,[①]需要长期照护的人口逐步增加,亟待建立长期照护保险制度,以解决残疾、失能、半失能老人的生活照护问题。

(一)我国长期照护保险制度试点的必要性

2016 年,中国保险行业协会、团中央联合对长期照护问题进行了全面、深入的调查,形成了《2016 年中国长期护理调研报告》(以下简称《报告》)。《报告》从老年人生活活动能力及依赖等级、家庭老人护理负担、老年人护理服务需求及缺口、民众对商业长期照护保险的认知及消费动因、长期照护服务机构发展现状及问题五个方面分析了我国长期照护服务及相关保障的需求问题。

1. 80 岁以上高龄老人的人群规模持续扩大。我国重度失能、完全依赖他人照护的人口占同一年龄段内人口的比重从 60~69 岁低龄老人的 6% 上升至 80~89 岁高龄老人的 23%,90~99 岁老人完全依赖他人照护的比例更高。[②]随着人口预期寿命的延长,80 岁以上高龄老人人口的规模将持续地扩大,对长期照护服务的需求越来越突出。

---

① 2010 年,全国第六次人口普查数据显示,人口平均预期寿命为 74.83 岁。其中,男性平均预期寿命 72.38 岁,女性平均预期寿命 77.37 岁。其中,60 岁及以上的人口为 1.776 亿人,占总人口的 13.26%;65 岁及以上的人口为 1.189 亿人,占总人口的 8.90%,老年抚养比为 11.90%。截至 2016 年底,我国 60 岁及以上人口增加到 2.309 亿人,占全国总人口的 16.70%;65 岁及以上人口达 1.500 亿人,占全国总人口的 10.85%,老年抚养比上升至 15.00%。
② 中国保险行业协会于 2016 年 12 月 30 日发布的《2016 年中国长期护理调研报告》。

2. 居家照护是主要照护方式。目前,我国家庭中有 7% 的老人需要长期照护。其中,79.9% 的家庭照护服务提供者为老人的配偶、子女或亲戚,实际接受护理的时间中绝大部分由家庭成员提供。[①] 其中,大部分需要照护的老人仍然希望"在家庭由家人或亲属照料"。经济条件越好的家庭的老人,就越希望能够在接近家人和熟悉的环境中接受照护服务。在这种情况下,家庭成员的照料负担就会加重。

3. 护理费用支出增加。护理费用大多由老人自己或家庭成员支付,居家照护给残疾、失能、半失能老人及其家庭带来了较重的经济负担。扩大长期照护保险的覆盖范围,让更多的残疾、失能、半失能老人获得长期照护保险的保障势在必行。

4. 商业长期照护保险产品的价格过高。商业长期照护保险产品的价格过高是影响人们购买保险产品的主要原因。许多人对长期健康风险规划意识薄弱或者对自己的健康状况过于乐观,加之商业长期照护商业保险产品的价格过高,使一部分人对商业长期照护保险产品的需求比较低,导致商业长期照护保险在成年人中的普及率比较低。

5. 家政人员提供的服务具有局限性。家政人员提供定期或不定期的上门服务是我国第三方护理服务的主要形式。但是,家政人员提供的服务并不是专业的长期照护服务。在照护残疾、失能、半失能老人,特别是需要长时间、持续护理的重度失能人员方面,家政人员往往感到力不从心。推进长期照护保险制度的发展,为需要长期照护的老人提供专业的照护服务势在必行。

(二) 我国长期照护保险制度的试点

2006 年 12 月 17 日,中共中央、国务院发布的《关于全面加强人口和计划生育工作统筹解决人口问题的决定》提出了探索建立长期照护保险等社会化服务制度。2011 年 12 月 16 日,国务院办公厅发布的《社会养老服务体系建设规划(2011—2015 年)》规定,有条件的地方,可以探索实施老年护理补贴、护理保险,增强老年人对护理照料的支付能力。2012 年 7 月 1 日,青岛市正式实施的《关于建立长期医疗护理保险制度的意见(试行)》标志着长期护理保险制度在我国开始建立。2012 年 8 月 29 日,青岛市人力资源和社会保障局、财政局、民政局联合发布的《关于印发〈青岛市人力资源和社会保障局长期医疗护理保险实施细则(试行)〉的通知》对业务申办流程、结算管理、定点护理机构的基础管理、财务管理等做出了规定。2013 年 9 月 6 日,国务院出台的《关于加快发展养老服务业的若干意见》规定,到 2020 年,全面建成以居家为基础,以社区为依托,以机构照护为支撑的,功能完善、规模适度、覆盖城乡的养老服

---

① 中国保险行业协会于 2016 年 12 月 30 日发布的《2016 年中国长期护理调研报告》。

务体系。养老服务产品更加丰富,市场机制不断完善,养老服务业持续、健康发展。2013 年 9 月 28 日,国务院发布的《关于促进健康服务业发展的若干意见》规定,积极开发长期照护保险,鼓励发展康复护理、老年护理、家庭护理等适应不同人群需要的护理服务,提高规范化服务水平。2015 年 10 月 29 日,党的十八届五中全会明确提出,探索建立长期照护保险制度,将构建长期照护保险制度提到议事日程。2016 年 6 月 27 日,人力资源和社会保障部办公厅发布的《关于开展长期护理保险制度试点的指导意见》规定,在覆盖中部、西部、东部的 15 个城市探索建立长期照护保险制度试点,并将吉林和山东两省作为国家试点的重点联系省份,探索建立为长期失能人员的基本生活照料和医疗护理提供资金社会保险制度,由此,拉开了推进长期照护保险制度建设试点的序幕。2016 年 8 月 31 日,保险监督管理委员会印发的《中国保险业发展"十三五"规划纲要》规定,鼓励商业保险公司发展多种形式的商业长期护理保险,积极参与长期照护保险制度建设和试点工作。2016 年 10 月 25 日,中共中央、国务院发布的《"健康中国 2030"规划纲要》提出了"健康老龄化"的概念,将老年人作为重点关注的人群,从完善长期护理服务体系、建立多层次长期护理保障、商业保险公司推出相关产品及管理模式创新、护理人才培养等方面对长期照护服务体系的建设做出战略部署。2017 年 7 月 4 日,国务院办公厅发布的《关于加快发展商业养老保险的若干意见》规定,以提高发展质量和效益为中心,以推进供给侧结构性改革为主线,以应对人口老龄化、满足人民群众日益增长的养老保障需求、促进社会和谐稳定为出发点,提升长期照护保障的能力。

1. 我国长期照护保险制度试点坚持的原则。我国长期照护保险制度在试点实施的过程中应当坚持的原则主要有以下几个方面。

(1) 坚持以人为本的原则。长期照护保险制度在试点中着力解决残疾、失能、半失能人员的长期照护问题,提高人民群众的生活质量。

(2) 坚持基本保障的原则。根据当地经济发展水平和各方主体的承受能力,合理地确定长期照护保险的保障范围和待遇标准,坚持保障残疾、失能、半失能人员基本生活的原则,提高他们的生存质量。

(3) 坚持责任分担的原则。遵循权利和义务对等的原则,多渠道地筹集资金,合理地划分筹资义务和保障责任,坚持合理分担责任的原则。

(4) 坚持统筹协调的原则。做好长期照护保险制度与医疗保险、养老保险、社会救助、社会福利制度保障功能的衔接,协同推进健康产业和照护服务体系的发展。

2. 我国长期照护保险制度试点的目标。探索建立以社会互助共济的方式筹集长期照护保险资金,为长期失能、半失能的人员提供基本生活照料和医疗护理服务。

利用 1～2 年的试点时间,积累经验,力争在"十三五"期间基本建立适应我国社会主义市场经济体制的长期照护保险制度。

3. 我国长期照护保险制度试点的主要任务。探索长期照护保险的保障范围、参保缴费、待遇支付等法规的试点;探索建立长期护理资格认定、照护等级评定等管理办法;探索建立各类长期照护服务机构和护理人员服务质量的评价、协议管理和费用结算办法等;探索建立长期照护保险服务规范和运营的机制。

(三)我国长期照护保险制度试点的现状

目前,上海、青岛、成都等 15 个城市分别出台了具体的实施办法,吉林、山东两个重点联系省份也印发文件做出了部署,各地实施长期照护的试点情况见表 9-5。截至 2017 年底,15 个试点地区已经启动了建立长期照护保险制度的工作,试点地区参加长期照护保险的人员已经超过 3 800 万人。上海等已经实施待遇支付的 4 个城市,受益人享受待遇达到 40 余万人次。长期照护保险资金支付已经达到 3 亿多元,失能、半失能老人的社会性住院问题在一定程度上得到缓解。

1. 不同地区长期照护保险制度的覆盖范围不同。在长期照护保险试点实施的过程中,一些地区可以根据自身的经济状况,综合平衡资金的筹集和待遇给付等因素,合理地确定参保范围。一些地区的长期照护保险主要覆盖城镇职工基本医疗保险的参保人,如宁波、长春、齐齐哈尔、安庆、重庆、石河子等地区;一些地区的长期照护保险不仅覆盖城镇职工,而且覆盖城乡居民,如上海、成都、苏州、青岛等地区,不同地区长期照护保险制度的覆盖范围不同。

2. 长期照护保险资金的筹集。在长期照护保险试点实施的过程中,许多地区通过优化职工基本医疗保险统筹基金的结构、划转职工基本医疗保险统筹基金结余、调高城镇职工基本医疗保险缴费率等途径筹集资金。筹资标准根据当地经济发展水平、护理需求、护理服务成本、保障的范围和水平等因素,按照以支定收、收支平衡、略有结余的原则合理地确定。

3. 长期照护保险待遇的支付。长期照护保险主要支付生活照料费用或医疗护理费用。例如,广州市长期照护服务分为居家照护服务和机构照护服务。失能人员在护理机构发生的生活照料费用或核定的医疗护理费用由长期照护保险基金按比例支付 75%;失能人员在家庭发生的居家照护费用由长期照护保险基金按比例支付 90%。

4. 长期照护管理服务。为了规范长期照护服务,提高服务质量,各地区建立健全了对护理机构和从业人员的协议管理和监督稽核等制度。明确规定了长期照护服务的工作任务、服务标准和质量评价等管理,建立长期照护需求认定和等级评定标准体系,制定待遇申请和资格审定及变更等管理办法。探索引入第三方监管机制,对护理服务行为、服务质量、护理费用使用等方面的情况进行监管。

5.试点城市的护理机构不断增加。以青岛为例,短短1年内,青岛市具备护理资质的定点照护机构已经由政策启动时的100多家发展到500多家。其中,老年护理院或者具备医护资质的养老机构已经由十几家增加到50家,由医院开设的医疗专业照护机构也增加到16家。部分试点地区长期照护保险制度实施情况对比见表11-5。

表11-5　部分试点地区长期照护保险制度实施情况对比

试点地区	参保范围	保障方式	基金筹集与管理	保险待遇
上海	城镇职工基本医疗保险、城乡居民基本医疗保险参保人员	社区居家照护、住院医疗护理	登记缴费	社区居家照护:每月增加服务时间或领取现金补助;住院医疗护理:规定起付标准和最高支付限额
宁波	城镇职工基本医疗保险参保人员	专业机构护理、养老机构护理	职工基本医疗保险统筹基金;财政专户管理,单独列账、独立核算、专款专用	按照定额享受专业护理院提供的照护服务
南通	职工基本医疗保险、居民基本医疗保险参保人员	上门照护服务、机构入住照护服务	医保统筹基金筹集、个人缴费、政府补助	照护保险基金按照比例支付70%
成都	城镇职工基本医疗保险、城乡居民基本医疗保险参保人员	机构照护、居家照护	基本医疗保险统筹基金、个人账户划转、财政补助	照护保险基金支付相关服务费、耗材费、设备使用费等
长春	城镇职工基本医疗保险参保人员	入住护理机构	城镇职工基本医疗保险统筹基金、个人账户划转、财政补助	支付基本生活照料和医疗护理等费用
齐齐哈尔	城镇职工基本医疗保险参保人员	医养护理服务机构、养老护理服务机构、居家护理	城镇职工基本医疗保险统筹基金划转、个人缴费	按日给付定额内费用,长期照护保险基金按比例支付
苏州	城镇职工基本医疗保险、城乡居民基本医疗保险参保人员	医疗机构住院护理、养老机构护理、社区居家护理	个人缴费、政府补助、医保统筹基金结余划转	长期照护保险基金按标准定额支付
安庆	城镇职工基本医疗保险参保人员	医疗机构住院护理、养老机构护理、社区上门护理	个人缴费、城镇职工基本医疗保险统筹基金结余划转、财政补助	长护保险基金按比例支付

续表

试点地区	参保范围	保障方式	基金筹集与管理	保险待遇
青岛	城镇职工基本医疗保险、城乡居民基本医疗保险参保人员	医院专护、护理院护理、居家护理和社区（镇村）巡护	基本医疗保险统筹基金、个人账户划转	参保职工在专护①、院护②、家护、巡护③发生的符合规定的医疗护理费报销90%；一档缴费成年居民④、少年儿童和大学生在专护、院护、巡护报销80%，二档缴费成年居民巡护报销60%
荆门	城镇职工基本医疗保险、城乡居民基本医疗保险参保人员	医院护理、居家护理、养老机构护理	个人缴纳、医保统筹基金划拨、财政补助	限额以内的费用，长期照护保险基金和个人按比例分担
广州	城镇职工基本医疗保险参保人员	基本生活照料、医疗护理	职工社会医疗保险统筹基金划拨	由长期照护保险基金按机构护理75%、居家护理90%的比例支付
重庆	城镇职工基本医疗保险参保人员	入住长期照护保险协议机构、协议机构上门护理服务	医保基金、个人缴费、财政补助	不设起付线，由长期照护保险基金按50元/人/日的标准结算；按月支付
石河子	城镇职工基本医疗保险参保人员	入住协议护理服务机构、居家接受协议服务机构提供上门护理服务、居家自行护理	个人及单位缴纳、医保统筹基金划转、调剂职工医保费率、政府补助、拓展福彩体彩公益金收入、社会捐赠	护理保险基金按70%比例限额支付，限额为750元/月；在非协议服务机构或居家发生的护理费，由护理保险基金按25元/日的标准支付

二、我国长期照护保险制度试点中存在的问题

目前，我国长期照护保险制度的发展还处于初步探索阶段，需要通过试点总结经验，发现试点中存在的问题，并加以解决。从15个试点城市实施的情况来看，许多专

---

① 专护是指医疗专护的简称，是指二级及以上定点医疗机构住院医疗专护病房为参保人提供时间长度为24小时连续医疗护理服务。

② 院护是护理院医疗护理的简称，是指医养结合的护理服务机构为入住本机构的人员提供时间长度为24小时连续医疗护理服务。

③ 巡护是社区巡护的简称，是指护理机构（含一体化管理村卫生室）派医护人员到失能、半失能人员家中提供巡诊服务。

④ 青岛城乡居民以户为单位，按年度自愿选择缴费档次。其中，参加城乡居民基本医疗保险的成年居民缴费一档为每年350元，缴费二档为每年110元。

家、学者对长期照护保险制度试点中的问题存在争议。有些专家、学者认为,在制度定位、筹资方式、保障标准、失能程度鉴定以及与基本医疗保险、基本养老保险的衔接等方面还存在许多问题。

（一）长期照护服务的供需失衡

长期照护保险的发展在很大程度上依赖于护理服务产业的发展,然而,我国护理服务产业的发展尚处于初步发展阶段,还存在许多问题。护理服务和人才短缺造成长期照护服务处于供不应求的失衡状态。

1. 专门提供老年长期照护服务的机构数量有限。近年来,尽管我国政府非常重视发展照护服务事业。在政策的支持下,出现了一批专业的养老机构、护理机构。但是,与庞大的老年人群相比,养老机构、照护机构提供的服务难以满足老年人的需求。同时,由于专业护理机构提供的服务价格高昂,许多家庭难以承受,老年人的长期照护服务需求难以满足。

2. 长期照护服务人员短缺。目前,我国从事照护服务的人员大多流动性大、素质低、护理知识缺乏,难以满足老年人的长期护理需求。中国保险行业协会发布的《2016 中国长期护理调研报告》显示,由家政人员提供定期或不定期上门服务是第三方照护服务的主要形式。然而,家政机构提供的并不是专业化的长期照护服务。从事照护服务人员的年龄大多在 35～44 岁,大多缺乏长期照护专业知识和技能,在照料失能老人、特别是需要长时间、持续地照料重度失能老人方面感到力不从心。

（二）长期照护保险的筹资机制缺乏稳定的来源

在试点的过程中,长期照护保险面临的重要问题是"钱从哪里来",筹资是长期照护保险制度顺利实施的前提。目前,有些试点地区长期照护保险基金的筹集渠道主要依托基本医疗保险统筹基金划拨,少数城市还来源于福利彩票和财政补贴,仅南通市要求参保人缴费。由于各地经济社会发展水平、人口老龄化程度、长期照护需求不同,长期照护保险资金的筹资标准也不同。截至 2016 年底,人力资源和社会保障部公布的数据显示:我国城镇职工基本医疗保险基金收入 10 274 亿元,全年支出 8 287 亿元;城镇职工基本医疗保险基金累计结存为 12 972 亿元,其中,统筹基金累计结存为 7 772 亿元,个人账户积累额为 5 200 亿元;我国城乡居民基本医疗保险基金收入为 2 811 亿元,全年支出为 2 480 亿元;城乡居民基本医疗保险基金累计结存为 1 993 亿元。基本医疗保险统筹基金划拨进入长期照护保险使用也是正常的。但是,我国基本医疗保险基金结余大多集中在广东、江苏、浙江、山东等东部经济发达的省份,其他省份的基本医疗保险基金处于赤字的边缘,难以为长期照护保险制度提供稳定的资金来源。

(三)长期照护保险制度建设缺乏国家立法的保证

从世界各国发展长期照护保险的成功经验来看,美国、日本、德国等国家都制定了比较完备的法律法规,以促进长期照护保险制度的发展。长期照护保险制度是强制实施的制度,需要国家立法的保证。但是,我国长期照护保险制度仅仅处于试点实施阶段,其发展缺乏中央政府立法的保证。

(四)机构照护发展滞后

我国一直把家庭照料作为主要的养老方式,"养老靠子女""养儿防老"等传统观念根深蒂固。受传统观念的影响,许多老人虽然有专业护理需求,但是仍然不愿意去养老机构或护理机构接受长期照护服务,他们更希望子女在身边照顾,更渴望来自家庭的亲情和关怀。如果子女不亲自照料老人或者将老人送进养老院,就会被视为不孝,会遭到亲朋好友、街坊邻里的白眼,因此,即使没有能力和条件很好地照顾老人,他们也会选择将老人留在家中照护。受到这些传统思想观念的桎梏以及保险意识淡薄的影响,长期照护保险这一新兴的理念在短期内很难被人们普遍接受和认可。尤其是老一辈人,在接受专业化长期照护服务时还存在很强的排斥心理。

三、解决我国长期照护保险制度试点中存在问题的对策

长期照护保险制度是涉及医疗卫生、照护服务、养老产业和健康产业等领域的制度安排,需要统筹利用社会资源,充分发挥政府、市场的作用,促进长期照护保险制度的健康发展,提高残疾、失能、半失能人员的生活质量。为解决我国长期照护保险制度试点中存在的问题,可以采取以下对策。

(一)进一步明确长期照护保险制度的发展目标

从国家经验来看,建立长期照护保险制度是应对人口老龄化的必然选择,长期照护保险必将同养老保险、医疗保险、失业保险、工伤保险、生育保险等制度共同纳入社会保险体系中。对此,需要明确长期照护保险制度在社会保险制度中的定位,促进其功能的发挥。

(二)建立社会保险型长期照护保险制度

社会保险型长期照护保险制度的特点是强调用人单位和个人承担的责任。在我国长期照护保险试点的过程中,应当扩大长期照护保险资金的筹集渠道,发挥政府、用人单位和个人在筹资中的作用。同时,需要进一步明确长期照护保险的保障范围,以促进制度发展的公平性。例如,正在缴纳长期照护保险费的在职职工因病失能,是

否应当成为长期照护保险的保障对象。否则,其权益如何保障,其缴费的合法性值得质疑。

(三)建立健全立法体系,完善相关配套制度

长期照护保险制度的顺利推进,需要政府立法的支持。对此,有关管理部门出台长期照护保险的法律法规,对长期照护保险的管理机构、筹资标准、资格认定、保障范围、保障标准、照护质量评估等予以明确的规定,使长期照护保险制度的发展纳入法制化、规范化的轨道。同时,应当完善配套的法律法规,例如将长期照护保险的财政资金支持纳入财政预算统一管理,以促进长期照护保险与其他保障制度之间的协调发展。

(四)培养专业照护人才,扩大长期照护服务供给

顺利推进长期照护保险制度的实施,需要专业化的服务体系,二者缺一不可。专业照护机构、长期照护人才的短缺,直接影响长期照护服务供给的质量和水平。对此,应当统筹规划,加强对长期照护人员的培养,鼓励长期照护产品的研发和创新,促进相关照护机构的专业化。同时,长期照护保险不仅涉及医疗卫生、保健等领域,而且还涉及社会保险、社会福利、社会救助、商业保险等领域,需要配备一批专业化的管理人才。只有长期照护人员更专业、护理产品更多样、护理机构更多元、护理服务体系的运营更高效,才能有效地保证长期照护服务的有效供给。

专栏 11.1　我国居民对长期照护服务的需求急剧增加

截至 2015 年底,我国老年人中患有阿尔茨海默症的人数已经超过 1 000 万。面对如此庞大的人数,居家照料已经难以承担。相比之下,我国专业机构照护的供给极为匮乏,相关的照护服务不到位。其实,阿尔茨海默症患者只是需要长期照护人员的一小部分,我国还有 3 000 万因各种原因处于残疾、失能、半失能的人员。在这种情况下,发展长期照护保险制度给予他们必需的保障非常重要。

专栏 11.2　日本长期介护保险制度产生的背景

日本是世界上率先进入深度老龄社会的国家之一。深度老龄社会是指 65 岁及其以上的老年人口占总人口的 14%。目前,人口老龄化是日本社会非常突出的问题,政府也在绞尽脑汁地解决老年人的长期照护问题。初期,日本政府采用的是国家保障型长期照护保险管理模式,但是随着长期照护需求的急剧膨胀,不在保障范围内的家庭和个人会想方设法地挤进医院住院,住院后不出院。迫于财政压力,日本政府曾经试图扩大医疗保险的保障范围,但是始终不能满足老年人的长期照护需求,不需要医疗介入的住院问题时有发生,医院的经营受到影响。在此背景下,日本政府于 2000 年 4 月 1 日开始实施长期照护保险制度。

专栏 11.3　谁是长期照护保险的需求者与受益者

目前,我国长期照护保险制度试点实施的过程中,保障的对象大多为中重度生活不能自理的人员,不保障失智老人或身体虚弱、需要照护的老人。

由于缺乏对长期照护服务特征及需求人员的分析,一些试点地区长期照护保险补偿仅以老人日常生活能力评估为主,缺乏对照护服务强度的评估,最终导致有照护需求的失智老人被排除在外。目前,仅有青岛市在试点的过程中将重度失智老人纳入了长期照护保险制度提供保障的范围之内。同时,长期照护保险保障的对象大多不覆盖轻度、中度失能老人,这就影响了轻度、中度失能老人的康复训练。此外,长期照护保险制度试点实施中提供的保障项目不包括失能预防,缺乏对老人失能预防、预警的干预,容易造成长期照护费用支出的过快上涨,给国家财政带来较重的负担。

专栏 11.4　徐州市长期照护保险受益资格的审定

自 2017 年 7 月 1 日起,江苏省徐州市医疗保险中心开始接受失能人员提交的长期照护保险申请。获得长期照护保险受益资格,需要经过以下步骤。

1. 申请

徐州市长期照护保险的申请人必须是城镇职工基本医疗保险和城乡居民基本医疗保险的参保人。长期照护保险申请手续可以由家属代为申请。申请人需要提交的材料有:(1)因病失能六个月以上的病例资料。一般来说,病人经过 6 个月及其以上的治疗后,病情基本稳定。(2)病人的社会保险卡。(3)一张两寸的免冠证件照。

2. 受理

徐州市医疗保险中心接到申请并审核无误后,移交市劳动能力鉴定委员会。市劳动能力鉴定委员会从劳动能力鉴定专家库中选择 2 名及其以上人数的专家对申请人生活自理情况进行鉴定,并在收到失能鉴定申请之日起 60 日内做出鉴定结论。达到重度失能标准的人就可以纳入长期照护保险保障的范围。

3. 公示

徐州市劳动能力鉴定委员会将符合标准的人员名单及相关信息在市人力资源和社会保障网上公示,公示时间为 7 天。

4. 告知

公示无异议的,徐州市医疗保险中心审批同意给付长期照护保险待遇,并告知受益人。

5. 复核鉴定

申请人及其家属对鉴定结果有异议的,应当在收到告知书起 15 日内申请复核鉴定。

复习思考题

1. 简述长期照护保险资金如何实现收支平衡。
2. 简述长期照护保险制度与商业长期照护保险的区别与联系。
3. 简述长期照护保险制度与养老保险制度的区别与联系。
4. 简述长期照护保险制度与工伤保险制度的区别与联系。
5. 简述长期照护保险受益资格评定的程序。
6. 简述长期照护服务的种类。
7. 论述我国发展长期照护保险的必要性。
8. 论述我国发展长期照护保险存在的问题和解决问题的对策。

社会福利制度

社会福利制度是社会保障体系的重要组成部分,在社会保障体系中属于较高层次的保障,是为了提高保障的水平而设立的社会保障项目。

第一节　社会福利制度的概念和特点

一、社会福利制度的概念

社会福利制度的概念有广义和狭义之分。广义的社会福利制度是一切旨在改善人民物质和文化生活的各项社会措施。由于对社会福利的内涵和外延理解不同,人们可以从不同意义上使用社会福利的概念。广义的社会福利是比社会保障更宽泛的概念,广义的社会福利包括公共文化、教育、卫生设施、社会救济以及社会保险在内。联合国给社会福利制度所下的定义是:社会福利制度是社会服务与机构间有组织的联系,在于协助个人和团体,在契合其家庭和社区需求的原则下,获得生活、健康及人际关系等方面的满足,使个人充分发挥潜能并增进福祉。当社会福利制度和社会保险制度相提并论时,社会福利制度不包括社会保险,而是同社会保险并列的制度,属于社会保障体系的一个组成部分,这是狭义的社会福利制度。狭义的社会福利制度是指由国家或社会在法律法规允许的范围内向全体公民普遍地提供资金帮助和服务的社会性制度。例如,我国社会福利制度仅是社会保障体系的一个组成部分,属于狭义社会福利制度的范畴。狭义的社会福利制度主要有以下几方面。

1. 社会福利是社会公益性事业。社会福利制度是政府或社会团体以全体公民为对象举办的公益性事业,如教育、科学、环境保护、文化、体育、卫生等设施。公民在享受福利事业提供的服务时,是免费或者低收费的。在提供免费服务时,这些设施的维持和发展费用全部由国家负担;在以优惠价格提供服务时,消费者也会负担一部分费用,不足部分由国家财政负担。

2. 社会福利属于专门的福利事业。这部分社会福利主要是民政部门为残废者、孤儿、生活无助的老人等具有特殊需要而无力自理的人举办的疗养院、孤儿院、聋哑学校等。

3. 社会福利属于局部性和选择性福利。国家为照顾一定地区或一定范围的居民对部分必要生活资料的需要而采取的优惠措施。如对高寒地区给予冬季取暖补贴,对未参与公有住房分配的居民给予房租补贴等。这些福利措施随着生产的发展、条件的改变或政策的变动,可以增加、减少或取消。

二、社会福利制度的特点

社会福利制度的特点主要有以下四个方面。

1. 广泛性。社会福利与社会保险、社会救济和社会优抚制度不同,其保障的对象是全体公民,不区分城乡、年龄、性别的差异,也不区分收入的高低,每一位公民都有权利获得社会福利的保障,社会福利的保障对象具有广泛性。

2. 非营利性。社会福利的发展目标是社会效益,而不是营利,是通过免费、减费服务或者提供福利设施、生活用品等带给人们以方便,改善公民的生活质量。例如,社会福利提供的义务教育、科学、环境保护、文化、体育、卫生等设施,是免费或低收费的。公民在享受这些福利事业的服务时,有时是免费的,有时是低收费的,可以获得价格上的优惠,社会福利改善了公民的生活、减轻了公民的负担。在实行免费服务时,这些设施的维持和发展费用全部由政府负担;在以优惠价格提供服务时,消费者可以负担一部分费用,不足部分由政府负担。

3. 多样性。社会福利除了向人们发放部分现金或实物外,还提供社会福利设施和相应的服务。例如,通过提供教育设施提高未成年人的福利;通过社区服务,为老年人提供日常生活服务;通过举办公益性的事业,为全体公民提供文体和休闲的场所等。

4. 高层次性。社会福利不仅保障社会成员的最低生活需要,而且保证社会成员在现有生产力发展水平上能够过上正常生活。社会福利不仅对物质生活需要给予保障,而且还对精神、文化方面的需要给予保障;不仅保障个人的生活需要,而且还保障其赡养家庭、培育后代的需要。因此,社会福利是社会保障体系中最高层次的保障,其保障水平高于社会保险和社会救济的保障水平。

三、社会福利制度的类型

1. 按照举办单位划分。按照举办单位划分,社会福利可以分为国家举办的社会福利、地方举办的社会福利、企事业单位举办的社会福利、社区举办的社会福利、民间团体举办的社会福利。这里讲的民间团体主要是指宗教团体举办的社会福利事业、私人举办的福利事业和服务。

2. 按照提供保障的对象划分。按照提供保障的对象划分,社会福利可以分为未成年人福利、老年人福利、残疾人福利、妇女福利和职工福利。

3. 按照提供福利的形式划分。按照提供福利的形式划分,社会福利可分为以下几个方面。

(1) 货币形式提供的社会福利,即以现金的形式发放的各项津贴。

(2) 劳务形式提供的社会福利,如对老人、儿童、残疾人等的特殊照顾和护理,对失业人员的义务就业咨询,对无力支付诉讼费用的法律援助,提供法律义务咨询和诉讼活动,进行义务教育和免费培训等。

(3) 实物形式提供的社会福利,如给病人、孤寡老人赠送营养品,免费为残疾人提供假肢、助行器具、助听器等。

四、社会福利制度与社会保险制度的区别

社会福利是社会保障制度的重要组成部分,同时也是国家社会政策的重要组成部分,对保障公民的生活,提高生活质量,起着重要的作用。社会福利制度与社会保险制度的区别主要有以下几个方面。

1. 保障的对象不同。社会保险保障的对象主要是有固定职业和正常收入的薪金阶层和其他劳动者;而社会福利保障的对象是全体公民。

2. 保障资金的来源不同。社会保险资金主要来源于用人单位和个人的缴费,社会保险各项目的资金不足时,由财政资金弥补社会保险资金的缺口;而社会福利的资金主要来源于政府财政拨款,用人单位、个人不需要缴费。

3. 权利与义务的关系不同。社会保险资金的分配重视权利与义务对称的原则,劳动者获得保障是以履行义务为前提的;而社会福利则不考虑受益者对社会福利事业的贡献,社会福利措施的实施强调机会均等的原则。

4. 保障的水平不同。社会保险以保障劳动者的基本生活为目的,目标是满足劳动者的基本生活需要;而社会福利则以提高公民的生活质量为主要目的,目标是满足公民较高层次的发展和享受的需要。

5. 保障的手段不同。社会保险以提供保险津贴的货币给付为主,提供各项服务为辅;而社会福利则以提供各项服务及设施为主,货币给付为辅。

6. 经营主体不同。社会保险的经营主体通常是政府的管理机构如社会保险经办机构;而社会福利的经营主体不仅有政府,而且还有基层社区组织、基层单位和各行业主管部门等。

第二节　社会福利制度的保障

社会福利制度提供的保障主要有以下几个方面。

一、公共福利制度

公共福利制度是以政府为主导,为改善和提高公民的物质文化生活水平而采取的各项政策措施。我国公共福利制度主要有以下几类。

(一)公共卫生福利制度

公共卫生福利制度是指政府向公民提供的基本卫生保健服务,不仅包括公民享受公共医疗设施和服务,而且还包括疾病预防、地方病防治、传染病防治、老年人和未成年人的计划免疫、饮食卫生等涉及公民身体健康的服务。例如,医院、疾病控制中心、防疫站等公共卫生设施就是由政府提供的,政府在公共卫生福利制度中发挥主导作用,不仅可以节约医疗成本,而且还会产生积极的社会效应,有利于公民身体健康水平的提高。

(二)教育福利制度

教育是提高公民知识水平、技能和素质的重要手段,特别是义务教育更是一项"国民福利",政府有义务向全社会提供低收费的服务,为受教育者提供便利的条件和舒适的学习环境。同时,政府有义务为特殊人群,如聋哑人、盲人、残疾人等,举办聋哑学校、盲人学校等特殊教育设施,使他们能够平等地获得接受教育的机会。一个国家教育福利发展的状况,决定这个国家未来的发展和公民的素质。

（三）公共福利设施

公共福利设施是指政府向公民提供公共福利设施，以方便百姓的生活、提高公民的生活水平。公共福利设施主要包括道路设施，供水、供气、供电、供暖设施，公墓、殡葬管理等设施，这些设施的修建、维护需要政府经营，政府修建、维护这些公共福利设施可以降低成本，可以提高社会福利资金的社会效益。

（四）文化娱乐福利

文化娱乐福利是指围绕公民文化娱乐、健身需求举办的社会福利，主要包括公园、图书馆、博物馆、文化艺术馆、文化康乐中心等。文化娱乐福利可以向公民提供体育、娱乐、锻炼的场所，满足公民的精神、文化、娱乐的需求。

（五）住房福利制度

住房福利制度是公共福利体系的重要内容之一。住房福利是政府利用财政和社会的力量解决公民住房问题的制度安排。例如，我国住房福利制度主要包括住房公积金、廉租房、经济适用房和两限房制度。

1. 住房公积金制度。住房公积金制度是指依照法律法规建立的，用人单位和参保人依法履行缴费义务，使用住房公积金购房、盖房、贷款，以保障支付的住房资助制度。

（1）住房公积金的缴存。1999 年 4 月 3 日颁布、2002 年 3 月 24 日修订的《住房公积金管理条例》规定，国家机关、国有企业、城镇集体企业、外商投资企业、城镇私营企业及其他城镇企业、事业单位、民办非企业单位、社会团体和个人都应该参加住房公积金计划，并履行缴费义务。职工从参加工作第 2 个月开始，缴存住房公积金，月缴存额为职工本人当月工资乘以职工住房公积金缴存比例。个人缴存比例不得低于职工上一年月平均工资的 5%，用人单位也配套缴存相同比例的资金。我国政府规定，用人单位和个人缴存的住房公积金可以免征所得税，住房公积金缴费可以税前列支。2005 年 1 月 10 日，建设部、财政部和人民银行发布的《关于住房公积金管理若干具体问题的指导意见》规定，单位和职工缴存比例不低于 5%，原则上不应超过职工工作所在设区城市统计部门公布的上一年度职工月平均工资的 2 倍和 3 倍。具体标准由各地根据实际情况确定。

（2）住房公积金的个人账户。住房公积金个人账户积累资金归个人所有。《住房公积金管理条例》规定，用人单位和职工本人按规定标准缴存的住房公积金存入职工住房公积金个人账户，住房公积金缴费归个人所有，个人账户积累的资金可以携带和继承。

（3）住房公积金的提取。职工有下列情形之一的，可以提取住房公积金账户内的存储余额：①购买、建造、翻修、大修自住住房的；②离休、退休的；③完全丧失劳动能力，并与用人单位终止劳动关系的；④户口迁出所在的市、县或出境定居的；⑤偿还购房贷款本息的；⑥租房的租金超出家庭工资收入规定的比例的。公积金存款自存入职工个人账户之日起按照国家规定的利率计息。当年缴存的，按结息日挂牌公告的活期存款利率计息；上年结转的，按结息日挂牌公告的三个月整存整取存款利率计息。

（4）住房公积金贷款。缴存住房公积金的职工，在购买、建造、翻修、大修自住住房时，可以向住房公积金管理中心申请住房公积金贷款，但是应当提供相应的担保。住房公积金的最高贷款额度由各地住房建设委员会规定，住房公积金贷款利息低于商业贷款利息。

2. 廉租房制度。廉租房制度是指政府以租金补贴或实物配租的方式，向符合城镇居民最低生活标准且住房困难的家庭提供的具有社会福利性质的住房。廉租房的分配以租金补贴为主，实物配租和租金减免为辅。

（1）廉租住房租房补贴。租赁补贴是指住房保障管理部门向符合条件的申请家庭，按照规定的标准发放住房租金补贴，由其到市场上租赁住房。

（2）廉租住房实物配租。实物配租是指住房保障管理部门向符合条件的申请家庭提供住房，并按照其家庭收入的一定比例收取租金。我国的廉租房只租不售，出租给城镇居民中低收入者，廉租房的来源主要是腾退的旧公房。廉租房的申租条件主要有以下几方面。

① 申请家庭人均收入符合当地廉租房政策确定的收入标准；

② 申请家庭人均现有住房面积符合当地廉租住房政策确定的面积标准；

③ 申请家庭成员中至少有 1 人为当地非农业常住房户；

④ 申请家庭成员之间有法定的赡养、扶养或抚养关系；

⑤ 符合当地廉租住房政策的其他规定。

3. 经济适用房制度。经济适用房制度是指政府提供优惠政策，以限定建设标准、供应对象、销售价格以及限制上市交易，向低收入住房困难家庭出售的保障性住房。经济适用房是具有社会保障性质的商品住宅，其具有经济性和适用性的特点。

（1）经济性。经济性是指住宅价格相对于市场价格而言是适度的，能够适应社会中低收入家庭的经济承受能力。

（2）适用性。适用性是指在住房设计及其建筑标准上强调住房的实用效果，而不是降低建筑标准。例如，1994 年建设部、国务院房改领导小组、财政部联合发布的

《城镇经济适用住房建设管理办法》规定,经济适用房是以中低收入家庭、住房困难户为供应对象,并按国家住宅建设标准(不含别墅、高级公寓、外销住宅)建设的普通住宅。经济适用房的价格按建设成本确定,建设成本包括征地拆迁费、勘察设计及前期工程费、建安费、小区内基础设施配套建设费、贷款利息、税金、物业的管理费。经济适用房的出售实行政府指导价,其售价由市、县人民政府根据以上几项因素综合确定,并定期公布,不得擅自提高销售价格。

4. 两限房制度。两限房制度是指限房价、限套型的普通商品房,也称为两限商品房。两限房是经城市政府批准,在限制套型比例、限制销售价格的基础上,以竞地价、竞房价的方式,招标确定住宅项目开发建设单位,由中标单位面向符合条件的居民销售的中低价位、中小套型普通商品住房。限价房是介于经济适用房和商品房之间的住房保障制度,经济适用房免征各项税费、建设成本低,限价房收取土地出让金等各项税费;经济适用房比限价房保障的群体低。

申请购买限价房按照下列程序办理:(1)申请。申请家庭持如实填写的《限价商品住房家庭资格核定表》向户口所在地的街道办事处或乡镇人民政府提出申请,申请时应当同时提交以下材料的原件和复印件:①户口本和家庭成员身份证;②家庭成员婚姻状况证明;③现住房产权证明或者租赁合同;④家庭成员所在单位出具的收入、住房情况证明;⑤其他需提交的证明材料。(2)初审。街道办事处或乡镇人民政府通过审核材料、入房调查、组织评议、公示等方式对申请家庭的收入、住房、资产等情况进行初审,提出初审意见,并将符合条件的申请家庭报区县住房保障管理部门。人户分离家庭在户口所在地和实际居住地同时进行公示。(3)复查。区县住房保障管理部门对申请家庭情况进行复查,符合条件的,将申请家庭的情况进行公示;公示后无异议的,报市住房保障管理部门。(4)备案。市住房保障管理部门对区县住房保障管理部门上报的申请家庭情况予以备案。区县住房保障管理部门为经过备案的申请家庭建立市(区、县)共享的住房需求档案。

二、特殊人员的社会福利制度

特殊人员的社会福利制度主要包括以下几个方面。

(一)未成年人福利制度

未成年人泛指劳动年龄或学校毕业年龄以前的婴儿、幼儿、学龄前儿童、少年。如果继续就读于职业高中、高等学校,其年龄可以延伸到18~21岁。未成年人福利有广义和狭义之分。广义的未成年人福利是指国家或者社会为保障未成年人的身心健康而举办的一切社会福利事业;狭义的未成年人福利是指补充或者替代父母照顾和管理未成年人,并促使未成年人生活得到保障的社会政策措施。未成年人福利主要包括以下几方面。

1. 未成年人普遍福利。如国家和各部门举办的托幼事业、学前教育、儿童健康指导、娱乐活动、少年儿童营养、学生免费午餐、妇幼保健、优生咨询、免费体格检查、儿童卫生服务中心、早产儿照顾、家庭看护、营养示范教育、义务教育、大众传播工具发展、未婚母婴照顾、未成年人福利专业培训等,这种福利是未成年人可以普遍享用的社会福利事业。例如,瑞典规定,凡有未满16岁子女的家庭,都可以得到孩子的年度津贴。学生都有资格领取优厚的生活津贴和学习补助,而且所有的教育都是免费提供的。

2. 不幸未成年人福利。如对孤儿、弃儿、聋哑、肢残、弱智未成年人举办的福利院,对领养未成年者的监护人员给予补贴、未成年人医疗救助、死亡补助等,为残疾儿童举办的聋哑学校、弱智学校、盲童学校等特种学校。

3. 生活困难家庭的未成年子女补助。对有特殊情况的家庭实行家庭补助制度,如给予初生婴儿的牛奶津贴,给予收入微薄、未成年子女较多的家庭一定的津贴等。婴幼儿福利往往和母亲享受的福利结合在一起,构成"妇女儿童福利"。又如,我国政府或用人单位给予死亡职工(或公民)子女的生活补助费,也属于未成年人福利。

(二) 老年人福利制度

老年人福利制度是国家或社会为安定老年人生活、维护老年人健康、充实老年人的精神生活而制定的政策和提供的各种服务设施及社会公益服务。老年人福利保障的对象为老龄和年龄长寿的老人,不论老年人是否享有退休金,均可以享受老年人福利待遇,以实现老有所养、老有所医、老有所教、老有所学、老有所为、老有所乐的目标。

1. 老年人福利制度的特点。老年人福利制度主要具有以下几个方面的特点。

(1) 保障的特殊性。老年人福利与其他福利相比,有其享受对象和需求的特殊性,如生理上、心理上和兴趣上与少年、青年、壮年人存在着明显的差异,这也就决定了老年人福利事业的特殊性。

(2) 服务主体的多元性。老年人福利除了政府有关管理部门提供的服务外,还接受企业、社会工作者等社会主体提供的服务。

(3) 保障项目比较多。老年人福利保障的项目除了养老的基本物质生活保障外,还保障老年人的医疗、护理、休闲娱乐、生活照顾、福利服务等,老年人福利保障的项目比较多。

(4) 保障目标比较高。老年人福利除了保障老人的基本生活外,还提供更高层次的老人发展、老人精神生活以及各种老年人服务。

2. 老年人福利保障的内容。老年人福利的项目主要有以下几个方面的内容(见表 12-1)。

表 12-1　老年人的需求与保障

老年人的需求		老年人社会福利的保障
经济需求	经济	退休金、补助金、社会救济金
健康需求	健康	医疗保健、老人疗养院、老人医院
生活需求	生活照料	家政服务、膳食服务
	住房	住宅福利、老人福利院等
精神需求	休闲、娱乐	老年人活动中心、老年人俱乐部
	自我实现与发展	老年大学等
社会需求	参与社会	老年人志愿活动,老年人再就业咨询、培训与职业介绍

(1) 老年人医疗和保健服务。设立老年人医院或者在医院中设立老年科,为发病率比较高的老年人提供医疗保健服务,使老年人的疾病能够得到及时的治疗。定期对老年人进行身体健康状况检查,做好老年人的健康保健服务和护理服务,并对老年人提供健康教育和咨询,解答老年人的疑难问题。

(2) 老年人精神娱乐服务。举办老年人大学、老年人图书馆、老年人俱乐部、老年人电影院等,满足闲暇时间较多的老年人精神文化享受的需要。

(3) 举办社会福利院、敬老院。建立社会福利院、敬老院等,可以为老年人提供生活的便利,使老年人得以老有所养,安度晚年。例如,我国政府出台的《国家级福利院评定标准》规定,国家级福利院分为国家一级福利院和国家二级福利院。申报国家级福利院必须经省级民政厅(局)审核,由民政部批准、命名。国家级福利院必须具备一定的规模。国家一级福利院床位总数在 150 张以上,国家二级福利院床位总数在 100 张以上;国家一级福利院医护人员应当占全院职工总数的 70% 以上,国家二级福利院应占 65% 以上。国家对福利院的规范化管理对于促进我国福利院、养老所向规范化管理迈出了重要一步,有利于老年人福利水平的提高。

(4) 提供老年人社区养老服务。发展老年人电话服务、老年人家庭养老服务等社区养老服务,可以为生活不便的老年人提供家庭服务,同时能够料理老年人的生活。社区养老服务是指以家庭养老为主,社区养老服务为辅,为居家老人提供照料服务的总称。例如,上门服务、托老服务等,都属于社区养老服务的范畴。

(5) 给予长寿老人生活补助。对于长寿老人的福利,国家大多给予一定的生活费用补贴,保障长寿老人的生活。

（三）残疾人福利制度

残疾人福利制度是指国家对残疾人所采取的扶助、救助和其他福利事业，旨在保障和改善残疾人生活的制度。残疾人是指在心理、生理、人体结构上某些组织功能丧失或不正常，全部或者部分丧失以正常方式从事某种活动能力的人。

1. 残疾的类型。以功能缺陷为标准，残疾人一般可以分为以下五种。

（1）智力残疾。智力残疾是指智力明显低于一般人的水平（通常是指智商在 70 以下），并表现出适应行为障碍的现象。智力障碍通常以智能不足程度的轻重予以分类，多数国家将智力残疾者分为轻度、中度和重度三种。

（2）肢体残疾。由于发育迟缓、中枢或周围神经系统发生病变、外伤，或其他先天、后天性骨骼肌肉系统的缺损或疾病而形成的功能丧失或功能障碍的状况。肢体残疾的种类分为上肢、躯干或下肢残疾。依据残疾的程度可以分为轻度、中度和重度三种。

（3）听力残疾。听力残疾是指由于各种原因导致双耳不同程度的听力丧失，听不到或听不清周围环境及言语声（经治疗 1 年以上不愈者）。听力残疾分为聋、重听两种。聋是指听力完全丧失；重听是指有残留听力但辨音不清，不能进行听说交流。

（4）视力残疾。视力残疾是指由于各种原因导致双眼视力障碍或视野缩小，通过各种药物、手术及其他疗法而不能恢复功能者（或暂时不能通过上述疗法恢复功能者），以致不能进行一般人所能从事的工作、学习或其他活动。视力残疾分为盲和低视力两种。

（5）语言残疾。语言残疾是指声音机能或语言机能障碍，与人沟通困难或完全无法沟通。语言残疾主要分为发声器官失常、声音失常、口吃、语言发育落后、裂颚、脑麻痹、听力损害、失语症。如果一个人同时患有上述两种或两种以上的残疾，则通常为多重残疾。

2. 残疾人的主要特征。残疾人的主要特征有以下几个方面。

（1）生理上的缺陷或障碍是残疾人群体的首要特征。由于生理器官（或组织）的缺陷、损伤，致使残疾人难以像正常人那样生活，难以公平地参与社会竞争。

（2）经济上的低收入性是残疾人的普遍特征。残疾人群体通常都是经济上的低收入者，其经济收入低于社会人均收入水平，甚至徘徊于贫困线的边缘。

（3）政治上的低影响力。残疾人群体在社会分层体系中处于底层，他们的政治参与机会比较小，对于政治生活的影响力低，属于社会的弱势群体。

（4）心理上的高度敏感性。由于自身的缺陷和经济上的贫困，使残疾人的心理压力高于一般社会弱势群体。

3. 残疾人保障。残疾人保障主要包括向残疾人免费提供假肢、康复服务、就业培训;举办有残疾人参与的福利生产、盲童学校、聋哑学校、弱智教育等福利项目。我国政府于 1990 年 12 月 28 日通过的《中华人民共和国残疾人保障法》,对残疾人的福利作出了如下规定。

(1) 国家和社会对生活确有困难的残疾人,通过多种渠道给予救济、补助。

(2) 国家和社会对无劳动能力、无法定扶养人、无生活来源的残疾人,按照规定予以供养、救济。

(3) 残疾人所在单位、城乡基层组织、残疾人家庭,应当鼓励、帮助残疾人参加社会保险。

4. 举办社会福利企业。例如,我国《社会福利企业管理暂行办法》规定,社会福利企业是为安置残疾人劳动而兴办的具有社会福利性质的特殊企业。社会福利企业所安置的残疾人员是指具有一定劳动能力的视力残疾者、听力语言残疾者、肢体残疾者和智力残疾者。国家鼓励各地区、各部门兴办社会福利企业,多渠道地解决残疾人的就业问题。国家对社会福利企业实行保护和扶持政策。凡领取营业执照的企业,须经县(区)以上民政部门审核认定其社会福利性质,领取《社会福利企业证书》,经同级有关部门审查核定,符合规定条件的,方可享受减免税收、技改贷款、物资分配、产品创优、企业升级等优惠待遇。社会福利企业应当具备下列条件。

(1) 安置残疾人员达到生产人员总数的 35% 以上;

(2) 生产和经营项目符合国家产业政策,并适宜残疾人从事生产劳动或经营;

(3) 企业中每个残疾职工应具有适当的劳动岗位;

(4) 有必要的、适合残疾人生理状况的安全生产条件和劳动保护措施。对安置残疾人员占生产人员总数比例超过 10% 而未达到 35% 的企业,经民政部门核实安置残疾人比例后,发给有关证明,税务部门审查核实符合减免条件的,可享受相应的减税待遇。社会福利企业有下列情形之一的、县(区)以上民政部门应当根据不同情况,给予批评教育;情节严重的,给予警告、限期纠正直至吊销《社会福利企业证书》的处分。

(1) 安置残疾人员达不到生产人员总数 35% 的;

(2) 侵犯残疾人合法权益的;

(3) 违反税收减免金管理和使用规定的;

(4) 隐瞒残疾人就业比例,弄虚作假的。社会福利企业对民政部门的处理决定不服的,可以在接到处理决定之日起 15 日内向上一级民政部门申请复议。上一级民政部门受理复议申请后,应在 60 日内作出复议决定。企业对复议决定不服的,可以在接到复议决定之日起 15 日内向人民法院起诉。

三、社区福利制度

社区福利制度是指在政府有关管理部门的指导下，在社区范围内，以社区为主体，发挥社区自主性，充分利用社区内外的一切资源，为解决社区居民生活问题而采取的一切措施的总和。社区福利提供服务的宗旨是解决居民生活问题，尽可能地提高居民的生活质量。

（一）社区福利制度的特点

1. 社区福利的经营主体具有多元性。社区福利是社会化的产物，其经营主体具有多元化的特点，主要包括政府、非营利组织、企事业单位、居民自发成立的组织、居民等。尽管社区福利的经营主体具有多元化的特征，但是，政府在资金上的扶持和政策上的引导不可或缺，非营利组织和居民是社区建设的主导力量。

2. 社区福利的服务对象具有普遍性。社区福利的服务对象是社区内的居民，它打破了职业、单位、户籍的藩篱，既包括户籍人口，也包括非户籍常住人口，解决了人们日常生活中的问题。

3. 社区福利的主要形式是服务。社区福利的主要形式是为居民提供所需求的服务，重点解决居民日常生活中的问题，切实满足居民的生活需要。社区福利提供的服务不仅包括养老服务、残病服务和便民服务，而且还包括同老人聊天、开展娱乐活动、健身活动等符合居民需求的服务。

4. 社区福利提供的服务具有地域性。社区福利以社区为主体，呈现出块状分布的特征。社区福利与社区紧密相连，受到社区内资源、居民结构和文化传统等方面的影响，其提供的服务具有较强的地域性。

（二）社区福利的资金来源

社区福利制度的实施依赖于持续不断的资源供给。例如，目前我国社区福利建设的资金来源主要有以下三个途径。

1. 政府的资金投入。政府的投资可以分为直接投资和间接投资两种形式，直接投资是指政府财政的专项拨款，间接投资则通过无偿提供场所、设施或减免税收等方式实现。

财政拨款是指对社区福利建设所需的资金从各级政府的财政预算中列支，给予适当的引导性、补贴性的资助。引导性资助如各地在发展社区服务、建设福利设施（社区服务中心、残疾人康复中心、老年人服务中心、青少年教育中心等）时，国家各级计划部门进行立项，各级财政部门拿出一部分资金进行投资，作为政府对发展社区福利的一种物质性的鼓励和政策性的引导。补贴性资助如各级财政部门对已经建成并投入使用的部分社区服务设施视为福利事业单位，按照管理和核定社区福利单位事业费开支的有关政策在财政预算中给予全额或差额拨款。

政策优惠性资助主要是指通过各种优惠政策从人、财、物等各个方面对社区福利建设予以支持。比如，按政策规定在划拨建设用地时，需要将社区福利设施建设纳入建设部门的公共设施配套建设规划；发展社区福利所需购买或租赁的房屋应在微利房或成本房中考虑；各种社区福利服务项目可以享受减免税费的优惠等，这实际上是国家财政的一种变向投资。

2. 社会捐助。从目前我国社区福利的筹资渠道来看，社会捐助资金主要来源于有奖募捐基金。发行福利彩票是近年我国发展起来的一种募集社会福利基金的有效形式。福利彩票采取国务院批准、财政部监管、民政部和国家体育总局发行的方式。发行福利彩票募捐的资金应全部用于社会福利事业的发展，政府管理部门从有奖募捐基金中提取一定额度的资金用于社区福利的建设。

3. 收费收入。社区福利在提供服务的过程中，还会向接受服务者收取低价的费用，所得收入用于弥补社区福利资金的不足。

（三）社区福利提供的服务

社区福利提供服务的内容较多，形式各样，概括起来主要有以下几个方面。

1. 老年人养老服务。在现代社会中，老年人已经成为具有普遍性和最为迫切的服务对象，因此，老年人服务也就成为社区服务的重要方面之一。包户服务是目前社区福利向老人提供服务的重要方式。包户服务的一般做法是，由街道办事处或民政助理员负责对全街包户工作的组织和检查，由居委会同参加服务的单位和个人签订包户协议，确定服务人员、服务项目、服务时间、服务目标，如粮店送粮、煤店送煤、菜场送菜、理发店上门理发、医院定期巡回检查和打针送药、学生上门清扫环境、老人原所在单位送退休金、年节探望慰问等。与此同时，居委会还组织邻里包户，服务者给老人送药送水、代购物品、帮助老年人安排生活和处理家务。

2. 失能、半失能老年人以及残疾人照护服务。自20世纪60年代以来，国际劳工组织制定并完善了国际劳工公约，规定主管当局对残疾人职业培训、就业和康复工作实行社区指导，在社区广泛开展残疾人职业康复和就业服务。目前，欧美国家的残疾人社区服务工作已经成为政府社区发展计划的重要组成部分。在我国，针对失能、半失能、残疾人的照护服务工作主要有以下几方面。

（1）康复服务。我国分布于社区的医所所、卫生院和医院为残疾人的康复提供了便利的服务。

（2）生活照料服务。失能、半失能老人或残疾人在生活中的诸多不便,可以由社区成员、志愿者、社区服务机构提供服务。

（3）残疾人职业培训。我国针对残疾人的职业培训也是以社区为依托开展起来的。加强残疾人职业培训,有助于残疾人适应社会的需要,提高职业技能。

3. 文化活动和心理咨询服务。社区服务机构组织居民开展文化娱乐活动、体育活动、文化学习、职业培训、婚姻介绍、职业介绍、心理咨询健康讲座等,丰富了社区居民的精神文化生活。

4. 优抚服务。国家对军人及其家属的优待、抚恤主要是通过社区服务实现的。例如,优待、抚恤金的发放,拥军优属活动的开展等,有力地配合了社会优抚措施的实施。

5. 便民利民服务。便民利民服务是社区发挥功能的重要表现。对此,社区服务机构兴建了大批便民服务网点,他们本着"方便居民、收费低廉"的原则,开展代居民家庭买菜、买煤活动,帮助居民接送小孩,帮助家庭干家务,这些经营活动的开展,方便了社区居民的生活。

四、职工福利制度

职工福利制度是社会福利的一个重要组成部分,主要指用人单位职工及其家属享受的社会福利。职工福利是职工的劳动所得,是劳动力再生产的消费需求。然而,职工福利和职工工资是不同的,职工工资是按照职工所提供的劳动数量和质量直接支付给个人的劳动报酬,是与职工的工作量直接联系的;而职工福利是用人单位根据职工生活的实际需要向职工提供的。各单位内凡是符合享受条件的职工,均可以享受,职工福利待遇的差距并不很大。职工福利的特征有以下几个方面。

（1）普遍性。凡是举办职工福利事业的单位,其职工及其家属都有权享受职工福利待遇。

（2）集体性。职工福利中的某些项目,满足共同的集体需要,具有集体性。

（3）补充性。职工福利具有补充满足职工生活需要的特征,即职工福利不是个人消费品的主要形式,而是补充形式或者辅助形式。

（4）差别性。由于隶属关系、行业、所有制不同,职工福利在不同单位之间,具有很大的差别。政府在职工福利中只是制定一些必要的政策法规进行指导、协调和监督。职工福利主要包括职工集体福利和职工个人福利两个方面,下面以我国职工的福利制度为例，说明职工福利的内容。

（一）职工集体福利

职工集体福利的主要特点是为职工提供必要的集体消费服务和设施，以满足职工及其家属的物质、文化生活需要。职工集体福利主要包括图书馆、俱乐部、体育场、卫生所、职工食堂、职工宿舍、班车、休息室、培训中心、托儿所、幼儿园和学前班等。这些福利设施可以由地区工会或者几个单位联合举办。职工集体福利分为职工集体文化福利和职工集体生活福利两方面。

1. 职工集体文化福利。职工集体文化福利是由用人单位兴建的文化、卫生、体育娱乐等设施，以免费或者减费待遇供职工享用和提供服务。职工集体文化福利对于提高用人单位的凝聚力、提高职工文化素质、提高劳动生产率具有积极作用。职工集体文化福利主要包括以下几个方面。

（1）用人单位培训中心等集体福利项目。用人单位培训中心举办的文化补习班、技术培训班等对工人、工程技术人员、经营管理人员等在内的所有在职职工进行职业技术培训，可以提高用人单位的劳动生产率，提高职工的文化素质。用人单位为职工提供教育资金的资助，也是职工福利的一项内容。用人单位教育资助的内容主要包括以下几个方面：①为职工提供通过学业的费用。职工顺利通过学业，用人单位会提供学费，但其条件是，职工必须保证在用人单位工作一段时间，并获得良好的学习成绩。②为职工提供再培训的机会。职工参加再培训，用人单位提供培训费用，以提高职工的素质和技能。③为职工子女提供贷款担保。为了给职工子女上学提供必要的费用，有些用人单位为职工提供学费贷款担保。

（2）职工俱乐部、活动中心等综合性文化福利项目。在活动中心，既可以组织职工学技术、学文化，也可以组织职工开展歌咏比赛等，还可以组织各种社交活动，如举办舞会、旅游、春游、联谊会等。这些活动既丰富了职工生活，又有利于职工的身心健康。

（3）建立图书馆。图书馆作为福利设施主要由社会承办，但是一些单位为了方便职工查找材料、提高技术，也建立了图书馆。

（4）提供医疗、保健、卫生等服务。各单位自建的医院（卫生室）、保健和医疗设施，是用人单位集体福利的重要方面。组织职工定期免费体检等对于预防职工大病、保障职工健康具有重要的作用。

2. 职工集体生活福利。职工集体生活福利是指用人单位兴办集体生活服务设施以优惠的待遇供职工享用和提供服务。职工集体生活福利是用人单位为方便职工生活，减轻家务劳动而举办的生活福利设施，主要包括职工食堂、职工宿舍、休息室、托儿所、幼儿园和学前班、附属学校、上下班交通车等。

（1）职工食堂。职工食堂是用人单位为方便职工工作，保障职工身体健康而兴办的生活福利设施。职工食堂中的炊具、设施等是从用人单位的福利基金中支付的，职工食堂向职工提供物美价廉的饭菜、就餐补助等。

（2）职工宿舍。职工宿舍是职工栖身和日常生活的场所。职工宿舍包括职工家属住宅、单身集体宿舍和倒班宿舍等。这三类宿舍的使用主体和用途不同，福利优惠措施也是不同的。职工家属住宅主要是用人单位兴办的、以优惠价格出租给本单位职工的住宅，职工租住本单位福利房以后，也只有使用权，不具有所有权。单身宿舍主要提供给未婚职工或者家住外地的职工，是用人单位为解决职工居住上的困难而提供的日常生活场所。倒班宿舍是用人单位免费提供给倒班职工的临时休息和睡眠的场所，倒班宿舍不为任何职工固定使用。

（3）兴办托儿所、幼儿园或者附属学校。托儿所、幼儿园的建立解放了妇女劳动力，减轻了妇女的家庭负担，也解决了职工的后顾之忧。例如，职工流动性比较大的行业，如石油、勘探等行业，用人单位兴办幼儿园、托儿所等，可以解决职工子女的入托、求学等问题，可以保障职工安心地工作。

（4）开办浴室、理发室，提供上下班交通工具等。浴室、理发室等，是改善职工生活的重要方面。例如，为使职工保持旺盛的工作精力，一些用人单位提供了班车服务，接送职工上下班；职工可以免费乘车或者支付部分乘车费用。用人单位在为职工提供这些设施和服务时，可以给予价格上的优惠。但是，对于那些属于劳动安全卫生保护范围的项目，是不应收费的。

（二）职工个人福利

职工个人福利主要是指用于个人生活方面的各种经济性福利项目，一般称为福利性补贴制度，多数是以货币形式发给职工本人，有时是以实物的形式发放的。这类福利性补贴主要包括以下几个方面。

1. 企业年金。企业年金是用人单位为职工提供福利的重要方面，企业年金的缴费大多由用人单位提供，员工自愿参加。职工退休后，可以获得企业年金的给付，这是企业为职工退休后提高生活水平的补充养老金计划。企业年金计划的运营和实施是在政府法律法规的严格监管下提供的，企业年金的投资运营受到政府法律法规的限制。

2. 职工生活困难补助制度。为了解决或者缓解职工由于某些原因临时性或长期的生活困难，在社会保险以外给予一定的经济补助，以保障职工及其家属的生活。职工由于赡养人口多，造成生活困难或者由于意外事故造成家属病、伤、亡等生活发生困难给予帮助。职工生活困难补助期限可以分为长期、短期和一次性补助。

3. 冬季取暖补贴。用人单位为职工提供的冬季取暖补贴,是在一定时间、一定地区或者一定的条件下才提供的福利,是季节性职工福利。冬季取暖补贴主要补助那些地处寒冷地带的单位职工由于取暖而支付的额外生活费用,不至于因此而降低正常的生活水平。

4. 探亲假补贴。探亲假补贴是照顾职工与亲属团聚的员工福利制度。由于一部分职工与配偶及其亲属两地分居,给职工的生活带来了很大的不便,影响了夫妻感情、照顾父母和教育子女,也扩大了生活费用的开支。为了解决职工的困难,制定了探亲假补贴制度,规定职工定期回家探亲并给予一定的交通费补贴。已婚职工的探亲假是四年一次,未婚职工的探亲假是一年一次。

5. 职工带薪假期。职工在非工作时间内按工作时间发放工资的福利即带薪假期。在西方国家,带薪假期是一项很受欢迎的福利事业。例如,美国公司用于职工带薪假期的福利支出占职工福利的 26.4%。带薪假期的主要内容有以下几个方面。

(1) 不必工作的请假或固定假日的福利,节假日按工作日发放工资,其主要包括病假、休假、事假、婚假、丧假及其法定公假和国家法定假期。例如,2007 年 12 月,《国务院关于修改〈全国年节及纪念日放假办法〉的决定》规定,全体公民的法定节假日 11 天,主要包括:①新年,放假 1 天(1 月 1 日);②春节,放假 3 天(农历除夕,正月初一、初二);③清明节,放假 1 天;④劳动节,放假 1 天;⑤端午节,放假 1 天;⑥中秋节,放假 1 天;⑦国庆节,放假 3 天。

(2) 病假。例如,美国社会保险项目中,不包括病假工资。我国职工生病不工作照样可以领取工资,这是一项法定的员工福利。职工工作一年以上的,每年约有 15 天病假,病假期间工资照发。

(3) 带薪假期或在职职工放弃度假支付额外的工资。支付额外工资可以为工人提供从容工作的机会,使在职职工能够恢复旺盛的精力,更愿意在公司工作。例如,西欧国家的带薪假期大多为 20~30 天,美国、日本、加拿大的带薪假期为 10 天左右。2007 年 12 月,国务院通过的《职工带薪年休假条例》规定,职工累计工作已满 1 年不满 10 年的,年休假 5 天;已满 10 年不满 20 年的,年休假 10 天。已满 20 年的,年休假 15 天。国家法定休假日、休息日不计入年休假的假期。职工有下列情形之一的,不享受当年的年休假。

(1) 职工依法享受寒暑假,其休假天数多于年休假天数的;

(2) 职工请事假累计 20 天以上且单位按照规定不扣工资的;

(3) 累计工作满 1 年不满 10 年的职工,请病假累计 2 个月以上的;

（4）累计工作满 10 年不满 20 年的职工,请病假累计 3 个月以上的;

（5）累计工作满 20 年以上的职工,请病假累计 4 个月以上的。

2008 年 9 月 18 日,人力资源和社会保障部公布的《企业职工带薪年休假实施办法》规定,职工连续工作满 12 个月以上的,享受带薪年休假。年休假天数根据职工累计工作时间确定。职工在同一或者不同单位工作的时间应计为累计工作时间。职工依法享受的探亲假、婚丧假、产假等政府规定的假期以及职工因工伤停工留薪期间不计入年休假假期。

6. 其他补贴。在经济条件允许的单位,可以实行书报补贴、水电费补贴、工作餐补贴、洗理费补贴等,以减轻职工的经济负担,改善职工的生活。用人单位在实行补贴以前,应该充分考虑国家政策和用人单位的承受能力,以免带来过重的经济负担。

五、福利彩票制度

福利彩票也称为福利奖券,是以抽奖方式进行筹款而发行的获得中奖机会的凭证。一般来说,彩票印有号码或图形（文字）。福利彩票制度是针对福利彩票发行、管理等做出规定的总称。

（一）福利彩票的特点

福利彩票的特点通常有以下几个方面。

1. 筹集社会闲散资金。福利彩票通常由政府授权的组织发行部门筹集社会闲散资金,以完成某一社会福利性公益项目。

2. 重新分配社会资金。福利彩票将社会个体手中分散的资金通过公平、公正的游戏方式转移到中奖者手中,实现了社会财富的重新分配。

3. 筹集资金的目的是实现社会公共事业目标。例如,有关部门为社会福利、公共卫生、教育、体育、文化而发行彩票,其目的是实现社会福利目标。

4. 福利彩票在性质上具有射幸性。福利彩票法律关系的实质是在彩票机构和彩票购买者之间建立射幸合同关系。福利彩票是射幸合同的书面凭证,不同于股票、存款单等权利载体。购买福利彩票支付价款是福利彩票购买者履行合同义务的行为,不存在返还本金、计付利息的义务。

（二）福利彩票的类型

1. 按照发行单位划分。按照发行单位划分,可以分为国家发行的福利彩票、地方政府发行的福利彩票和法人机构发行的福利彩票。在我国,福利彩票是政府特许发行、依法销售的。我国《彩票管理条例》规定，国务院特许发行社会福利彩票和体育彩票。未经国务院特许，禁止发行其他彩票。

2. 按照兑奖方式划分。按照兑奖方式划分，可以分为即开型福利彩票、传统型福利彩票、乐透型福利彩票和数字型福利彩票。

（1）即开型福利彩票。即开型福利彩票是指购买者在购票后立即就可以兑奖的福利彩票。即开型福利彩票的优点有：①即开即兑，人们购买到福利彩票后，刮开、撕开或揭开兑奖区后，马上就知道是否中奖，这类福利彩票的特点是节奏快、趣味性强，迎合了人们的中奖心理。②设奖灵活。发行机构可以根据不同地区的需要设计适合当地经济条件的奖组、奖级和奖金额，方法简单，易于操作。③防伪性能好，很难作弊。目前，我国发行的即开型福利彩票，按印刷工艺和票面形式分，主要有揭开式、撕开式、刮开式三种。

（2）传统型福利彩票。传统型福利彩票又称为被动型彩票，由发行部门事先将固定编组、中奖形式、奖金等级和得奖金额等公布于众。福利彩票销售一段时间后，进行集中公开摇奖，由购买者"对号入座"兑奖、领奖的一种福利彩票。这种福利彩票事先在彩票上印好顺序号码，通常有 5—7 位数字，分别作为各中奖等级。凡所购福利彩票的号码与中奖号码一致，则中该项等级奖项。中级、低级奖级一般依据中奖号码尾数中的位数个数多少来确定。

（3）乐透型福利彩票。乐透型福利彩票即 otto，这种彩票是目前世界彩票的主流。这种彩票由顾客自选号码，通常是在一组数字（15 个到 100 个号码）中，选出若干号码，依选中号码的多少来分级定奖。有些国家还采用一个或两个附加号码，用于二等奖以下的奖级，以调整奖级间的比例。乐透奖高等奖奖金的分配通常按事先设定的比例来分配，低等奖奖金通常是固定的金额。乐透型福利彩票资金的高低取决于投注额的多少，投注额越多，奖金越高。此外，由于乐透彩票一般规定，在一等奖不中的情况下，其奖金转移到下期一等奖中，直到中出为止，这就使一等奖奖金如滚雪球一样累积几期不出一等奖，非但不减少人们的兴趣，反而促使更多的人投注。乐透型彩票趣味性强，不像传统型彩票，顾客被动地购买已经印好的福利彩票，没有选择的余地，乐透型彩票可以由顾客自己选择号码。

（4）数字型福利彩票。数字型福利彩票即数字游戏类的福利彩票，这种福利彩票更简单、明了、方便，满足社会公众的需要，它采用 6+1 或选 3、选 4 的方式，每个数字从 0—9 中选出，因此，7 个数字，特等奖不仅要对中 7 个数字，而且顺序也不能错。组合方式的不同决定了奖金的多少。目前，数字型彩票主要在美国、加拿大、澳大利亚等国家存在，尚未在世界各地普及。

（三）福利彩票的管理原则

1. 公开原则。在发行、销售、开奖环节,福利彩票发行、销售机构应当坚持公开、透明的原则,一律在公开的场合按相关规定进行,不得隐蔽。

2. 公平、公正原则。在发行、销售、开奖环节,福利彩票发行、销售机构应当坚持公平原则,中立地维护机会面前人人平等的原则,不得徇私舞弊。

3. 诚实信用原则。在发行、销售、开奖环节,福利彩票的发行、销售机构应当诚实、守信,正当行使权利和履行义务。

（四）福利彩票的管理

1. 福利彩票的管理机构。政府授权组织福利彩票发行、销售、开奖活动的机构,就是福利彩票的管理机构。例如,我国福利彩票的管理机构有民政部门、体育部门、财政部门和审计部门等。政府授权的民政部门负责管理全国的福利彩票,政府授权的体育行政部门负责管理体育彩票。国务院财政部门负责全国的福利彩票监督管理工作。审计部门负责监督福利彩票资金的安全。省、自治区、直辖区人民政府民政部门、体育行政部门按照各自的职责分别负责本行政区域的福利彩票、体育彩票的管理工作。省、自治区、直辖区人民政府财政部门负责本行政区域的彩票监督管理工作。县级以上各级人民政府公共机关和县级以上工商管理机关,在各自的职责范围内,依法查处非法彩票,维护彩票市场的秩序。

2. 福利彩票发行和销售的管理。福利彩票的发行和销售管理主要包括发行的审批管理、发行的程序管理、发行和销售的风险管理、开奖和兑奖管理四个方面。

（1）福利彩票发行的审批管理。福利彩票发行的主管单位对发行机构发行的福利彩票品种、结构、期限、金额的审查和批复,就是福利彩票发行的审批管理。例如,我国《彩票管理条例》规定,彩票发行机构申请开设、停止福利彩票、体育彩票的具体品种或者申请变更彩票品种审批事项的,应当依照本条例规定的程序报国务院财政部门批准。国务院财政部门应当根据彩票市场健康发展的需要,按照合理规划彩票市场和彩票品种结构、严格控制彩票风险的原则,对彩票发行机构的申请进行审查。

（2）福利彩票发行程序的管理。彩票发行机构申请开设彩票品种,应当经国务院民政部门或者国务院体育行政部门审核同意,向国务院财政部门提交下列申请材料:①申请书;②彩票品种的规则;③发行方式、发行范围;④市场分析报告及技术可行性分析报告;⑤开奖、兑奖操作规程;⑥风险控制方案。国务院财政部门应当自受理申请之日起90个工作日内,通过专家评审、听证会等方式就开设彩票品种听取社会意见,对申请进行审查并作出书面决定。彩票发行机构申请变更彩票品种的规则、发行方式、发行范围等审批事项的,应当经国务院民政部门或者国务院体育行政部门审核同意,向国务院财政部门提出申请并提交与变更事项有关的材料。国务院、财政部门应当自受理申请之日起 45 个工作日内,对申请进行审查并作出书面决定。彩票发行机构申请停止彩票品种的,应当经国务院民政部门或者国务院体育行政部门审核同意,向国务院财政部门提出书面申请并提交与停止彩票品种有关的材料。国务院财政部门应当自受理申请之日起 10 个工作日内,对申请进行审查并作出书面决定。经批准开设、停止彩票品种或者变更彩票品种审批事项的,彩票发行机构应当在开设、变更、停止的 10 个自然日前,将有关信息向社会公告。

(3) 福利彩票发行、销售的风险管理。为了维护福利彩票市场秩序,保护彩票参与者的合法权益,促进公益事业的健康发展,有必要依法依规管理福利彩票。例如,我国《彩票管理条例》规定,彩票发行机构、彩票销售机构应当建立风险管理体系和可疑资金报告制度,保障彩票发行、销售的安全。彩票发行机构、彩票销售机构负责彩票销售系统的数据管理、开奖兑奖管理以及彩票资金的归集管理,不得委托他人管理。彩票发行机构、彩票销售机构可以委托单位、个人代理销售彩票。彩票发行机构、彩票销售机构应当与接受委托的彩票代销者签订彩票供销合同。福利彩票、体育彩票的代销合同示范文本分别由国务院民政部门、体育行政部门制定。彩票代销者不得委托他人代销彩票。彩票销售机构应当为彩票代销者配置彩票投注专用设备。彩票投注专用设备属于彩票销售机构所有,彩票代销者不得转借、出租、出售。彩票销售机构应当在彩票发行机构的指导下,统筹规划彩票销售场所的布局。彩票销售场所应当按照彩票发行机构的统一要求,设置彩票销售标识,张贴警示标语。彩票发行机构、彩票销售机构、彩票代销者不得有下列行为:①进行虚假性、误导性宣传;②以诋毁同业者等手段进行不正当竞争;③向未成年人销售彩票;④以赊销或者信用方式销售彩票。需要销毁彩票的,由彩票发行机构报国务院财政部门批准后,在国务院民政部门或者国务院体育行政部门的监督下销毁。彩票发行机构、彩票销售机构应当及时将彩票发行、销售情况向社会全面公布,接受社会公众的监督。

(4) 福利彩票的开奖、兑奖管理。福利彩票的开奖、兑奖管理影响到彩票参与者的利益,影响到社会的公平、正义,因此福利彩票的开奖、兑奖管理是福利彩票管理的重要环节。例如,我国《彩票管理条例》规定,彩票发行机构、彩票销售机构应当按照批准的彩票品种的规划和开奖操作规程开奖。彩票发行机构、彩票销售机构应当确保彩票销售数据的完整、准确和安全。当期彩票销售数据封存后至开奖活动前,不得查阅变更或者删除销售数据。彩票发行机构、彩票销售机构应当加强对开奖设备的管理,确保开奖设备正常运行,并配置备用开奖设备。彩票中奖者应当自开奖之日起

60个自然日内,持中奖彩票到指定的地点兑奖,彩票品种的规则规定需要出示身份证的,还应当出示本人身份证件。逾期不兑奖的视为弃奖。彩票发行的机构、彩票销售机构、彩票代销者应当按照彩票品种的规则和兑奖操作规程兑奖。彩票中奖奖金应当以人民币现金或者现金支票形式一次性兑付,不得向未成年兑奖。彩票发行机构、彩票销售机构、彩票供销者以及其他因职务或者业务使得知悉中奖个人信息的人员,应当对彩票中奖者个人信息予以保密。

3. 福利彩票资金的管理。福利彩票资金是社会公益性资金,必须确保取之于民、用之于民。例如,我国《彩票管理条例》规定,彩票资金包括彩票奖金、彩票发行费和彩票公益金。彩票资金构成比例由国务院决定。2001年10月30日,国务院发布的《国务院关于进一步规范彩票管理的通知》规定,从2002年1月1日,彩票发行资金构成比例调整为：返奖比例不得低于50％,发行费用比例不得高于15％,彩票公益金比例不低于35％。今后,随着彩票发行规模的扩大和品种的增加,进一步适当调整彩票发行资金构成比例,降低发行费用,增加彩票公益金。同时,《彩票管理条例》还规定,彩票发行机构、彩票销售机构应当按照国务院财政部门的规定开设彩票资金账户,用于核算彩票资金。国务院财政部门和省、自治区、直辖市人民政府财政部门应当建立彩票发行、销售和资金管理信息系统,及时掌握彩票销售和资金流动情况。

① 彩票奖金。彩票奖金用于支付彩票中奖者。彩票单注奖金的最高限额由国务院财政部门根据彩票市场发展情况决定。逾期未兑奖的资金,纳入彩票公益金。

② 彩票发行费。彩票发行费专项用于彩票发行机构、彩票销售机构的业务费用支出以及彩票代销者的销售费用支出。彩票发行机构、彩票销售机构的业务费实行收支两条线管理,其支出应当符合彩票发行机构、彩票销售机构的财务管理制度。

③ 彩票公益金。彩票公益金专项用于社会福利、体育等社会公益事业,不得用于平衡财政一般预算。彩票公益金按照政府性基金管理办法纳入预算,实行收支两条线管理。彩票公益金的分配政策,由国务院财政部门会同国务院民政、体育行政等有关部门提出方案,报国务院批准后执行。彩票公益金的管理、使用单位,应当依法接受财政部门、审计机关和社会公众的监督。彩票公益金的管理、使用单位,应当每年向社会公告公益金的使用情况。国务院财政部门和省、自治区、直辖市人民政府财政部门应当每年向本级人民政府报告上年度彩票公益金的筹集、分配和使用情况,并向社会公告。

第三节　中国社会福利制度的建立和改革

一、中国社会福利制度的建立

我国社会福利制度是新中国成立初期建立的。1950年6月29日,中央人民政府颁布的第一部《工会法》规定了职工应当享受的福利待遇。1951年2月26日,政务院颁布的《中华人民共和国劳动保险条例》对职工生老病死、医疗待遇和集体福利事业作了较详细的规定。1951年8月15日,政务院发布的《关于城市救济福利工作报告》规定,福利机构分为社会福利事业机构和社会福利企业。社会福利事业机构包括各种收养性的福利院、精神病院等;福利企业主要通过为残疾人提供就业机会,解决残疾人的生活保障问题。1952年,修订的《中华人民共和国工会法》对职工福利作出了具体的规范。1953年1月,政务院财政经济委员会规定,国营企业可以提取一定比例的附加工资,其中,占工资总额2.5％的福利补助金,主要用于福利方面的经常补助和补足职工食堂、浴室、理发室、洗衣房、哺乳室、托儿所等项目的开支减去收入后的差额。为了弥补福利补助金的不足,财经委又于1953年11月在公布的《企业奖励基金办法》规定,国营企业可以从奖励基金中拿出一部分,兴办职工集体福利。1958年,各地开始兴办精神病人疗养院、贫民教养院、儿童福利院等各类福利设施。

三年自然灾害时期,政府采取了多项措施帮助职工克服生活困难,如适当提高补助标准、改善职工食堂、开展农副业生产,同时规定福利费以解决职工及其家属的生活困难为主。1963年,国家实行"调整、巩固、充实、提高"的方针,将中央国家机关工作人员福利费从1958年按工资总额的1％提取提高到按工资总额的2％提取。1965年,国家颁布了一系列加强城市福利事业建设的法规,保护和扶持社会福利事业,对职工食堂、幼儿园也进行了相应的调整。1966年"文化大革命"开始,由于错误地实施"以阶级斗争为纲"的指导思路,忽视生产建设,我国社会福利事业的发展几近停滞。新中国成立初期,中国建立了适应社会主义计划经济体制的、全方位的社会福利制度,这种福利制度是国家福利和企业福利密切结合的制度,满足了全社会公民生活、教育、卫生、保健等方面的需求。举办社会福利是用人单位承担的重要责任,社会福利管理的项目比较多,经费分散在各企业,企业兴办各自封闭的自我服务体系,资金配置效率较低。新中国成立初期的社会福利制度存在的问题主要有以下几个方面。

（一）社会福利事业的社会效益较低

社会福利事业主要由民政部门举办，兴建以社会福利为保障手段的社会服务设施。例如，建设城市福利院、农村敬老院以及精神病院等。政府设立的福利事业单位仅保障数量有限的救助对象，即仅对无依无靠、无生活来源的孤老病残者提供服务。新中国成立初期建立的社会福利制度，保障的范围有限，社会效益比较低。

（二）社会福利企业发展过度

社会福利企业是我国政府安置有劳动能力的残疾人，帮助他们走向自强自立道路的特殊企业。根据政府的有关规定，福利企业中的残疾人比例达到35％以上的，可以享受免税待遇。社会福利企业的过度发展，影响了整个社会资金的配置效率，加重了政府负担。

（三）职工福利服务负担过重

随着计划经济模式的发展，我国企业举办了一系列福利事业，从食堂、托儿所、医务室、俱乐部，到小卖部、子弟学校，再到住房、交通、水电煤气等，企业承担了较重的福利负担，影响了企业的发展，抑制了第三产业的发展。我国机关事业单位和国有企业职工的福利经费主要来源于以下几个方面。

1. 国家为各单位提供的非生产性建设投资费用。这部分费用主要来自政府税收，政府编制财政预算时，均向各单位提供一部分非生产性建设投资费用。例如，机关、事业单位的福利经费是由财政支出的，是按照职工工资总额的一定比例拨付的或者按照每人每月提取一定金额设立的福利费制度，这部分资金来自国民收入的再分配。随着政府投资的逐步缩减，用人单位福利事业经费的来源也在缩小。

2. 企业设立福利基金制度，其经费按国家有关规定提取。提取经费的办法主要有三种：一是按工资总额的一定比例从成本中支出；二是按工资总额的一定比例从企业基金中提取；三是按一定比例从企业利润留成中提取。

3. 职工福利经费由管理费列支。一些福利经费来自机关的行政经费、事业单位的事业费、企业的管理费。例如，上下班交通补贴、冬季取暖补贴、机关事业单位的食堂、托儿所补贴等经费，均来自行政经费、事业费和管理费。

4. 工会经费中支出的福利费用。工会经费的来源主要有以下几方面。

（1）经费主要来自职工缴费。

（2）建立工会组织的企业、事业、机关单位每月按全部职工工资总额的2％向工会拨缴经费。

（3）工会所属的企业、事业单位上缴的收入。

(4)政府的补助。

(5)其他收入。前两项企业、事业单位拨缴的经费在税前列支;工会经费主要用于为职工提供福利和工会活动。经费使用的具体办法由中华全国总工会制定。

5. 集体福利设施的收入。例如,职工福利设施的出租费用、开展文体活动的收费等。

(四)社会津贴过多

自新中国成立以来,我国一直对关系国计民生的产品实行计划价格补贴,这种补贴过度强调了平等,使整个社会资金出现了"小工资、大福利"的分配格局,工资分配的激励功能弱化,加大了政府对收入分配进行宏观调控的难度。

二、中国社会福利制度的恢复和发展

党的十一届三中全会后,我国社会福利事业进入了新的发展阶段。1979 年,为了刺激职工的生产积极性,政府开始把企业福利经费的提取与企业效益挂钩,规定国有企业全面完成产量、质量、利润和供货合同四项计划指标的,可以按照职工工资总额的 5% 提取企业基金,其中 80% 可用于企业福利;没有完成计划指标的,可以按照职工工资总额的 1.25% 提取企业福利基金。1982 年 4 月,民政部发布的《城市社会福利事业单位管理工作试行办法》对我国城市社会福利院、儿童福利院、精神病院的管理和服务做出了具体的规定。从 1983 年起,国家规定,国有企业职工福利的经费先按职工工资的 11% 在成本中提取,不足部分再在企业税后利润中列支。这一时期,我国的社会福利制度得到迅速恢复和发展。

三、中国社会福利制度的改革和发展

(一)中国社会福利制度改革的进程

1984 年 11 月,民政部召开了全国社会福利事业单位整顿、改革的工作会议,会议明确了"社会福利社会办"的指导思想,标志着我国社会福利改革的启动。1985 年,国家统计局印发的《劳动工资统计主要指标解释》对劳保福利费用提取依据的职工工资总额的分项作出了具体的规定。1986 年,民政部发布的《关于进一步保护和扶持社会福利企业生产的通知》使我国社会福利企业走上了社会化的道路。1990 年 12 月,全国人民代表大会常务委员会第十七次会议通过的《中华人民共和国残疾人保障法》对残疾人的康复、教育、劳动就业权利做出了明确的规定。同时,《残疾人保障法》

规定,要创造满足残疾人生活的文化、环境和福利,以保障残疾人的合法权益不受侵犯。1991年9月4日,全国人大常委会审议通过的《中华人民共和国未成年人保护法》标志着我国未成年人福利最终实现了有法可依的目标。1992年1月4日,民政部发布的《关于加强社会福利生产经营工作的决定》规定,各级民政部门要按照转变职能和政企分开的原则,设立统一、专门的行政管理机构;民政部门每年对社会福利企业进行一次检查和认定,把安置残疾职工的比例、残病职工定岗和上岗情况以及残疾职工的劳保福利待遇作为年检的重要内容。1992年,财政部发布的《关于提高国营企业职工福利基金提取比例、调整职工福利基金和教育经费计划基数的通知》规定,按规定列入成本的职工福利费,按照职工工资额扣除各种奖金后的14%从成本中提取。1993年,民政部、国家计委、国家发改委、国家教委、财政部、人事部、劳动部、建设部、卫生部、国家体委、国家计生委、中国人民银行、国家税务总局、中国老龄委十四家单位联合发布的《关于加快发展社区服务业的意见》对社区服务业的任务、发展规划、资金筹集,社区服务,价格体系的建立、管理等作出了原则上的规定,对社区福利的发展具有积极的引导作用。1993年,民政部发布的《国家级福利院评定标准》对我国国家级福利院的功能、管理、服务质量、效益、费用支出等做出规定,规范了社会福利院的管理。1994年11月23日,财政部、国务院住房制度改革小组、中国人民银行联合发布的《建立住房公积金制度的暂行规定》标志着我国住房公积金制度的建立。1994年12月,民政部发布的《中国福利彩票管理办法》对福利彩票的发行与销售、资金的使用、监督与处罚等做出了明确的规定。1995年,民政部发布的《社区服务示范城区标准》规定,以发展社区服务为中心的社区建设原则,使社区福利建设工作在全国展开。1996年8月29日,第八届全国人大常委会第二十一次会议通过的《中华人民共和国老年人权益保障法》,标志着我国老年人福利事业有了法律的依据,该法对老年人的社会福利事业做出了原则性的规定。1999年4月,国务院颁布的《住房公积金条例》规范了住房公积金制度的发展,从此,我国住房公积金制度走上了法制化、制度化的发展道路。2000年,《国务院办公厅转发民政部等部门关于加快实现社会福利社会化意见的通知》要求,各地加快实行社会福利的社会化,以满足广大居民生活的需要。2003年12月9日,民政部发布的《民政部关于进一步加强社会福利彩票发行费、公益金使用管理工作的意见》规定,严格制度,规范管理,加强社会福利彩票发行费、公益金使用的管理工作,切实做好社会福利彩票的发行,确保社会福利彩票管理工作的健康有序运行。2004年3月1日,建设部等部委发布的《城镇最低收入家庭廉租住房管理办法》规定,城镇最低收入家庭廉租住房保障水平应当以满足基本住房需要为原则,根据当地财政承受能力和居民住房状况合理确定。城镇最低收入家庭人均廉租住房保障面积标准原则上不超过当地人均住房面积的60%。城镇最低收入家庭廉租住房的保障方式应当以发放租赁住房补贴为主,实物配租、租金核减为辅。2004年5月13日,建设部、国家发改委、国土资源部、中国人民银行联合发布的《经济适用住房管理办法》对征地、税费优惠、户型面积、销售价格、购买条件、物业管理等做出了明确的规定。2006年3月,全国老龄工作委员会办公室联合20个部委下发的《关于加强老年人优待工作的意见》对老年人优待服务的具体事宜做出了明确的规定。中国社会福利制度改革的前景是,由国家设立一个综合机构,实行福利事业的社会化管理,由政府统一规划、管理福利事业的发展。2017年8月14日,财政部、民政部、人力资源社会保障部联合发布的《关于运用政府和社会资本合作模式支持养老服务业发展的实施意见》规定,落实着力推进幸福产业服务消费提质扩容工作部署,鼓励运用政府和社会资本合作（PPP）模式推进养老服务业供给侧结构性改革,加快养老服务业的培育与发展,形成多层次、多渠道、多样化的养老服务市场,推动老龄事业的发展。

（二）中国社会福利事业改革的方向

从经济体制改革和市场经济的发展趋势来看,我国社会福利事业改革主要做好以下几方面的工作。

1. 企业福利与社会福利分离。中国传统社会福利是企业福利和社会福利合二为一的制度,是就业与福利相联系的福利制度,这对企业利润、劳动力流动的影响比较大。要使企业真正成为市场经济中的竞争主体,就必须将企业承担的、过度的福利负担从企业管理中分离出来。企业福利是企业强化市场竞争能力的重要手段,但是,企业福利不同于公共福利事业,企业承担过重的社会公共福利事业,不利于企业的发展。

2. 实现社会福利管理的社会化。属于社会保障和公共服务的事业,应该由政府来兴办,企业可以通过出资赞助的方式来履行某一方面的社会义务,但是,必须遵循自愿的原则。实行社会福利管理的社会化,可以吸引社会各方力量发展社会福利事业,可以消除劳动者的身份界限和社会福利庇护的歧视性倾向。实行社会福利制度的社会化管理,有助于塑造公平的市场竞争主体,有利于职工平等地就业。

3. 实行企业福利的企业化管理。企业承担的过重的社会福利,已经成为企业的沉重负担,但是,一下子放弃企业已经举办的福利事业,不是一朝一夕的事情,可以采取措施实行企业福利的企业化管理,减轻企业负担。

4. 社会福利改革需要工资制度的配套改革。长期以来,我国一直实行多就业、低工资、高补贴的政策,职工享受的福利不能从职工工资中充分地体现出来,特别是国有企业职工通过各种形式和渠道得到的补贴、实惠,已经使职工福利高度物化。企业福利制度改革的目标是逐步减少福利费用开支占职工收入的比重,使职工隐性收入实现货币工资化,将大部分福利补贴纳入职工工资中来,便于政府部门的监管。

(三)中国社会福利制度改革的内容

中国福利制度改革的内容主要包括以下五方面。

1. 发展多层次的社会福利事业。充分利用我国现有的福利设施,采取国家、集体和个人等多渠道投资方式,形成社会福利机构多种所有制共同发展的格局。开展自费收养、有偿服务等福利事业,减轻政府的负担。我国社会福利事业应向多功能服务的方向发展,如老人服务中心、残疾人康复中心、精神病康复治疗中心等。

2. 改革福利企业的经营目标。福利企业的社会效益,已经成为国家财政的负担。随着经济改革的发展,福利企业的经营目标逐步向市场化迈进。1992年6月16日,中共中央、国务院发布的《关于加快发展第三产业的决定》指出,现有的大部分福利型、公益型和事业型第三产业单位要逐步向经营型转变,实行企业化管理。这就要求福利企业改善经营管理机制,引进市场机制,使福利企业在实现社会效益的同时,兼顾经济效益。

3. 发展社区福利。目前,在企业福利极度萎缩的情况下,政府应当大力发展具有地缘优势的社区福利。社区福利是我国社会福利制度改革的产物。1993年,几个部委联合下发的《关于加快社区服务业的意见》和1995年民政部颁布的《社区服务示范城区标准》又进一步确定了以发展社区福利服务为中心的建设原则,从而使我国城市社区福利建设工作得以在全国范围内全面展开。2001年,民政部启动"全国社区老年福利服务星光计划",该计划旨在以福利资助为手段,积极争取政府投入,广泛动员社会力量参与,在街道、社区居委会和乡镇建设了一大批老年人福利服务设施和活动场所,建立和完善了社区老年人服务网络。

4. 实施福利、工资和保险的配套改革。各种带工资性的福利补贴,包括物价补贴、上下班交通补贴、洗理卫生费、书报费、燃料补贴、冬季取暖补贴等,按照市场经济条件下的工资构成,逐步纳入职工工资,直接进入企业成本,不再从企业职工福利基金中列支。由于这些补贴的发放数额在各地区、各单位之间存在着很大的差异,应对发放标准进行适当的调整和核定,按照当地规定标准的部分计入职工基本工资,超出标准发放的部分作为浮动工资和奖金进行分配。

5. 募捐社会福利资金。为筹集社会福利资金而发展的有奖募捐活动,是社会福利制度改革的一项重要内容,其筹集的资金用于兴办残疾人、老年人、孤儿等福利事业和帮助有困难的人。实行有奖募捐活动,开辟了新的资金筹集渠道。

四、中国社会福利制度改革的问题

中国社会福利制度改革取得了积极的成果,但是,也产生出许多问题,这些问题的存在已经影响到公民的生存和发展。

(一)片面强调经营主体多元化,而放弃政府承担的责任

中国社会福利制度改革的总趋势是,政府、用人单位正在逐步放弃原来承担的责任,而转变为个人或者家庭承担。例如,针对婴幼儿的医疗卫生免疫计划、幼儿园建设、教育、廉租房、福利院等福利制度建设存在的缺陷,造成百姓日常生活的困难和不便。

(二)片面追求经济效益

社会福利事业发展的目标是追求社会效益。但是,政府一些管理部门片面追求经济收益,而做出损害公民利益的行为。例如,高价出售墓地,影响土地资源的可持续发展;修建高档室内墓地,而不顾社会福利资金的使用方向;修建高档别墅式养老院,收取高价的养老管理费,广大居民根本无力享受这样的福利设施。

(三)利用手中掌握资源,寻求利益集团的利益

中国社会福利的管理分布在许多管理部门,这些管理部门各自为政,争相利用手中掌握的国有资源,寻求本部门、本利益集团的利益。例如,教育部门利用手中掌握的教育资源,以收取所谓建校赞助费的方式,收取中小学生入学的赞助费,加重了居民的负担。又如,卫生部门运用手中掌握的医疗资源,收取高价医疗费、保健费和住院床位费,使百姓患病不敢就医,社会福利发挥作用的功能弱化。

(四)社会福利资金使用效率低下

在社会福利资金使用方面,政府缺乏统一的长远规划,政府举办的福利事业与居民的需求脱节。例如,国家投入上千亿元资金修建的养老院,却因其高档而无人问津。例如,国家投入大量资金修建的北京某高档养老院其入住只有10户。每床位每月2 500元的入住费用,令百姓望而却步。大规模闲置的养老院说明,社会福利资金使用效率的低下。

案例分析

案例1:老年人不喜欢舒适的房间吗?

2016年8月,南京市某社会福利院准备装修。但是,住在福利院里的老人却不肯

离开。究其原因是,老人们担心,自己搬出去以后就回不来了,难道老年人不喜欢舒适的房间吗?

这是我国社会福利院供给短缺、床位紧张造成的。

目前,我国社会福利院的供给不能满足老年人日益增长的服务需求。例如,南京市老龄委的一份调查显示,截至 2016 年底,南京市 60 岁以上、有户籍登记的老人约 134.3 万人,占全市户籍人口的 20.1%。南京市已经成为继上海、北京、天津之后,进入老龄化社会最早的城市之一。人口老龄化来得早、增速快、高龄化趋势已成为我国老龄化社会的三大突出特点。目前,社会上虽有许多私营养老院,但是私营养老院的居住条件、人员素质、卫生保健和价格等条件都无法同国家经营的社会福利院相比,这也是造成社会福利院老人不肯离开的主要原因。

本案暴露出了我国社会福利院发展中存在的问题,也表明巨大的社会福利设施供需矛盾亟待政府加以解决。

案例 2:哪个部门监管福利彩票的兑现?

2001 年 12 月 3 日,李某夫妇购买了即开即兑的福利彩票。当时认定,自己中了 15 万元的大奖。当这对夫妇去兑奖的时候,工作人员不让他们声张,怕影响以后的销售。李某夫妇要求民政局工作人员开支票,工作人员以开支票的人正在休息无法开支票为由,让李某夫妇回家,并将中奖彩票压在了民政局。2001 年 12 月 4 日,民政局通知李某夫妇,兑奖彩票是假的,并将李某夫妇拘留。李某夫妇不服,准备告上法院。李某夫妇不知道,自己的权益如何维护,哪个部门监管福利彩票的兑现?

本案暴露出我国福利彩票的销售、发行和兑现管理亟待法律、法规的规范。

福利彩票作为一种特殊商品,具有一般商品的属性。无论是购买者还是销售者,在交易过程中的权利和义务是对称的。作为中奖人李某夫妇,不应该轻易地把中奖彩票交给别人保管,因为彩票兑现者只认彩票,不认人;票在谁手里,奖就兑给谁。同时,作为彩票发行的组织者,不应该提出帮中奖人保管彩票的要求。从工作程序上看,民政局工作人员的做法严重违反了彩票的游戏规则,因为彩票发行的组织者是没有权利替中奖人保管中奖彩票的。彩票是一种"或然价"证券,即购买时 2 元一张,不中奖则废纸一张;一旦中奖,奖金多少元,这张彩票就值多少钱。即开即兑就是一手交票,一手兑现。民政部门工作人员保管中奖彩票一夜,彩票就成了假票,是谁之错?本案再度说明,我国福利彩票的管理亟待规范,民政部门工作人员的行为和工作程序亟待规范。只有本着最大诚信的原则,担当起政府应尽的职责,积极保护彩民的权益,才会有利于福利彩票事业的健康发展,才能实现彩民利益和国家利益的双赢。

案例3：老年人优待的对象是什么？

李某，女，51岁，某企业退休人员。2016年2月，李某到民政部门所属的街道办事处领取《老年人优待证》。民政部的工作人员认为，李某不属于老年人优待的对象。李某不知道，老年人优待的对象是什么人？

李某不属于老年人优待的对象。

2006年2月，全国老龄工作委员会办公室联合20个部委下发的《关于加强老年人优待工作的意见》第五项规定，优待服务的对象为60岁及其以上的老年人。在此基础上，各地可以根据不同老年群体的需求和本地的实际情况，对各优待项目的服务对象进行细分。从原则上讲，各省(自治区、直辖市)都应有覆盖本地老年人的统一优待办法，提倡地(市)、县(市、区)为老年人提供更多、更优惠的优待项目，鼓励把优待对象的范围扩展到外埠老年人。

本案中，李某虽然已经退休。但是，不属于老年人优待的对象，不能获得《老年人优待证》。

复 习 思 考 题

1. 简述社会福利制度的特点。
2. 简述社会福利制度与社会保险制度的区别。
3. 简述住房公积金制度的特点。
4. 简述申购两限房需要具备的条件。
5. 简述公共福利制度的种类。
6. 简述未成年人福利制度提供的保障。
7. 简述老年人福利制度提供的保障。
8. 简述残疾人福利制度提供的保障。
9. 简述职工福利制度提供的保障。
10. 简述我国社会福利制度改革的方向。
11. 简述我国社会福利制度改革的措施。

社会救助制度

社会救助制度是社会保障安全网的最后一道防线,保障社会保险安全网无法保护的人群。如果社会无收入、低收入的人群,得不到必要的生活保障,就会危及整个社会的安全。社会救助制度是社会保障体系中最低层次的保障。

第一节　社会救助制度的目标和原则

一、社会救助制度与社会弱势群体

社会救助制度也称社会救济制度,是政府通过国民收入的再分配对因遭遇自然灾害或其他经济、社会原因而无法维持最低生活水平的社会成员给予救助,以保障其最低生活水平的制度。1601 年,英国颁发的《伊丽莎白济贫法》是西方最早以法律形式确定的社会救助保障。社会救助制度虽然不像社会保险制度那样是社会保障体系的核心,但是,其作用也是非常重要的。社会救助是社会保障安全网的最后一道防线,因为社会救济的保障对象大多是社会保险制度这道安全网保护不了的人群,即社会弱势群体。

社会弱势群体通常是指由于某些障碍及缺乏经济、政治和社会的机会,在社会上处于不利地位的人群,其家庭人口的全部收入不能维持家庭正常生存发展所必需的消费支出。一般来说,社会弱势群体主要具有收入低、职业差、文化程度低、家庭负担重等方面的特点。

二、社会救助制度的特点

社会救助制度作为社会保障的组成部分,主要具有以下几方面的特点。

1. 社会救助是最早产生的社会保障制度。17 世纪 60 年代,英国颁布的《伊丽莎白济贫法》标志着社会救济的产生。社会救济制度产生后,才产生社会保险制度和社会福利制度。

2. 社会救助是提供最低保障的制度。社会救济制度实施的目的不是提高公民的生活质量,而在于对陷入生活困境的社会成员给予帮助和支持,以满足其最低生活需求,因此社会救济是社会保障安全网的最后一道防线。

3. 社会救助制度不同于各种形式的救济。在社会救济作为社会保障制度发挥作用以前,慈善救济是宗教机构或者个人对贫困者救济的主要形式。因人道主义精神或宗教信仰而对贫困者施以金钱或物质援助的救济活动是慈善救助。慈善救助具有以下几个方面的特点。

(1) 慈善救助的举办主体是宗教机构或者个人,而社会救助的举办机构是政府管理部门。

(2) 慈善救助缺乏稳定性,具有随意性。慈善救助的出发点是人类的恻隐之心,其资金来源缺乏计划性,具有较大的随意性,发放的救济金也比较少。相反,社会救助是制度化的保障措施,其资金的来源和使用具有较强的计划性,发放的救济金比较多。

(3) 慈善救助的受益范围比较窄。从事慈善救助的宗教机构或者个人,其捐助的实物或金钱,相对于社会上众多的贫困者来说是微薄的,难以发挥广泛救助的作用,而只能救助少数贫困者,被救助者处于感恩的接受状态。相反,社会救助以制度化的形式确定了救助的方式,保障的范围进一步扩展,保障一切生活水平无法达到法定最低标准的家庭和个人、遭受严重自然灾害和其他不幸事故的家庭和个人,以及缺乏和丧失劳动能力者。

(4) 慈善救助是一项临时性的补救措施。一般来说,慈善救助是对已经发生灾害和贫困问题而采取的消极性、临时性的补救措施;而社会救助则是政府采取的积极、主动的救助措施,克服了慈善救助的局限性。

4. 社会救助是只看结果,不看原因的制度。社会救助对无法维持最低生活水平的个人或者家庭提供经济援助。只要贫困人口或者家庭达到社会救助的标准,就可以得到社会救济金的给付,而不管造成个人或者家庭贫困的原因如何。只要贫困的事实已经发生,公民均有权利获得维护最低生活的保障。

三、社会救助制度的保障目标和原则

社会救助制度的保障目标是维持贫困阶层的最低生活需要,凡生活水平低于社会最低生活水平的公民和家庭,都被纳入社会救助制度的保障范围。社会救助制度建立的原则主要有以下几个方面。

1. 单向性原则。政府在个人或家庭无法维持最低生活水平时提供救助,这是政府必须履行的义务,相应地,这也是公民应当依法享有的权利。公民只要达到享受社会救助的条件,就可以申请社会救助的帮助。

2. 选择性原则。每位公民都有享受社会救助的权利,但是,并不是人人都能够得到实际的给付,而是要经过资产调查。政府管理部门确认该公民及家庭确实不能维持最低生活水平时,公民才有资格申请救助。社会救助制度的选择性有别于社会保险保障对象的法定受益资格,也不同于社会福利制度的普遍性原则。

3. 无差别待遇原则。确定社会最低生活保障标准(或贫困标准)后,政府有关管理部门会以个人的资产调查为依据,提供弥补申请者的收入水平与贫困线差额的援助。也就是说,不论申请者的收入水平高低,社会救助补偿将使贫困线以下的个人或家庭达到社会最低生活保障标准。

四、社会救助制度的类型

按照不同的划分标准,社会救助制度可以分为不同的类型。

1. 按照救助的区域不同,社会救助制度可以分为城镇社会救助和乡村社会救助。城镇社会救助是政府在一定程度上对具有城镇居民户口的生活贫困户提供帮助的一项保障措施。乡村社会救助是政府帮助农村居民中的贫困户、"五保户"和特殊救助对象,维持其最低生活标准所采取的保障措施。

2. 按照救助的期限不同,社会救助制度可以分为临时救助和经常救助。临时救助是针对救助时间短、暂时陷入生活困境的社会成员所实施的帮助措施。临时救助的特点是不固定、不连续,一旦受助者的生活水平不再符合救助的条件,其受助资格也会被取消。例如,自然灾害救助、医疗救助就属于临时救助。经常救助一般表现为在相当长的一段时间内,符合条件的受助人经常、持续不断地获得政府的救助。

3. 按照救助的手段不同,社会救助制度可以分为现金救助、实物救助和服务救助。现金救助是指政府为受助人提供货币资金的帮助;实物救助是指政府为受助人提供非货币的实物帮助,例如生活用品;服务救助是指政府为受助人提供日常生活、信息服务和咨询服务等方面的帮助。

4. 按照救助的机制不同,社会救助制度可以分为一般救助和专项救助。一般救助是指政府为受助人提供的一般性救助,例如最低生活保障救助;专项救助是指政府为受助人提供的具有单一性质或专门性质的救助，例如医疗救助、法律援助、教育救助等。

第二节　社会救助制度的保障范围和措施

确定社会救助制度的保障范围是社会救助给付的前提条件，社会救助措施大多是依据造成贫困的原因而采取相应对策的结果，社会救济措施是社会救助给付的重要方面。

一、社会救助制度的保障范围

社会救助制度的保障范围是指社会救助提供保障的对象，其主要有以下几个方面。

1. 无依无靠，完全没有生活来源的人。主要有孤儿、孤寡老人、领取社会保险津贴但仍然不能维持最低生活的人。

2. 有劳动能力，也有收入，但是，由于意外灾害的降临，遭受沉重的财产甚至人身损失，一时生活困难的人。这类灾害主要包括自然灾害和社会灾祸。自然灾害主要有旱灾、飓风、雹灾、森林火灾、泥石流、地震、火山喷发、虫灾、疾病等。社会灾祸主要是生产或生活中突发事件对人身的严重危害，如车祸、恐怖活动等。这些严重的自然灾害和社会灾祸在短期内没有办法消除。即使在现代科学技术条件下，也只能做到减少灾害发生的次数和危害的程度，因此，灾害救济是社会救济制度中不可缺少的一项内容。例如，根据我国现行的救助政策和法规，城镇居民遭受轻灾和一部分生产条件好、经济发达地区的重灾人口不列入中央政府社会救助的范围，而由地方政府实施救助。

3. 城乡贫困救助。城乡贫困救助是指公民陷入贫困时，由政府提供维持最低生活水平的资金或物资援助。城乡贫困救助主要有以下三个方面。

（1）城市低收入群体。这个群体主要包括家庭平均收入处于贫困线以下的困难企业职工、失业人员和城市居民。例如，国务院办公厅发布的《中国的人力资源状况》白皮书显示，截至 2009 年底，我国城镇居民享受最低生活保障的人口为 2 347.7 万人。从地域上看，城市贫困人口主要分布在内陆地区、"三线"地区和矿产、制造业产地，有近 90% 的贫困人口集中在中西部城市；从行业分布上看，主要集中在木材采运、制造、纺织、机械、批零贸易及餐饮等行业。这主要包括以下几类人员：工资收入过低,不能使每个家庭成员达到法定最低生活标准的;有失业保险金的失业者,在享受失业保险金期满后,仍未找到工作的;有退休金收入,但是需要供养配偶和未成年子女的;长期患病,需要支付医疗费的家庭或者个人。

(2)农村低收入群体。一般来说,农业经济发展比较落后,生产力水平不高,农民人均可利用耕地比较少,容易成为社会低收入群体。例如,我国许多地区自然条件恶劣,农民的平均收入水平一直比较低。改革开放之初的1978年,全国约有2.5亿人口生活在温饱线以下,这其中绝大多数是农民。自改革开放以来,绝大部分农民的收入得到提高,摆脱了贫穷,但是仍然有一部分"老、少、边"地区的农民没有能够走出贫困的生活状态。根据国务院办公厅发布的《中国的人力资源状况》白皮书显示,截至2009年底,我国农村居民享受最低生活保障的人口为4 759.3万人。

4. 生理性弱势群体。这是由于自身生理原因造成的一个特殊群体,如残疾人、老年人、未成年人、病人等。残疾人救助主要包括天生伤残者的救助、非因工伤残者的救助。未成年人救助主要分为一般未成年人的救助、特殊未成年人的救助和不幸未成年人的救助。减免贫困户未成年子女的入学费用,给予贫困户未成年子女的生活费用等,属于一般未成年的救助。残疾未成年人的救助属于特殊未成年人的救助。孤儿救助属于不幸未成年人的救助。例如,目前我国有6 000万残疾人,由于生理上的残疾,他们在生活、就业和婚姻等方面处于弱势地位。在城市,有一部分退休人员的养老金、医疗费的给付发生困难;在农村,老年人缺乏社会保障,又失去了劳动能力,如果子女不赡养或者没有能力赡养,这些人晚年的生活将是很艰难的。

二、社会救助制度的措施

政府对贫困人口的救济措施是多种多样的,主要有以下几个方面。

(一) 生产自救

生产自救主要是指在灾区通过恢复生产、克服困难、增加收入,实现自我救济的目的。政府把灾民和失业人员组织起来,进行生产,恢复被破坏的土地、农作物及公共设施,恢复发展工农业生产,最大限度地组织救济对象进行力所能及的劳动,使他们的生活条件得到改善,减轻国家的负担。例如,在农村组织群众对农作物进行抢种、补种、改种等,减少和弥补灾害造成的损失;在城市民政部门组织城市中无依无靠、无固定收入、有劳动能力但是生活困难的人进行各项生产活动,使他们由社会救济的对象转变为对社会有贡献的劳动者。

(二)失业救助

失业救助常用的方法之一是工赈。工赈即以工代赈,是指政府用赈济资金为有劳动能力的救助对象扩大就业机会,使他们通过劳动获得维持最低生活水平的收入。例如,兴修水利、修建码头、修筑堤坝、整修公园、修路、植树等。以工代赈是经济萧条时期,启动经济的有效措施之一。20世纪30年代,美国总统罗斯福就采取了以工代赈的办法,召集有劳动能力的救助对象发展基础设施建设,修建了纳西河河运和水力发电系统,这一方面增加了就业,提高了社会购买力;另一方面修建了大量的公共设施,为经济的复苏和发展创造了条件。

(三)自然灾害救助

1. 自然灾害救助的概念。自然灾害救助是政府为遭受自然灾害侵袭而生活无着的公民提供的紧急救助,以保证公民维持最低生活水平而进行的社会救济工作。其主要任务是抢救被自然灾害威胁、损害的国家和公民的生命和财产,解决灾害对公民造成的生产和生活困难问题。

2. 自然灾害救助的特点。自然灾害救助的特点有五个方面:①自然灾害救助只有在公民遭受自然灾害侵袭而生活无着时,才实施救助。②自然灾害救助属于紧急救助。自然灾害救助所提供的资金和物资是急需的,需要以最快的速度向灾民提供资金或物资帮助,资金或物资帮助能够维持灾民最低的生活水平。③自然灾害救助属于短期救助。一般来说,自然灾害的发生是短期的,这也就决定了自然灾害的救助属于短期救助。自然灾害救助是政府启动的临时性救助措施。④自然灾害救助资金由国家财政和地方财政解决。例如,我国政府规定,一般自然灾害的救济资金,由地方财政解决;特大自然灾害的救济则由中央财政视情况给予适当补助。政府每年都要拨出大量款项帮助灾民抗灾度荒,并采取相应的生产救灾措施。⑤自然灾害救助的另一个资金来源渠道是社会捐赠。社会捐赠是弥补自然灾害救助资金不足的重要渠道,加强社会捐赠资金的管理,有助于自然灾害救助工作的顺利开展。例如,2008年4月28日,中华人民共和国民政部发布的《救灾捐赠管理办法》规定,救灾捐赠受赠人包括:①县级以上人民政府民政部门及其委托的社会捐助接收机构;②经县级以上人民政府民政部门认定的具有救灾宗旨的公益性民间组织;③法律、法规规定的其他组织。在接受境外捐赠方面,《救灾捐赠管理办法》规定,国务院民政部门负责接受境外对中央政府的救灾捐赠;县级以上地方人民政府民政部门负责接受对地方政府的救灾捐赠;具有救灾宗旨的公益性民间组织接受境外救灾捐赠,应当报民政部门备案;法律、行政法规另有规定的除外。

3. 自然灾害救助程序。启动自然灾害救助通常需要经过一定的程序。例如,我国实施自然灾害救助通常需要经过以下步骤。

（1）应急准备。应急准备主要包括资金准备；物资准备；通信和信息准备；救灾准备；人力资源准备；社会动员准备；宣传培训和演练等。

（2）预警预报与信息管理。预警预报与信息管理主要包括灾害预警预报、灾害信息共享和灾害信息管理，即针对自然灾害发生前的预警预报管理，灾害信息在管理区域内共享的管理，以及自然灾害发生后报告、处理灾情方面的信息管理。

（3）启动应急响应。根据自然灾害的性质、严重程度、可控性等因素，启动四级响应措施：①针对特别重大自然灾害公共事件等，启动Ⅰ级响应。减灾委接到灾情报告后第一时间向国务院提出启动Ⅰ级响应的建议，由国务院决定进入Ⅰ级响应。②针对重大自然灾害、公共事件等，启动Ⅱ级响应。减灾委秘书长（民政部副部长）在接到灾情报告后第一时间向减灾委副主任（民政部部长）提出启动Ⅱ级响应的建议，由减灾委副主任决定进入Ⅱ级响应。③针对较大自然灾害、公共事件等，启动Ⅲ级响应。减灾委办公室在接到灾情报告后第一时间向减灾委秘书长（民政部副部长）提出启动Ⅲ级响应的建议，由减灾委秘书长决定进入Ⅲ级响应。④针对一般自然灾害、公共事件等，启动Ⅳ级响应。减灾委办公室在接到灾情报告后第一时间决定进入Ⅳ级响应。

（4）应急响应措施。①Ⅰ级响应措施。由减灾委主任统一领导，组织抗灾救灾工作。民政部接到灾害发生信息后，2小时内向国务院和减灾委主任报告，之后及时持续报告有关情况。灾害发生24小时内财政下拨中央救灾应急资金，协调调运救灾物资。②Ⅱ级响应措施。民政部成立救灾应急指挥部，实行联合办公，组成紧急救援（综合）组、灾害信息组、救灾捐赠组、宣传报道组和后勤保障组等抗灾救灾工作小组，统一组织开展抗灾救灾工作。③Ⅲ级响应措施。减灾委办公室，全国抗灾救灾综合协调办公室及时与有关成员单位联系，沟通灾害信息；组织召开会商会，分析灾区形势，研究落实对灾区的抗灾救灾支持措施；组织有关部门共同听取有关省（区、市）的情况汇报；协调有关部门向灾区派出联合工作组。④Ⅳ级响应措施。由减灾委办公室、全国抗灾救灾综合协调办公室主任组织协调灾害救助工作。减灾委办公室全国抗灾救灾综合协调办公室及时与有关成员单位联系，沟通灾害信息；向有关部门落实对灾区的抗灾救灾支持；视情况向灾区派出工作组。

（5）终止应急响应。①终止Ⅰ级响应。灾情和救灾工作稳定后，由减灾委主任决定终止Ⅰ级响应。②终止Ⅱ级响应。灾情和救灾工作稳定后，由减灾委副主任决定终止Ⅱ级响应。③终止Ⅲ级响应。灾情和救灾工作稳定后，由减灾委秘书长决定终止Ⅲ级响应，报告减灾委副主任。④终止Ⅳ级响应。灾情和救灾工作稳定后，由减灾委办公室、全国抗灾救灾综合协调办公室主任决定终止Ⅳ级响应，报告减灾委秘书长。

（6）灾后救助与恢复重建。灾后救助主要针对确认需要政府救济的灾民，由县级民政部门发放《灾民救助卡》，灾民凭卡领取救济粮和救济金。恢复重建是指根据全国灾情和各地实际制定恢复重建方针、目标、政策、重建进度、资金支持、优惠政策和检查落实等工作方案。

（四）农村"五保户"救助

1."五保户"供养对象。民政部发布的《农村五保供养工作条例》规定，年老、残疾或者未满16周岁的村民，无劳动能力、无生活来源又无法定赡养、抚养、扶养义务人，或者其法定赡养、抚养、扶养义务人无赡养、抚养、扶养能力的，享受农村五保户待遇。

2."五保户"待遇保障的程序。（1）申请。享受农村五保户供养待遇，应当由村民本人向村民委员会提出申请；因年幼或者智力残疾无法表达意愿的，由村民小组或者其他村民代为申请。（2）评议。经村民委员会民主评议，对符合规定条件的，在本村范围内公告；无重大异议的，由村民委员会将评议意见和有关材料报乡、镇人民政府，乡、镇人民政府应当自收到审核意见和有关材料之日起20日内作出审核决定。对批准给予农村五保供养待遇的，发给《农村五保供养证书》；对不符合条件不予批准的，应当书面说明理由。乡、民族乡、镇人民政府应当对申请人的家庭状况和经济条件进行调查核实；必要时，县级人民政府民政部门可以进行复核。申请人、有关组织或者个人应当配合、接受调查，如实提供有关情况。（3）核销。农村五保供养对象死亡，丧葬事宜办理完毕后，村民委员会或者农村五保供养服务机构应当向乡、民族乡、镇人民政府报告，由乡、民族乡、镇人民政府报县级人民政府民政部门核准后，核销其《农村五保供养证书》。

3.农村五保供养的内容。（1）供给粮油、副食品和生活用燃料；（2）供给服装、被褥等生活用品和零用钱；（3）提供符合基本居住条件的住房；（4）提供疾病治疗，对生活不能自理的给予照料；（5）妥善办理丧葬事宜。

（五）最低生活保障救助

1.农村最低生活保障救助。农村最低生活保障救助是政府为了帮助农村贫困户解决实际生活困难而设立的一项社会保障制度，其目标是保障贫困线以下农村居民达到最低生活水平，以稳定、持久、有效地解决农村贫困人口的温饱问题。农村最低生活保障救助的对象是家庭人均纯收入低于当地最低生活保障标准的农村居民，主要是由于病残、年老体弱、丧失劳动能力以及生存条件恶劣等原因造成生活常年困难的农村居民。

农村最低生活保障标准由县级以上地方人民政府按照能够维持当地居民全年最低生活所必需的吃饭、穿衣、用水、用电等费用确定,并报上一级人民政府备案后公布执行。农村最低生活保障标准要随着当地生活必需品价格变化和人民生活水平提高适时进行调整。农村最低生活保障制度实行地方人民政府负责制,按属地进行管理。申领农村最低生活保障金的程序如下。

(1)申请、审核和审批。申请农村最低生活保障,一般由户主本人向户籍所在地的乡(镇)人民政府提出申请;村民委员会受乡(镇)人民政府委托,也可受理申请。受乡(镇)人民政府委托,在党党组织的领导下,村民委员会对申请人开展家庭经济状况调查、组织村民会议或村民代表会议民主评议后提出初步意见,报乡(镇)人民政府;乡(镇)人民政府审核后,报县级人民政府民政部门审批。乡(镇)人民政府和县级人民政府民政部门要核查申请人的家庭收入,了解其家庭财产、劳动力状况和实际生活水平,并结合村民民主评议,提出审核、审批意见。在核算申请人家庭收入时,申请人家庭按国家规定所获得的优待抚恤金、计划生育奖励与扶助金以及教育、见义勇为等方面的奖励性补助,一般不计入家庭收入,具体核算办法由地方人民政府确定。

(2)民主公示。村民委员会、乡(镇)人民政府以及县级人民政府民政部门要及时向社会分布有关信息,接受群众监督。公示的内容重点为:最低生活保障对象的申请情况和对最低生活保障对象的民主评议意见,审核、审批意见,实际补助水平等情况。对公示没有异议的,要按程序及时落实申请人的最低生活保障待遇;对公示有异议的,要进行调查核实,认真处理。

(3)资金发放。最低生活保障金原则上按照申请人家庭年人均纯收入与保障标准的差额发放,也可以在核查申请人家庭收入的基础上,按照其家庭的困难程度和类别,分档发放。要加快推动国库集中支付方式,通过代理金融机构直接、及时地将最低生活保障金支付到最低生活保障对象账户。

(4)动态管理。乡(镇)人民政府和县级人民政府民政部门要采取多种形式,定期或不定期调查了解农村困难群众的生活状况,及时将符合条件的困难群众纳入保障范围;并根据其家庭经济状况的变化,及时按程序办理停发、减发或增发最低生活保障金的手续。保障对象和补助水平变动情况都要及时向社会公示。

2. 城镇最低生活保障救助。城镇居民最低生活保障救助是政府为了帮助城市贫困户解决实际生活困难而设立的一项社会保障制度,其目的是保障贫困线以下城镇居民达到最低生活水平。我国城镇居民最低生活保障最初于1997年在上海建立。1999年3月5日,朱镕基总理在第九届全国人民代表大会第二次会议上所作的《政府工作报告》首次提出了"三条保障线"，即国有企业下岗职工基本生活保障、失业保险和城镇居民最低生活保障。1999年10月1日，国务院发布的《城市居民最低生活保障条例》开始实施，由此，全国城市社会救济制度普遍地建立起来。城镇居民最低生活保障制度是国家为解决城市居民的生活困难而设立的一种社会救济制度，主要保障三类人员：一是无生活来源、无劳动能力、无法定赡养人或扶养人的居民；二是领取失业救济金期间或失业救济期满仍未能重新就业，家庭人均收入低于最低生活保障标准的居民；三是在职职工和下岗职工在领取工资或最低工资、基本生活费后以及退休人员领取退休金后，其家庭人均收入仍低于最低生活标准的居民或家庭。根据这一规定，失业人员在享受失业保险待遇期间，只要家庭人均收入低于最低生活标准的，可以同时申请城市居民最低生活待遇；失业人员享受失业保险待遇的期限届满后，不管其是否重新就业，只要家庭人均收入低于最低生活保障标准的，均可申请享受城市居民最低生活保障待遇。我国《最低生活保障条例》规定，城市居民最低生活标准，按照当地维持城市居民基本生活所必需的衣、食、住标准，并适当考虑水、电、燃煤（燃气）费用以及未成人的义务教育费用确定。直辖区、设区、市的城市居民最低生活保障标准，由市人民政府民政部门会同财政、统计、物价等部门制定，报本级人民政府批准并公布执行；县（县级市）的城市居民最低生活保障标准，由县（县级市）人民政府民政部门会同财政、统计、物价等部门制定，报本级人民政府批准并报一级人民政府备案后公布执行。

（六）医疗救助

医疗救助是指公民及其家庭成员无力支付医疗费用时，由政府提供医疗救治资金或者医疗帮助的制度。

1. 医疗救助的特点。医疗救助是社会救助的重要内容之一，其主要具有以下几个方面的特点。

（1）政府承担医疗救助的主要责任。政府的职责主要包括确定救助标准，审核救助对象，组织医疗救助资金的筹集、管理和使用，选择提供医疗救助的医疗机构，结算医疗费用等。

（2）医疗救助资金主要来源于国家财政预算支出。在多数情况下，实行中央财政和地方财政共同分担的方式。被救助对象一般不承担任何医疗费用或者承担一部分医疗费用。

（3）医疗救助的对象主要是社会弱势群体。在多数情况下，生活在一定收入水平以下的穷人，主要包括贫困人口、儿童、残疾人以及艾滋病、结核病等特殊疾病患者。

（4）医疗救助对象的资格认定。这样可以防止不符合条件的人员享受，防止医疗待遇分配的不公平，增加政府的财政负担。例如，对享受医疗救助者家庭收入和资产进行调查，家庭收入和资产在规定限额以下的，才有资格获得医疗救助。只要家庭人均收入超过规定的标准，受助者就会丧失获得医疗救助的资格。

（5）医疗救助的方式。医疗救助是通过政府举办的医疗机构直接为救助对象提供医疗服务或者由政府购买私人提供的医疗服务。

2. 医疗救助的程序。（1）本人申请。符合医疗救助范围的人员可以根据实际医疗需求和收入状况向所在社区提出申请，并提供有关的证件和收入证明。（2）资格审查。对申请者要经过必要的资产状况、实际收入水平和病情进行调查核实，对其资格进行审查，并及时掌握保障对象的动态情况。（3）审核批准。对符合条件并经审核批准后，正式发给医疗救助卡，持卡享受相应的医疗救助待遇。

3. 医疗救助的保障对象。医疗救助的保障对象有：（1）生活在最低生活保障线以下的人员；（2）体弱多病、鳏寡孤独等老年弱势人群；（3）失业人员；（4）其他特殊情形下需要医疗救助的弱势群体。例如，北京市民政局联合相关部门发布的《关于进一步加强城乡特困人员重大疾病医疗救助有关问题的通知》规定，城市"三无"人员、农村五保供养人员、享受城乡居民最低保障和生活困难补助人员、享受城乡低收入救助人员。

4. 医疗救助的形式。（1）专项经费补助。财政每年应当根据救助对象的医疗需要，拨付一定的经费，专款专用，小病专用，大病补助。（2）医疗费用减免或优惠。政府给予医疗卫生机构一定的经济补贴或举办福利性质的医院，以免费或优惠部分医疗费的方式为医疗救助对象提供医疗服务。（3）开展义务巡诊。组织医务工作者发扬人道主义精神，定期或不定期地到社区开展义务巡诊活动，向社会弱势群体提供免费或价格低廉的医疗服务。（4）组织慈善救助。社会或慈善组织开展义诊、义捐和无偿义务活动帮助贫困病人。（5）缴纳医疗保险费。用社会救助资金为救助对象缴纳医疗保险费，帮助受助人员参加基本医疗保险，费用由社会救助资金支付。

（七）司法救助

司法救助是人民法院对于民事、行政案件中有充分理由证明自己的合法权益受到侵害且经济确有困难的当事人，实行诉讼费用缓缴、减缴或免缴的制度。公民获得司法救助的援助是有条件的，例如我国公民申请司法救助必须具备以下两个条件：一是当事人的合法权益受到了侵害；二是当事人经济上确有困难，难以承担部分或全部诉讼费用。2016 年 7 月 1 日，最高人民法院发布的《最高人民法院关于加强和规范人民法院国家司法救助工作的意见》规定，当事人因生活面临急迫困难提出国家司法救助申请,符合下列情形之一的,应当予以救助:①刑事案件被害人受到犯罪侵害,造成重伤或者严重残疾,因加害人死亡或者没有赔偿能力,无法通过诉讼获得赔偿,陷入生活困难的;②刑事案件被害人受到犯罪侵害危及生命,急需救治,无力承担医疗救治费用的;③刑事案件被害人受到犯罪侵害而死亡,因加害人死亡或者没有赔偿能力,依靠被害人收入为主要生活来源的近亲属无法通过诉讼获得赔偿,陷入生活困难的;④刑事案件被害人受到犯罪侵害,致使其财产遭受重大损失,因加害人死亡或者没有赔偿能力,无法通过诉讼获得赔偿,陷入生活困难的;⑤举报人、证人、鉴定人因举报、作证、鉴定受到打击报复,致使其人身受到伤害或财产受到重大损失,无法通过诉讼获得赔偿,陷入生活困难的;⑥追索赡养费、扶养费、抚育费等,因被执行人没有履行能力,申请执行人陷入生活困难的;⑦因道路、交通事故等民事行为造成人身伤害,无法通过诉讼获得赔偿,受害人陷入生活困难的;⑧人民法院根据实际情况,认为需要救助的其他人员。救助申请人具有以下情形之一的,一般不予求助:①对案件发生有重大过失的;②无正当理由,拒绝配合查明案件事实的;③故意作虚伪陈述或者伪造证据,妨害诉讼的;④在审判、执行中主动放弃民事赔偿请求或者拒绝侵权责任人及其近亲属赔偿的;⑤生活困难非案件原因所导致的;⑥已经通过社会救助措施得到合理补偿、救助的;⑦法人、其他组织提出的救助申请;⑧不应给予救助的其他情形。

三、社会救助水平的确定

确定适度的社会救助水平可以提高社会保障资金的使用效率,可以保障社会弱势群体的生活。确定社会救助水平的依据主要有以下三个方面。

1.“绝对贫困”水平。“绝对贫困”是指居民不具有维持生命所需要的、最低限度的饮食、穿戴和居住条件。最低生存需求包括两部分:(1)满足最低营养标准(2 100大卡)的食品需求。1984 年,国家统计局采用市场菜篮子的方法再结合恩格尔系数来划定农村贫困线。具体步骤如下:首先,由营养学家根据人体每日必须满足的热量摄入量确定其最低限额。营养专家认为,我国公民维持正常生活的热量日摄入量应为2 400大卡,其最低限度为2 000 大卡,考虑到农村居民主要从事体力劳动的实际情况,选 2 100 大卡作为最低热量摄入量比较合适。其次,确定合理搭配基本食品消费的项目和数量。根据当年全国农村住户调查资料,去掉食品消费中的烟、酒、糖果和糕点等有害性和享受性消费项目,其每人每年的基本食品消费项目和数量见表 13-1。再次,对应市场和调查得到的这些食品的价格水平,依次计算出 12 种基本食品消费的混合平均价格(见表 13-1),将各项食品消费量乘以相应混合平均价格得出最低食品消费总额为 119.75 元。最后,根据恩格尔系数在我国农村的适用性,把基本食品支出占总生活消费支出的比重确定为 60%,由此测定出我国农村居民的贫困线每人每年约为 200 元。[①]　(2)满足在一定的社会生产或者生活方式下最低限度的衣着、住房、交通、医疗及其他社会服务的非食品消费需求。例如,1981 年联合国规定,凡人均国民生产总值低于 250 美元,现代工业产值在国内生产总值中不到 10%,以及识字率不到 80% 的国家,为贫困国家。显然,这一贫困标准就是以绝对贫困水平确定的。目前,许多非洲国家和亚洲国家达不到这一绝对贫困水平,需要得到国际社会的援助。

表 13-1　基本食品消费项目、数量和价格

消费项目	数量(公斤)	平均价格(元/公斤)	合计(元)
粮食	220.00	0.30	66.00
蔬菜	100.00	0.21	21.00
植物油	2.45	1.90	4.66
动物油	1.36	1.40	1.90
猪肉	8.70	1.85	16.10
牛羊肉	0.54	2.47	1.33
牛羊奶	0.75	0.40	0.30
家禽	0.74	2.84	2.10
蛋类	1.30	2.06	2.68
鱼虾	0.96	1.14	1.09
食糖	1.00	0.94	0.94
水果	3.00	0.55	1.65
合计	—	—	119.75

2.“相对贫困”水平。“相对贫困”是指居民享受和当地生产力发展水平相适应的消费资料和服务比较少,这并非是指缺少衣食,是指相对于其他社会成员有贫困之感,即生活水平处于低层次的那部分人的生活状况。例如,1987 年加拿大的安大略省依据十多种物品和服务(食物、穿着、居住、医疗、耐用品、康乐、咨询等)确定最低生活水平为每月 1 637 加元。当个人或家庭所得低于此项收入,则属于社会救助的对象。又如,美国 20 世纪 60 年代以恩格尔系数[②]作为划分贫困家庭和个人救助的依据。美国政府规定,凡家庭或个人消费支出中1/3 以上用于购买必需食物的,被列为

[①]　王卫平、郭强主编:《社会救助学》,229 页,北京,群言出版社,2009。
[②]　恩格尔系数是 19 世纪德国统计学家恩格尔提出的,主要考察家庭或个人食物支出占总支出的比例。

贫困家庭和个人给予救助。联合国粮农组织采取恩格尔系数对居民生活质量提出一个相对标准。恩格尔系数在 59% 以上为贫困,50%～59% 为勉强度日(温饱),40%～49% 为小康,30%～39% 为富裕,低于 30% 为最富裕。一些发达国家或地区采用相对的方法确定贫困标准,通常以一个国家或地区中等收入或平均收入的 1/3～1/2 作为这个国家或地区的贫困线。国际贫困线标准就是采用比例法确定的,1976 年经济合作与发展组织提出以该国家或地区中等收入或平均收入的 50% 作为所在国或地区的贫困线,后来这一标准被国际社会广泛应用。

3. 以"绝对贫困"为主,兼顾"相对贫困"。目前,我国政府制定城镇居民最低生活保障标准的原则是以"绝对贫困"为主,适当兼顾"相对贫困"。例如,我国社会救济给付水平确定为低于当地平均工资、下岗职工基本生活标准、失业保险金。在制定城市居民最低生活保障标准时,各省、市、自治区可以根据当地的经济发展状况和物价水平自行制定。

第三节　中国社会救助制度的建立和改革

新中国成立后,我国社会救助逐步形成了救助内容丰富、系统的社会救助体系。

一、中国社会救助制度的建立和发展

(一) 社会救助制度初步形成阶段(1949—20 世纪 50 年代末)

新中国成立初期,政府就建立了社会救助制度。1951 年 8 月,政务院颁布的《关于城市救济福利工作报告》规定,救济工作由民政部门负责实施,保障的对象主要是无依无靠的城镇孤寡老人、孤儿或弃婴、残疾人等。这时社会救助工作的主要任务是医治战争创伤,安定人民生活,促进国民经济的恢复和发展。新中国成立初期,社会救济的特点有:(1)救助范围广、数量多。当时需要救助的对象有城市里的贫民、失业人员、难民、灾民、无业游民、孤老残幼、国民党的散兵游勇、烟民、妓女等,在农村有饥饿乞讨的灾民、难民等。(2)保障的内容丰富。不仅要解决救济对象的吃、穿、住问题,而且还要帮助他们安家落户,创造就业条件,并负担对部分救助对象进行教育改造。(3)社会救济的原则是自救。新中国成立初期,城市的救助方针是,在自力更生的原则下,动员与组织人民实行劳动互助,实行自救、自助、助人。农村救灾的工作方针是,生产自救、节约度荒、群众互助、以工代赈,并辅之以必要的救济。随着旧中国遗留问题的逐步解决,社会救济的对象和范围也发生了相应的变化。

20世纪50年代末,国家转入有计划的社会主义经济建设时期,人民生活逐步得到改善,社会救助工作进入了正常化阶段。随着农村集体经济的建成,对救灾方针进行了调整,突出强调了集体的力量。这一时期政府的救助方针是,依靠群众、依靠集体,生产自救为主,辅之以国家必要的救济。1956年,内务部发布《关于调整城市困难户救济标准的通知》,不再统一规定救助的标准,提出城市困难户的救助标准应该以能够维持贫困户的生活为原则。1956年6月,《高级农村合作社示范章程》颁布,其中的第53条规定,农村生产合作社对于缺乏劳动力或者完全丧失劳动能力,生活没有依靠的老弱、孤寡、残疾的社员,在生产和生活上给予适当的安排和照顾,保证他们吃、穿和柴火的供应,保证年幼的孤儿受到教育和年老的鳏夫死后得以安葬。1958年12月,党的八届六中全会通过的《关于人民公社若干问题的决议》指出,要办好敬老院,为那些无子女依靠的老人提供一个较好的生活场所。根据1958年的统计,全国敬老院达15万多所,收养了300多万老人。从此,中国农村以五保为内容、以社会救济为特征的社会保障制度初步形成。

(二) 社会救助制度发展阶段(20世纪60年代初—1982年)

20世纪60年代初期,特别是三年自然灾害时期,城市大批职工被精简退职回乡支农,社会救济的对象中增加了一部分被精简退职人员中的困难户,社会救济工作十分繁重。1961年11月11日,中共中央批准公安部编著的《关于制止人口自由流动的报告》,决定在大中城市设立收容遣送站,以民政部门为主,负责将流入城市的人员收容起来,遣送回原籍。对此,国务院先后下发了《精简职工安置办法的若干规定》(1962年)、《关于精简退职的老职工生活困难救济问题的通知》(1965年)、《国务院批转内务院关于当前城市社会救济工作的报告》(1965年)等文件,对1957年底前参加工作的职工,退职后应享受的待遇标准做出了规定。1966年"文化大革命"开始,社会救助被当作修正主义,遭到了批判。内务部被撤销,工作人员被解散,社会救助工作处于瘫痪、停顿的状态。

(三) 社会救助制度的恢复和完善阶段(1983年至今)

1978年9月,在第七次全国民政工作会议上,把社会救助和救灾统一起来,确定的方针是,依靠基层,生产自救,群众互助,辅之以政府必要的救助。这一时期,社会救济的主要任务是,在做好社会救济工作的同时,扩展了社会救济的范围,增加了一部分特殊的救助对象。这部分对象主要有:原国民党起义投诚人员,宽大释放的原国民党的党政特人员,摘掉右派帽子的人员,错划地主、富农成分造成生活困难的人员,生活困难的归国华侨、老归侨人员等共25种人员。随着经济体制改革的深化,我国原有的社会救助制度已经不适应经济发展的需要,需要进行社会救助制度的改革。

1982年5月12日,国务院发布的《城市流浪乞讨人员的收容遣送办法》规定,家居农村流入城市乞讨的、城市居民中流浪乞讨的、其他露宿街头生活无着的,予以收容、遣送。被收容人员必须遵守以下规定:①服从收容、遣送;②如实讲明姓名、身份及家庭住址等情况;③遵守国家法律;④遵守收容遣送的规章制度。1982年10月15日,民政部发布的《城市流浪乞讨人员收容遣送办法实施细则(试行)》规定,收容遣送站是对城市流浪乞讨人员进行救济、教育和收容遣送的特殊事业单位。收容遣送站的设置、撤销由省、自治区、直辖市人民政府批准,并报民政部备案。从1983年起,我国社会救济出台了一系列的改革措施,取得了显著的成效。1983年,全国第八次民政工作会议将我国社会救济的方针确定为,依靠群众,依靠集体,互助互济,辅之以国家必要的救济和扶持。根据这一方针,我国农村普遍建立了基层社会救济网络,积极开展扶持贫困户脱贫致富的工作,各地相继建立了扶贫基金会、救灾扶贫基金等多种扶贫组织和机构。1984年,最高人民法院颁布的《民事诉讼收费办法》对案件免缴,缓缴和减缴费用做出规定,实际上是新中国最早的司法救助。1991年1月13日,民政部发布的《关于加强收容遣送工作若干问题的通知》规定,对符合收容条件的,予以收容;对不符合收容条件的予以放行,不要擅自扩大收容范围。各收容遣送站在查明被收容人员家庭地址的情况下,要及时遣送,不得无故拖延,更不得把被收容人员作为廉价劳动力长期使用;对不愿返籍或未查清原籍的,可依法签订劳动合同。被收容人员留站待遣时间:本省的人员一般不超过15天;外省的人员一般不超过一个月。1993年6月1日,上海市率先建立城镇居民最低生活保障制度,上海市的这一做法得到了民政部门的肯定。1994年1月23日,国务院发布的《农村"五保户"供养工作条例》规定,五保供养是农村的集体福利事业,农村集体经济组织负责提供"五保户"供养所需的经费和实物,乡、民族乡、镇人民政府负责组织五保供养工作的实施。1996年民政部印发的《关于加强农村社会保障体系建设的意见》指出,除"五保户"、特困户纳入保障范围以外,一些生活困难家庭人均收入低于当地保障标准的群众生活也得到保障。1997年8月,国务院颁布的《国务院关于在各地建立城镇居民最低生活保障制度的通知》,标志着建立城镇居民最低生活保障制度已经成为政府的一项重要任务。1999年9月28日,《城镇居民最低生活保障条例》的发布和全国建制任务的完成,标志着该项制度的建设进入了完善阶段。2001年11月,国务院办公厅下发《关于加强城市居民最低生活保障工作的通知》,要求贯彻属地管理的原则,加大财政力度,2002年7月,基本实现"应保尽保"的目标。2002年8月5日,民政部和财政部发布的《关于规范特大自然灾害救济补助费分配管理的通知》规定,救灾应急资金应在10日内下达到县级,县级应在 5 日内落实到灾民手中;新灾救济资金和春荒冬令灾民生活救济资金应在 30 日内下达到县级,县级要在 15 日内落实到灾民手中。2002 年 10 月,中共中央、国务院下发的《关于进一步加强农村卫生工作的决定》要求,在全国加强农村卫生工作的同时,重点建设新型农村合作医疗制度和农村医疗救助制度。2003 年 6 月,国务院颁布《城市生活无着的流浪乞讨人员救助管理办法》(以下简称《管理办法》),废止了 1982 年颁布的《收容遣送办法》。该《管理办法》明确规定,城市生活无着的流浪乞讨人员是指因自身无力解决食宿、无亲友投靠,又不享受最低生活保障或者农村五保供养,正在城市流浪乞讨度日的人员。此后,民政部发出通知,要求各地收容站更名为救助站。2003 年 9 月 1 日,我国《法律援助条例》开始实施,依法确定了我国公民接受法律援助的条件和程序,有利于司法救助更好地发挥作用。2004 年 7 月,民政部颁布的《灾害应急救助工作规程》将民政部应对自然灾害的工作设定为四个响应等级。同年,民政部又颁布《灾区民房恢复重建工作规程》和《春荒冬乏灾民生活救助工作规程》,规范了自然灾害救助的工作管理。2005 年,我国首次利用网络技术,建立了记录城市流浪乞讨人员的信息库。2005 年 3 月,国务院办公厅批准民政部、劳动和社会保障部、卫生部和财政部发布的《城市医疗救助制度试点工作的意见》规定,2005年、2006 年在全国进行建立医疗救助制度的试点;然后,再用 2～3 年的时间在全国全面推广。2005 年 12 月 31 日,民政部发布的《城市生活无着的流浪乞讨人员救助管理办法实施细则》规定,城市生活无着的流浪乞讨人员是指因自身无力解决食宿,无亲友投靠,又不享受城市最低生活保障或农村五保供养,正在城市流浪乞讨度日的人员。虽有流浪乞讨行为,但不具备上述规定情形的,不属于救助对象。2006 年 1 月 4 日,民政部、公安部、劳动和社会保障部、建设部、卫生部联合颁布的《关于进一步做好城市流浪乞讨人员中危重病人、精神病人救治工作的指导意见》使社会救助管理工作更加规范化和人性化。2006 年 1 月 11 日,国务院第 121 次常务会议通过的《农村五保供养工作条例》规定,农村五保供养是指依照本条例规定,在吃、穿、住、医、葬方面给予村民的生活照顾和物质帮助。2007 年 7 月,国务院发布的《关于在全国建立农村最低生活保障制度的通知》指出,通过在全国建立农村最低生活保障制度,将符合条件的农村贫困人口全部纳入保障范围,稳定、持久、有效地解决全国农村贫困人口的温饱问题。最低生活保障制度由城市向农村的扩展,是社会救助制度建设的重大措施,也使农村分享到了经济发展的成果。2008 年 5 月 7 日,民政部发布的《民政部关于进一步加强救灾应急物资储备工作的通知》规定,各地要按照 24 小时救灾物资到位的目标,要充分考虑应对大灾的需要,在现有储备的基础上,增加救灾物资储备的品种和数量。2009 年 6 月 15 日,民政部发布的《关于进一步完善城乡医疗救助的意见》提出,不断强化政府责任,完善医疗救助制度,着力解决城乡困难群众最关心、最现实、最迫切的基本医疗保障问题。2010年6月30日,国务院通过的《自然灾害救助条例》对灾前的预防、准备,灾中的应急救援和过渡性安置,以及灾后的恢复与重建等,都做出了具体的规定,有助于自然灾害救助工作的开展。2016年3月16日,第十二届全国人民代表大会第四次会议通过的《中华人民共和国慈善法》对慈善组织、慈善募捐、慈善捐赠、慈善信托、慈善财产、慈善服务和监督管理做出了明确规定,将每年9月5日定为"中华慈善日"。

二、中国社会救助制度的改革

为了推进社会救助工作的社会化,提高社会救助资金的使用效率,强化社会救助功能的发挥,政府确定了以下改革目标和原则。

(一)中国社会救助制度改革的目标

1. 建立依靠群众生产自救、互济互助的救灾机制。大力发展救灾扶贫经济实体和储金会、储粮会等基层群众互助组织。

2. 建立救灾管理分级负责、救灾款分级负担的自然灾害救助管理体制,扩大救灾资金的来源,壮大救灾实力。

3. 建立按当地最低生活保障标准实行救济的城市救助制度和定期定量补助的农村救助制度。

(二)中国社会救助制度改革的原则

1. 贯彻依靠群众、依靠集体、生产自救、互济互助,辅之以国家必要的救济和扶持的救灾工作指导方针。

2. 以切实保障灾民和社会救助对象的生活为宗旨。社会救助的目的是保障由于各种原因而贫困的公民的最低生活,我国社会救助制度改革的目标是保障贫困公民的最低生活需要。

3. 推进社会救助制度的法制化和社会化。加快法制建设,建立完善与经济发展相适应的救灾、救助制度,推进救灾、救济制度的社会化。推进社会救济的社会化,不仅可以扩大保障的范围,而且可以减轻国家的财政负担,提高救助资金的使用效率。

4. 实行国家统一领导,部门分工负责,上下分级管理的原则。根据这一原则建立了分级负责的救灾体制,即建立中央与地方分级负担救灾款的制度,地方财政应当根据中央拨付救灾款的一定比例编制救灾粮差价补贴款和自然灾害救助事业费预算。中央和地方各级财政随着经济发展和财政收入的增加以及物价上涨的情况,逐年增加救灾款预算。

（三）中国社会救助制度改革的措施

1. 灾民生活保障改革措施。针对农民的生活保障改革措施主要包括以下几个方面。

（1）完善组织灾民生产自救的机制，坚持生活救济与生产扶持相结合，救灾款有偿使用与无偿使用相结合的原则。在切实保障灾民基本生活的前提下，挤出一部分资金因地制宜地组织灾民生产自救，扶持灾民贫困户发展生产，增加经济收入，增强抗灾度荒的能力。扶持生产自救的资金一定要有偿使用，按期收回，由各地建立救灾扶贫周转金，滚动使用。有偿扶持的对象必须是灾民贫困户。

（2）发展救灾扶贫互助储金会、储粮会等群众互助合作组织，引导群众互助组织更多地承担救灾事务。储金会、储粮会一般以村为单位举办，农户可以自愿入会或退出，会员有存储一定资金或粮食的义务和借用的权利。粮款用于解决会员在生产、生活上的困难，实行有借有还、周转使用的制度。

（3）促进社会互助，提倡救贫济困的社会善举。发动非灾区支持灾区，城市支持农村灾区，工业支援农村灾区，以及群众间、邻里间、亲友间的互帮互助。要进一步完善国内救灾捐赠政策，建立完善的救灾捐赠机制，激励社会对灾区捐助，组织多种形式的援助灾区活动。

（4）建立救灾准备金制度。特别是多灾省的各级政府，每年要安排专项救灾准备金，灾年多用，平年少用，以丰补歉，结转使用，逐年积累增值，以备大灾需要。要以法规的形式把各级政府应该承担的救灾资金固定下来，每年列入预算，使救灾资金有较稳定、可靠的来源，增强救灾工作的计划性和主动性。

（5）强化政府对灾害紧急救助的能力。中央和地方财政安排救灾装备专款，建立必要的救灾装备，提高灾害信息的传递速度和灾害紧急救助的能力，减少灾害造成的损失。

2. 完善社会救助对象生活保障措施。完善社会救助对象的生活保障措施主要包括以下几个方面。

（1）城镇救济对象逐步实行最低生活保障。各地要根据本地经济发展的情况、居民收入情况和消费水平，制定类别不同、标准有别的最低生活保障标准。最低生活保障标准应该确定为当地（市、县、镇）居民收入的 $55\%\sim65\%$，原则上应该低于在职职工最低工资、下岗职工基本生活保障费、失业保险金等，应该分清层次、相互衔接、拉开差距，形成合理的配套标准。按照城镇居民生活保障的标准，凡人均月收入低于最低生活保障标准的，在职人员由所在单位负责补到最低生活保障标准；无职业人员符合救济条件的,由地方财政拨款,民政部门负责补到最低生活保障标准。各省、自治区、直辖市根据中央制定的原则,结合本地的实际以及大、中、小城镇的消费水平制定标准。

(2)农村特困户,逐步实行以定期、定量救济为主,临时救济和按生活保障救济为辅的救济制度,以稳定可靠地保障农村特困户和五保对象的生活。各省、地区、县按贫困户比例确定社会救济预算,在全国多数地区,普遍推行定期定量救济的制度。救济标准要达到当地群众平均生活水平的50%,救济经费由地方财政和集体经济负担。随着人均收入的提高和消费水平的增长,逐步提高救助标准,对临时发生生活困难的贫困户实行临时救济。在少数经济富裕地区试行按最低生活保障标准对贫困户进行救济的制度,探索我国农村实行最低生活保障的可行性。

(3)对特困户实行生产自救和重点扶持相结合,扶持生产自救,培训劳动技能,定期脱贫,减少国家救济的对象。中央和各级政府从扶贫资金中列支扶持特困家庭进行生产自救的专款,用于扶持有劳动能力的家庭进行生产自救。

(4)对分散供养的五保老人实行"五定制度",即定供养人、定供养标准、定供养资金、定供养地点和定期检查的制度。有条件的地方普及乡镇敬老院,扩大入院集中供养的人数,农村敬老院实行规范化管理。创办院办经济,提高供养水平,有条件的敬老院对社会开放,吸引农村非五保老人入院自费供养。

(5)推进社会救助工作的社会化。国家、集体、社会共同帮助扶持贫困人口,采取国家帮助、集体经济补助和社会捐助的方式多渠道地筹集资金,建立社会救济基金。

三、中国社会救助制度改革存在的问题

(一)社会救助制度的实施缺乏统一规划

社会救助制度是涉及公民生活的系统工程,需要政府有关管理部门进行统一的安排和筹划。目前,我国社会救济措施主要是补缺型措施。在补缺型社会救济思想指导下,我国社会救济措施的实施缺乏统一的规划,许多社会救济措施大多是围绕现实中出现的问题,出台补缺型的政策和措施。例如,2003年6月,国务院颁布的《城市生活无着的流浪乞讨人员救助管理办法》就是在"孙志刚事件"发生后,才采取的应对措施。

(二)社会救助措施有待于进一步完善

目前,我国许多社会救助措施依然停留在改革开放前实施的措施方面,如农村五

保救助,缺乏同社会发展相适应的社会救助措施。例如,随着城镇职工医疗保险制度的改革,我国职工、居民的医疗费用负担过重的问题亟待医疗救助制度加以保障。但是,中国医疗保险制度改革已经很多年,有关管理部门并未建立和完善针对职工、居民的医疗救助制度。由此,有关管理部门缺乏履行职责的保障意识,缺乏从制度角度强调公民获得救助是政府必须履行责任的意识。

(三)社会救助资金的使用效率不高

目前,我国已有的社会救助措施中,存在着社会救助资金使用效率不高的问题。例如,针对城镇居民的最低生活保障救助存在着救助范围过大、发展过快的问题,结果造成许多失业人员宁愿吃低保,也不愿找工作的问题。这种制度的进一步发展,就会滋生懒人社会。相反,针对城乡居民的医疗救助是解决陷入生活困境家庭的应急机制,有利于百姓,有利于社会,但是这种制度却难以启动,这不仅无法体现社会公平,而且表明中国社会救济资金的使用缺乏效率。

(四)社会救助资金来源缺乏有效率的分担机制

社会救助的资金来源于财政支持,这是毋庸置疑的。但是,这部分资金到底来源于中央财政,还是地方财政,则缺乏法制化、制度化的分担机制。例如,一些经济欠发达地区在发展社会救助事业的过程中,依赖中央财政的心理比较强,而这种心理在我国现有的财政体制下很难消除,结果造成了越扶越贫的恶性循环。

四、解决中国社会救助制度改革存在问题的对策

(一)建立社会救助的统筹规划机制

社会救济制度是社会保障的最后一道防线,其实施是通过国家的强制力实现的,是社会经济资源的重新分配。政府有关管理部门统一安排,统筹规划,可以建立社会救济的长效筹资机制,可以保证扶贫工作的可持续性,有助于国家长远规划的实现。

(二)健全社会救助的管理制度

社会救济金作为"免费的午餐",对申请者提供满足其最低生活需要的帮助,以避免社会公民在生计断绝时处于无助的境地。如果社会救济的管理制度不健全,不能切实掌握救济对象实际生活的变动情况,就会将救济金发给并不贫困的人。健全社会救济管理制度,可以预防欺诈行为的发生,可以体现社会公平。

(三)提高社会救助资金的使用效率

明确界定"贫困"的标准,改进衡量贫困人口或弱势群体的各项指标,完善家庭收

入变动的调查制度,可以更加准确地核实受助人员的状况,可以为确实需要救助的贫困人口提供更为有效的资金支持,这也就可以提高社会救济资金的使用效率。

(四)建立制度化责任分担机制

目前,在我国财政分灶吃饭的情况下,建立中央财政和地方财政制度化的救助责任分担机制,可以明确救助单位的责任,可以明确社会救助资金需求的状况,有助于完善社会救助制度的建设。

案例分析

案例1:社会福利院有钱给孩子看病吗?

某日,某市中心医院心脏病专家愿意为某社会福利院的幼儿免费施行心脏病手术。党开红等4个小孩是不幸的,他们都曾被诊断为患有先天性心脏病。在襁褓中的时候,他们就被抛弃了,社会福利院成了他们的家。在临床上,先天性心脏病患儿1岁以内做手术,有70%的成活率;5岁做手术,成活率只有30%。早点儿做手术,他们获得新生的机会就大。但是,高昂的检查费和治疗费是较大的障碍。某市中心医院得知这个消息后,决定对他们施行爱心救助,免费为患儿进行治疗。来自俄罗斯的2位专家为孩子们进行了诊断。其中,3个孩子患有先天性心脏病,1个孩子被排除患有心脏病的可能性。通过免费的医疗救助,孩子们康复了。那么,社会福利院的其他孩子有钱看病吗?

目前,我国医疗费用过高的现状令百姓望而却步。如果一个家庭摊上孩子患有先天性疾病,就会支付庞大的医疗费用,就会承担沉重的债务负担。面对中国现行的医疗卫生制度,百姓的无奈之举是遗弃有病的孩子。这不仅造成了国家的负担,而且也不利于孩子身心健康的发展。基于以上考虑,国家可以建立、完善医疗救助机制,救助患有重大疾病的孩子及其家庭,给予他们适当的医疗救助和生活补助,使暂时面临困难的个人或者家庭能够获得来自社会的关注,体现社会的人文关怀。本案中,4个孩子是不幸中的幸运儿,他们得到了社会福利院的帮助,也得到了医院的免费救治。同许多得不到救治的孩子相比,他们是幸运的。建立社会的医疗救助机制,让患者得到适当的医疗帮助,是社会上无钱看病者的福音。

案例2:领取失业保险金,还可以领取社会救助金吗?

李某,北京市某企业职工。2005年8月,某企业破产,李某也失业了,每月领取失业保险金326元。李某的丈夫没有工作,身体残疾,孩子正上小学二年级。2005年10月,李某听说,生活困难的家庭可以获得最低生活保障救助。李某还可以领取社会救济助吗?

《城市居民最低生活保障条例》规定,持有非农业户口的城市居民,凡共同生活的家庭成员人均收入低于当地城市居民最低生活保障标准的,均有从当地人民政府获得基本物质生活帮助的权利。前面所称收入,是指共同生活家庭成员的全部货币收入和实物收入,包括法定赡养人、扶养人或者抚养人应当给付的赡养费、扶养费和抚养费,不包括社会优抚对象按照国家规定享受的抚恤金、补助金。

本案中,李某每月领取失业保险金326元,其家庭人均收入低于平均每人每月300元的最低生活保障标准,应该获得社会救助的保障。

案例3:城市流浪乞讨病人是否可以成为社会救助的对象?

2005年6月30日,一位流浪乞讨病人被福州市公安局"110"出警人员用车送到救助站。值班人员在办理交接手续时发现,流浪者无法站立,且有疾病症状,就出示该省救助总站统一印制的《告知书》,说明流浪病人在进站前患有疾病,不属于救助的对象,建议先将流浪病人直接送往医院治疗。"110"出警人员又将流浪乞讨病人送到医院,医院也不接收。此事被媒体曝光后,医院才接收了病人。后经诊断,该病人患有严重的肺部感染、脑血栓等病症。城市流浪乞讨病人是否可以成为救助的对象?

城市流浪乞讨病人可以成为救助的对象。

目前,一些省市的救助站将患病的流浪乞讨人员排除在救助对象之外,致使一些流浪乞讨病人不能获得必需的救助。

《城市生活无着的流浪乞讨人员救助管理办法》规定,公安机关和其他有关行政机关的工作人员在执行公务时发现流浪乞讨人员的,应当告知其向救助站求助;对其中的残疾人、未成人、老年人和行动不便的其他人员,还应当引导、护送到救助站。从《城市生活无着的流浪乞讨人员救助管理办法》来看,政府并没有明确指出流浪乞讨病人是否是社会救助的对象。

根据福建省救助总站的规定,流浪乞讨人员有下列情形之一的,不属于救助的对象:拒不如实提供个人情况(因年老、年幼、残疾等原因无法提供的情形除外);求助人员身上有明显损伤,但本人拒绝说明情况;进站前患有疾病、精神病、传染病。显然,如果各省救助站不将流浪乞讨病人纳入救助的范畴,流浪乞讨病人就无法获得社会救助的保障。2006年1月4日,民政部、公安部、劳动和社会保障部、建设部、卫生部联合发布的《关于进一步做好城市流浪乞讨人员中危重病人、精神病人救治工作的指导意见》规定,应将救治对象限定在必须抢救的有生活危险的流浪乞讨病人和危及他人生命安全或严重影响社会秩序和形象的精神病人范围内,这就从制度上决定了流浪乞讨病人的保障对象,是存在缺陷的制度。同时,《意见》规定,公安人员或其他行政机关的工作人员可以直接将危重的流浪乞讨病人送入定点医院,解决了流浪乞讨危重病人无法获得救治的问题。但是,应该看到,我国一些非危重的流浪乞讨病人依然无法获得必需的医疗救治。城市流浪乞讨人员如何获得必要的医疗救助和物质帮助仍是一个亟待规范、解决的问题。

1. 简述社会救济制度的特点。

2. 简述社会救济制度建立的原则。

3. 简述社会救济制度保障的范围。

4. 简述城乡贫困救助的群体。

5. 简述自然灾害救助的特点。

6. 简述我国公民获得司法救助的条件。

7. 简述中国社会救助制度的建立和发展。

8. 简述中国社会救助制度改革的目标。

9. 简述中国社会救助制度改革的原则。

10. 简述中国社会救助制度改革的措施。

11. 简述中国社会救助制度改革存在的问题。

社会优抚制度

社会优抚制度是一项特殊的社会保障制度,保障的对象是军人及其家属。军人的职责以及军人面临的特殊风险,决定了军人在保证国家安全、维护社会安定等方面发挥着重要的作用。目前,许多国家都建立了比较完善的军人保障制度。社会优抚制度体现着一国政府对待现役军人、退役军人及其家属以及为国捐躯军人家属的保障政策。

第一节 社会优抚制度的特点和类型

一、社会优抚制度的概念和特点

社会优抚制度是社会保障制度的重要组成部分。社会优抚制度是政府以法定的形式对有特殊贡献的军人及其眷属实行的具有褒扬和优待赈恤性质的社会保障制度。

社会优抚制度与其他社会保障制度的不同之处是保障对象的特殊性,是针对社会特殊对象实行的优待抚恤。优待是按照法律、法规的规定给予政治、经济两方面的优待;抚恤是政府对烈士、因公牺牲、病故军人家属、伤残军人及其家属给予的补偿,不仅给予政治荣誉和精神安慰,而且给予钱款或物质的帮助。具体来说,社会优抚制度具有以下几方面的特点。

1. 法定性。社会优抚工作是国家维护自身利益的需要,也是政府的责任。军人肩负着维护国家利益的特殊职责,在保证国家安全和维护社会安定方面发挥着特殊的作用。正因如此,政府对军人承担着直接保障的责任,保障军人及其家属的生活,社会优抚具有法定性。

2. 优先性。相对于其他社会保障对象而言，社会优抚的保障对象对国家的贡献和牺牲比较大，因此，政府对社会优抚保障对象提供的保障标准较为优惠，保证其生活水平不低于当地平均生活水平。

3. 褒扬性。社会优抚是对有特殊贡献的军人的褒扬、赞誉，是弘扬精忠报国精神的体现。

4. 社会优抚是一项综合性保障。社会优抚不仅保障军人及其家属的生活，而且还具有赞颂和表彰的奖励，是一项荣誉性的社会保障措施。政府通过社会优抚活动，在社会上宣传有贡献者的特殊功绩和高尚品德，增强他们的荣誉感，提高他们的社会地位，使其成为社会尊敬和效仿的楷模。

二、社会优抚制度的类型

社会优抚制度是同其他社会保障制度截然不同的制度，考察各国社会优抚制度，主要有以下几种类型。

1. 社会保险式的优抚保障。这种优抚活动是以社会保险的方式实施社会优抚保障措施，将社会优抚纳入社会保险系列。例如，美国政府在实行职业军人退休制度的同时，从1957年开始，对所有的军事人员实行"老残遗属及健康保险"的投保制度。

2. 社会救济式的优抚保障。这种保障方式是由政府对退休人员和现役人员的家属提供救济和帮助。例如，日本的退役军人在患病就医期间，可给予生活津贴。我国对社会优抚对象，特别是对农村的退伍军人及现役军人的家属实行救助性措施，如定期补助、临时性补助、可优惠得到发展生产的资金或贷款及物资等。

3. 社会福利式的优抚保障。由于优抚对象在社会保障中具有特殊的地位，因而福利、褒扬性的措施比较多。福利式的优抚保障主要包括资金保障和服务保障。资金保障是由政府对死亡军人家属或伤残军人提供抚恤金，对退役军人发放复员费或安家费。另外，政府对优抚对象减免税收、减免交通费等，这也构成了资金保障。服务保障是指对优抚对象优先安排就业和上学，优先安排就业前的职业培训。例如，我国培养军地两用人才的工作，对伤残军人实行福利性收养，如荣复军人光荣院、疗养院等，就属于服务保障。

第二节　社会优抚制度的保障对象和保障项目

一、社会优抚制度的保障对象

社会优抚制度的保障对象是由各个国家的政府依法认定的。各国政治和社会发展不同,对社会优抚对象规定的范围也不同,社会优抚通常保障现役军人、退役军人、现役军人的家属。例如,我国《兵役法》和《军人抚恤优待条例》规定,优待抚恤的对象是指现役军人、退出现役的伤残军人、复员军人、退伍军人、烈士遗属、因公牺牲军人的遗属、病故军人家属和现役军人家属。我国社会优抚保障的对象主要有以下几个方面。

1. 现役军人及其家属。现役军人是指在中国人民解放军服现役的军人。编入民兵组织或者经过登记服预备役的称为预备役军人。现役军人分为士兵和现役军官,士兵分为义务兵和志愿兵两种。义务兵服现役期满,根据军队需要和本人自愿,经团级以上单位批准,可以改为志愿兵。志愿兵实行分期服现役制度,志愿兵服现役的期限,从改为志愿兵之日算起,至少 3 年,一般不超过 30 年,年龄不超过 55 岁。士兵服现役期满,应当退出现役。现役军官是指被任命为排级以上职务或者初级以上专业技术职务,并被授予相应军衔的现役军人。军官按照职务性质分为军事军官、政治军官、后勤军官和专业技术军官。现役军人家属是指现役军人和实行义务兵役制的人民警察(包括武装、边防、消防民警)的家属。

2. 复员退伍军人。复员军人是指 1954 年 10 月 31 日之前入伍、后经批准从部队回到地方的人员。退伍军人是指军人服现役期满从部队回到地方的人员;带病回乡退伍军人是指现役期间患病,达到评定残疾等级的条件并有军队医院证明,从部队退出的人员。

3. 烈士家属。烈士是指政府依据法律、法规对在革命斗争、保卫祖国和社会主义现代化建设中壮烈牺牲的公民、人民解放军指战员,其家属称为烈士家属。我国政府于 2011 年 7 月 26 日发布的《烈士褒扬条例》规定,公民牺牲符合下列情形之一的,评定为烈士:(1)在依法查处违法犯罪行为、执行国家工作任务、执行反恐怖任务和处置突发事件中牺牲的;(2)抢险救灾或者其他为了抢救、保护国家财产、集体财产、公民生命财产牺牲的;(3)在执行外交任务或者国家派遣的对外援助、维持和平任务中牺牲的;(4)在执行武器装备科研试验任务中牺牲的;(5)其他牺牲情节特别突出,堪为楷模的。现役军人牺牲的,预备役人员、民兵、民工以及其他人员因参战、参加军事演习和军事训练、执行军事勤务牺牲应当评定为烈士的，依照《军人抚恤优待条例》的有关规定评定。例如，我国政府于2011年7月29日发布的《国务院、中央军事委员会关于修改〈军人抚恤优待条例〉的决定》规定，现役军人死亡，符合下列情形之一的，批准为烈士：(1)对敌作战死亡，或者对敌作战负伤在医疗终结前因伤死亡的；(2)因执行任务遭敌人或者犯罪分子杀害，或者被俘、被捕后不屈遭敌人杀害或者被折磨致死的；(3)为抢救和保护国家财产、人民生命财产或者执行反恐任务和处置突发事件死亡的；(4)因执行军事演习、战备航行飞行、空降和导弹发射训练、试航试飞任务以及参加武器装备科研实验死亡的；(5)在执行外交任务或者国家派遣的对外援助、维持和平任务中牺牲的；(6)其他死难情节特别突出，堪为后人楷模的。现役军人在执行对敌作战、边海防执勤或者抢险救灾任务中失踪，经法定程序宣告死亡的，按照烈士对待。经批准为烈士的，由县级人民政府民政部门向烈士遗属发给《中华人民共和国烈士证明书》。烈士家属是指烈士的父母、配偶、子女和18周岁以下的弟妹，及其抚养烈士长大的其他亲属。

4. 因公牺牲军人家属。我国政府于2011年7月29日发布的《国务院、中央军事委员会关于修改〈军人抚恤优待条例〉的决定》规定，现役军人死亡，符合下列情形之一的，确认为因公牺牲：(1)在执行任务中或者在上下班途中，由于意外事件死亡的；(2)被认定为因战、因公致残后因旧伤复发死亡的；(3)因患职业病死亡的；(4)在执行任务中或者在工作岗位上因病猝然死亡，或者因医疗事故死亡的；(5)其他因公死亡的。现役军人在执行对敌作战、边海防执勤或者抢险救灾以外的其他任务中失踪，经法定程序宣告死亡的，按照因公牺牲对待。对因公牺牲军人的家属，由县级人民政府民政部门发给《中华人民共和国军人因公牺牲证明书》。

5. 病故军人家属。现役军人在服现役期间因疾病死亡的，确认为病故。现役军人非执行任务死亡或者失踪，经法定程序宣告死亡的，按照病故对待。对病故军人家属，由县级人民政府民政部门发给《中华人民共和国军人病故证明书》。

6. 退出现役的伤残军人。退出现役的伤残军人是指军人在服现役期间，因受伤致残退出现役的军人。现役军人残疾分为因战致残、因公致残和因病致残三种：(1)因战致残是指军人有符合被批准为烈士情形之一而致残者。(2)因公致残是指军人有符合被批准为军人因公牺牲情形之一而致残者。(3)因病致残是指军人有符合被批准为军人因病死亡情形之一而致残者。残疾军人由认定残疾性质和评定残疾等级的机关发给《中华人民共和国残疾军人证》。

7. 其他人员。除上述人员外，以下人员也是社会优抚的保障对象：(1)中国人民武装警察部队的警察；(2)军队离休、退休干部和退休士官；(3)因参战伤亡的民兵、民工；(4)因参加军事演习、军事训练和执行军事勤务伤亡的预备役人员、民兵、民工以及其他人员。

二、确定社会优抚水平的依据

社会优抚保障的目标是使社会优抚的保障对象达到社会平均的生活水平，不至于因为对国家作出突出贡献而降低生活水平或遭遇不幸。因此，确定社会优抚的保障水平通常遵循以下几个方面的原则。

1. 抚恤金标准不低于当地平均生活水平的原则。社会优抚制度给付烈士家属、因公牺牲军人家属、病故军人家属的定期抚恤金标准，应当不低于当地平均生活水平，具体给付办法由省、自治区、直辖市规定。

2. 差别给付的原则。政府依据一定的原则确定一个共享的最低给付限额，在此基础上，根据死亡的原因、立功的情况等，制定不同的社会优抚给付标准。一般情况下，烈士家属、因公牺牲军人家属享受的定期抚恤金高于病故军人家属享有的定期抚恤金。例如，我国政府根据现役军人死亡的性质、生前是否立功和被授予荣誉称号，以及生前收入和级别等情况，确定不同的抚恤金待遇标准。

3. 城乡差别的原则。居住在大城市的烈属，享受的社会优抚给付标准应该高于居住在小城镇的烈属；居住在小城镇的烈属，享受的社会优抚给付标准应该高于居住在农村的烈属。城乡差别的原则是依据城乡居民消费水平的不同而确定的。

4. 特殊照顾的原则。国家给予孤寡、高龄的烈士家属，因公牺牲军人家属，病故军人家属，给付的定期抚恤金应该高于其他社会保障项目的给付标准，其标准大致高于其他保障项目给付标准的 20%。

三、社会优抚制度提供保障的项目

针对可能造成社会优抚对象死亡、伤残、退役等风险，各国政府通过优抚保障设立了死亡抚恤、伤残抚恤、社会优待、退役安置以及社会褒扬等内容的优抚保障。例如，我国社会优抚提供保障的项目主要有以下几个方面。

（一）死亡抚恤

死亡抚恤是社会优抚保障制度中最基本的保障项目。如果军人若在服役中为国牺牲，必然使其家属尤其是被赡养人、被扶养人蒙受巨大的经济损失。因此，政府有责任抚慰其家属，保障其日常生活，提供既有褒扬意义又有物质补偿性的抚恤金。死亡抚恤是政府按照规定向遗属提供的保障。现役军人死亡，根据死亡的性质确定为：

烈士、因公牺牲、病故军人。死亡抚恤分为一次性给付和定期给付两种形式。

1. 一次性给付。一次性给付是具有褒扬和补偿性质的津贴。军人死亡,根据死亡的性质和本人死亡时的工资收入,由民政部发给其家属一次性抚恤金,具体标准由民政部会同财政部制定。我国政府于2011年7月29日发布的《国务院、中央军事委员会关于修改〈军人抚恤优待条件〉的决定》规定,现役军人死亡被批准为烈士的,依照《烈士褒扬条例》的规定发给烈士遗属烈士褒扬金。《军人褒扬条例》规定,国家建立烈士褒扬金制度。烈士褒扬金标准为烈士牺牲时上一年度全国城镇居民人均可支配收入的30倍。战时,参战牺牲的烈士褒扬金可以适当提高。此外,修订的《军人抚恤优待条例》规定,现役军人死亡,根据其死亡性质和死亡时的月工资标准,由县级人民政府民政部门发给其遗属一次性抚恤金,标准是:烈士和因公牺牲的,为上一年度全国城镇居民人均可支配收入的20倍加本人40个月工资;病故的,为上一年度全国城镇居民人均可支配收入的2倍加本人40个月工资。月工资或者津贴低于排职少尉军官工资标准的,按照排职少尉军官工资计算。

获得荣誉称号或者立功的烈士、因公牺牲军人、病故军人,其遗属在应当享受的一次性抚恤金的基础上,由县级人民政府民政部门按照下列比例增发一次性抚恤金:(1)获得中央军事委员会授予荣誉称号的,增发35%;(2)获得军队军区级单位授予荣誉称号的,增发30%;(3)立一等功的,增发25%;(4)立二等功的,增发15%;(5)立三等功的,增发5%。多次获得荣誉称号或者立功的烈士、因公牺牲军人、病故军人,其遗属由县级人民政府民政部门按照其中最高等级奖励的增发比例,增发一次性抚恤金。对生前作出特殊贡献的烈士、因公牺牲军人、病故军人,除按照本条例规定发给其遗属一次性抚恤金外,军队可以按照有关规定发给其遗属一次性特别抚恤金。

一次性抚恤金发给烈士、因公牺牲军人、病故军人的父母(抚养人)、配偶、子女;没有父母(抚养人)、配偶、子女的,发给未满18周岁的兄弟姐妹和已满18周岁但无生活费来源且该军人生前供养的兄弟姐妹。

2. 定期给付。定期给付则是具有救助性质的国家补助。烈士、因公牺牲军人、病故军人的遗属,按照规定的条件享受定期抚恤金。例如,我国《军人抚恤优待条例》规定,对符合下列条件之一的烈士遗属、因公牺牲军人遗属、病故军人遗属,发给定期抚恤金:

(1)父母(抚养人)、配偶无劳动能力、无生活费来源,或者收入水平低于当地居民平均生活水平的;

(2)子女未满18周岁或者已满18周岁,但因上学无生活费来源的;

(3)兄弟姐妹未满18周岁或者已满18周岁,但因上学或者残疾无生活费来源且由该军人生前供养的。对符合享受定期抚恤金条件的遗属,由县级人民政府民政部门发给《定期抚恤金领取证》。定期抚恤金标准应当参照全国城乡居民家庭人均收入水平确定。定期抚恤金的标准及其调整办法,由国务院民政部门会同财政部门规定。县级以上地方人民政府对依靠定期抚恤金生活仍有困难的烈士遗属、因公牺牲军人遗属、病故军人遗属,可以增发抚恤金或者采取其他方式予以补助,保障其生活不低于当地的平均生活水平(见表13-1)。

表 13-1　烈属、因公牺牲军人家属和病故军人家属定期抚恤金标准　　　元/年

类别 地区	烈士家属	因公牺牲军人家属	病故军人家属
城镇	16 630	14 270	13 430
农村	11 160	10 650	10 210

资料来源　河北省民政厅、河北省组织部、河北省财政厅:《关于调整部分优待对象等人员抚恤补助标准的通知》,河北省民政厅,2014 年 10 月 28 日。

(二)伤残抚恤

军人在服役期间受伤致残或患病致残后,会给其本人及其家属的生活带来很大的困难,政府通过社会优抚措施,对其本人及其家属进行褒扬和抚恤。伤残抚恤提供的保障,包括按规定支付的抚恤费、保健费和护理费等;服务保障包括就业、就学、就养、康复治疗等社会优抚措施。

从具体保障的项目和标准看,伤残抚恤一般分为三种类型:因战致残、因公致残、因病致残。致残的类型要由军队的审定机构在医疗终结或者疾病处于相对稳定的状态予以评定。伤残抚恤提供保障的生活水平或抚恤标准,要根据其本人致残的性质、类型、劳动能力丧失程度及生活能力受影响程度等因素确定。评定伤残等级后,发给《革命伤残军人证》,退役后一般不再办理。例如,我国《军人抚恤优待条例》将因战、因公伤残由重到轻分为一级至十级;将因病伤残分为一级至六级。残疾等级的具体评定标准由国务院民政部门、人力资源和社会保障部门、卫生部门会同军队有关部门规定。

1. 伤残抚恤金的给付。残疾军人的抚恤金标准应当参照全国职工平均工资水平确定。残疾抚恤金的标准依据一级至十级残疾军人享受残疾抚恤金的具体办法,由国务院民政部门会同财政部门规定(见表13-2)。

2. 丧葬补助费。退出现役的因战、因公、因病致残的军人,因病死亡的,对其遗属增发 12 个月的残疾抚恤金,作为丧葬补助费。

3. 伤残军人的供养。退出现役的一级至四级残疾军人,由国家供养终身;其中,

对需要长期医疗或者独身一人不便分散安置的,经省级人民政府民政部门批准,可以集中供养。

4. 伤残护理费。对分散安置的一级至四级残疾军人发给护理费,护理费的标准分别为:

(1) 因战、因公一级和二级残疾的,为当地职工月平均工资的50%;

(2) 因战、因公三级和四级残疾的,为当地职工月平均的40%;

(3) 因病一级至四级残疾的,为当地职工月平均工资的30%。退出现役的残疾军人的护理费,由县级以上地方人民政府民政部门发给;未退出现役的残疾军人的护理费,经军队军级以上单位批准,由所在部队发给。

5. 伤残器具给付。残疾军人需要配制假肢、代步三轮车等辅助器械,正在服现役的,由军队军级以上单位负责解决;退出现役的,由省级人民政府民政部门负责解决。

表 13-2 革命伤残人员抚恤金标准   元/年

伤残类型 / 伤残等级	因战伤残	因公伤残	因病伤残
一级	52 360	50 700	49 040
二级	47 380	44 890	43 210
三级	41 570	39 070	36 590
四级	34 070	30 760	28 260
五级	26 620	23 270	21 610
六级	20 800	19 680	16 630
七级	15 800	14 140	—
八级	9 970	9 130	—
九级	8 290	6 650	—
十级	5 820	4 980	—

资料来源 河北省民政厅、河北省委组织部、河北省财政厅:《关于调整部分优待对象等人员抚恤和生活补助标准的通知》,河北省民政厅,2014 年 10 月 18 日。

(三) 社会优待

社会优待是指政府按照立法规定和社会习俗对社会优抚对象提供资金和服务的优待性保障措施。

根据我国政府的有关规定,社会优待更多地体现在对现役军人及其家属和革命伤残军人及其家属的优待措施中,主要有以下几个方面的内容。

1. 现役军人及其家属优待。

(1) 现役军人家属优待金。在服兵役期间,现役军人的家属可以领取优待金,优待金标准不低于当地平均生活水平。

（2）军人复工复职待遇。义务兵和初级士官入伍前是国家机关、社会团体、企业事业单位职工（含合同制人员）的，退出现役后，允许复工复职，并享受不低于本单位同岗位（工种）、同工龄职工的各项待遇；服现役期间，其家属继续享受该单位职工家属的有关福利待遇。

（3）免除其他负担的待遇。义务兵和初级士官入伍前的承包地（山、林）等，应予保留；服现役期间，除依照政府有关规定和承包合同的约定缴纳有关税费外，免除其他负担。

（4）免费邮递待遇。义务兵从部队发出的平信，免费邮递。

（5）现役军人及其子女入学优先。义务兵和初级士官退出现役后，报考国家公务员、高等学校和中等职业学校，在与其他考生同等条件下优先录用。现役军人子女的入学、入托在同等条件下优先接收。

（6）军人家属落户优待。经军队师（旅）级以上单位政治机关批准随军的现役军官家属、文职干部家属、士官家属，由驻军所在地公安机关办理落户手续。

2. 伤残军人优待。伤残军人因伤残，需要补眼、镶牙、配备三轮车、假肢、病理鞋等，由政府无偿供给。伤残军人因伤口复发而需要去外地治疗者，交通费、住宿费、途中饮食补助按因公出差标准报销。医治伤病所需的医疗费用，按照工伤保险制度的有关规定处理。

在交通、入学条件、住房分配等方面，国家对伤残军人实行优待政策。例如，我国社会优抚制度规定，持《中华人民共和国残疾军人证》者，实行火车、轮船、长途汽车以及民航班机票价50％的优惠。残疾军人凭《残疾军人证》免费乘坐市内公共汽车、电车和轨道交通工具。伤残军人报考中学和大学，录取条件可以适当放宽。在与其他人相同的条件下，伤残军人在就业、贷款、住房分配等方面享有优先权。

3. 死亡军人子女优待。烈士，因公牺牲军人，病故军人的子女、弟妹，自愿参军又符合征兵条件的，在征兵期间可优先批准一人入伍。烈士子女在报考中等学校、高等院校时，录取的文化考试成绩和身体条件应适当放宽。烈士子女考入公立学校的，免缴学杂费并优先享受助学金或者学生贷款；入公办幼儿园、托儿所的，优先接收。

4. 复员军人优待。复员军人未参加工作，因年老体弱、生活困难的，按照规定的条件，由当地民政部门给予定期定量补助，并逐步改善他们的生活待遇。复员军人优待是指孤寡老人，年老体弱、丧失劳动能力、生活困难的人，带病回乡不能经常参加生产劳动、生活困难的人。

(四)烈士褒扬

按照政府有关规定修建的烈士陵园、纪念堂馆、纪念碑亭、纪念塔祠、纪念塑像、烈士骨灰堂、烈士墓等烈士纪念设施,受法律保护。烈士纪念设施应当免费向社会开放。各级人民政府应当组织收集、整理烈士史料,编纂烈士英名录。烈士纪念设施保护单位应当搜集、整理、保管、陈列烈士遗物和事迹史料。属于文物的,依照有关法律、法规的规定予以保护。

(五)退役军人安置

退伍安置是政府依法向退出现役的军人提供资金和服务保障,是保证军人重返社会、适应社会的一项保障措施。参军服役是每个公民应尽的义务,服役期满退役是兵役制度的重要内容。妥善解决退役军人的去向,必须确定退役安置的指导思想。例如,我国从1955年开始实行义务兵役制,规定入伍士兵均有法定的服役期限,服役期满按期退伍。退伍安置是对退役军人既提供资金保障,又提供服务保障的制度。资金保障包括退役安置费、各种临时性生活津贴和生产性贷款;服务保障包括就业安置、就学安置、落户安置、职业培训、技术培训等服务项目。

1. 退役军人安置的原则。(1)扶持就业为主的原则。我国政府于2011年10月29日发布的《退役士兵安置条例》规定,国家建立以扶持就业为主、自主就业、安排工作、退休、供养等多种方式相结合的退役士兵安置制度。(2)妥善安置的原则。全社会应当尊重、优待退役士兵,支持退役士兵安置工作。国家机关、社会团体、企业事业单位,都有接收安置退役士兵的义务,在招收录用工作人员或者聘用职工时,同等条件下应当优先招收录用退役士兵。退役士兵报考公务员、应聘事业单位职位的,在军队服役经历视为基层工作经历。接收安置士兵的单位,按照国家规定享受优惠政策。(3)回原籍安置的原则。回原籍安置有利于原籍地区增加劳动力,又可以使军人同家人团聚,减轻家庭负担。义务兵从哪个城市、农村入伍,退伍后一律回原籍安置就业。(4)体现贡献的原则。对在退役士兵安置工作中作出突出贡献的单位和个人,按照政府有关规定给予表彰、奖励。

2. 退役军人的移交和接收。国务院退役士兵安置工作主管部门和中国人民解放军总参谋部应当制定全国退役士兵的年度移交、接收计划。退役士兵所在部队应当依照法规的规定,将退役士兵移交安置地县级以上人民政府退役士兵安置工作主管部门。安置地县级以上人民政府退役士兵安置工作主管部门负责接收退役士兵。退役士兵安置地为退役士兵入伍时的户口所在地。但是,入伍时是普通高等学校在校学生的退役士兵,退出现役后不复学的,其安置地为入学前的户口所在地。退役士兵有下列情形之一的,可以易地安置:(1)服现役期间父母户口所在地变更的,可以易地安置;(2)符合军队有关现役士兵结婚规定且结婚满 2 年的,可以在配偶或者配偶父母户口所在地安置;(3)因其他特殊情况,由部队师(旅)级单位出具证明,经省级以上人民政府退役士兵安置工作主管部门批准易地安置的。易地安置的退役士兵享受与安置地士兵同等安置待遇。退役士兵有下列情形之一的,根据本人申请,可以由省级以上人民政府退役士兵安置工作主管部门按照有利于退役士兵生活的原则确定其安置地:(1)因战致残的;(2)服现役期间平时荣获二等功以上奖励或者战时荣获三等功以上奖励的;(3)烈士子女的;(4)父母双亡的。

自主就业的退役士兵应当自被批准退出现役之日起 30 日内,持退出现役证件、介绍信到安置地县级人民政府退役士兵安置工作主管部门报到。安排工作的退役士兵应当在规定的安置地人民政府退役士兵安置工作主管部门报到。退休、供养的退役士兵应当到规定的安置地人民政府退役士兵安置工作主管部门报到。

退役士兵安置工作主管部门应当于退役士兵报到时为其开具落户介绍信。公安机关凭退役士兵安置工作主管部门开具的落户介绍信,为退役士兵办理户口登记。

自主就业和安排工作的退役士兵的档案,由安置地退役士兵安置工作主管部门按照国家档案管理有关规定办理。退休、供养的退役士兵的档案,由安置地退役士兵安置工作主管部门移交服务管理单位。

退役士兵无正当理由不按照规定时间报到超过 30 天的,视为放弃安置待遇。

3. 退役安置。退役安置的情形主要有以下几种。

(1)退役士兵的自主就业。①自主就业的退役士兵的资格条件。义务兵和服现役不满 12 年的士官退出现役的,由人民政府扶持自主就业。②自主就业退役士兵的安置。对自主就业的退役士兵,由部队发给一次性退役金,一次性退役金由中央财政专项安排;地方人民政府可以根据当地实际情况给予经济补助,经济补助标准及发放办法由省、自治区、直辖市人民政府规定。自主就业的退役士兵根据服现役年限领取一次性退役金。服现役年限不满 6 个月的按照 6 个月计算,超过 6 个月不满 1 年的按照 1 年计算。获得荣誉称号或者立功的退役士兵,由部队按照下列比例增发一次性退役金:获得中央军事委员会、军队军区级单位授予荣誉称号,或者荣获一等功的,增发 15%;荣获二等功的,增发 10%;荣获三等功的,增发 5%。多次获得荣誉称号或者立功的退役士兵,由部队按照其中最高等级奖励的增发比例,增发一次性退役金。一次性退役金和一次性经济补助按照国家规定免征个人所得税。③自主就业退役士兵的教育和职业培训。县级以上地方人民政府退役士兵安置工作主管部门应当组织自主就业的退役士兵参加职业教育和技能培训,经考试考核合格的,发给相应的学历证书、职业资格证书并推荐就业。退役士兵退役 1 年内参加职业教育和技能培训的,费用由县级以上人民政府承担;退役士兵退役1年以上参加职业教育和技能培训的,按照国家相关政策执行。自主就业退役士兵的职业教育和技能培训经费列入县级以上人民政府财政预算。自主就业的退役士兵进入中等职业学校学习、报考成人高等学校或者普通高等学校的,按照国家有关规定享受优待。入伍前已被普通高等学校录取并保留入学资格或者正在普通高等学校就学的退役士兵,退出现役后2年内允许入学或者复学,并按照国家有关规定享受奖学金、助学金和减免学费等优待,家庭经济困难的,按照国家有关规定给予资助;入学后或者复学期间可以免修公共体育、军事技能和军事理论等课程,直接获得学分;入学或者复学后参加国防生选拔、参加国家组织的农村基层服务项目人选选拔,以及毕业后参加军官人选选拔的,优先录取。④自主就业退役士兵的就业帮扶。各级人民政府举办的公共就业人才服务机构,应当免费为退役士兵提供档案管理、职业介绍和职业指导服务。国家鼓励其他人力资源服务机构为自主就业的退役士兵提供免费服务。对从事个体经营的退役士兵,按照国家规定给予税收优惠,给予小额担保贷款扶持,从事微利项目的给予财政贴息。除国家限制行业外,自其在工商行政管理部门首次注册登记之日起3年内,免收管理类、登记类和证照类的行政事业性收费。国家鼓励用人单位招收录用或者聘用自主就业的退役士兵,用人单位招收录用或者聘用自主就业退役士兵符合规定条件的,依法享受税收等优惠。自主就业的退役士兵入伍前是国家机关、社会团体、企业事业单位工作人员或者职工的,退出现役后可以选择复职复工,其工资、福利和其他待遇不得低于本单位同等条件人员的平均水平。自主就业的退役士兵入伍前通过家庭承包方式承包的农村土地,承包期内不得违法收回或者强制流转;通过招标、拍卖、公开协商等非家庭承包方式承包的农村土地,承包期内其家庭成员可以继续承包;承包的农村土地被依法征收、征用或者占用的,与其他农村集体经济组织成员享有同等权利。自主就业的退役士兵回入伍时户口所在地落户,属于农村集体经济组织成员但没有承包农村土地的,可以申请承包农村土地,村民委员会或者村民小组应当优先解决。有劳动能力的残疾退役士兵,优先享受国家规定的残疾人就业优惠政策。

(2)退役士兵被安排工作。①退役士兵被安排工作的资格条件。退役士兵符合下列条件之一的,由人民政府安排工作:士官服现役满12年的;服现役期间平时荣获二等功以上奖励或者战时荣获三等功以上奖励的;因战致残被评定为5级至8级残疾等级的;烈士子女的。符合以上规定条件的退役士兵在艰苦地区和特殊岗位服现役的,优先安排工作;因精神障碍基本丧失工作能力的,予以妥善安置。符合安排工作条件的退役士兵,退役时自愿选择自主就业的,依照自主就业的有关规定执行。②安排工作任务的计划、下达和执行。国务院退役士兵安置工作主管部门和中国人民解放军总参谋部应当制定下达全国需由人民政府制定安排工作退役士兵的年度安置计划。中央国家机关及其管理的在京企业事业单位接收安排退役士兵工作任务，由国务院退役士兵安置工作主管部门下达。中央国家机关京外直属机构、中央国家机关管理的京外企业事业单位接收安排退役士兵工作任务，由所在地县级以上地方人民政府按照属地管理的原则下达。县级以上地方人民政府，应当根据符合安排工作条件的退役士兵人数和用人单位的实际情况，下达安排退役士兵工作的任务，并依法向社会公开。对安排退役士兵工作任务较重的县（市），可以由上一级人民政府在本行政区域内统筹安排。安置地县级以上地方人民政府应当按照属地管理的原则，对符合安排工作条件的退役士兵进行安置，保障其第一次就业。国家机关、事业单位、国有以及国有控股和国有资本占主导地位的企业招收录用或者聘用人员的，应当在同等条件下优先招收录用或者聘用退役士兵。安置地人民政府应当在接收退役士兵的 6 个月内，完成本年度安排退役士兵工作的任务。退役士兵待安排工作期间，安置地人民政府应当按照不低于当地最低生活水平的标准，按月发给生活补助费。③安排工作退役士兵的劳动就业。承担安排退役士兵工作任务的单位应当按时完成所在地人民政府下达的安排退役士兵工作任务，在退役士兵安置工作主管部门开出介绍信 1 个月内安排退役士兵上岗，并与退役士兵依法签订期限不少于 3 年的劳动合同或者聘用合同。合同存续期内单位依法关闭、破产、改制的，退役士兵与所在单位其他人员一同执行国家的有关规定。接收退役士兵的单位裁减人员的，应当优先留用退役士兵。由人民政府安排工作的退役士兵，服现役年限和符合本条例规定的待安排工作的时间计算为工龄，享受所在单位同等条件人员的工资、福利待遇。非因退役士兵本人原因，接收单位未按照规定安排退役士兵上岗的，应当从所在地人民政府退役士兵安置工作主管部门开出介绍信的当月起，按照不低于本单位同等条件人员平均工资 80％ 的标准逐月发给退役士兵生活费至其上岗为止。对安排工作的残疾退役士兵，所在单位不得因其残疾与其解除劳动关系或者人事关系。安排工作的因战、因公致残退役士兵，享受与所在单位工伤人员同等的生活福利和医疗待遇。④安排工作待遇的取消。符合安排工作条件的退役士兵无正当理由拒不服从安置地人民政府安排工作的，视为放弃安排工作待遇；在待安排工作期间被依法追究刑事责任的，取消其安排工作的待遇。

（3）退役士兵的退休与供养。①退役士兵退休与供养的资格条件。中级以上士官符合下列条件之一的，作退休安置：年满 55 周岁的；服现役满 30 年的；因战、因公致残被评定为 1 级至 6 级残疾等级的；经军队医院证明和军级以上单位卫生部门审核确认因病基本丧失工作能力的。被评定为 1 级至 4 级残疾等级的义务兵和初级士官退出现役的，由国家供养终身。②退役士兵退休与供养的福利待遇。退休的退役士官，其生活、住房、医疗等保障，按照国家有关规定执行。国家供养的残疾退役士兵，其生活、住房、医疗等保障，按照国家有关规定执行。国家供养分为集中供养和分散供养。分散供养的残疾退役士兵购（建）房所需经费的标准，按照安置地县（市）经济适用住房平均价格和60平方米的建筑面积确定；没有经济适用住房的地区按照普通商品住房的价格确定。购（建）房所需经费由中央财政专项安排，不足部分由地方财政解决。购（建）房屋产权归分散供养的残疾退役士兵所有。分散供养的残疾退役士兵自行解决住房的，按照上述标准将购（建）房费用发给本人。因战、因公致残被评定为1级至4级残疾等级的中级以上士官，本人自愿放弃退休安置的，可以选择由政府供养。

4. 退役士兵的社会保险关系转移接续。①退役士兵服现役年限计算为工龄。退役士兵服现役年限计算为工龄，与所在单位工作年限累计计算，享受国家和所在单位规定的与工龄有关的相应待遇。②社会保险关系转移接续的规定。军队的军人保险管理部门与地方的社会保险经办机构，应当按照国家有关规定为退役士兵办理社会保险关系转移接续手续。对自主就业的退役士兵，凭退役士兵安置工作主管部门出具的介绍信，由社会保险经办机构按照政府有关规定办理社会保险关系接续手续。对安排工作的退役士兵，由接收单位按照政府有关规定办理社会保险关系接续手续。退役士兵到城镇企业就业或者在城镇从事个体经营、以灵活方式就业的，按照政府有关规定参加职工基本养老保险，服现役年限视同职工基本养老保险缴费年限，并与实际缴费年限合并计算。退役士兵回农村的，按照政府有关规定参加新型农村养老保险。退役士兵在服现役期间建立的军人退役养老保险与其退役后参加基本养老保险的关系接续，由军队的军人保险管理部门和安置地社会保险经办机构按照政府有关规定办理。退役士兵服现役年限视同职工基本养老保险缴费年限的养老保险待遇计发办法，按照政府有关规定执行。退役士兵到各类用人单位工作的，应当随所在单位参加职工基本医疗保险；以灵活方式就业或者暂未实现就业的，可以参加职工基本医疗保险、城镇居民基本医疗保险或者新型农村合作医疗。退役士兵参加基本医疗保险的，其军人退役医疗保险金，按照政府有关规定转入退役士兵安置地的社会保险经办机构。实行工龄视同参加基本医疗保险缴费年限规定的地区，退役士兵的服现役年限视同参加基本医疗保险的缴费年限。退役士兵就业应当随所在单位参加失业保险，其服现役年限视同失业保险缴费年限，并与实际缴费年限合并计算。参加失业保险的退役士兵失业，并符合《失业保险条例》规定条件的，按照规定享受失业保险待遇和相应的促进再就业服务。

第三节　中国社会优抚制度的建立和改革

我国社会优抚制度是新中国成立初期建立的,经过几十年的发展,社会优抚制度面临着许多的问题,需要进一步改革和完善。

一、中国社会优抚制度的建立和发展

(一)社会优抚制度的建立阶段

1950 年,内务部颁布了《革命烈士家属、革命军人家属优待暂行条例》《革命残疾军人优待抚恤暂行条例》《革命军人牺牲、病故褒恤暂行条例》,这些条例的颁布和实施,使我国社会优抚工作有了统一的政策依据。1954 年颁布的《宪法》规定,要保障残废军人的生活,优待革命烈士和革命军人家属。1955 年 7 月,我国颁布第一部《兵役法》,开始实行兵役制;同时,对现役军人的优待做了具体的规定,这就从法律上明确了社会优抚工作的地位。1958 年 3 月,国务院发布的《关于处理义务兵退伍的暂行规定》确定了定期征兵、定期退伍的义务兵制度,同时确立了"从哪来,回哪里去"的安置原则。

(二)社会优抚制度的恢复和发展阶段

1978 年,国务院颁布的《中国人民解放军干部服役条例》,对干部服役的条件、待遇等做了具体的规定。1979 年 1 月,财政部、民政部颁布《关于调整军人、机关工作人员、参战民兵民工牺牲病故抚恤金标准的通知》规定,实行义务兵制的武装、边防、消防民警,其牺牲、病故抚恤金按照军队的标准执行。1980 年 6 月 4 日,国务院颁布的《革命烈士褒扬条例》,对革命战争时期牺牲的革命烈士和社会主义建设时期为保卫国家安全牺牲的革命烈士等做了有关抚恤标准的规定。1981 年,国务院颁布的《关于军队退休干部的暂行规定》,进一步完善了我国军队干部退休的制度。军队现役干部男年满 55 岁,女年满 50 岁,或因战、因公致残、积劳成疾,基本丧失工作能力的,可以办理退休手续。退休后,由民政部门负责安置管理,住房由安置接收地区解决。1982 年,我国《宪法》规定,国家和社会保障残疾军人的生活,抚恤烈士的家属,优待军人的家属。1983 年,国务院、中央军委发布《中国人民解放军志愿兵退出现役安置暂行办法》,对志愿兵的退役安置做了具体的规定。1984 年 5 月 31 日,第六届全国人民代表大会第 2 次会议通过的《兵役法》规定,我国实行义务兵制为主体、义务兵与志愿兵相结合、民兵与预备役相结合的兵役制度。1987年12月12日，国务院发布的《退伍义务兵安置条例》仍然坚持"从哪里来，回哪里去"的安置原则，同时还制定了"妥善安置、各得其所"的工作方针，把士兵服役期间的表现与退伍安置结合了起来。1988年，国务院颁布的《军人抚恤优待条例》对军人死亡抚恤、伤残抚恤和优待做出了明确的规定。1989年，民政部发布的《关于贯彻执行〈军人抚恤优待条例〉若干具体问题的解释》，对军人抚恤优待条例尚未明确的具体问题做出了规定。同年，民政部发布的《革命伤残军人评定伤残的条件》《革命伤残军人评定伤残等级的条件》明确了革命伤残军人评定的具体条件和评定伤残等级的条件。1991年，民政部、人事部、劳动部共同颁布的《关于在国家机关、企事业单位工作的因战因公伤残军人享受所在单位因公（工）伤残人员的社会保险待遇的通知》，解决了伤残军人复员到地方工作后的工伤保险待遇问题。1998年12月29日，第九届全国人民代表大会常务委员会第六次会议通过的《关于修改〈中华人民共和国兵役法〉的决定》规定，现役军人，革命残疾军人，退出现役的军人，革命烈士家属，牺牲、病故军人家属，应当受到社会的尊重受到国家和人民群众的优待。

（三）社会优抚制度的完善阶段

1999年12月13日，国务院、中央军事委员会发布的《中国人民解放军士官退出现役安置暂行办法》对士官退出现役、复员安置和退休安置、转业安置等方面的问题做出了具体的规定。1999年12月16日，国务院办公厅和中央军委办公厅联合发布的《中国人民解放军军人退役医疗保险暂行办法》规定，国家实行军人退役医疗保险制度，设立军人退役医疗保险基金，对军人退出现役后的医疗费用给予补助。2000年5月，民政部、财政部发布的《关于提高部分优抚对象抚恤补助标准的通知》对因战、因公牺牲、因病死亡军人家属、残疾军人定期抚恤的待遇做了明确的规定，提高了社会优抚待遇的给付水平。2004年10月，国务院、中央军委联合发布《军人抚恤优待条例》，对军人因战、因公、因病死亡和伤残的情形做出了具体的规定，并对死亡、伤残军人及其家属的抚恤做了具体的规定。2004年11月，民政部、劳动和社会保障部、卫生部发布的《军人残疾等级评定标准（试行）》对军人伤残等级评定的标准做出了详细的规定，综合考虑残疾军人医疗期满后的器官缺损、功能障碍、心理障碍、医疗依赖和护理依赖的情况，将现役军人因战、因公致残等级评定标准由重至轻分为1～10级。其中，1～6级同时适用于因战致残的义务兵和初级士官，这使军人伤残等级的评定有了明确的依据。2006年6月，民政部和财政部发布的《关于调整部分优待对象等人员抚恤和生活补助标准的通知》对相关的抚恤和补助标准做出了具体的规定，提高了社会优待对象的相关待遇。2011年7月26日，国务院发布的《烈士褒扬条例》

规定,国家建立烈士褒扬金制度。2011 年 9 月 29 日,国务院、中央军事委员会联合发布的《退役士兵安置条例》对退役士兵的移交、接收、社会保险关系接续、法律责任等作出了明确的规定。2011 年 10 月 29 日,国务院、中央军事委员会发布的《退役士兵安置条例》对义务兵、士官的就业、退休、供养等制度作出了明确的规定。2013 年 4 月 3 日,民政部发布的《烈士安葬办法》规定,烈士在烈士陵园或者烈士集中安葬墓区安葬。确定烈士安葬地和安排烈士安葬活动,应当征求烈士遗属的意见。2011 年 7 月 29 日,国务院、中共中央军事委员会联合发布的《关于修改〈军人抚恤优待条例〉的决定》细化了认定为烈士的情形,提高了针对军人的抚恤优待保障水平,是军人保障工作的进一步细化。

二、中国社会优抚制度面临的问题

社会优抚与一个国家的政治、经济和军事形势紧密相关。尽管国家不断地完善社会优抚的政策和法规,社会优抚经费也在逐年增加,但是随着我国向市场经济的发展,社会优抚工作面临着一些新的矛盾和问题,主要有以下几个方面。

1. 政府提供的社会优抚资金不足。一般来说,社会优抚资金的来源主要有三个方面:一是财政拨款;二是社会募集资金;三是个人投保。我国社会优抚制度没有采取社会保险的方式,而是采取社会救济和社会福利的方式,造成了社会优抚资金的不足。目前,社会优抚疗养院的房屋破旧、设备陈旧,亟待修缮、更新。一些全国重点纪念烈士的建筑物因缺乏必要的维修费用,出现了地基下沉、碑身破裂等问题,需要大量的社会优抚资金。

2. 抚恤补助待遇偏低,社会优抚保障对象相对贫困。尽管财政多次调整、提高社会优抚对象的待遇标准,但是,由于我国城乡居民生活水平提高得比较快,所调整的给付标准远未达到人民生活水平提高的幅度,社会优抚补助待遇偏低,优抚对象处于相对贫困的状态。

3. 社会优抚工作的开展影响现役军人的工作。服兵役是适龄青年应尽的义务,而社会优抚只能起到部分补偿的作用。我国现行的社会优抚工作,如果做得不及时、不到位,就会影响年轻人参军的意识和拥军优属的观念,影响征兵工作的顺利进行。

4. 一些法规明确规定的保障措施难以落实。一是伤残军人不仅就业难,而且一些已经安排工作的伤残军人,由于缺乏劳动技能,加之身体残疾,往往被用人单位精减下来;二是一些重点优抚对象的医疗免费和工伤待遇难以兑现,社会优抚保障对象的医疗费用难以报销;三是军人享受不到就业、入学、贷款、住房分配等方面的优待;

四是由于受到财政包干体制的影响,一些贫困地区财政困难,往往挤占正常的社会优抚经费,致使抚恤补助经费不能得到及时发放,直接影响到社会优抚对象的生活水平。

三、中国社会优抚制度改革的基本思路和主要任务

社会优抚保障对象为创建和保卫国家立下了不朽的功勋,做出了巨大的贡献,保障他们的生活和合法权益,既是政府的责任,也是全社会应尽的义务。

我国社会优抚改革工作的基本思路是,全面贯彻思想教育、扶持生产、群众优待、国家抚恤的工作方针,走国家、社会和群众相结合的道路,保障优抚对象的生活水平与人民群众的生活水平同步地提高。通过不断地完善社会优抚法规和政策,提高社会优抚工作的管理水平。进一步解放思想,深化社会优抚事业单位的改革,努力增强社会优抚保障的功能,全面推进社会优抚保障事业稳定、健康地向前发展。

目前,我国社会优抚改革的主要任务是,加大改革力度,强化社会优抚制度的保障功能,为社会稳定、促进和加强社会主义精神文明建设发挥应有的作用。具体的任务目标主要有以下几个方面。

1. 增强社会化管理的机制,扩大社会优抚经费的来源。社会优抚事业经费是落实社会优抚措施的保障,是保证社会优抚对象生活、推进优抚事业发展的物质基础。因此,各级政府在加强经费管理、提高经费使用效率的同时,应该拓宽社会优抚经费的来源渠道,顺应军队与兵役制度的改革趋势,建立军事职业社会保险系统。军人服役期间,可以通过年轻时的积累,为退伍储备养老保险基金。

2. 提高社会优抚给付待遇。增加中央和地方财政对抚恤补助经费的投入,使伤残军人、烈属和在乡退伍红军老战士的生活水平不低于当地群众平均生活水平;使在乡老复员军人的生活达到当地群众平均生活水平,对此,有必要建立抚恤补助金的工资指数化和物价指数化调整机制。民政部、财政部可以根据国家统计部门公布的当地职工平均工资水平,适时调整,制定社会优抚补助的标准。

3. 适应形势发展的需要,分层次、有重点地实施社会优抚保障措施。国家对义务兵在服役期间给予优待,退伍后安置工作,但是,不应该采取像对待老红军、残废军人、烈属一样,由国家采取一包到底的做法。国家和社会只能对其承担有限的责任,主要应该帮助和扶持其自我发展,从根本上建立保障生活的基础。

4. 强化社会优抚制度的监督职能。目前,尽管我国政府已经制定了一系列法律法规,但是仍然需要完善与之配套的具体法规和可操作性法规,监督社会优抚资金的

使用,保障社会优抚对象能够及时、足额获得生活补助金,真正维护社会优抚对象的权益。

5. 加强国情和国防教育。广泛开展拥军优属宣传教育,增强全社会的国防观念和拥军优属观念,特别是在青少年中培养爱国拥军的意识,鼓励青年顾全大局,珍惜荣誉,在维护国家安全和社会稳定方面建功立业。政府或社团可以设立爱国拥军奖励项目,重奖对社会有贡献的军人,推动社会优抚事业的发展。

案例分析

案例1:我国社会优抚的保障对象包括哪些人?

李某,某村农民。2014年8月,李某应征入伍。李某的父母是否是社会优抚的保障对象?

李某的父母是社会优抚的保障对象。

我国《兵役法》规定,现役军人,革命残废军人,退出现役军人,革命烈士家属,牺牲、病故军人家属,现役军人家属,应当受到社会的尊重,受到国家和人民群众的优待。根据我国政府于2011年7月26日修订的《军人抚恤优待条例》的规定,中国人民解放军现役军人、服现役或者退出现役的残疾军人以及复员军人、退伍军人、烈士遗属、因公牺牲军人遗属、病故军人遗属、现役军人家属,是本条例规定的抚恤优待对象,依照本条例的规定享受抚恤优待。

本案中,李某的父母是现役军人家属,是社会优抚的保障对象,应当获得当地政府给予的优待,其标准不低于当地平均生活水平。

案例2:因保卫国家财产死亡的职工,是否可以追认为革命烈士?

杨某,某企业职工。2004年5月的一天,杨某经过某银行时发现,歹徒抢劫银行后,正准备逃窜。杨某没有多想就加入了追捕歹徒的行列,就在杨某要抓住歹徒的时候,歹徒向杨某开了枪。中弹后,杨某依然同歹徒搏斗,最后倒在了血泊中,经抢救无效死亡。杨某是否可以被追认为革命烈士?

杨某可以被追认为革命烈士。

《革命烈士褒扬条例》规定,有下列情形之一的批准为革命烈士:(1)对敌作战牺牲或对敌作战负伤后因伤死亡的;(2)对敌作战致残后不久因伤口复发死亡的;(3)在作战前线担任向导、修建工事、救护伤员、执行运输等战勤任务牺牲,或者在战区守卫重点目标牺牲的。(4)因执行革命任务遭敌人杀害,或者被敌人俘虏、逮捕后坚贞不屈遭敌人杀害或受折磨致死的。(5)为保卫或抢救人民生命、国家财产和集体财产壮烈牺牲的。根据《民政部关于贯彻执行〈革命烈士褒扬条例〉若干具体问题的解释》的规定，为保卫或抢救人民生命、国家财产和集体财产，勇于献身，给予人民群众树立了堪为学习榜样的，都可以批准为烈士。

本案中，杨某为了保护国家的财产，勇于同歹徒搏斗，为了国家的财产，献出了自己宝贵的生命，应该被追认为烈士。

案例3：因公牺牲军人家属，是否可以获得定期抚恤金？

李某，某部队军官。2015年2月，李某在执行任务中因公牺牲，李某的女儿只有12岁，尚未成年。李某的女儿是否可以获得定期抚恤金？

李某的女儿可以获得定期抚恤金。

2011年7月29日，国务院、中共中央军事委员会联合发布的《关于修订〈军人抚恤优待条例〉的决定》第6条规定，对符合下列条件之一的烈士遗属、因公牺牲军人遗属、病故军人遗属，发给定期抚恤金：（1）父母（抚养人）、配偶无劳动能力、无生活费来源或者收入水平低于当地平均生活水平的。（2）子女未满18周岁或者已满18周岁但因上学或者因残疾无生活费来源的。（3）兄弟姐妹未满18周岁或者已满18周岁但因上学无生活费来源且由该军人生前供养的。对符合享受定期抚恤金条件的遗属，由县级人民政府民政部门发给《定期抚恤金领取证》。根据修订的《军人抚恤优待条例》第17条的规定，定期抚恤金标准应当参照全国城乡居民家庭人均收入水平确定。定期抚恤金的标准及其调整办法，由民政部会同财政部规定。

本案中，李某因公牺牲，李某的女儿只有12岁，未成年，可以获得定期抚恤金。这不仅体现了国家对未成年人的关照，而且体现了社会优抚制度的全面性，不仅保障军人，而且也保障其家属。

案例4：退役军人的工龄如何计算

李某，河南农民。2011年8月，李某应征入伍。2014年8月，李某退役后到某企业工作，李某的工龄如何计算？

案例分析：李某的工龄计算，需要依据政府的有关政策执行。

国务院、中央军事委员会于2011年10月29日发布的《退役士兵安置条例》规定，退役士兵服现役年限计算为工龄，与所在单位工作年限累计计算，享受国家和所在单位规定的与工龄有关的相应待遇。

本案中，李某到企业工作的工龄应当同参军的军龄合并计算。

案例5：退役军人等待工作期间是否计算为工龄

赵某，山东省济南市待业青年。2008年8月，赵某应征入伍。服役期间，荣立二等功。2014年9月，赵某退役到济南。2014年9月到2015年10月期间，赵某一直未分配工作。退役军人等待工作期间是否计算为工龄？

案例分析：退役军人等待工作期间计算为工龄。

《劳动部工资局复转业、复员、退伍军人的工龄计算问题》第3条规定，转业军人由国家分配到企业、事业或国家机关工作的，在其等待分配工作期间，应予计算为连续工龄，至于那些由本人不服从分配以致等待分配工作的时间长达半年或一年以上的人员的工龄计算问题，我们意见，待修改工龄规定时一并考虑，在现行规定未修改以前，仍以按照上述办法办理为宜。

本案中，赵某退役等待分配期间应该计算为工龄，并以此作为享受社会保险待遇的依据。

案例6：不服从工作安排的退役军人工龄如何计算

赵某，北京市某区待业青年。1998年8月，赵某应征入伍。2012年8月，赵某退役回到北京。2012年9月，赵某不服从工作安排，自主就业。2012年10月，赵某询问单位人力资源管理部门的工作人员，自己的工龄应该如何计算？赵某的军龄是否应该计算为连续工龄？

案例分析：赵某的军龄应该为连续工龄。

我国政府于2011年9月29日修订的《退役军人安置条例》第44条规定，退役士兵服现役年限计算为工龄，与所在单位工作年限累计计算，享受国家和所在单位规定的与工龄有关的相应待遇。

本案中，赵某虽不服从工作安排，自主就业，但其军龄可以计算为连续工龄。

复 习 思 考 题

1. 简述社会优抚制度的特点。
2. 简述社会优抚制度提供保障的类型。
3. 简述社会优抚制度的保障对象。
4. 简述影响社会优抚保障水平的因素。
5. 简述社会优抚保障的内容。
6. 简述我国退伍安置的原则。
7. 简述我国社会优抚制度的建立和发展。
8. 简述我国社会优抚制度改革的任务。

参 考 文 献

[1]《马克思恩格斯全集》,第 4、5、24、25、26 卷,北京,人民出版社,1975。

[2]《马克思恩格斯选集》,2 版,第三卷,北京,人民出版社,1995。

[3] 马克思:《资本论》,第三卷,北京,人民出版社,1975。

[4][英] 约翰·梅纳德·凯恩斯:《就业、利息和货币通论》(重译本),北京,商务印书馆,1999。

[5] 马歇尔:《经济学原理》(下册),北京,商务印书馆,1981。

[6] 萨缪尔森:《经济学》(上册),北京,商务印书馆,1979。

[7] 于光远主编:《经济学大辞典》,上海,上海辞书出版社,1992。

[8] 厉以宁、吴易风、李懿:《西方福利经济学评述》,北京,商务印书馆,1984。

[9][英] 格拉夫:《理论福利经济学》,北京,商务印书馆,1966。

[10] 德列诺夫斯基:《社会主义经济理论》,载《政治经济学杂志》,1961(4)。

[11] 琼·罗宾斯:《经济理论的第二次危机》,载《现代外国经济学论文选》,第一辑,北京,商务印书馆,1979。

[12] 吴易风、王健:《凯恩斯学派》,武汉,武汉出版社,1996。

[13] 傅殷才主编:《凯恩斯主义经济学》,北京,中国经济出版社,1995。

[14] 穆怀中:《中国社会保障适度水平研究》,沈阳,辽宁大学出版社,1998。

[15] 赵曼:《社会保障制度结构与运行分析》,北京,中国计划出版社,1997。

[16] 陈朝先主编:《社会保障的理论与实践》,成都,西南财经大学出版社,1995。

[17] 林义主编:《社会保险》,北京,中国金融出版社,1998。

[18] 林义:《养老保险改革的理论与政策》,成都,西南财经大学出版社,1995。

[19] 丛树海:《社会保障经济学》,上海,上海三联书店,1996。

[20] 耿志民:《养老保险基金与资本市场》,北京,经济管理出版社,2000。

[21] 李绍光:《养老金制度与资本市场》,北京,中国发展出版社,1998。

[22] 叶震鹏、张馨:《公共财政论》,北京,经济科学出版社,1999。

[23] 伊志宏:《养老金改革模式选择及其金融影响》,北京,中国财政经济出版社,2000。

[24] 刘明慧、陈军晖编:《社会保障理论与改革探索》,大连,东北财经大学出版社,1998。

[25] 李曜:《养老保险基金——形成机制、管理模式、投资运用》,北京,中国金融出版社,2000。

[26] 郭士征、葛寿昌:《中国社会保险的改革与探索》,上海,上海财经大学出版社,1998。

[27] 弓孟谦:《资本运行论析》,北京,北京大学出版社,1998。

[28] 成思危主编:《中国社会保障体系的改革与完善》,北京,民主与建设出版社,2000。

[29] 王晓军主编:《社会保障精算原理》,北京,中国人民大学出版社,2000。

[30] 陈冬红、王敏:《社会保障学》,成都,西南财经大学出版社,1996。

[31] 宋晓梧、孔泾源主编:《中国社会保障基金营运管理》,北京,企业管理出版社,1999。

[32] 戴园晨主编、尹力、任明辉:《医疗保障体制改革———一场涉及生老病死的变革》,广州,广东经

济出版社,1999。

[33] 阿塔纳修斯·阿西马科普洛斯:《收入分配理论》,北京,商务印书馆,1995。

[34] 刘福垣:《社会保障问题的理论思考和对策》,载《中国经济时报》,2001-06-08,5版。

[35] 周小川:《社会保障与企业盈利能力》,载《经济社会体制比较》,2000(6)。

[36] 张左己:《中国社会保障走过50年》,载中国人民大学书报资料中心:《社会保障制度》,2000(1)。

[37] 李珍:《养老社会保险的平衡问题分析》,载中国人民大学书报资料中心:《社会保障制度》,2000(3)。

[38] 余昌森:《关于养老保险制度的调整和完善问题——劳动和社会保障部张左己部长访谈录》,载中国人民大学书报资料中心:《社会保障制度》,2001(4)。

[39] 赵耀辉、徐建国:《我国城镇养老保险体制的转轨问题》,载中国人民大学书报资料中心:《社会保障制度》,2000(8)。

[40] 樊彩耀:《完善社会保障体系促进居民消费增长》,载《宏观经济研究》,2000(7)。

[41] 周弘:《经济全球化条件下的社会保障制度改革》,载《撑起社会的保护伞》,1999(6)。

[42] 国家统计局人口与就业统计司:《1990年人口普查数据专题分析论文集(上)》,北京,中国统计出版社,1995。

[43] 王鉴岗:《21世纪养老保险平衡难题及对策》,载中国人民大学书报资料中心:《社会保障制度》,2000(2)。

[44] 马建新、刘则渊:《社会保险基金入市的障碍分析及其路径思考》,载中国人民大学书报资料中心:《社会保障制度》,2001(6)。

[45] 莫泰基:《亚洲金融风暴对社会保障政策的启示》,载中国人民大学书报资料中心:《社会保障制度》,2000(1)。

[46] 郭其薪、汪尚潜:《如何遏止骗领冒领养老金的不良行为》,载中国人民大学书报资料中心:《社会保障制度》,2000(12)。

[47] [俄]E.卡洛耶娃:《关于退休金制度的改革问题》,一丁译,载中国人民大学书报资料中心:《社会保障制度》,2000(12)。

[48] 赵蓉:《论构建我国社会保障法律制度》,载《兰州大学学报》,2000(4)。

[49] 俞承璋、孙谦、俞自由:《影响我国养老保险收支平衡的因素分析及对策》,载《财经研究》,1999(12)。

[50] 王海江、杨书章:《实现社会养老保险制度转制的焦点——关于制度转换成本的分析》,载《人口与经济》,1999(6)。

[51] 张琪:《故意拖欠养老保险费行为分析及对策探讨》,载《中国劳动保障报》1999-12-09,3版。

[52] 国家经济体制改革委员会:《中国经济体制改革年鉴》,北京,改革出版社,1998。

[53] 任正臣:《社会保障学》,北京,社会科学文献出版社,2001。

[54] 胡海峰:《投资基金操作技巧》,北京,中信出版社,1995。

[55] 劳动保障部法制司、社会保险研究所:《中国养老保险基金测算与管理》,北京,经济科学出版社,2001。

[56] 王梦奎主编:《中国社会保障体制改革》,北京,中国发展出版社,2001。

[57] 胡小义、施明才主编:《社会保险基金管理与监督》,北京,中国劳动社会保障出版社,2001。

[58] 王则柯主编:《社会保障在美国》,广州,中山大学出版社,2000。

[59]《社会保障现行法规选编》(1949—2000),北京,中国劳动社会保障出版社,2000。

[60] 劳动和社会保障部法制司编:《劳动和社会保障政策法规汇编》(2001),北京,中国劳动社会保障出版社,2002。

[61] 曾海水:《社会保障预算概论》,北京,经济管理出版社,2000。

[62] 穆怀中主编:《社会保障国际比较》,北京,中国劳动社会保障出版社,2002。

[63] 林羿:《美国的私有退休金体制》,北京,北京大学出版社,2002。

[64] 裴晓梅、房莉杰:《老年长期照护导论》,北京,社会科学文献出版社,2010。

[65] 林宝:《对中国长期护理保险制度模式的初步思考》,《老龄科学研究》,2015(5)。

[66] 谭睿:《我国长期护理保险制度的实践及思考》,《卫生经济研究》,2017(5)。

[67] 景日泽、章湖洋、方海:《国际经验对我国建立长期照护保险制度的启示》,《中国卫生经济》,2017(7)。

[68] 姜珊、金笑宇:《我国长期护理保险发展模式探索》,《法制与社会》,2017(7)。

[69] 张俊良、杨成洲:《长期照护保险财务制度的国际经验与借鉴》,《社会保障研究》,2017(4)。